新时代新理念职业教育教材·铁道运输类
融入铁路新技术、新规范、新设备、新业态教材
铁道运输类专业通用教材
产教融合校企合作开发教材

铁道概论

（第2版）

主编　韩军峰　胡子亮
主审　师　旭

北京交通大学出版社
·北京·

内 容 简 介

本书依据模块化教学改革理念设计内容模块，学习任务全部来自我国铁路网及其运维体系，情境客观，内容真实。全书分为 14 个模块，具体为：我国铁路运输网和铁路运输业、铁路线路装备及基础设施智能运维技术、铁路车站装备及现代化铁路枢纽、铁路信号通信设备及列车运行智能控制、铁路电力牵引供电及安全检测监测、铁路机车设备及运行安全防护、铁路车辆设备及运行安全监控、铁路运输作业及营业线施工维修作业、高速铁路装备及动车组技术、区域铁路技术装备、重载铁路技术装备及智能控制、铁路信息系统、铁路运输安全管理、铁路上的中华民族精神。

本书可作为职业教育铁道运输类专业的专业基础课教材，也可作为铁路企业新入职职工的培训参考书，同时可供对铁路系统感兴趣的社会读者参考。

图书在版编目（CIP）数据

铁道概论 / 韩军峰，胡子亮主编. -- 2 版. -- 北京 ： 北京交通大学出版社，2025. 4. -- ISBN 978-7-5121-5472-8

Ⅰ. U2

中国国家版本馆 CIP 数据核字第 2025RN9543 号

铁道概论
TIEDAO GAILUN

策划编辑：刘　辉　　责任编辑：刘　辉
出版发行：北京交通大学出版社　　电话：010-51686414　　http://www.bjtup.com.cn
地　　址：北京市海淀区高梁桥斜街 44 号　　邮编：100044
印 刷 者：艺堂印刷（天津）有限公司
经　　销：全国新华书店
开　　本：210 mm×285 mm　　印张：19.75　　字数：666 千字
版 印 次：2016 年 8 月第 1 版　　2025 年 4 月第 2 版　　2025 年 4 月第 2 版第 1 次印刷
印　　数：1—3 000 册　　定价：68.80 元

本书如有质量问题，请向北京交通大学出版社质监组反映。对您的意见和批评，我们表示欢迎和感谢。
投诉电话：010-51686043，51686008；传真：010-62225406；E-mail：press@bjtu.edu.cn。

前言

2016年，我们编写的《铁道概论》教材正式出版，截至2023年该教材已重印10多次，受到许多学校教师和学生的欢迎，我们深受鼓舞。近年来，铁路发展日新月异，我们决定编写新版《铁道概论》教材。新版《铁道概论》教材是为适应我国现代化铁路网高质量发展、铁路运输装备快速迭代、铁路运输技术智能控制对技术技能人才供给侧培养的新需求而编写的，是根据《职业教育专业目录》（2021年）、《职业教育专业简介》（2022年）、铁道运输类专业最新专业教学标准（2025年）对课程建设的新要求而编写的，是执行和落实职业教育国家教学基本文件的贯标教材，是在2016年第1版《铁道概论》、2019年修订版《铁道概论》的基础上再版修订而成的。《铁道概论》教材历来是铁道运输类专业的专业基础课教材，是铁路企业职工培训的通识教材，其作用不言而喻。

新版《铁道概论》教材的修订工作历时2年，教材编审团队全体人员，深入国铁集团下辖的铁路、国家能源集团管理的重载铁路以及地方铁路沿线调研，收集案例，查阅资料，分析铁路运维典型工作任务，优化教材编写内容，在撰稿、审稿、定稿等各个环节，始终坚持教材建设的职业性、技能性和时代性。

新版《铁道概论》教材以国铁集团运营铁路为轴心，重点介绍了我国铁路运输网和铁路运输业、铁路线路装备及基础设施智能运维技术、铁路车站装备及现代化铁路枢纽、铁路信号通信设备及列车运行智能控制、铁路电力牵引供电及安全检测监测、铁路机车设备及运行安全防护、铁路车辆设备及运行安全监控、铁路运输作业及营业线施工维修作业、高速铁路装备及动车组技术、区域铁路技术装备、重载铁路技术装备及智能控制、铁路信息系统、铁路运输安全管理、铁路上的中华民族精神。在使用教材进行教学的过程中，提倡尽可能创造条件组织学生深入铁路现场，亲自感受、实际体验铁路技术装备和智能控制的新环境。通过学习，使学生在职业素养、职业技能和专业知识方面实现预期的提升。

新版《铁道概论》教材内容创新如下。

（1）将我国领跑世界、绿色环保的铁路新技术融入教材。如复兴号中国标准动车组技术、具有自主知识产权的预制Ⅲ型板式无砟轨道技术、世界第一重载铁路运输技术、刷新轨道交通装备动力世界纪录的神24电力机车、新一代绿色智能“国能号”KM81/KM81（A）型煤炭漏斗车、全国首条全线贯通式节能降耗同相供电示范工程等。

（2）将人工智能在铁路装备、运维中的应用融入教材。如基础设施智能运维技术、铁路车辆运行安全监控技术、铁路机车运行安全防护技术、铁路电力牵引供电安全检测监测技术、列车运行智能控制技术、铁路95306、国内首台新型智能重载电力机车、铁路信息系统等。

（3）将一体衔接顺畅的现代综合枢纽铁路装备融入教材。如现代化铁路枢纽、快捷融合的城际和市域（郊）铁路、畅通“微循环”“公转铁”“前后一公里”的铁路专用线等。

（4）将铁路文化、铁路精神、铁路红色基因融入教材。如中国人自主创新研发的现代化铁路装备，中国铁路展现的中华民族精神，这些都是立德树人、课程思政的重要资源。

（5）将拓展学习内容融入教材，在每个模块结尾处都设置了“拓展建议”栏目，旨在开阔读者的视野。

本教材由太原铁路机械学校韩军峰、胡子亮主编，并负责统稿；中国铁路乌鲁木齐局集团有限公司师旭主审。

本教材编写人员具体分工如下：太原铁路机械学校韩军峰编写模块 1、模块 3、模块 7、模块 9、模块 10、模块 11，太原铁路机械学校段宇鹏编写模块 2，太原铁路机械学校刘继升编写模块 4，太原铁路机械学校王薇编写模块 5、模块 6、模块 12，中国铁路乌鲁木齐局集团有限公司张战江编写模块 8，太原铁路机械学校胡子亮编写模块 13，太原铁路机械学校牛先红编写模块 14。

本教材为学校、企业、出版社共建项目，在教材编审过程中，得到中国铁路乌鲁木齐局集团有限公司师旭、中国铁路乌鲁木齐局集团有限公司张战江、北京交通大学刘建明、北京交通大学出版社刘辉等校企社专家的指导。多位铁路运输一线技术专家提供铁路基础设施、移动装备运维实际工作案例，借此机会，我们一并表示感谢。

由于编者水平有限，加上时间仓促，本教材不当之处在所难免，恳请读者指正，同仁赐教。

编　者

2025 年 3 月

目 录

模块 1 我国铁路运输网和铁路运输业

模块导入

铁路是国家战略性、先导性、关键性重大基础设施，是国民经济大动脉、重大民生工程和综合交通运输体系骨干，在经济社会发展中的地位和作用至关重要。

截至 2024 年底，我国铁路营业里程已达到 16.2 万 km，其中高铁 4.8 万 km，电气化率达到 73.8%。地方政府和社会资本投资铁路势头迅猛，地方铁路营业里程超 2.4 万 km。

我国铁路运输服务品质全面跃升，建成世界规模最大的铁路互联网售票系统，复兴号开行实现 31 个省份全覆盖。31 个省份全部出台铁路安全地方性法规规章，建立联席会议机制、“双段长”制、铁路与地方 110 报警服务台互通机制，铁路沿线安全环境治理取得明显成效。

由于行业发展活力的持续激发，我国铁路建设运营市场更加开放，主体更加多元，经行政许可的铁路运输企业达到 79 家。

中国铁路“走出去”开创新局面：亚吉铁路、蒙内铁路、中老铁路、匈塞铁路贝诺段、雅万高铁等一批项目投产运营；技术装备出口全球 100 多个国家和地区；中欧班列累计开行超 8.2 万列、790 万标箱，通达欧洲 25 个国家 217 个城市，西部陆海新通道货物可流向 120 个国家（地区）的 473 个港口。

我国铁路发展呈现新的阶段性特征，路网建设正由以路网干线建设为主向联网补网强链转变。铁路网越织越密，“八纵八横”高速铁路网主通道已建成约 80%，普速铁路网不断完善。在加强出疆入藏、沿江沿边沿海等干线铁路建设的同时，多层次轨道交通互联互通需求日益凸显，城际铁路、市域（郊）铁路、铁路专用线等区域性铁路和现代化物流枢纽建设方兴未艾，正逐步成为铁路建设的主战场。

通过对本模块的学习，同学们将走进中国铁路，认识中国铁路，热爱中国铁路。

模块任务

任务 1.1　我国铁路运输网

任务 1.2　我国铁路运输业

以上 2 项学习任务全部来自铁路建设规划和运维体系实际，情境客观，内容真实。

任务 1.1　我国铁路运输网

学习目标

1. 能熟练表述我国普速铁路网中的主干线。
2. 能熟练表述我国客运专线“四纵四横”骨干网。
3. 能熟练表述我国高速铁路网中的“八纵八横”主通道。

基础知识

1.1.1 我国普速铁路网中的主干线

铁路干线是指在铁路网中起骨干、联络作用，区别于支线、专用线的铁路。

我国普速铁路主干线“五纵三横”，纵贯南北，横穿东西，建成以主干线为骨架、区域性铁路延伸集散的现代化普速铁路网，形成干线综合交通网的主动脉。

1. 纵贯南北的铁路干线

1）南北交通的中枢：京广铁路

京广铁路从北京南下经石家庄、郑州、武汉、长沙，南达广州，全长 2 324 km。沿途纵贯六省市，跨越五大流域，途经华北平原、两湖平原、江南丘陵，穿越南岭山地，连接珠江三角洲，沿线人口稠密、物产富饶、经济发达、城镇密布、运输十分繁忙。南运货物主要有煤炭、钢铁、木材及出口物资，北运货物主要有稻米、有色金属及进口物资。

2）东部沿海地区交通大动脉：京沪铁路

京沪铁路始于北京，经天津、济南、徐州、南京，南达上海，全长 1 462 km。贯穿京、津、沪三个直辖市和冀、鲁、苏、皖四省，跨越四大水系，连接华北平原、江淮平原和长江三角洲。京沪线北接京沈线，南接沪杭。京沪线沿线地势低平、人口稠密、城镇众多、煤炭资源丰富、经济发达，是我国重要的工农业生产基地。南运的货物主要有煤炭、钢铁、木材、棉花等；北运货物主要有机械、仪表、百货等。

3）纵贯南北的第二大交通中枢：北同蒲—太焦—焦柳铁路

北同蒲—太焦—焦柳铁路，北起有“煤海”之称的山西大同，南至西南地区对外联系的“出海前哨”广西柳州，成为与京广线基本平行，穿越腹地的又一条“小京广”，全长 2 395 km。焦柳铁路沿途经过山西、河南、湖北、湖南、广西五省区，跨越黄河、长江、珠江流域，纵贯黄土高原、豫西山地、江汉平原、湘西山地和两广丘陵。沿线盛产粮、棉、油、烟叶等农副产品，以及煤、有色金属等矿产，该线对改善我国铁路布局，提高晋煤外运能力，分流京广运量，具有重要作用。

4）纵贯南北的第三大交通中枢：京九铁路

京九铁路北起北京，纵贯北京、天津、河北、山东、河南、安徽、湖北、江西、广东，南至香港九龙，跨越 9 省市，全长 2 536 km。沿线跨越海河、黄河、淮河、长江、珠江五大水系，纵贯华北平原、鄱阳湖平原、大别山、井冈山、两广丘陵。沿线地区不仅是我国粮棉油等农副产品的重要产区，也是矿产资源、旅游资源非常丰富的地区。

5）纵贯西南地区的南北干线：宝成—成昆铁路

宝成—成昆铁路北起宝鸡，经成都、攀枝花、南达昆明，全长 1 754 km，是联系关中与川西北、祖国西南的重要干线。跨越陕西、甘肃、四川、云南，经过秦巴山地、成都平原、云贵高原。沿线是我国特产丰富的多民族聚居地区，蕴藏着丰富的矿产资源和森林资源，对于改善西南地区的交通状况、密切西南边疆与全国各地的联系、加强民族之间的团结、促进西南地区的经济发展和国防建设，都具有十分重要的意义。

2. 横贯东西的铁路干线

1）横贯北部地区的东西向铁路干线：京秦—京包—包兰—兰青—青藏铁路

京秦—京包—包兰—兰青—青藏铁路是我国北部地区一条重要的东西向铁路干线，全长 4 311 km。京秦—京包—包兰—兰青—青藏铁路东起秦皇岛，经丰润到北京的铁路线为京秦铁路，全长 341 km。从北京向西经张家口、大同、集宁、呼和浩特到达包头的铁路线为京包铁路；从包头向西经银川到兰州的铁路为包兰铁路；自兰州到西宁的铁路线为兰青铁路；从西宁经格尔木到拉萨的铁路为青藏铁路。

2）横贯中原和西北的大动脉：陇海—兰新铁路

陇海铁路东起黄海之滨的连云港，西至黄土高原的兰州，全长 1 754 km。连通江苏、安徽、河南、陕西、甘肃五省，陇海铁路沿线主要城市有连云港、徐州、商丘、郑州、洛阳、西安、宝鸡、天水、兰州等重要城市。陇海铁路是贯穿中国东、中、西部，即华东、华中、西北最主要及最重要的铁路干线，也是从太平洋边的中国连云港至大西洋边的荷兰鹿特丹的新亚欧大陆桥的重要组成部分。

3）横贯江南的东西干线：沪杭—浙赣—湘黔—贵昆铁路

沪杭—浙赣—湘黔—贵昆铁路组成了一条横贯我国江南地区的东西向交通大动脉，即沪昆铁路。它东起东海之滨的上海，西到云贵高原的昆明，全长 2 598.5 km，贯通上海、浙江、江西、湖南、贵州和云南五省一市。这条铁路线对加强华东、中南和西南地区的经济联系具有重要的作用。

3. 自成体系的东北铁路运输网主干线：哈大、滨洲—滨绥铁路

东北铁路网以哈尔滨、沈阳为中心，由哈大、滨洲—滨绥线相接构成“丁”字形骨架，连接全区 70 多条干支线，独具一格，自成体系。

哈大铁路北起哈尔滨，经长春、沈阳、鞍山到大连，全长 944 km。哈大线联结东北三省主要的工业中心、政治中心和最大海港，通过重要的农业区和人口密集地带，是我国运输能力最强、客货运量最大的主干线之一，成为东北地区经济发展的支柱。

滨洲—滨绥铁路，西起满洲里，经哈尔滨至绥芬河，全长 1 483 km。两端都与俄罗斯的铁路接轨，是一条重要的国际铁路线，沿途特产极为丰富，是我国木材、粮食、畜产品供应基地，也是石油、煤炭、木材等产地。

4. 沟通关内外的铁路运输干线：京沈铁路、京通铁路

京沈铁路南起北京，经天津、秦皇岛出山海关，沿辽西走廊到沈阳，全长 850 km，沿途是我国重要城市以及煤炭、钢铁、机械、石油等生产基地集中的地区，是我国客货运密度最大的铁路干线之一，也是联系关内外的最主要通道。

京通铁路自北京郊区昌平，经内蒙古赤峰至通辽，全长 870 km，是晋煤出关和东北木材外运的重要铁路，也是沟通华北和东北的第二条铁路干线，对减轻京沈线的运输压力和内蒙古东部的经济开发有很大意义。

1.1.2 我国客运专线“四纵四横”骨干网

“四纵四横”是根据《中长期铁路网规划（2008 年调整）》建成的中国高速铁路网的骨干网，客车时速达 200 km 以上（宜万铁路时速为 160 km）。

1.“四纵”客运专线

（1）京沪客运专线（京沪高铁）。京沪客运专线自北京经天津、济南、徐州、蚌埠、南京、无锡，至上海，全长约 1 318 km，设计时速为 350 km。另外亦有蚌埠—合肥支线（合蚌客运专线），设计时速为 300 km。纵贯京津沪和冀鲁皖苏四省，连接环渤海和长江三角洲两大经济区。

（2）京港客运专线（京港高铁）。京港客运专线自北京经石家庄、郑州、信阳、武汉、长沙、广州、深圳，至香港，由京石客运专线、石武客运专线、武广客运专线、广深港客运专线组成，全长 2 350 km，连接华北、华中和华南地区，设计时速为 350 km，是世界上通车里程最长的高速铁路客运专线。

（3）京哈客运专线（京哈高铁）。京哈客运专线自北京经承德、朝阳、阜新、沈阳（大连）、长春，至哈尔滨，包含盘锦—营口的联络线，由京沈客运专线、哈大客运专线、盘营客运专线组成，全长约 1 612 km，连接东北和关内地区，设计时速为 350 km。

（4）杭福深客运专线（东南沿海客运专线）。杭福深客运专线自杭州经宁波、台州、温州、福州、厦门，至深圳，由杭甬客运专线、甬台温铁路、温福铁路、福厦铁路及厦深铁路组成，全长约 1 450 km，连接长江三角洲、珠江三角洲和东南沿海地区。其中杭甬客运专线设计时速为 350 km，其他线路为时速 200～250 km 的客货混跑线。远期将客货分行。

2.“四横”客运专线

（1）徐兰客运专线（徐兰高铁）。徐兰客运专线自徐州经商丘、郑州、洛阳、西安、宝鸡，至兰州，由郑徐客运专线、郑西客运专线、西宝客运专线、宝兰客运专线组成，全长约 1 346 km，连接西北和华东地区，全线时速 350 km。

（2）沪昆客运专线（沪昆高铁）。沪昆客运专线由沪杭客运专线、杭长客运专线、长昆客运专线组成，为时速 300/350 km 等级客运专线。全长 2 264 km，连接华中、华东和西南地区。

（3）青太客运专线（青太高铁）。青太客运专线自青岛经济南、石家庄，至太原。由胶济客运专线、石济客运专线及石太客运专线组成，全长约 906 km，连接华东和华北地区。全线设计时速为 200～250 km。

（4）沪汉蓉客运专线（沪汉蓉高铁）。沪汉蓉客运专线自上海经南京、合肥、武汉、重庆，至成都，上海至南京段与京沪客运专线、沪宁高速铁路共线，南京至成都段由合宁铁路、合武铁路、汉宜铁路、宜万铁路宜昌至利川段、渝利铁路、遂渝铁路和达成铁路成都至遂宁段构成，全长约 1 922 km，连接西南、华东地区。全线除了宜万铁路一段因穿越喀斯特地形和神农架地区，（前期）时速仅为 160 km 外，其余线路的时速均为 200～250 km。远期宜万铁路时速可提升至 200 km。

客运专线内包含的线路未必一定是“客运专线”等级

“四纵四横”客运专线内包含的线路未必一定是“客运专线”等级，部分为Ⅰ级铁路，而“客运专线”等级的线路则并非全部包括在“四纵四横”网络内。

1.1.3 我国高速铁路网中的“八纵八横”主通道

根据《中长期铁路网规划》（2016—2030 年），我国“八纵八横”高速铁路网，以沿海、京沪等“八纵”通道和陆桥、沿江等“八横”通道为主干，城际铁路为补充的高速铁路网，基本连接各省会城市和其他 50 万以上人口大中城市，可实现相邻大中城市间 1～4 小时交通圈、城市群内 0.5～2 小时交通圈，预计到 2030 年，将建成总里程 45 000 km 的“八纵八横”高速铁路网。

1. “八纵”高速铁路通道

“八纵”高速铁路通道包括沿海通道、京沪通道、京港（台）通道、京哈—京港澳通道、呼南通道、京昆通道、包（银）海通道、兰（西）广通道。

（1）沿海通道，自大连（丹东）经秦皇岛、天津、东营、潍坊、青岛（烟台）、连云港、盐城、南通、上海（苏州、嘉兴）、宁波、福州、厦门、深圳、湛江，至北海（防城港）的高速铁路。（其中青岛—连云港段利用青连铁路，连云港—盐城段利用连盐铁路，盐城—南通段利用盐通铁路，南通—上海段利用沪通铁路，上海—宁波段新建跨杭州湾铁路大桥）

沿海通道连接东部沿海地区，贯通京津冀、辽中南、山东半岛、东陇海、长三角、海峡西岸、珠三角、北部湾等城市群。

（2）京沪通道，自北京经天津、济南、南京，至上海（杭州）的高速铁路，还包括南京—杭州、蚌埠—合肥—杭州高速铁路。京沪通道连接华北、华东地区，贯通京津冀、长三角等城市群。

（3）京港（台）通道，自北京经衡水、菏泽、商丘、阜阳、合肥（黄冈）、九江、南昌、赣州、深圳，至香港（九龙）高速铁路。另一支线为合肥—福州—台北高速铁路，包括南昌—福州（莆田）铁路。京港（台）通道连接华北、华中、华东、华南地区，贯通京津冀、长江中游、海峡西岸、珠三角等城市群。

（4）京哈—京港澳通道，自哈尔滨经长春、沈阳、北京、石家庄、郑州、武汉、长沙、广州、深圳，至香港高速铁路，包括广州—珠海—澳门高速铁路。

京哈—京港澳通道连接东北、华北、华中、华南、港澳地区，贯通哈长、辽中南、京津冀、中原、长江中游、珠三角等城市群。

（5）呼南通道，自呼和浩特经大同、太原、长治、晋城、焦作、郑州（洛阳）、襄阳、常德、益阳、娄底、邵阳、永州、桂林，至南宁高速铁路。呼南通道连接华北、中原、华中、华南地区，贯通呼包鄂榆、山西中部、中原、长江中游、北部湾等城市群。

（6）京昆通道，自北京经石家庄、太原、西安、成都（重庆），至昆明高速铁路，包括北京—张家口—大同—太原高速铁路。京昆通道连接华北、西北、西南地区，贯通京津冀、太原、关中平原、成渝、滇中等城市群。

（7）包（银）海通道，自包头经延安、西安、重庆、贵阳、南宁、湛江，至海口（三亚）高速铁路，包括银川—西安以及海南环岛高速铁路。包（银）海通道连接西北、西南、华南地区，贯通呼包鄂、宁夏沿黄、关中平原、成渝、黔中、北部湾等城市群。

（8）兰（西）广通道，自兰州（西宁）经临夏市、合作市—绵阳市（安州区）—广汉市—成都市—眉山市—乐山市—宜宾市—毕节市—贵阳市—都匀市—桂林市—贺州市—佛山市—广州市高速铁路。兰（西）广通道连接西北、西南、华南地区，贯通兰西、成渝、黔中、珠三角等城市群。

铁路通道

铁路线与铁路通道含义不同。铁路线是指已经命名了的具体线路，铁路通道则是对两地间线路的贯通表述。比如，北京到上海的高速铁路表述为京沪高铁，贯通京津冀、长三角等城市群的高速铁路表述为京沪通道。

2. “八横”高速铁路通道

“八横”高铁通道包括绥满通道、京兰通道、青银通道、陆桥通道、沿江通道、沪昆通道、厦渝通道、广昆通道。

（1）绥满通道，自绥芬河经牡丹江、哈尔滨、齐齐哈尔、海拉尔，至满洲里高速铁路。绥满通道连接黑龙江及蒙东地区。

（2）京兰通道，自北京经呼和浩特、银川，至兰州高速铁路。京兰通道连接华北、西北地区，贯通京津冀、呼包鄂、宁夏沿黄、兰西等城市群。

（3）青银通道，自青岛经济南、石家庄、太原，至银川高速铁路（其中绥德至银川段利用太中银铁路）。青银通道连接华东、华北、西北地区，贯通山东半岛、京津冀、太原、宁夏沿黄等城市群。

（4）陆桥通道，自连云港经徐州、郑州、西安、兰州、西宁，至乌鲁木齐高速铁路，陆桥通道连接华东、华中、西北地区，贯通东陇海、中原、关中平原、兰西、天山北坡等城市群。

（5）沿江通道，自上海经南京、合肥、武汉、重庆，至成都高速铁路，包括南京—安庆—九江—武汉—宜昌—重庆、万州—达州—遂宁—成都高速铁路（其中成都至遂宁段利用达成铁路），沿江通道连接华东、华中、西南地区，贯通长三角、长江中游、成渝等城市群。

（6）沪昆通道，自上海经杭州、南昌、长沙、贵阳，至昆明高速铁路。沪昆通道连接华东、华中、西南地区，贯通长三角、长江中游、黔中、滇中等城市群。

（7）厦渝通道，自厦门经龙岩、赣州、长沙、常德、张家界、黔江，至重庆高速铁路（其中厦门至赣州段利用龙厦铁路、赣龙铁路，常德至黔江段利用黔张常铁路），厦渝通道连接海峡西岸、中南、西南地区，贯通海峡西岸、长江中游、成渝等城市群。

（8）广昆通道，自广州经南宁，至昆明高速铁路。广昆通道连接华南、西南地区，贯通珠三角、北部湾、滇中等城市群。

“八纵八横”格局下的八大高铁枢纽城市

北京、西安、郑州、武汉、上海、广州、重庆、成都为八大高铁枢纽城市。

知识测评

1. 简述我国普速铁路网中“五纵三横”主干线布局。
2. 简述我国客运专线“四纵四横”骨干网布局。
3. 简述我国高速铁路网中“八纵八横”主通道布局。

学习作品

课后每名同学单独制作一个开放的、富有创造性的表现学习过程和学习成效的视频，时间为 5 min 以内，至少包括以下 4 项内容：

1. 我国普速铁路网中“五纵三横”主干线布局；
2. 我国客运专线“四纵四横”骨干网布局；
3. 我国高速铁路网中“八纵八横”主通道布局；
4. 通过对本任务的学习，个人在知识增长、能力强化、素养提升方面的小结。

在课程结束后的 3 天内将作品提交任课教师，此作品作为教师评价学生学习效果的依据。

任务 1.2　我国铁路运输业

学习目标

1. 掌握铁路运输的特点和生产性。
2. 能正确描述铁路运输中的点线网。
3. 能正确描述我国国家铁路运输企业的三级管理体制。

基础知识

1.2.1　铁路运输的点线网

1. 铁路运输的点

铁路运输的点指铁路车站，是铁路组织客货运输的生产基地和服务基地。上海站如图 1-2-1 所示。

图 1-2-1　上海站

2. 铁路运输的线

铁路运输的线指铁路线路，是支撑铁路运输的基础设施。宜万铁路的线路如图 1-2-2 所示。

图 1-2-2　宜万铁路的线路

3. 铁路运输的网

铁路运输的网是指相互联结的铁路干线、支线、联络线和铁路枢纽构成的铁路网系统。目前我国已形成了全国以北京为中心、各省以省会为中心伸展线路的铁路网骨架，连接着许多不同规模的铁路枢纽。

1.2.2 铁路运输的特点

铁路运输是以铁路轨道为运输通道，以列车为运输工具进行的运输方式。与其他运输方式相比，铁路运输具有以下特点。

（1）运量大。铁路运输能力大，适合长距离、大吨位、大宗物资运输。我国大秦铁路开行 2 万 t 运煤列车。

（2）速度快。铁路运输的速度快，特别是高速铁路的出现，为旅客提供了快速便捷的出行方式。在我国京沪高铁枣庄至蚌埠间的先导段联调联试和综合试验中，国产“和谐号”CRH380A 新一代高速动车组最高运行时速达到 486.1 km。

（3）运价低。铁路运输成本较低。在所有的交通出行方式中，铁路的运能与费用的价格比是最大的，也就是说，通过铁路运输可以实现运费省、速度快的特点。与都是陆地运输的公路运输相比，铁路运输每 t・km 的运价仅为公路运输的十几分之一。

（4）全天候。铁路运输受气候和自然条件影响小，运输的通用性、连续性好，与其他运输方式相比，在运输的按时性方面具有较强的优势。

（5）多式联运。铁路运输可以方便地实现集装箱运输及多式联运。

（6）安全系数高。铁路有一系列完善的行车保障系统，高速铁路在一个相对封闭的环境中运行，其安全程度是任何交通工具无法比拟的。

（7）环保。研究表明，若以普速铁路每人・km 消耗能源为 1 单位，则高速铁路为 1.3，公共汽车为 1.5，小汽车为 8.8，飞机为 9.8。电气化高速铁路基本上消除了粉尘、煤烟和其他废气污染；噪声比高速公路低 5～10 dB（A）。一架喷气式飞机平均每小时消耗 15 t 燃料，排放 46.8 kg 二氧化碳，635 kg 一氧化碳，15 kg 二氧化硫，这些物质在大气中将存留 2 年以上。

1.2.3 铁路运输的生产性

铁路运输属于国民经济第三产业，是服务性产业，其根本任务是最大限度为旅客运输、货物运输提供优质服务。

铁路运输过程是一种独特的生产过程，是铁路运输作业人员借助铁路运输设施为旅客、货主提供运输服务的过程。

铁路运输生产的产品是实现旅客或货物的位移。其使用价值是产生了时空效用，为人们提供了一种运输劳务，它没有实物形态，但有具体表现形式，即 t・km、人・km。

1.2.4 中国铁路运营管理模式

1. 国家铁路

国家铁路，简称国铁，是指由中央政府主管部门管理的铁路，区别于地方铁路及企业自备的专用铁路。国家铁路是国民经济的大动脉，在国民经济中占有特别重要的地位，是国家重点发展的基础设施。

中国各省级行政区都贯通了国家铁路，形成沟通南北、横贯东西、布局合理、四通八达的现代化铁路网。

2. 地方铁路

地方铁路是指由地方人民政府管理的铁路。地方铁路是由地方自行投资修建或者与其他铁路联合投资修建，担负地方公共货物短途运输任务的铁路。

地方铁路的经营管理方式大体上分为以下 3 种类型。

（1）自营。地方建路，在省、自治区、直辖市人民政府直接管辖下，设置专门机构经营。

（2）自建联营。地方建路，地方铁路和国家铁路联合经营。

（3）委托经营。地方建路，委托邻近的国家铁路的铁路局集团有限公司代管。

3. 专用铁路

一般来说，专用铁路大都是大中型企业自己投资修建，自备机车车辆，在内部形成一套运输生产系统，能完成企业自身的运输任务的铁路。也有一些军工企业、森林管理部门为运输生产需要修建了一些专用铁路。

在我国大型企业中，拥有专用铁路线路的企业比较多，这些专用铁路管理机构往往下设工务段、机务段、电务段、车辆段、大修段和车站等。

案例：

国家能源集团专用铁路

国家能源投资集团有限责任公司（简称国家能源集团）所属铁路是我国铁路网的重要组成部分，其已形成“西联宁夏、东达渤海、北接蒙古、南下山东、联通国铁、辐射全国”的高效运输网络，是国家能源运输的重要通道，具有运力大、能耗低、绿色环保等特点，有效衔接了煤、电、运、化等产业，在一体化运营中发挥着至关重要的桥梁纽带作用。国家能源集团管辖包神铁路集团有限责任公司（业内简称包神铁路）、朔黄铁路发展有限责任公司（业内简称朔黄铁路）、新朔铁路有限责任公司（业内简称新朔铁路）、宁东铁路有限公司（业内简称宁东铁路），自营铁路营业里程 2 408 km，运输能力 5.88 亿 t。以上铁路公司运营铁路布局如下：

1. 包神铁路集团有限责任公司负责运营包神、神朔、甘泉、塔韩铁路。
2. 朔黄铁路发展有限责任公司负责运营朔黄、黄万、黄大铁路。
3. 新朔铁路有限责任公司负责大准、准池、新准铁路。
4. 宁东铁路有限公司负责运营大枣、宁老、上宁、古鸳、古范铁路。

4. 铁路专用线

铁路专用线是指由企业或者其他单位管理的与国家铁路或者其他铁路线路接轨的岔线。铁路专用线是企业或者其他单位修建的主要为本组织机构内部运输服务的，其长度一般不超过 30 km，其运输动力使用的是与其相接轨的铁路的动力。

铁路专用线是铁路运输网的组成部分。目前铁路运输的大宗物资大多数是在铁路专用线装车。有的铁路专用线还开展共用，吸引铁路专用线周围的运量，既起到了货物集散的作用，也起到了货物蓄水池的作用，既利于国家，也利于企事业单位。

1.2.5 国家铁路运输企业简介

我国国家铁路运营实行国铁集团、铁路局集团有限公司、站段三级管理。

1. 中国国家铁路集团有限公司

中国国家铁路集团有限公司，简称“国铁集团”，以铁路客货运输为主业，实行多元化经营。

国铁集团负责铁路运输统一调度指挥，统筹安排路网性运力资源配置，承担国家规定的公益性运输任务，负责铁路行业运输收入清算和收入进款管理。自觉接受行政监管和公众监督，负责国家铁路新线投产运营的安全评估，保证运输安全，提升服务质量，提高经济效益，增强市场竞争能力。坚持高质量发展，确保国有资产保值增值，推动国有资本做强做优做大。

2. 铁路局集团有限公司

中国国家铁路集团有限公司下辖 18 个铁路局集团有限公司，它们是以铁路客货运输为主的国有企业，铁路局集团有限公司具体名称如下。

中国铁路哈尔滨局集团有限公司、中国铁路沈阳局集团有限公司、中国铁路北京局集团有限公司、中国铁路太原局集团有限公司、中国铁路呼和浩特局集团有限公司、中国铁路郑州局集团有限公司、中国铁路武汉局集团有限公司、中国铁路西安局集团有限公司、中国铁路济南局集团有限公司、中国铁路上海局集团有限公司、中国铁路南昌局集团有限公司、中国铁路广州局集团有限公司、中国铁路南宁局集团有限公司、中国铁路成都局集团有限公司、中国铁路昆明局集团有限公司、中国铁路兰州局集团有限公司、中国铁路乌鲁木齐局集团有限公司、中国铁路青藏集团有限公司。

3. 铁路运输企业基层生产单位

铁路局集团有限公司管辖铁路基层站段，从事具体的客货运输业务。

铁路局集团有限公司设车务段（管辖二等站、三等站、四等站、五等站车站）、特等站、一等站、客运段、机务段、工务段、工程机械段、电务段、车辆段、供电段、高铁工务段、高铁工电段、高铁基础设施段等基层生产单位。

目前，沈阳、西安、郑州三个铁路局集团公司设立高铁基础设施段，全面探索高铁工务、电务、供电维修一体化作业，综合利用天窗作业时间。

铁路是一部大联动机

铁路运营“高大半”的特点是指高度集中、大联动机、半军事化管理。

铁路线长，点多，面广，遍布全国，运输生产往往在数百千米、上千千米，甚至更长里程中完成，而且车、机、工、电、辆、供等各个部门，各种工序又必须日夜作业，紧密配合，协同工作，联合作业才能保证铁路的畅通。

知识测评

1. 简述铁路运输的点线网。
2. 简述铁路运输的特点。
3. 简述铁路运输的生产性。
4. 简述我国铁路运营管理模式。
5. 简述我国国家铁路运输企业管理体制。

学习作品

课后每名同学单独制作一个开放的、富有创造性的表现学习过程和学习成效的视频，时间为 5 min 以内，至少包括以下 6 项内容：

1. 铁路运输的点线网；
2. 铁路运输的特点；
3. 铁路运输的生产性；
4. 我国铁路运营管理模式；
5. 我国国家铁路运输企业管理体制；
6. 通过对本任务的学习，个人在知识增长、能力强化、素养提升方面的小结。

在课程结束后的 3 天内将作品提交任课教师，此作品作为教师评价学生学习效果的依据。

拓展建议

1. 登录国家铁路局官网，学习《国家铁路局 交通运输部 住房和城乡建设部 中国国家铁路集团有限公司 关于铁路沿线安全环境管理“双段长”制实施指导意见》。

2. 登录中国国家铁路集团有限公司官网，重点阅读公司简介、组织机构、公司战略、社会责任，全面了解我国国家铁路运输企业体制、机制。

3. 查阅有关百年京张铁路的资料。

4. 拓展阅读以下材料。

建设发达完善的现代化铁路网

2020 年 8 月，中国国家铁路集团有限公司出台《新时代交通强国铁路先行规划纲要》，提出了中国铁路 2035 年、2050 年发展目标和主要任务，描绘了新时代中国铁路发展的美好蓝图。该纲要规定的主要任务之一是建设发达完善的现代化铁路网。

一、构建现代高效的高速铁路网

贯通高速铁路主通道，优化提升高速铁路通道网络功能和级配结构。科学有序推进区域性高速铁路建设，扩大高速铁路网覆盖范围。适时推进既有高速铁路通道的平行线路建设，强化繁忙高速铁路主通道能力。建成以高速铁路主通道为骨架、区域性高速铁路衔接延伸的发达高速铁路网，构建快速综合交通网的主骨架。

二、形成覆盖广泛的普速铁路网

建设川藏等进出藏、疆铁路，优化完善普铁主干线通道。加强地区开发性及沿边铁路建设，畅通铁路集疏运体系及路网"前后一公里"。实施既有线扩能改造，消除干线通道瓶颈，优化集装箱、快捷、重载等运输网，强化沿江等重点区域货运能力。建成以普铁主干线为骨架、区域性铁路延伸集散的现代化普速铁路网，形成干线综合交通网的主动脉。

三、发展快捷融合的城际和市域铁路网

在经济发达、人口稠密的城镇化地区构建多层次、大容量、通勤式、一体化的快捷轨道网，打造城市群综合交通网的主骨干。城市群中心城市之间及与其他主要城市间发展城际铁路，服务快速通勤及商贸出行。都市圈超大、特大城市中心城区与郊区、周边城镇组团间发展快速市域（郊）铁路，服务公交化便捷通勤出行。

四、构筑一体衔接顺畅的现代综合枢纽

按照"零距离"换乘要求，建设以铁路客站为中心的综合客运枢纽，强化枢纽内外交通有机衔接，促进客站合理分工及互联互通，推进干线铁路、城际铁路、市域（郊）铁路和城市轨道交通"四网融合"及与机场高效衔接，实现方便快捷换乘。按照"无缝化"衔接要求，建设以铁路物流基地为中心的货运枢纽，完善货运枢纽集疏运体系、城市配送体系，以及多式联运、换装转运体系，提升货运场站数字化、智能化水平，推动货运枢纽向现代综合物流枢纽转型。

《新时代交通强国铁路先行规划纲要》，将普通中国人的出行梦想汇聚为现代化铁路强国的辉煌蓝图。根据规划，到 2035 年，我国将率先建成服务安全优质、保障坚强有力、实力国际领先的现代化铁路强国。我国将率先建成现代化铁路网，全国铁路网达 20 万 km 左右，其中高铁 7 万 km 左右，20 万人口以上城市实现铁路覆盖，50 万人口以上城市高铁通达。

20 万 km 的钢铁巨龙绵延交错，北接白山黑水，南连椰林琼岛，西越雪山荒漠，东临万顷碧波，将 20 万以上人口的城市逐一串联，织就世界上最繁忙的铁路运输网。

7 万 km 的世界最大高铁网，拥有"超级大脑"的"复兴号"，使相邻城市群及省会间 3 h 通达，城市群内主要城市间 2 h 通连，都市圈内 1 h 通勤，打造世界上最便捷的高铁出行圈。

3 万 t 重载列车"多拉快跑"，时速 400 km 高铁持续引领，智慧车站提供无感安检、智能引导、无障碍出行……

思政案例　中国首条自行设计和建造的铁路——京张铁路

京张铁路自北京丰台，经八达岭、居庸关、河北沙城、宣化等地至张家口，全长约 200 km，1905 年 9 月开工修建，于 1909 年 10 月 2 日，举行通车典礼。始发站丰台与既有线京奉铁路（京师至奉天，今北京至沈阳）接轨。

京张铁路是清政府排除英国、俄国等殖民主义者阻挠，委派中国的铁路工程师詹天佑为京张铁路局总工程师（后兼任京张铁路局总办），负责设计和修建。京张铁路是中国人自行设计和建造的第一条干线铁路。

京张铁路工程异常艰巨。

一、独一无二的蓝图

京张铁路的第一段是丰台至南口段，用时一年完成修建，于 1906 年 9 月 30 日通车。第二段由南口经关沟，过八达岭至岔道城，这段承上启下的工程是最艰难的。

在詹天佑最终勘测的路线中，京张铁路要从南口到八达岭，地势高低悬殊，山势蹉跎巍峨，必须开凿居庸关、五桂头、石佛寺和八达岭四座隧道才能通过。

如今在詹天佑纪念馆中，有一张独一无二的蓝图。深黝的孔雀蓝底色上分布着淡而清晰的点线纹理，图上一根根站立的线代表着京张铁路的车站和不同地段的海拔。由此可以看出，八达岭关沟路段的海拔对于铁路修建来说相当棘手。

二、用人字坡对抗陡峭坡度

八达岭长城是明长城中保存最好的一段，城墙多建在高山深谷处，墙体用巨型花岗岩条石和青砖依山而筑，高大坚固，城墙险要处由城台、墙台等构成。八达岭坚不可摧的特质，也给詹天佑修建京张铁路的后续工作提出了挑战。

当时的火车根本无法顺着陡峭的山坡直着爬上去。由于关沟路段的自然条件限制，一般的螺旋环山法也不适用。詹天佑如何解决这个难题呢？

詹天佑把南美矿山铁路“之字线”的形式引到青龙桥车站，将青龙桥车站作为一个临时停车点，设计折返线。这样就大幅缩短了八达岭隧道的长度。

如果在海拔较低处开凿隧道，隧道的长度就会比较长，到达隧道的出口点需要 1 800 m，但如果通过人字坡来对抗陡峭的坡度，火车直接到达山体中间位置，这时再开凿隧道，隧道的长度就会大大减少，只剩 1 091 m。

詹天佑制定的越岭方案，使京张铁路关沟段线路的坡度降低至 28‰，满足了火车通过的最低条件。八达岭隧道也因此缩短了 709 m，这不但大幅缩短了工期，也降低了工程危险，为提前通车提供了条件。

三、首次使用炸药爆破技术

人字形铁路设计大幅缩短了隧道长度，降低了施工难度，但当时中国的铁路修建力量薄弱，即使是修建 1 000 m 的隧道，也是巨大的挑战。

拉克洛炸药是当时一种进口炸药，最早在煤矿使用。詹天佑尝试在开凿隧道的时候用这种炸药，这样比用人工每天 1～2 市尺（0.33～0.67 m）的进度快多了。

这是中国人第一次使用炸药爆破技术开凿山岭隧道。詹天佑排兵布阵，凿工两人一组轮流用钢钎和铁锤在岩石上打出很深的炮眼，再装上炸药炸开岩石。之后，土石运输工在狭窄的空间里将爆破后的碎石泥土运走，凿工再向前凿进。

四、采取分段施工法

除了炸药这个先进武器外，詹天佑在施工中还采取了分段施工法，从山的南北两端同时对凿，并在山中开大小井各一座，在井中分头对这 6 个工作面同时施工，大大加快了工程进度。

从 1906 年第二段开始动工，到 1908 年 5 月 22 日，八达岭隧道完美贯通，工期 18 个月，长达 1 000 多 km。在没有大机械的情况下，不仅速度快，而且质量好。

五、修建怀来河大桥

京张铁路的第三段由岔道城经怀来、宣化到达张家口。沿路一带有稻田，平时浅涸，一到夏天就上水涨发，河流奔涌，所以想修铁路就得先修大桥。

怀来河大桥是京张铁路全线桥梁中最长的桥，设 6 座桥墩，两座桥台，长 213 m。詹天佑与负责这段工程的工程师翟兆麟一起研究方案，决定提前开工。

怀来河大桥于 1907 年冬开工，1908 年 4 月竣工。在钢轨尚未铺到此处时大桥便圆满完成，有效缩短了京张铁路整体施工进程。

六、提前两年竣工

1909 年 10 月，在詹天佑的主持修建下，京张铁路全线贯通。詹天佑和他的团队完美完成了任务，不但提前两年竣工，还节省了约 30 万两白银的经费。京张铁路工程造价之低，用资之节省，在中国铁路史上前所未有。

1919 年 4 月 24 日，詹天佑积劳成疾，病逝于湖北武汉。依照詹氏后人遗愿，1982 年 5 月，政府将詹天佑夫妇合葬，迁至京张铁路青龙桥车站。这座新墓背靠雄伟的长城，面对八达岭隧道和人字坡。自此，詹天佑与他修建的京张铁路永不分离。

学习笔记

模块 2

铁路线路装备及基础设施智能运维技术

模块导入

铁路线路在铁路建设中起着主导和统筹各专业技术装备的总体作用，是铁路运输最基础、最重要的技术装备。

在国家“创新、协调、绿色、开放、共享”发展理念的指引下，铁路线路技术装备领域强化安全优先原则，吸纳我国铁路设计、施工和运营实践经验及相关科研成果，严格落实现代综合交通运输发展要求，准确把握项目功能定位等总体要求。

中国铁路不断提升铁路工程绿色建造水平，减少铁路基础设施建设能耗和碳排放量，在铁路运维管理、运营检修的数字化、智能化方面取得了丰硕的成果。

通过对本模块的学习，同学们将走进中国铁路线路，认识中国铁路线路，热爱中国铁路线路。

模块任务

任务 2.1　铁路线路基本技术

任务 2.2　铁路路基构造

任务 2.3　铁路桥隧建筑物构造

任务 2.4　铁路轨道构造

任务 2.5　标准轨距铁路限界及线路标志

任务 2.6　铁路工务作业及基础设施智能运维技术

以上 6 项学习任务全部来自铁路线路及运维体系实际，情境客观，内容真实。

任务 2.1　铁路线路基本技术

学习目标

1. 了解铁路线路主要技术标准、线路等级。
2. 掌握铁路线路平面组成。
3. 掌握铁路线路纵断面组成。

基础知识

2.1.1　铁路主要技术标准

铁路主要技术标准应根据其在铁路网中的作用、运输需求和输送能力、地形和地质条件等因素，按系统优化的原则综合比选确定。铁路主要技术标准应包括表 2-1-1 所列内容。

表 2-1-1　铁路主要技术标准

高速铁路、城际铁路	客货共线铁路	重载铁路
铁路等级 设计速度 正线数目 正线线间距 最小曲线半径 最大坡度 动车组编组辆数（城际铁路） 到发线有效长度 列车运行控制方式 调度指挥方式 最小行车间距	铁路等级 旅客列车设计速度 正线数目 最小曲线半径 限制坡度 牵引种类 机车类型 牵引质量 到发线有效长度 闭塞类型	铁路等级 货物列车设计速度 正线数目 设计轴重 最小曲线半径 限制坡度 牵引种类 机车类型 牵引质量 到发线有效长度 闭塞类型

上述标准是确定铁路能力大小的决定因素。同时这些标准对线路的工程造价和运营质量有重大影响，并且是确定线路一系列工程标准和设备类型的依据。

2.1.2　铁路等级

依据《铁路线路设计规范》（TB 10098—2017）等主要技术标准，铁路等级划分如下。

1. 铁路等级标准

铁路等级应根据其在路网中的作用、性质、设计速度和客货运量确定。铁路按等级划分为高速铁路、城际铁路、客货共线铁路、重载铁路。

2. 客货共线铁路等级标准

客货共线铁路的年客货运量为重车方向的货运量与由客车对数折算的货运量之和，1 对/d 旅客列车按 1.0 Mt 年货运量折算。客货共线铁路分为Ⅰ、Ⅱ、Ⅲ、Ⅳ级，其划分应符合下列规定。

（1）Ⅰ级铁路，铁路网中起骨干作用的铁路，或近期年客货运量大于或等于 20 Mt 者。

（2）Ⅱ级铁路，铁路网中起联络、辅助作用的铁路，或近期年客货运量小于 20 Mt 且大于或等于 10 Mt 者。

（3）Ⅲ级铁路，为某一地区或企业服务的铁路，近期年客货运量小于 10 Mt 且大于或等于 5 Mt 者。

（4）Ⅳ级铁路，为某一地区或企业服务的铁路，近期年客货运量小于 5 Mt 者。

2.1.3　设计速度

1. 铁路设计速度

高速铁路、城际铁路、客货共线铁路中的Ⅰ级和Ⅱ级铁路、重载铁路的设计速度应根据运输需求、工程条件等综合技术经济指标比选确定，宜按表 2-1-2 规定数值选用。

表 2-1-2　不同铁路等级的设计速度

单位：km/h

铁路等级	高速铁路	城际铁路	客货共线Ⅰ级	客货共线Ⅱ级	重载铁路
设计速度	350、300、250	200、160、120	200、160、120	120、100、80	100、80

2. 路段设计速度

路段是指按不同的列车设计速度设计的段落。

路段设计速度是指设计路段内采用的列车设计速度。高速铁路、城际铁路、客货共线铁路的路段设计速度为旅客列车设计速度。重载铁路的路段设计速度为货物列车设计速度。

当沿线运输需求或地形差异较大，并有充分的技术经济依据时，可分段选定设计速度，路段长度不宜过短。改建既有线和增建第二线的路段设计速度，应根据运输需要并结合既有线特征等因素经技术经济指标比选确定。

2.1.4 正线数目

新建铁路正线数目应符合下列规定。

1. 高速铁路、城际铁路正线数目

高速铁路、城际铁路应按双线设计。

2. 客货共线铁路正线数目

（1）客货共线铁路的旅客列车设计速度为 200 km/h 时，应一次修建双线。

（2）平原、丘陵地区和山区，近期年客货运量分别大于或等于 35 Mt 和 30 Mt 时，宜一次修建双线。

（3）远期年客货运量达到上述标准时，宜按双线设计，分期实施。

3. 重载铁路正线数目

（1）近期年运量大于或等于 60 Mt 时，宜一次修建双线。

（2）远期年运量大于或等于 60 Mt 时，宜按双线设计，分期实施。

铁路的设计年限应分为近期和远期。近期为交付运营后第 10 年，远期为交付运营后第 20 年。近、远期运量均应采用预测运量。

2.1.5 设计轴重

线路设计轴重是线路强度所规定的吨数，我国规定的不同类型铁路线路设计轴重如表 2-1-3 所示。

表 2-1-3 不同类型铁路线路设计轴重　　单位：t

高速铁路	城际铁路	客货共线铁路	重载铁路
17	17	21、23 或 25（新建）	25、27 或 30

2.1.6 最小曲线半径和限制坡度

最小曲线半径、最大坡度或限制坡度应根据设计速度、运输组织模式、列车运行安全和旅客舒适度要求等因素确定。

2.1.7 到发线有效长度

到发线有效长度应符合下列规定。

（1）高速铁路到发线有效长度应采用 650 m，尽端式车站和单方向接发列车的到发线有效长度可按列车编组长度和列控系统要求计算确定。

（2）城际铁路到发线有效长度应按远期列车编组长度和列控系统要求计算确定。

（3）客货共线铁路到发线有效长度应根据运输需求和货物列车长度确定，且宜与邻接线的到发线有效长度相协调，并应采用 1 050 m、850 m、750 m、650 m 等系列值。改建既有线和增建第二线到发线有效长度采用上述系列值引起较大工程时，可根据实际要求计算确定。

（4）重载铁路到发线有效长度应根据牵引质量、机车车辆类型等因素计算确定。

2.1.8 线路中心线

铁路线路在空间的位置是用它的中心线表示的。线路中心线是指距外轨半个轨距的铅垂线 AB 与两路肩边缘水平连线 CD 交点 O 的纵向连线，如图 2-1-1 所示。

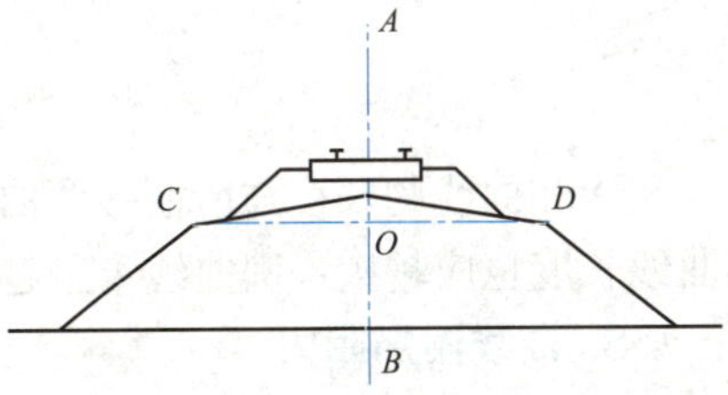

图 2-1-1 线路横断面

2.1.9 线路平面

线路中心线在水平面上的投影，叫线路平面。线路平面由直线、圆曲线以及连接直线与圆曲线的缓和曲线组成。它表明线路的直、曲变化状态。

1. 圆曲线

铁路线路在转向处所设的曲线为圆曲线，其基本要素有：曲线半径 R、曲线转角 α、曲线长 L，切线长 T，如图 2-1-2 所示。

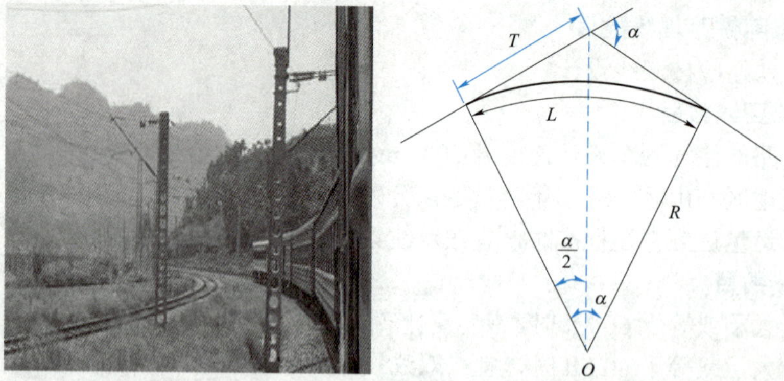

(a) 线路曲线地段　　(b) 圆曲线要素图

图 2-1-2　线路曲线及圆曲线要素

（1）曲线转角的大小由线路走向、绕过障碍物的需要等因素确定。

（2）曲线半径的大小反映了曲线弯曲度的大小。曲线半径越大，弯曲度越小，行车速度越高，工程量越大，工程费用越高。

（3）正线曲线半径应结合工程条件、设计速度以及减少维修等因素，因地制宜，由大到小合理选用，最大值不应大于 12 000 m。改建既有线和增建第二线时，最小曲线半径应结合既有线特征和工程条件比选确定。

（4）车站两端减加速地段的线路设计，应根据行车速度和速差选用相匹配的曲线半径。

2. 缓和曲线

为保证行车安全，使线路平顺地由直线过渡到圆曲线或由圆曲线过渡到直线，以避免离心力的突然产生或消除，需要在直线与圆曲线之间设置一个曲率半径变化的曲线，这个曲线称为缓和曲线。直线和圆曲线间应采用三次抛物线形缓和曲线连接。图 2-1-3 为加设缓和曲线的铁路曲线。图中 ZH、HY、QZ、YH、HZ 为 5 个主点，L 为曲线长度，L_0 为缓和曲线长度。

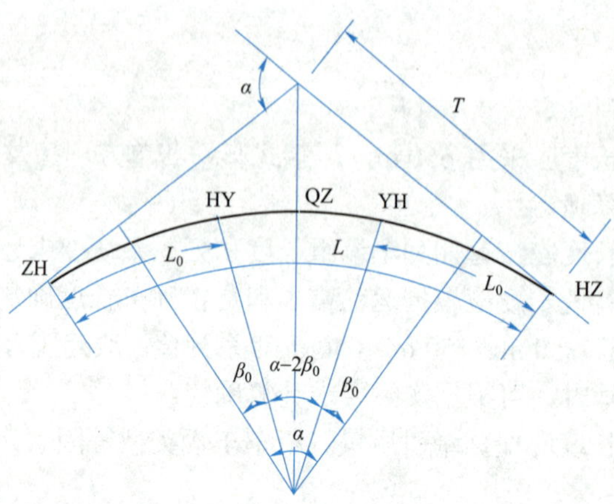

图 2-1-3　加设缓和曲线的铁路曲线

缓和曲线的长度与所衔接圆曲线的半径及路段列车设计行车速度有关，路段设计行车速度越大，缓和曲线长度也应越大；圆曲线半径越大，所需衔接缓和曲线长度越小。

3. 曲线附加阻力

当列车通过曲线时，由于离心力的作用，使外侧车轮轮缘紧压外轨内侧，摩擦增大；同时由于曲线外轨比内轨长，内侧车轮和外侧车轮滚动的长度就不同，因而两侧车轮在轮面上滚动时会产生相对滑动，给运行中的列车造成一种附加阻力，称为曲线附加阻力。

曲线半径越小，曲线阻力越大，运营条件就越差，但小半径曲线亦具有容易适应困难地形的优点，对工程条件有利。因此，在设计铁路线路时应结合工程条件、线路设计速度以及减少维修等因素，因地制宜，合理选用。

4. 复曲线

复曲线指的是两个或两个以上半径不同，转向相同的圆曲线内切或者外切相吻接而形成的平面曲线。新建铁路正线不应设计复曲线；改建既有线在特殊困难条件下，可保留复曲线。

5. 双线同心圆

双线铁路两线线间距不变地段的平面曲线，宜设计为同心圆。

6. 铁路线路平面图

用一定比例尺（1:2 000 或 1:10 000）和规定的符号，把线路中心线及其两侧的地面情况投影到水平面上，就是铁路线路平面图，如图 2-1-4 所示。

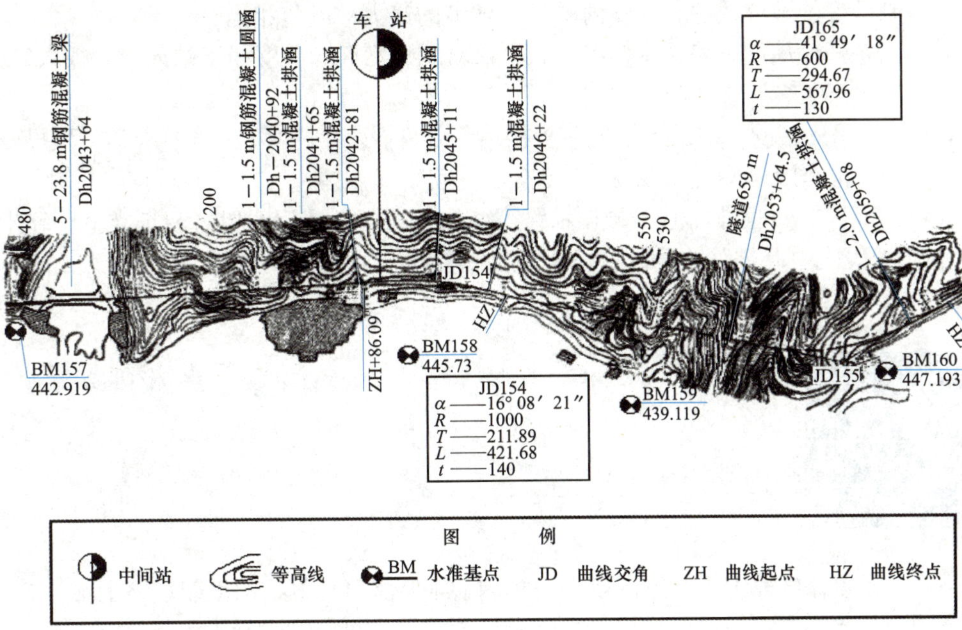

图 2-1-4 铁路线路平面图

从线路平面图中可以看到线路中心线走向、里程、直曲线情况，以及沿线的车站、桥隧建筑物的数量和位置；同时还可以看到用等高线（地面上高程相等各点的连线）表示的沿线地形地物及地面起伏情况等。

2.1.10 线路纵断面

线路中心线纵向展开后在铅垂面上的投影，叫线路纵断面。线路纵断面由平道、坡道及设于变坡点处的竖曲线组成。它表明线路的坡度变化。

1. 坡道的坡度

坡道的陡与缓通常用坡度来表示。坡度是一段坡道两端点的高度差 h 与水平距离 L 之比，如图 2-1-5 所示。坡道坡度的大小通常用千分率来表示。

$$i=\frac{h}{L}=\tan\alpha$$

式中：i——坡度值，‰；

α——坡道段线路中心线与水平线的夹角，(°)。

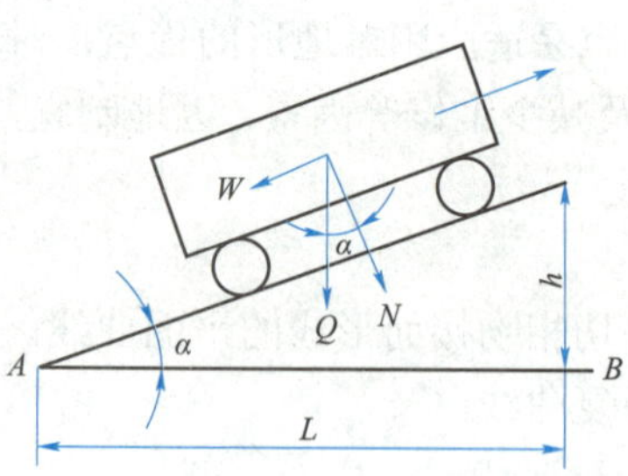

图 2-1-5　坡度与坡度阻力示意图

铁路线路根据地形的变化，可分为上坡、下坡和平道。上下坡是按列车运行方向确定的，通常用“+”号表示上坡，用“−”号表示下坡，用“0”表示平道。例如，+8‰表示坡度为 8‰的上坡道。

2. 坡道附加阻力与限制坡道

1）坡道附加阻力

有了坡道，会给列车运行带来不良的影响。列车在坡道上运行时，会受到一种由坡道引起的阻力，这一阻力称为坡道附加阻力。由图 2-1-5 可以看出，机车车辆所受的重力 Q（kN）可以分解为垂直于坡道的分力 N 和平行于坡道的分力 W。前一个分力 N 与轨道的反作用力抵消，后一个分力 W 就成为坡道附加阻力。列车上坡时，坡道阻力规定为“+”，而下坡时，坡道阻力规定为“−”。

2）限制坡道

在一个区段，决定一台某一类型机车所能牵引的货物列车质量（最大值）的坡度，称为限制坡度（i_x‰）。在一般情况下，限制坡度的数值往往和区段内陡长上坡道的最大坡度值相当。

限制坡度是影响铁路全局的主要技术标准。它不仅对线路走向、长度和车站分布有很大影响，而且直接影响运输能力、行车安全、工程费与运营费。

高速铁路、城际铁路的区间正线最大坡度应根据地形条件、设计速度、运输要求和工程投资比选确定。最大坡度不宜大于 20‰，困难条件下不应大于 30‰。

客货共线铁路、重载铁路的限制坡度应根据铁路等级、地形条件、牵引种类、机车类型、牵引质量和运输需求比选确定，并应考虑与邻接铁路的限制坡度相协调。客货共线铁路限制坡度不应大于表 2-1-4 的规定。

表 2-1-4　客货共线铁路限制坡度最大值

单位：‰

铁路等级		Ⅰ级			Ⅱ级		
地形地貌		平原	丘陵	山区	平原	丘陵	山区
牵引种类	电力	6.0	12.0	15.0	6.0	15.0	20.0
	内燃	6.0	9.0	12.0	6.0	9.0	15.0

通常情况下，一条铁路线路上下行方向以采用相同的限制坡度为好，但重载铁路上下行方向货流量相差悬殊，宜分方向采用不同限制坡度，这样既可满足运营需要又可节省大量工程量。

3. 变坡点竖曲线的设置

1）变坡点

平道与坡道、坡道与坡道的交点，叫作变坡点。列车经过变坡点时，坡度的突然变化会使车钩内产生附加应力。坡度变化较大时，附加应力的突然增大容易造成脱钩、断钩事故，如图 2-1-6 所示。

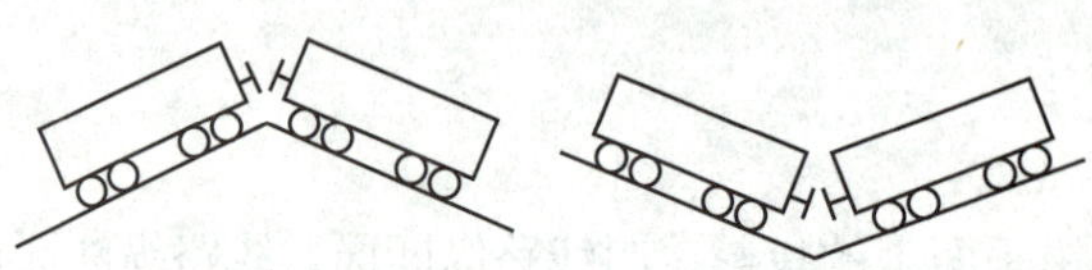

图 2-1-6　车辆经过变坡点的状态

2）坡度差

相邻坡段的连接宜设计为较小的坡度差。我国客货共线铁路相邻坡段的坡度差不宜大于表 2-1-5 规定的数值。

表 2-1-5　相邻坡段最大坡度差

单位：‰

远期到发线有效长度		1 050 m 及以上	850 m	750 m	650 m
工程条件	一般	8	10	12	15
	困难	10	12	15	18

3）竖曲线

在线路纵断面上，以变坡点为交点，连接两相邻坡段的曲线称为竖曲线。竖曲线有凸形和凹形两种。

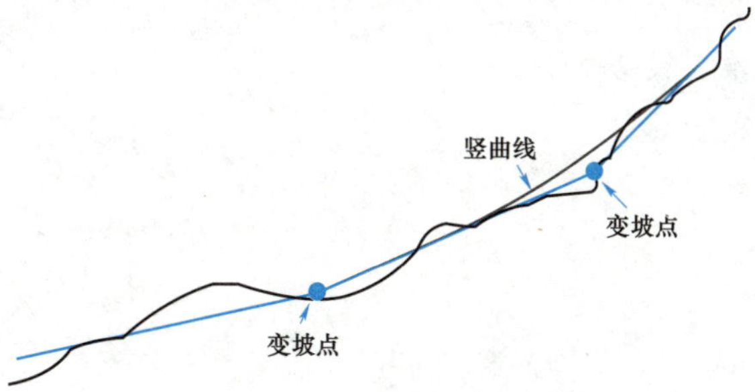

图 2-1-7　竖曲线

4. 铁路线路纵断面图

用一定的比例尺（水平方向为 1:10 000，垂直方向为 1:1 000）和规定的符号、把线路中心线（展直后）投影到垂直面上，并标明平面、纵断面的各项有关资料的图纸，叫作铁路线路纵断面图，如图 2-1-8 所示。

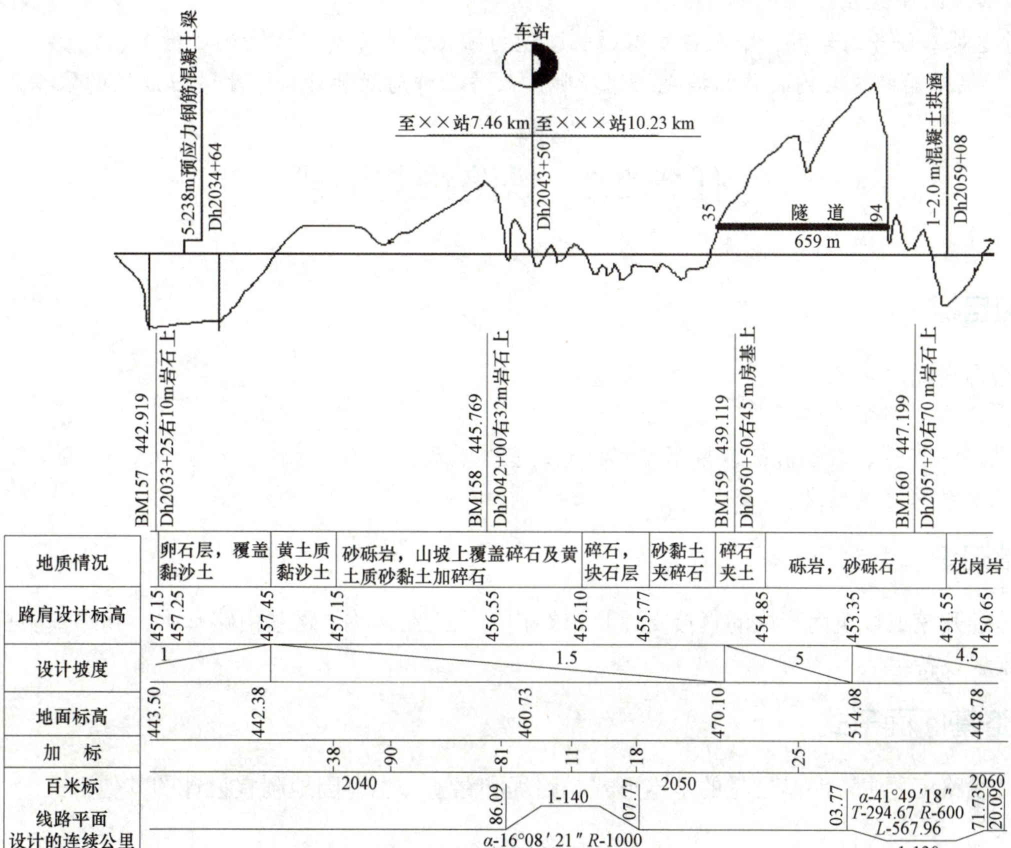

图 2-1-8　铁路线路纵断面图

铁路线路纵断面图的上部是图，表示线路纵断面概貌和沿线主要建筑物特征，主要部分是设计坡度线，即设计的路肩标高的连线。此外，还有地面线、填方和挖方的高度、桥隧建筑物资料、车站资料及其他有关情况。

铁路线路纵断面图的下部是表格，标示路肩设计标高和设计坡度。同时，用公里标、百米标和加标标明线路上各个坡段和设备的位置。此外，还有地面标高等。

在铁路线路纵断面图上，还附有线路平面情况，以便和线路纵断面情况相对照，看清线路全貌。

铁路线路平面图和铁路线路纵断面图是全面、正确反映线路主要技术条件的重要文件，也是线路施工时和线路交付运营后均需使用的技术资料。

知识测评

1. 简述线路主要技术标准、线路等级。
2. 简述线路平面组成。
3. 简述线路纵断面组成。

学习作品

课后每名同学单独制作一个开放的、富有创造性的表现学习过程和学习成效的视频，时间为 5 min 以内，至少包括以下 4 项内容：

1. 线路主要技术标准、线路等级；
2. 线路平面组成；
3. 线路纵断面组成；
4. 通过对本任务的学习，个人在知识增长、能力强化、素养提升方面的小结。

在课程结束后的 3 天内将作品提交任课教师，此作品作为教师评价学生学习效果的依据。

任务 2.2 铁路路基构造

学习目标

1. 了解路基断面形式。
2. 掌握路堤、路堑构造。
3. 掌握路基支挡、路基防护、路基排水设施的基本构造。
4. 能识别铁路路基构造。

基础知识

路基是经开挖或填筑而形成的直接支撑轨道结构的土工结构物。路基由路基本体和路基防护加固建筑物、路基排水设备组成。

2.2.1 路基断面形式

在铁路线路工程中，路基常见的基本形式是路堤和路堑，也有因地制宜设计的其他形式。

1. 路堤

路堤是在地面上用土、石填筑的路基。当路肩设计标高高于天然地面时，路基以填筑方式构成，这种路基称为路堤。路堤由路基面、边坡、排水沟等组成，如图 2-2-1 所示。

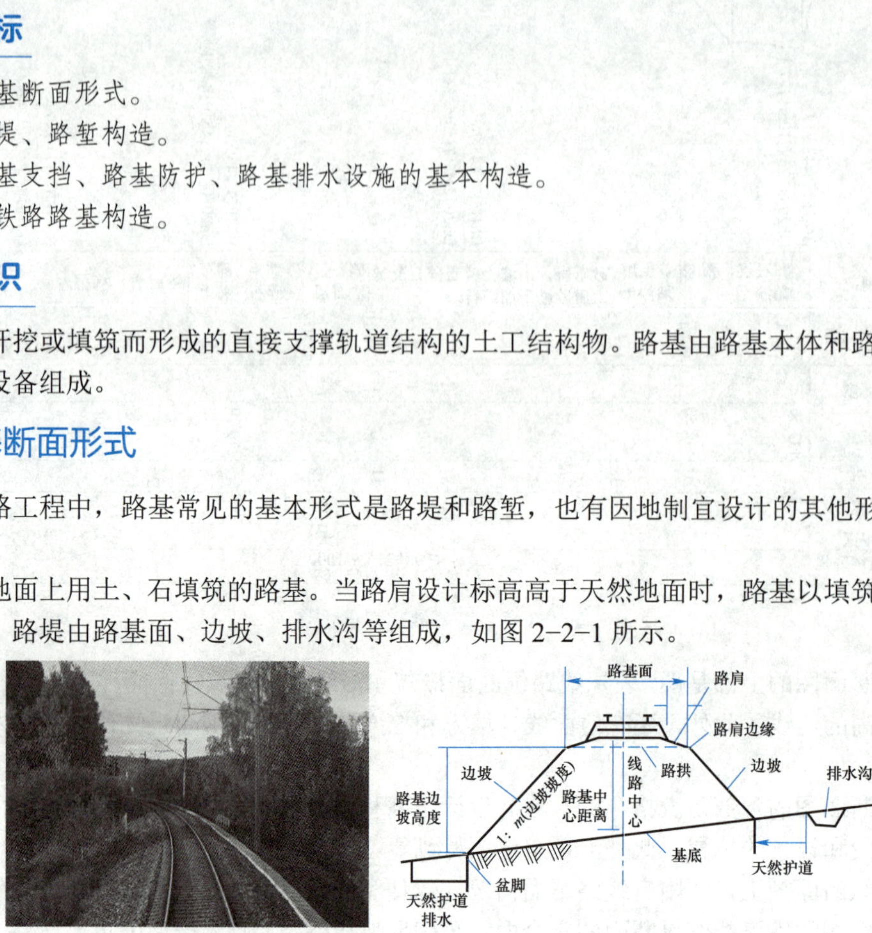

(a) 路堤　　(b) 路堤组成

图 2-2-1　路堤及其组成

2. 路堑

路堑是自地面向下开挖的路基。当路肩设计标高低于天然地面时，路基以开挖方式构成，这种路基称为路堑。路堑由路基面、侧沟等组成，如图 2-2-2 所示。

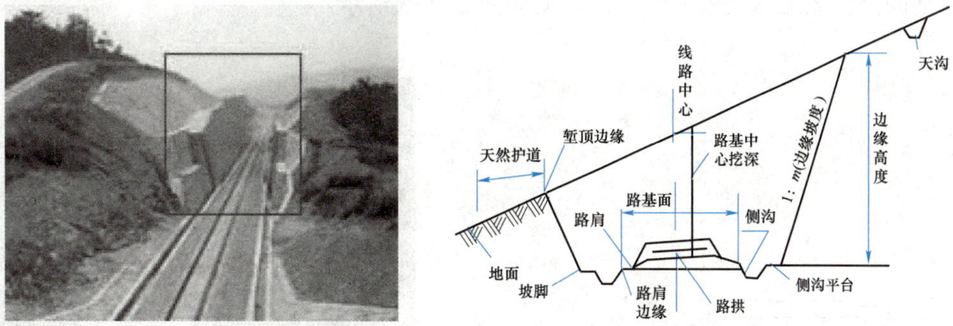

(a) 路堑　(b) 路堑组成

图 2-2-2　路堑及其组成

3. 其他形式

路基还有半路堤、半路堑、半路堤半路堑、不填不挖路基等形式，如图 2-2-3 所示。

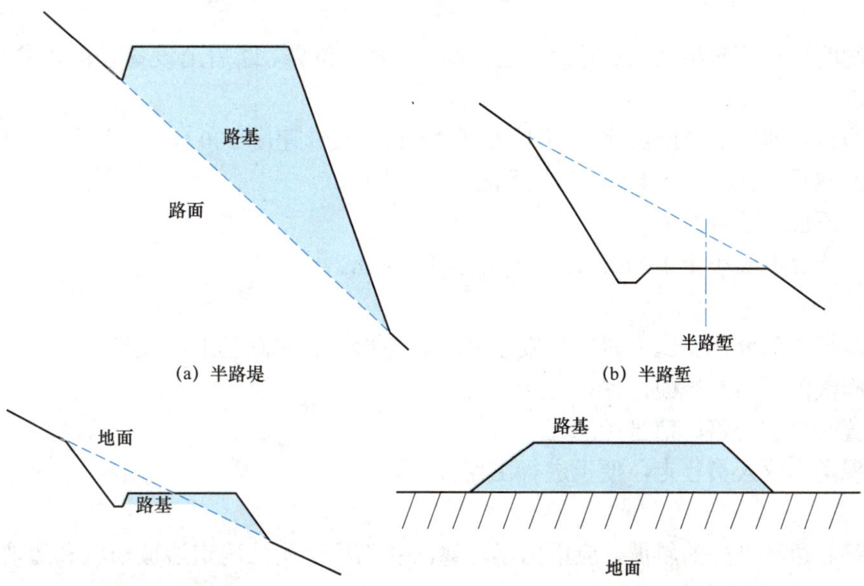

图 2-2-3　其他形式的路基

2.2.2　路基本体

铁路路基本体主要包括：路基面、路肩、路基边坡、基床和基底。

1. 路基面

1）路基面形状

路基面形状设置应符合下列规定。

（1）有砟轨道路基面形状应设计为三角形，两侧横向排水坡不宜小于 4%。曲线加宽时，路基面仍应保持三角形。路基断面如图 2-2-4 所示。

（2）无砟轨道支承层（或底座）底部范围内路基面可水平设置，支承层（或底座）外侧路基面应设置不小于 4%的横向排水坡。

2）路基面宽度

路基面宽度是路基面两侧路肩外缘之间的水平距离。

区间正线路基面宽度应根据设计速度、轨道类型、正线数目、线间距、曲线加宽、路肩宽度、养路形式、电缆槽、接触网支柱类型和基础类型等因素计算确定，必要时应考虑声屏障基础的设置。

2. 路肩

路肩是路基面两侧无道床覆盖的部分。路肩如图 2-2-5 所示。

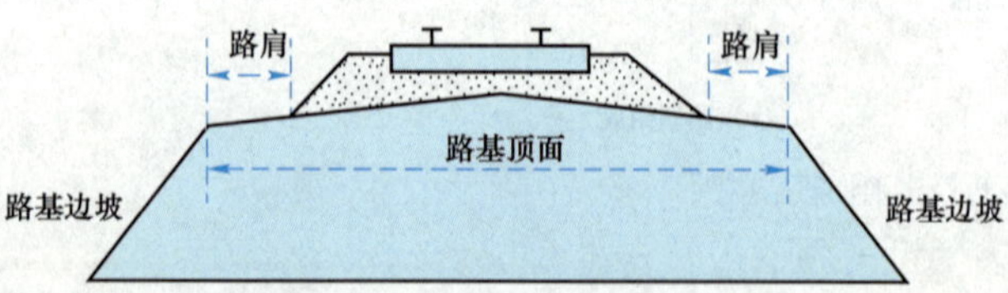

图 2-2-4　路基断面

图 2-2-5　路肩

1）路肩宽度

有砟轨道两侧路肩宽度应根据设计速度、边坡稳定、养护维修、路肩上设备设置要求等条件综合确定，并应符合下列规定。

（1）客货共线设计速度 200 km/h 铁路不应小于 1.0 m、设计速度 200 km/h 以下铁路不应小于 0.8 m。

（2）高速铁路双线不应小于 1.4 m，单线不应小于 1.5 m。

（3）城际铁路不应小于 0.8 m。

（4）重载铁路路堤不应小于 1.0 m，路堑不应小于 0.8 m。

2）路肩作用

（1）防止路基核心部分在受压力时向外发生挤动、变形，加强路基的稳定性。

（2）防止道砟滚落于路基坡面，保持道床完整。

（3）便于设置必要的线路、信号标志。

（4）供铁路现场作业人员行走，便于进行工作。

3. 路基边坡

路基边坡指路肩边缘以外的斜坡，应用力学计算法和工程地质法确定边坡形状和边坡坡度，以保证边坡的稳定性。

4. 基床和基底

1）基床

基床是路肩高程以下、受列车荷载作用影响显著的路基上部结构。基床由表层和底层组成。按照路基的基本形式，分为路堤基床和路堑基床。路堤基床如图 2-2-6 所示。其中 m 为边坡系数。

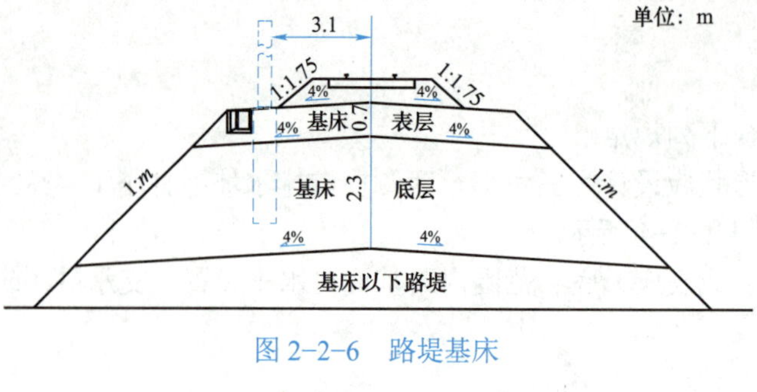

图 2-2-6　路堤基床

2）基底

基底是路基的地基，是路基填料的天然地面以下受填料自重及轨道、列车动载影响的土体部分。

2.2.3 路基支挡

路基支挡是用来支撑、加固岩土体，以保持其稳定的结构，路基支挡如挡土墙（见图 2-2-7）、山体挡棚（见图 2-2-8）等。

图 2-2-7 挡土墙

图 2-2-8 山体挡棚

支挡结构的设置及结构形式应结合地形地质条件、周围环境、征地、拆迁及工程投资等因素综合分析确定。

2.2.4 路基防护

路基防护包含路基边坡防护、风沙及雪害地区平面防护、路基保温防护等。

1. 路基边坡防护

1）植物防护

植物防护是指在土质或严重风化的基岩风化层边坡上植草、铺草皮、植灌木等。植草防护如图 2-2-9 所示。植草防护适用于边坡稳定，坡面受雨水冲刷轻微，且易于草类生长的路堤与路堑边坡。

2）骨架植物防护

骨架植物防护适用于土质或风化岩石边坡，其采用混凝土、浆砌片（块）石、卵（砾）石等作骨架，框格内采用植物防护。水泥混凝土骨架植草护坡如图 2-2-10 所示。

图 2-2-9 植草防护

图 2-2-10 水泥混凝土骨架植草护坡

3）圬工防护

圬工防护主要是指砖砌、片石砌筑而成的路基防护结构。圬工防护包括框格防护、封面、护面墙、干砌片石护坡、浆砌片石护坡、浆砌预制块护坡、锚杆挂网喷浆防护、喷射混凝土防护。锚杆挂网喷浆防护如图 2-2-11 所示。

锚杆挂网喷浆防护或喷射混凝土防护适用于直面为碎裂结构的硬岩或层状结构的不连续地层，以及坡面岩石与基岩分离并有可能下滑的挖方边坡。其施工简便，效果较好。

4）冲刷防护

（1）直接防护。直接防护是直接在路堤坡面或坡脚处设置防护结构物，起加固岸坡的作用，常见的有石砌护面（见图 2-2-12）、抛石防护、石笼防护（见图 2-2-13）等。

图 2-2-11　锚杆挂网喷浆防护

图 2-2-12　石砌护面

（2）间接防护。间接防护是改变水流性质，消除和减缓水流对堤岸的直接破坏，常见的有丁坝、顺坝（导流坝）、改河工程等。丁坝如图 2-2-14 所示。

图 2-2-13　石笼防护

图 2-2-14　丁坝

丁坝又称挑水坝，是一段伸入江水（或海水）中的堤，呈“丁”字形，可以减轻江（潮）水对路基的冲击，延长路基的使用寿命和提升抗潮防汛强度。顺坝与水流方向平行或呈锐角，使河流的主流线偏离受冲刷的路基。

2. 风沙及雪害地区平面防护

风沙地区路基两侧应结合当地的治沙经验，采取固沙、阻沙、输沙和封沙育草、保护天然植被等多种防护措施，构成严密的、整体性的防沙体系。

雪害地区应根据地形、地貌、植被、气候、风向、积雪厚度，并结合线路位置、路基高度等因素在路基一侧或两侧设计防护林带。防护林带宜采用乔、灌混合林。林带树种应根据当地土壤和气候条件，选用适合当地生长、易于成活、生长快的树种。

3. 路基保温防护

多年冻土地区路基应根据年平均温度、冻土类别、冻土含冰量、平面分布特征及路基的稳定状态综合分析，可采用保温层、通风管、遮阳板、保温护道等措施。如青藏高原地区宜采用片石气冷路基，边坡设置片（碎）石护坡等措施。

2.2.5　路基排水设施

1. 地面排水设施

为保持路基经常处于干燥、坚固和稳定状态，路基上设有一套完整的排水设备。排除路基地面水的设备主要有排水沟、侧沟、截水沟（天沟）、跌水、急流槽和缓流井等，路基地面排水设施如图 2-2-15 所示。

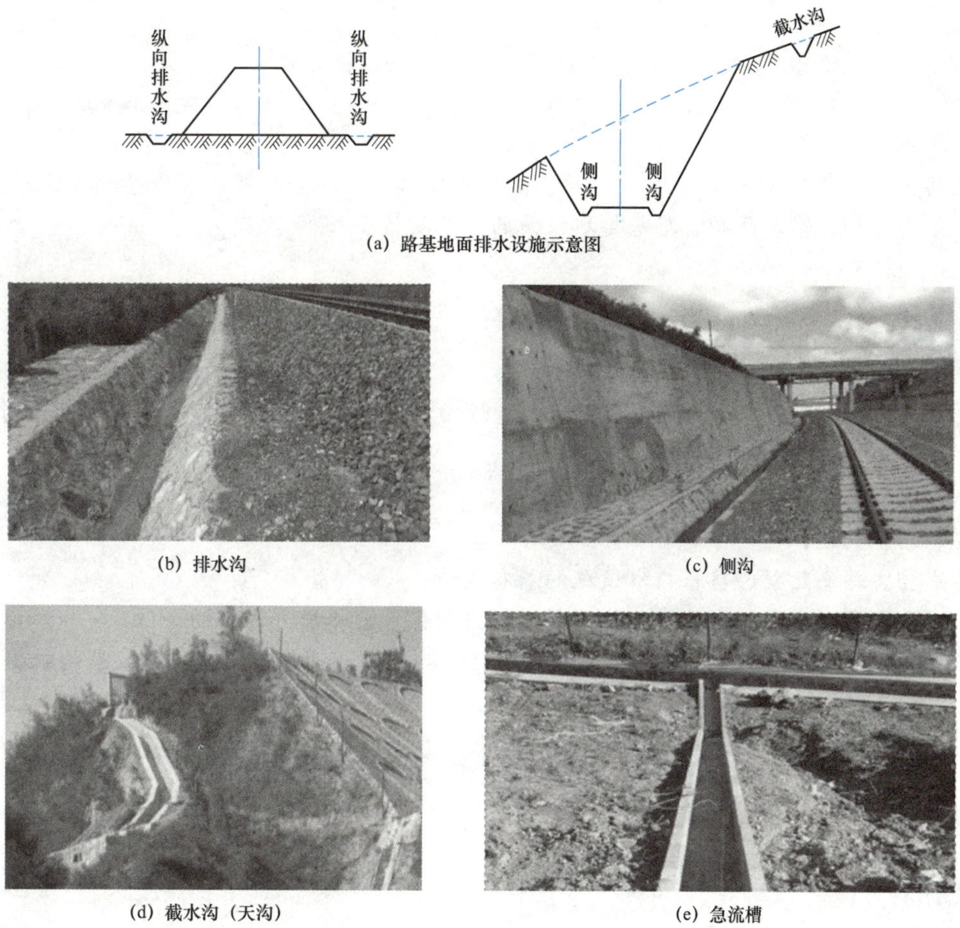

图 2-2-15　路基地面排水设施

2. 地下排水设施

除了地面水以外，地下水也是破坏路基坚实、稳固的一个重要因素。为了拦截地下水，降低地下水位，常采用渗沟和渗管等地下排水设备，渗沟和渗管如图 2-2-16 所示。地下水渗入渗沟后，可通过渗管纵向排出路基。

当地下水流量小、流程短时，可采用无管渗沟。若水流量较大且较长时，则采用有管渗沟。有管渗沟的渗管是管壁带有渗水孔的陶管或混凝土管。

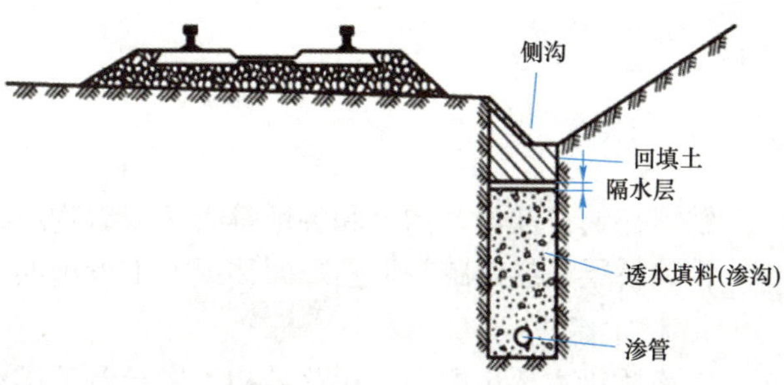

图 2-2-16　渗沟和渗管

2.2.6　路基病害及整治

路基在列车载荷的作用和自然条件的影响下，不可避免地会引起路基土壤力学性质发生变化，形成路基病害。常见的路基病害有翻浆冒泥、路基冻胀、滑坡和边坡塌方等。

2.2.7　路基设计使用年限

（1）路基支挡及承载结构的设计使用年限应为 100 年。

（2）路基防护结构及高速铁路、重载铁路、设计速度为 200 km/h 的城际铁路和客货共线铁路的路基排水结构使用年限应为 60 年。

（3）电缆槽、防护砌块、栏杆等可更换的小型构件及设计速度为 200 km/h 以下城际铁路和客货共线铁路的路基排水结构使用年限应为 30 年。

知识测评

1. 简述路基断面形式。
2. 简述路堤、路堑构造。
3. 简述路基支挡、路基防护、路基排水设施的基本构造。

学习作品

课后每名同学单独制作一个开放的、富有创造性的表现学习过程和学习成效的视频，时间为 5 min 以内，至少包括以下 4 项内容：

1. 路基断面形式；
2. 路堤、路堑构造；
3. 路基支挡、路基防护、路基排水设施的基本构造；
4. 通过对本任务的学习，个人在知识增长、能力强化、素养提升方面的小结。

在课程结束后的 3 天内将作品提交任课教师，此作品作为教师评价学生学习效果的依据。

任务 2.3　铁路桥隧建筑物构造

学习目标

1. 了解桥梁、涵洞、隧道的类型。
2. 掌握桥梁、涵洞、隧道的构造。
3. 会识别常见铁路桥梁、涵洞、隧道。

基础知识

2.3.1　桥梁

铁路在通过江河、沟溪和谷地等天然障碍物或跨越公路和其他铁路时，需要修建各种桥涵建筑物。铁路桥梁是铁路跨越天然障碍物或人工设施的架空建筑物。

1. 桥梁组成

铁路桥梁主要由桥面、桥跨结构、墩台及基础组成，如图 2-3-1 所示。

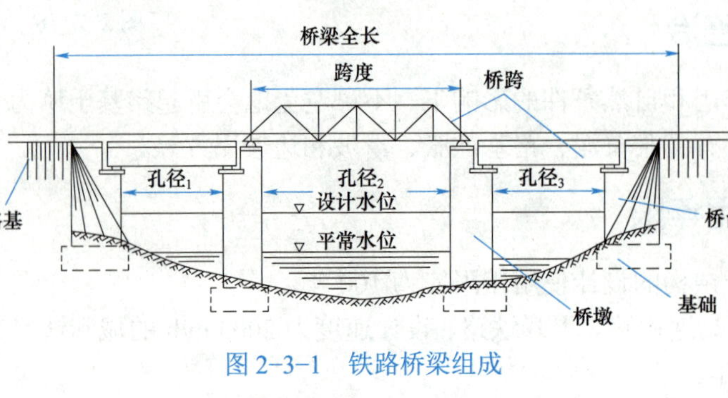

图 2-3-1　铁路桥梁组成

1）桥面

桥面是桥梁上铺设轨道的部分。桥面一般分为道砟桥面、无砟桥面和明桥面。

2）桥跨

桥跨即桥梁跨度，是桥梁顺桥方向两支承中心之间的距离。铁路桥跨设计一般规定：钢桥跨度不大于168 m，混凝土梁跨度不大于 128 m，桥梁墩高不大于 50 m。

桥跨结构是桥梁承受荷载、跨越障碍的部分。桥跨结构形式较多，按受力情况分为梁桥、拱桥、刚架桥、悬索桥、组合体系桥（如系杆拱桥或斜拉桥）等。

3）墩台

墩台是支撑桥跨结构的部分，包括桥墩和桥台。墩台一般有实心、空心、刚构和排架等。

（1）桥墩。桥墩是支承相邻桥跨结构，并将其荷载传给基础的建筑物。铁路桥梁墩高（桥墩）不大于50 m。

（2）桥台。桥台是连接桥跨结构和路基的支挡建筑物。

设于桥梁中部的支撑称为桥墩，设于桥梁两端的支撑叫作桥台。

4）墩台基础

桥墩与桥台的底部为墩台基础，墩台基础可分为扩大基础、桩基础、沉井、沉箱基础等。

5）桥长

桥长即整个桥梁包括墩台在内的总长度，其指桥梁的全长。

（1）梁桥长度，指桥台挡砟前墙之间的长度。

（2）拱桥长度，指拱上侧墙与桥台侧墙间两伸缩缝外端之间的长度。

（3）刚架桥长度，指刚架顺跨度方向外侧间的长度。

6）桥孔、孔径和桥下净空

（1）桥孔，两个相邻墩台之间的空间。

（2）孔径，每个桥孔在设计水位处的距离。

（3）桥下净空，从桥跨结构底部到设计水位的高度以及相邻两墩台之间的限界空间。

桥梁的孔径和桥下净空应能满足泄洪、排水及船舶通航的要求。

2. 桥梁类型

桥梁的种类很多、形式多样，一般可按桥梁长度、桥梁外形、桥梁建造材料以及桥梁跨越障碍等加以区分。

1）按桥梁长度分类

（1）特大桥，桥长 500 m 以上的铁路桥梁。

（2）大桥，桥长 100～500 m 的铁路桥梁。

（3）中桥，桥长 20～100 m 的铁路桥梁。

（4）小桥，桥长 20 m 及以下的铁路桥梁。

2）按桥梁外形分类

（1）梁桥，桥梁上部结构的主体部分是梁，它由支座支承在桥墩和桥台上。

（2）拱桥，桥跨结构的主体呈拱形。

（3）斜拉桥，由梁、斜拉索、塔架组成。

桥梁的外形分类如图 2-3-2 所示。

(a) 梁桥

(b) 拱桥

(c) 斜拉桥

图 2-3-2　桥梁的外形分类

3）按桥梁跨越障碍物分类

（1）跨河桥，跨越江河、湖泊、海洋的桥梁。

（2）跨线桥，又称立交桥，是铁路、公路相互交叉时所建的桥梁。

（3）高架桥，又称栈桥或旱桥，是跨越宽谷、深沟、平川的桥梁。

4）按建造材料分类

（1）钢桥，质量轻、强度大、安装较方便，多用于跨度较大的情况。

（2）钢筋混凝土桥，具有造价低、经济实用、坚固耐用、易养护和噪声小等优点，因而得到了广泛应用，在跨度为 20 m 以下的桥梁中，大量采用钢筋混凝土结构。

（3）石拱桥，具有就地取材、造价低、经久耐用、养护费用省等优点。

3. 桥梁荷载

桥梁承受的荷载主要包括恒载和活载两部分。恒载指桥梁结构本身的自重，活载指列车重量及冲击力。建桥时桥梁各部分结构要根据线路等级、桥跨材料及跨度，适应列车质量、密度、速度发展的需要。

2.3.2 涵洞

铁路涵洞是横穿铁路路基，用以排洪、灌溉或作为通道的建筑物。

1. 涵洞组成

涵洞主要由洞身（由若干管节组成）、基础、端墙和翼墙组成，如图 2-3-3 所示。

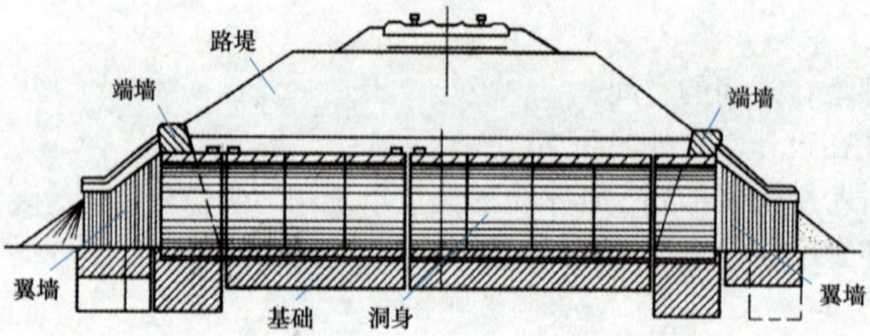

图 2-3-3　涵洞

1）洞身

洞身管节埋在路基中，它具有一定的纵向坡度（从进口向出口），以便排水。

2）端墙、翼墙

端墙、翼墙的作用是便于水流进出涵洞，同时还可以保护路堤边坡不受水流冲刷。

2. 涵洞分类

1）按照构造形式分类

涵洞按构造形式可分为圆形涵洞、盖板形涵洞、框构涵洞和拱形涵洞，如图 2-3-4 所示。

2）按用途分类

涵洞按其用途可分为排洪涵洞、灌溉涵洞或明渠、立交涵洞（交通涵）和排洪兼立交涵洞等。

3）按建筑材料分类

涵洞按照建筑材料可分为石涵、混凝土涵、钢筋混凝土涵、铁涵等多种。

3. 涵洞孔径

涵洞的标准孔径为 1.0 m、1.25 m、1.5 m、2.0 m、2.5 m、3.0 m、3.5 m、4.0 m、4.5 m、5.0 m、5.5 m、6.0 m。排洪涵洞的最小孔径不应小于 1.25 m。兼作泄洪的涵洞孔径不宜小于 2.0 m。

2.3.3 桥涵布置及设计使用年限

1. 桥涵布置

（1）桥涵布置应少占耕地，考虑水陆交通、排灌、水源保护区、野生动植物保护区、地下管线等对桥涵的要求和影响，并应与自然水系、地方排灌系统组成完整通畅的排水系统。

(a) 圆形涵洞

(b) 盖板形涵洞

(c) 框构涵洞

(d) 拱形涵洞

图 2-3-4　涵洞的构造形式分类

（2）跨越河流的桥梁以一河一桥为原则，不宜强行改移河道或以长大导流堤强行集中水流。

（3）天然河道不宜改移。当能明显改善桥涵工作状况或有显著经济效益时，天然河道可被改移，但应考虑河流水利条件变化的影响。

2. 桥涵设计使用年限

桥涵结构设计使用年限为 100 年。

2.3.4　隧道

铁路隧道是线路跨越山岭时，为避免开挖很深的路堑或修建很长的迂回线，而修建的穿越山岭的建筑物。此外，还有建筑在河床、海峡或湖底的水底隧道和建筑在大城市地下的地下隧道。

1. 隧道构造

隧道一般由洞身、衬砌、洞门、附属建筑等组成。

1）洞身

洞身是隧道的主要组成部分，其长度由两端洞门的位置决定。洞身是列车通过的通道，为保证行车安全，洞身必须按建筑限界标准修建。隧道洞身如图 2-3-5 所示。

图 2-3-5　隧道洞身

2）衬砌

隧道内应设衬砌。衬砌的作用是用来承受地层的压力，防止坑道周围地层的变形，防止岩石的风化和坍落，维护坑道轮廓不侵入建筑限界的范围，以确保行车安全，目前，主要采用整体灌注式衬砌，其由拱圈、边墙和仰拱所组成，如图 2-3-6 所示。隧道仰拱是隧道底部反拱形的衬砌部分。

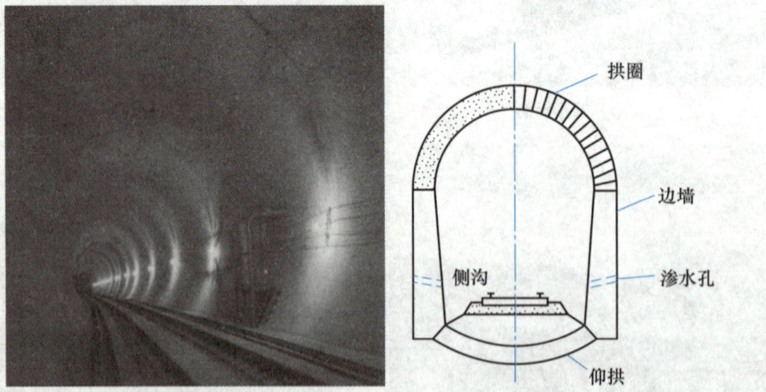

(a) 实景　　(b) 结构

图 2-3-6　衬砌

3）洞门

隧道洞口应修建洞门，洞门可设计为挡（翼）墙式、端墙式、环框式或斜切式等形式，如图 2-3-7 所示。具体应根据洞口的地形、地质条件确定，并与洞外路基工程相协调。

(a) 挡（翼）墙式　　(b) 端墙式

(c) 环框式　　(d) 斜切式

图 2-3-7　隧道洞门

洞门在隧道进出口处，其主要作用是保证洞口土体仰坡和边坡的稳定，并通过洞门位置的排水系统将仰坡流下的雨水引离隧道，以防止水流冲刷洞门。

4）附属建筑

（1）洞室。隧道洞室是隧道内存放维修工具或满足其他专业需要而设置的空间。隧道内应根据人员待避、养护维修要求，以及电力、通信、接触网等存放设备的需要设置避人洞和避车洞。

（2）通风设备。隧道通风方式有自然通风和机械通风。内燃机车牵引区段，有害气体超过规定浓度或自然通风不良的隧道，应有机械通风设备，瓦斯隧道还应设置瓦斯检测设备。

（3）照明。隧道内的照明设施应满足养护维修、紧急情况下的人员疏散及救援人员的通行要求。

（4）防水和排水系统。隧道内防水系统可由地表处理、围岩防渗、衬砌结构自防水、防水层防水、接缝防水等根据需要组合构成。

隧道一般采用自流排水，无自流排水条件时应设置机械排水。

（5）紧急救援设备。长度 3～20 km 的高速铁路隧道，应按相应规定设置紧急出口或避难所，长度超过 20 km 的隧道或隧道群，应设置紧急救援站。

（6）沟槽。隧道内应纵向设排水沟，并根据通信、信号工程要求设置电缆槽。

5）围岩

围岩是隧道周围一定范围内对洞身产生影响的岩土体。

2. 隧道分类

1）隧道按长度分类

（1）短隧道，长 500 m 及以下。

（2）中长隧道，长 500 m 以上至 3 000 m。

（3）中隧道，长 3 000 m 以上至 10 000 m。

（4）特长隧道，长 10 000 m 以上。

隧道长度是指进出口（洞门）之间的距离，以端墙面或斜切式洞门的斜切面与设计内轨顶面的交线同线路中线的交点计算。双线隧道按左线长度计算；位于车站上的隧道以正线长度计算；设有缓冲结构的隧道长度应从缓冲结构的起点计算。

2）按开挖跨度分类

（1）小跨度，5 m 以上至 8.5 m。

（2）中等跨度，8.5 m 以上至 12 m。

（3）大跨度，12 m 以上至 14 m。

（4）特大跨度，14 m 以上。

隧道开挖跨度是指隧道开挖横断面的水平最大宽度。

3）按施工方法分类

（1）暗挖法，主要包括矿山法、掘进机法、盾构法。狭义上讲，凡属于暗挖法修建的才称为隧道。

（4）明挖法，采用明挖法施工的隧道称为明洞。

3. 隧道设计使用年限

隧道建筑物应按永久性结构设计，建成的隧道应能满足运营的需要，方便养护作业，并设置可靠的安全防护设施和必要的检查、维修设施。

隧道工程设计使用年限应符合表 2-3-1 的规定。

表 2-3-1　隧道工程设计使用年限

工程部位（结构）	洞门及其挡（翼）墙、衬砌	边仰坡防护结构、洞内外排水结构、电缆沟槽
设计使用年限	100 年	60 年

注：设计使用年限是指设计规定的结构或结构构件不需进行大修即可按预定目标使用的年限。

4. 隧道线路平面及纵断面

（1）隧道内的线路平面宜设计为直线，当因地形、地质等条件限制设计为曲线时，宜将曲线设在洞门附近并采用较大的曲线半径。内燃牵引隧道内不宜设置反向曲线。

（2）隧道纵断面设计应符合下列规定。

① 隧道内的纵坡可设计为人字坡或单面坡，地下水发育的 3 000 m 及以上隧道宜采用人字坡。

② 隧道内的坡度不宜小于 3‰。

③ 在最冷月平均气温低于−3 ℃的地区，隧道宜适当加大坡度。

④ 相邻坡段间应根据设计速度、相邻坡段坡度差，按《铁路线路设计规范》规定设置圆曲线形竖曲线连接。

5. 隧道内轨道

隧道内可铺设无砟轨道或有砟轨道，长度 1 000 m 及以上的隧道宜采用无砟轨道。

知识测评

1. 简述铁路桥梁、涵洞、隧道的类型。
2. 简述铁路桥梁、涵洞、隧道的构造。
3. 简述铁路桥梁、涵洞、隧道的设计使用年限。

学习作品

课后每名同学单独制作一个开放的、富有创造性的表现学习过程和学习成效的视频，时间为 5 min 以内，至少包括以下 4 项内容：

1. 铁路桥梁、涵洞、隧道的类型；
2. 铁路桥梁、涵洞、隧道的构造；
3. 铁路桥梁、涵洞、隧道的设计使用年限；
4. 通过对本任务的学习，个人在知识增长、能力强化、素养提升方面的小结。

在课程结束后的 3 天内将作品提交任课教师，此作品作为教师评价学生学习效果的依据。

任务 2.4　铁路轨道构造

学习目标

1. 了解轨道基本组成。
2. 掌握钢轨、轨枕、道岔等主要部件的标准。
3. 能指出轨道各部件的名称及作用。

基础知识

2.4.1　轨道类型

轨道是路基、桥涵、隧道等线下结构物以上的线路部分。轨道分为有砟轨道和无砟轨道。

1. 有砟轨道

有砟轨道是采用碎石等散粒体及轨枕为轨下基础的轨道结构。本任务的学习重点是有砟轨道。

2. 无砟轨道

采用混凝土等整体结构为轨下基础的轨道结构。无砟轨道将在本书高速铁路相关模块中进行介绍。

2.4.2　轨道组成

有砟轨道由钢轨、轨枕、联结零件、道床、防爬设备等组成，如图 2-4-1 所示。

1. 钢轨

1）钢轨断面形式

为了使钢轨具有最佳的抗弯性能，钢轨的断面形状采用“工”字形，由轨头、轨腰和轨底组成，如图 2-4-2 所示。

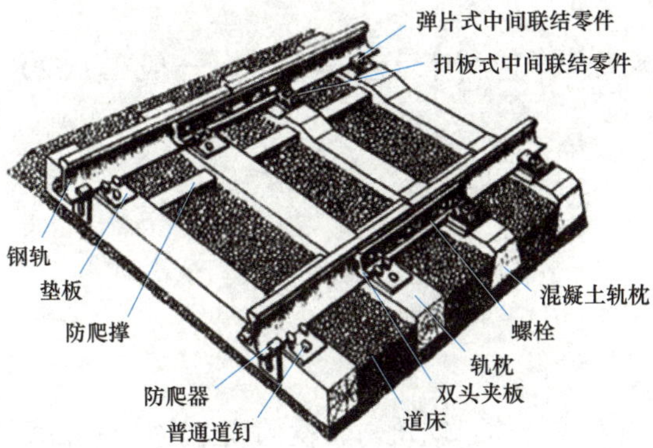

图 2-4-1　有砟轨道的基本组成

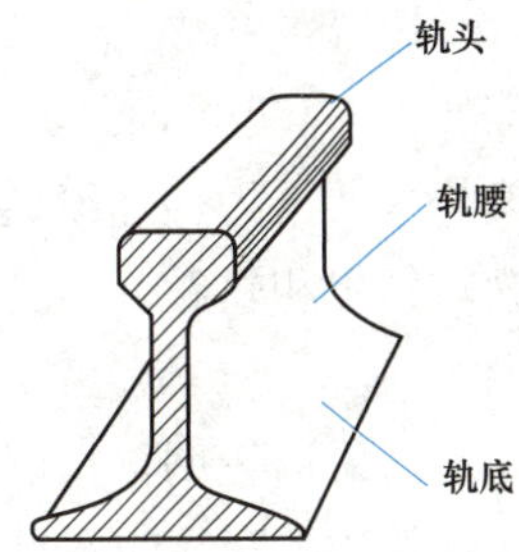

图 2-4-2　钢轨断面形式

2）钢轨长度

（1）标准轨定尺长度。

① 60N 钢轨定尺长可分为 100 m、25 m、12.5 m。

② 75N 钢轨定尺长可分为 100 m、75 m、25 m。

（2）曲线缩短轨长度。

① 12.5 m 钢轨：12.46 m、12.42 m、12.38 m。

② 25 m 钢轨：24.96 m、24.92 m、24.84 m。

（3）短尺轨长度。

① 12.5 m 钢轨：9 m、9.5 m、11 m、11.5 m、12 m。

② 25 m 钢轨：21 m、22 m、23 m、24 m、24.5 m。

③ 75 m 钢轨：71 m、72 m、73 m、74 m。

④ 100 m 钢轨：95 m、96 m、99 m。

3）钢轨质量

我国以每米长度的大约质量（kg/m）表示钢轨质量，现行的钢轨质量可分为 75 kg/m、60 kg/m、50 kg/m。

4）钢轨选用

（1）高速铁路、城际铁路、客货共线Ⅰ级铁路正线应采用 60 kg/m 钢轨，客货共线Ⅱ级铁路正线可采用 60 kg/m 或 50 kg/m 钢轨，重载铁路正线应采用 60 kg/m 及以上钢轨。

（2）正线钢轨及道岔基本轨为 60 kg/m 及以上钢轨时，宜采用 60N、75N 钢轨。

（3）无缝线路 60 kg/m 的钢轨宜选用 100 m 定尺长钢轨，75 kg/m 钢轨宜选用 75 m 或 100 m 定尺长钢轨。

（4）有缝线路宜选用 25 m 定尺长钢轨。

5）钢轨的作用

（1）直接承受车轮的巨大压力。

（2）引导车轮的运行方向。

（3）电气化铁道或自动闭塞区段，钢轨兼作轨道电路。

2. 轨枕

1）轨枕类型

（1）按具体使用目的不同分类。轨枕可分为普通轨枕、桥枕、岔枕等。

（2）按制作材料分类。轨枕主要有钢筋混凝土枕和木枕两种。

2）轨枕的长度

（1）普通轨枕的长度为 2.5 m。

（2）道岔用的岔枕和钢桥上用的桥枕，其长度有 2.6～4.85 m 多种。

（3）我国自行研制的Ⅲ型钢筋混凝土轨枕，其长度为 2.6 m，运用于提速线路、重载线路以及新建的客运专线。

3）轨枕铺设数量

每千米线路上铺设轨枕的数量，应根据运量及行车速度等运营条件确定，一般在 1 520～1 840 根之间。轨枕根数越多，轨道强度越大。

4）轨枕的作用

（1）支承钢轨。

（2）将钢轨传来的压力传递给道床。

（3）保持钢轨位置和轨距。

3. 联结零件

在铁路线路上，钢轨与钢轨、钢轨与轨枕须连成一体。钢轨与轨枕的联结主要依靠联结零件。联结零件包括接头联结零件和中间联结零件两类。

1）接头联结零件及技术

（1）接头联结零件。接头联结零件是用来联结钢轨与钢轨之间接头的，包括夹板、螺栓、螺帽和弹性垫圈等。联结时，先用两块鱼尾板夹住钢轨，然后用螺栓拧紧，如图 2-4-3 所示。

（2）钢轨接头形式是悬接而又对接，如图 2-2-4 所示。悬接是指钢轨的接头正好处在两根轨枕之间，这种形式弹性较好。对接是指轨道上两股钢轨的接头恰好彼此相对在同一坐标点，从而避免错接时机车车辆通过时的左右摇摆。

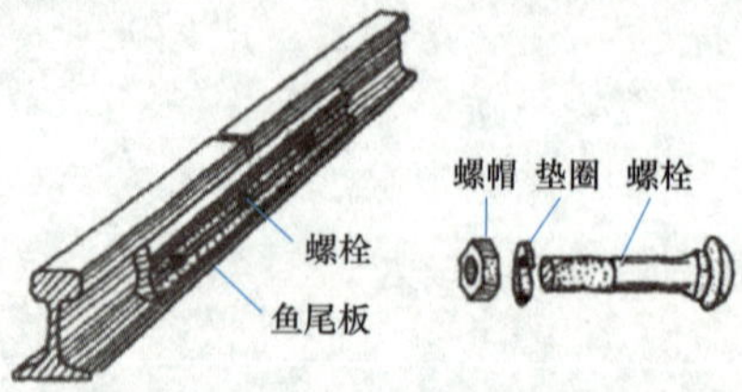

图 2-4-3　接头联结零件

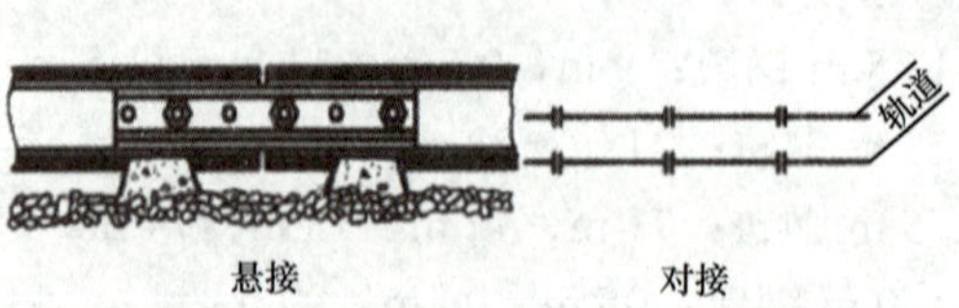

图 2-4-4　钢轨悬接、对接

（3）轨缝。钢轨接头处必须保持一定的缝隙，这一缝隙叫作轨缝。当气温发生变化时，轨缝可满足钢轨的伸缩。钢轨接头是线路上最薄弱的环节，它使行车阻力和线路维修费用显著增加，因此它是线路维修工作的重点。

图 2-4-5　ω型弹条式扣件

2）中间联结零件及技术

（1）中间联结零件（又称扣件）类型。中间联结零件因轨枕的不同，有钢筋混凝土枕用扣件和木枕用扣件两类。

① 钢筋混凝土用扣件，有扣板式扣件、拱形弹片式扣件和ω型弹条式扣件（见图 2-4-5）三种。ω 型弹条式扣件不仅比前两种使用的零件少，结构简单，而且弹性好，扣压力大，因此在主要干线上被大量采用。

② 木枕用扣件，包括普通道钉和垫板。垫板置于轨底与木枕之间，其作用在于增加木枕与轨底的接触面积，使木枕经久耐用。同时，由于它的顶面做成 1:40 的斜度，使线路上的钢轨具有适当的内倾度（此为轨底坡，即为实现与车轮踏面斜度的匹配，钢轨应向轨道中心倾斜，从而在轨底与轨道平面之间形成的横向坡度），以利于防止和

减轻轮对的蛇行运动。

（2）中间联结零件的作用。将钢轨紧扣在轨枕上，以固定钢轨的正确位置，阻止钢轨的纵向爬行和横向位移，防止钢轨倾翻，同时还能提供必要的弹性、绝缘性能等。

4. 道床

道床是指在路基面以上，轨枕底下的部分，是铺设在路基面上的石砟（道砟）垫层。

1）道床材质

道床常用的材质有碎石、卵石、粗砂等，其中以碎石为最优，我国铁路一般都采用碎石道床。

2）道床断面形状

道床的断面呈梯形，其顶面宽度、边坡坡度及道床厚度等均按轨道的类型而定。

3）道床作用

道床的主要作用是支承轨枕，把轨枕上部的压力均匀地传递给路基，并固定轨枕的位置，阻止轨枕纵向或横向移动，缓和机车车辆轮对对钢轨的冲击，调整线路的平面和纵断面。

有砟道床的优点是建设费用低、噪声传播范围小、建设周期短、修复容易等。我国铁路隧道内、大桥上和高速线路上使用无砟道床。

5. 防爬设备

1）轨道爬行

因列车运行时纵向力的作用，使钢轨产生纵向移动，有时甚至带动轨枕一起移动，这种现象叫作轨道爬行。

轨道爬行经常出现在单线铁路的重车方向（运量大的方向）、双线铁路的行车方向、长大下坡道上及进站前的制动距离内。

2）轨道爬行的危害

轨道爬行往往引起轨缝不匀、轨枕歪斜等线路病害，对轨道的破坏性极大，严重时还会危及行车安全。因此，必须采用有效措施加以防范。

3）轨道防爬技术

（1）加强钢轨与轨枕间的扣压力和道床阻力。

（2）设置防爬器和防爬支撑等防爬设备。

① 防爬器。我国铁路广泛采用穿销式防爬器，如图 2-4-6 所示。它由带挡板的轨卡和穿销组成。安装时，将轨卡的一边紧紧地卡住轨底，另一边用楔形穿销，使整个防爬器牢固地卡在轨底上。

② 防爬撑。为充分发挥防爬器的防爬能力，常在轨枕间安装防爬支撑，将若干根轨枕联系起来，如图 2-4-7 所示。

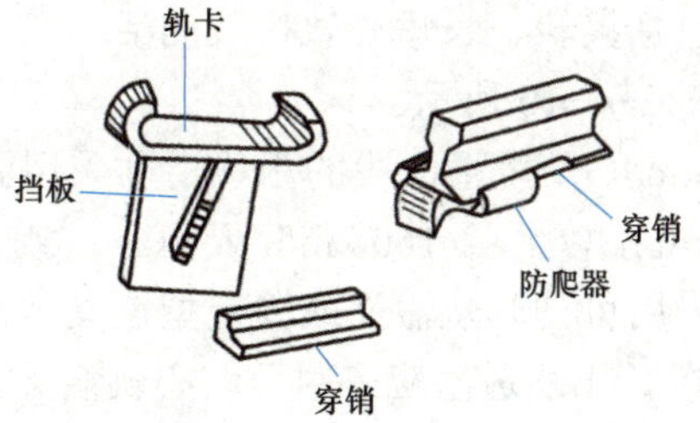

图 2-4-6　穿销式防爬器

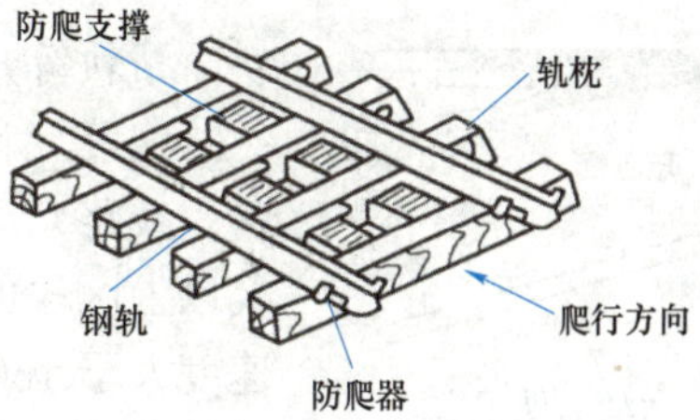

图 2-4-7　防爬设备组成

6. 道岔

道岔是铁路线路相连接或交叉设备的总称，是机车车辆从一股轨道转入或越过另一股轨道的设备，是铁路轨道的重要组成部分。道岔大量铺设在车站两端，以满足作业的需要。

道岔的种类很多，常见的有普通单开道岔、对称道岔、三开道岔、菱形交叉、交分道岔等。

1）单开道岔

单开道岔是最常用的道岔之一，主线为直线，侧线在主线的右侧或左侧，如图 2-4-8 所示。

单开道岔是线路上铺设数量最多的道岔。单开道岔由转辙器部分、连接部分、辙叉与护轨部分组成，如图 2-4-9 所示。对于普通单开道岔，若直线向左分岔称为左开道岔，向右分岔称为右开道岔。

（1）转辙器部分。转辙器部分包括两根尖轨和两根基本轨，是引导机车车辆转线的部分。

图 2-4-8　单开道岔

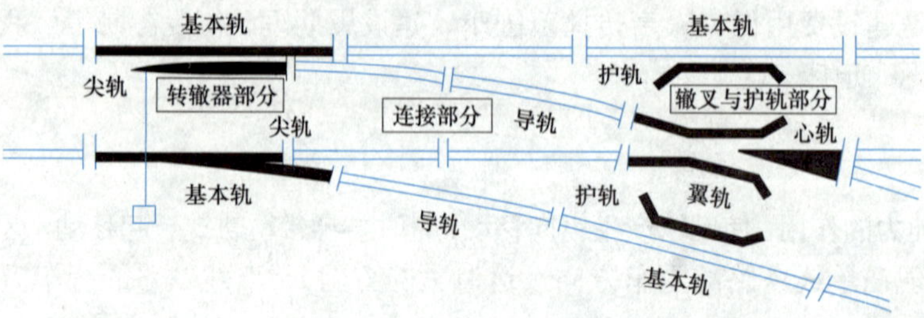

图 2-4-9　单开道岔组成

两根尖轨是整个道岔中可以活动的部分，用连杆相连。处于两根基本轨的内侧，并且总是一根尖轨同一根基本轨密贴，而另一根尖轨与另一根基本轨分离，以便使机车车辆轮缘顺利通过该部位。

（2）辙叉及护轨部分。辙叉及护轨部分包括辙叉心、两根翼轨和两根护轮轨。其作用是保证车轮安全通过互相交叉的两根钢轨。

辙叉心轨两工作边的夹角α称为辙叉角，其交点称为辙叉尖端。两翼轨间的最小距离处，称为辙叉咽喉。从辙叉咽喉至辙叉尖端之间有一段轨线中断地带，车轮有失去引导误入异线而发生脱轨事故的可能，因此此处被称为有害空间。为保证车轮在有害空间处进入正确的轮缘槽，防止进入异线，通常在辙岔两侧相对应位置的基本轨内设置护轨。

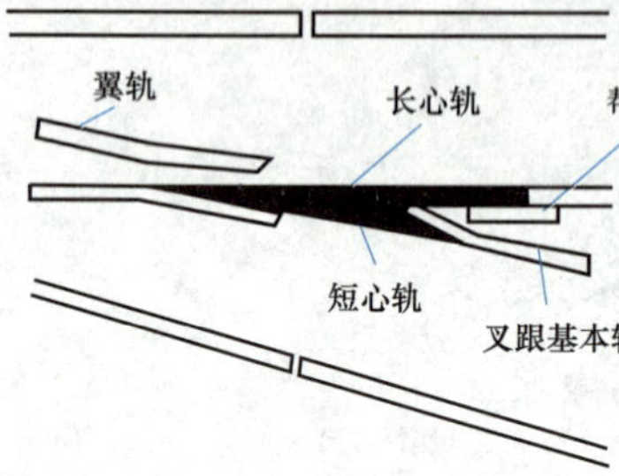

图 2-4-10　活动心轨辙叉

道岔上有害空间的存在，是限制过岔速度的一个重要因素，为了消灭有害空间，适应高速行车的要求，以活动心轨辙叉代替原来的固定辙叉。活动心轨辙叉主要包括翼轨、长短心轨拼装的活动心轨、叉跟基本轨、帮轨等几部分，如图 2-4-10 所示。

线路允许速度 120 km/h 及以下区段的正线道岔采用固定型辙叉道岔；线路允许速度 120 km/h 以上至 160 km/h 及以下，或货车轴重 25 t 及以上区段的正线道岔采用可动心轨辙叉或固定型辙叉道岔；旅客列车速度大于 160 km/h 的路段，正线道岔应采用可动心轨辙叉。高速铁路车站到发进路上的道岔应采用可动心轨辙叉。

（3）连接部分。连接部分包括两根直轨和两根导曲线轨，是将转辙器和辙叉连接起来的部分。在导曲线上一般不设缓和曲线和超高，所以列车在侧向过岔时，速度要受到限制。

此外，还有操纵尖轨位置的转折机械及岔枕等。

2）其他类型道岔与交叉设备

（1）双开道岔。也叫对称道岔，是两条线各向左右对称分开的道岔。在结构上，道岔对称于线路的中线，道岔连接部分有 4 条导曲线轨而无直轨。主要应用于编组场内，大号码的对称道岔还可用于高速行车的线路，如图 2-4-11 所示。

（2）三开道岔。三开道岔是把一条线分成三条线，其中主线是直线，两侧线分别向左右对称岔开。有两对尖轨，每对由一组转辙机控制，决定尖轨的位置，连接部分有两根直轨，两对导曲线轨，辙叉及护轨部分有 3 副辙叉、4 根护轨，如图 2-4-12 所示。

图 2-4-11　双开道岔

图 2-4-12　三开道岔

（3）交分道岔。交分道岔相当于两组对向布置的单开道岔，它可以减少占地面积，改善列车运行条件，是铁路线路上铺设得最为复杂的道岔。它有 4 个辙叉，其中两个锐角、两个钝角；有 4 条导曲线轨和 8 条尖轨；两根拉杆，每根带动 4 条尖轨同时动作，扳动拉杆使线路开通方向发生变化，如图 2-4-13 所示。

（4）提速道岔。提速道岔是适应我国铁路提速的要求而产生的一种新型道岔，在 120 km/h 及其以上的区段要采用外锁闭方式的提速道岔，如图 2-4-14 所示。

图 2-4-13　交分道岔

图 2-4-14　提速道岔

提速道岔与非提速道岔的主要区别在于锁闭方式和锁闭装置。非提速道岔采用的是内锁闭方式，即在转辙机内部进行锁闭。

（5）菱形交叉。菱形交叉是两股轨道在同一平面上相互交叉时所铺设的一种轨道交叉设备，由两组锐角辙叉和两组钝角辙叉组成，如图 2-4-15 所示。

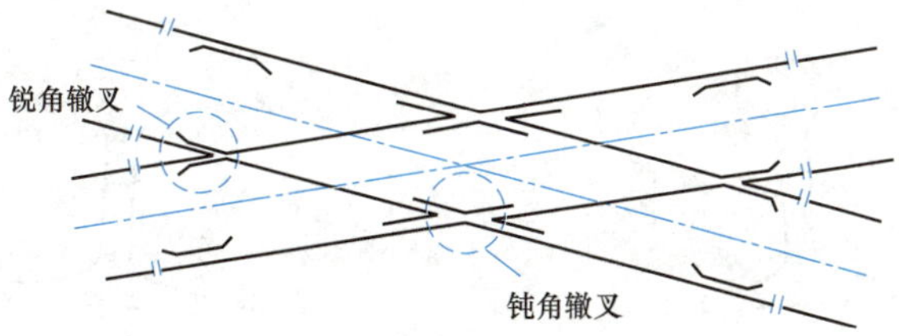

图 2-4-15　菱形交叉

菱形交叉与道岔不同，菱形交叉并不包含转辙器部分。因此，机车车辆在通过菱形交叉时，只能沿着原有的线路继续运行，而不能实现线路的转向。

（6）渡线。为了使机车车辆能从一条线路进入另一条线路，应设置渡线，其包括普通渡线和交叉渡线两种。

普通渡线设在两平行线路之间，由两副辙叉号数相同的单开道岔及两道岔间的直线段所组成。

交叉渡线设在两平行线路之间，它由4副普通单开道岔和一副菱形交叉组成。交叉渡线不仅可以开通较多的方向，而且可以节省用地，也是车站内使用较多的一种连接设备。

3）道岔辙叉号数及允许过岔速度

（1）辙叉号数。辙叉号数也称道岔号数（N），以辙叉角（α）的余切值来表示，如图2-4-16所示，即

$$N=\cot\alpha=\frac{FE}{AE}$$

式中：N——道岔号数；

α——辙叉两工作边的夹角；

FE——辙叉心理论尖端沿工作边至垂足的距离；

AE——辙叉心一工作边任意一点至另一工作边的垂直距离。

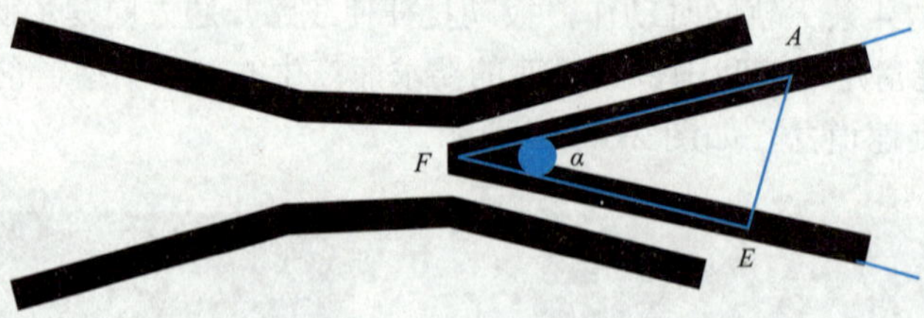

图2-4-16　道岔号数计算示意图

由公式可知，辙叉角越大，辙叉号数越小，这时同辙叉部分连接的导曲线轨半径也就越小；辙叉角越小，辙叉号数越大，导曲线半径越大。目前，我国提速道岔的辙叉号最小的是12号，还有18号、30号、38号。

（2）允许过岔速度。由于导曲线部分不设缓和曲线和超高，列车通过道岔时如果速度过高，突然产生的离心力就很大，特别是当列车侧向通过时，车轮对尖轨、护轨和翼轨都有冲击，速度过大时冲击力就很大，这样不仅会造成很大程度的摇晃，使旅客感到不适，而且威胁行车安全，因此列车过岔速度应符合规定。

2.4.3　轨道几何形位

轨道几何形位是指轨道各部分的几何形状、相对位置和基本尺寸。为确保行车安全，轨道的两股钢轨之间应保持一定的距离；两股钢轨顶面应保持一定的相对高度；在小半径曲线地段，曲线轨距应考虑适当加宽，从而保证机车车辆能够顺利通过曲线。列车速度越高，对轨道的技术标准要求越高。

1. 轨距

两股钢轨头部内侧与轨道中线相垂直的距离，在钢轨头部内侧面下16 mm处量取，如图2-4-17所示。这是因为钢轨铺设在线路上是向内倾斜的，车轮轮缘与钢轨侧面接触点在钢轨顶面下10～16 mm，所以规定轨距测量部位在钢轨顶面下16 mm处。

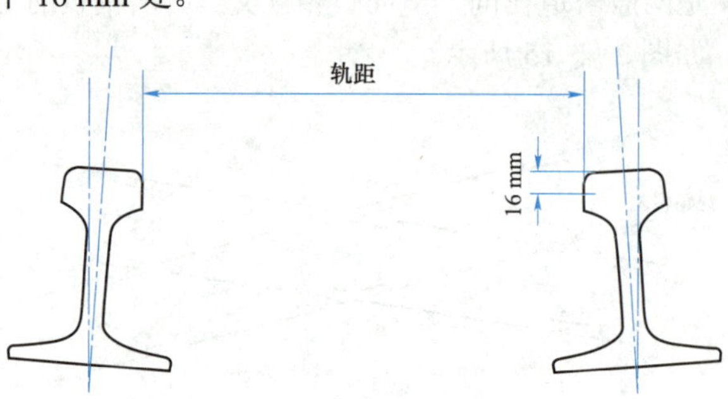

图2-4-17　轨距测量

1）标准直线轨距

我国铁路标准直线轨距为 1 435 mm，大于 1 435 mm 者称为宽轨距，小于 1 435 mm 者称为窄轨距。一些国家的铁路还有采用 1 524 mm、1 676 mm 等轨距的。

2）轨距加宽

在小半径曲线地段，为使机车车辆能顺利通过曲线，减少轮轨磨耗，将曲线内轨向中心方向移动，曲线外轨的位置保持不变。

2. 水平

1）钢轨水平位置

在线路同一断面处左、右两股钢轨踏面的高度差，称为“水平”。为使两股钢轨受力均匀，直线地段两股钢轨顶面应保持在同一水平，但在保持列车安全的前提下也允许有一定的误差。

2）水平差

水平差是在规定长度内，一股钢轨始终比另一股钢轨高，高差值超过容许偏差值。

3）三角坑

三角坑是在规定长度内，左右两股钢轨交替出现的水平差超过规定值的状态，也称扭曲。三角坑是在 18 m 范围内，两股钢轨存在三个及以上的坑洼或突起。若以左股为基准股，在右股上出现负—正—负或正—负—正的交替水平差时就叫作三角坑（左股钢轨比右股高为正，比右股低为负）。在正或负的三个数值中符号相反，数值最大的两数绝对值之和即为三角坑的值。

3. 高低

（1）轨道沿线路方向的竖向平顺性称为高低。

（2）高低不良的危害：加速道床变形、进一步扩大轨面不平顺、加剧机车车辆对轨道的破坏。

4. 轨向

轨向又叫方向，是指轨道中心线在水平面上的平顺性。若直线不直则必然引起列车的蛇行运动。在行驶快速列车的线路上，线路方向对行车的平稳性具有特别重要的影响。在无缝线路地段，若轨道方向不良，还可能在高温季节引发胀轨跑道事件（轨道发生明显的不规则横向位移），严重威胁行车安全。

5. 轨底坡

由于车轮踏面与钢轨顶面主要接触部分是 1:20 的斜坡，为了使钢轨轴心受力，钢轨也应有一个向内的倾斜度，因此轨底与轨道平面之间应形成一个横向坡度，称为轨底坡。我国铁路的轨底坡统一为 1:40。

6. 曲线外轨超高

为平衡列车行驶在平面曲线上所产生的离心力，使曲线地段外股钢轨高于内股钢轨。

曲线地段超高一旦设定，一般情况下旅客列车最高速度不应超过曲线允许的最高速度；货物列车不应低于一定的行车速度，否则会产生过超高（所需超高大于设定超高）或欠超高（所需超高小于设定超高）危及行车安全。因此，我国铁路规定曲线地段外轨超高双线不得超过 150 mm，单线不得超过 125 mm。高速客运铁路曲线地段的外轨超高，应按有关规定的办法和标准确定。

2.4.4 无缝线路技术

1. 无缝线路

无缝线路也叫长钢轨线路，就是把若干根标准长度的钢轨经焊接而铺设成的铁路线路。

无缝线路是用标准长度的钢轨轨条焊接而成的长钢轨线路，又称长钢轨线路。线路钢轨的长度可以达数千米或数十千米，但为了铺设、维修、焊接、运输的方便，我国的普通无缝线路钢轨长度多为 1～2 km。因线路上减少了大量钢轨接头和轨缝，故称无缝线路。

2. 无缝线路类型

1）根据处理钢轨内部应力方式的不同分类

（1）放散温度应力式无缝线路。放散温度应力式无缝线路适用于年轨温差较大的地区，需定期或自动放散。在每年春、秋两季各放散一次，由于每年放散的工作量太大，这种形式的无缝线路的推广受到限制。

（2）温度应力式无缝线路。温度应力式无缝线路在运营过程中，通常不需应力放散。温度应力式无缝线路的结构形式如下。

① 缓冲区。两长轨之间用几根标准长度的钢轨连接。

② 伸缩区。长轨本身仅在两端数十米长度范围内容许伸缩。

③ 固定区。长轨中间不能伸缩的部分。

2）根据轨条长度的不同分类

（1）普通无缝线路。由于自动闭塞区间绝缘接头的设置，轨条长度不跨越闭塞分区，也不跨越车站，焊接长钢轨的长度限制在 1～2 km 以内的无缝线路。

（2）全区间无缝线路。两相邻车站咽喉道岔之间的无缝线路，取消了缓冲区，其长轨条贯穿整个区间。

（3）跨区间无缝线路。长轨条跨越两个或更多区间，且车站正线上采用无缝道岔的无缝线路。

3. 钢轨温度

1）实测轨温

实测轨温是钢轨断面的平均温度。轨温必须使用专用仪器（如数显式钢轨测温计）测量确定。

2）锁定轨温

锁定轨温是长钢轨无温度力状态时的轨温，又称“零温度应力轨温”。通常将铺设长钢轨的两端正常就位时的轨温平均值作为锁定轨温。

3）零应力轨温

钢轨内部温度力为零时的轨温叫作零应力轨温。也就是说，对于被锁定的长轨条，必然存在这样一个轨温，在此轨温下，钢轨处于自由状态，其内部的温度力为零。

4）设计锁定轨温

设计锁定轨温是设计无缝线路时采用的锁定轨温。它通常是在保证无缝线路的强度与稳定的条件下由计算确定的。这样可以使钢轨所受温度压力和温度拉力大致相等，在冬天不拉断、夏天不发生胀轨跑道，确保行车安全。

4. 无缝道岔

无缝道岔没有轨缝，与正线进行焊接或冻结。

知识测评

1. 简述铁路轨道基本组成。
2. 简述铁路钢轨、轨枕、道岔等主要部件标准。
3. 简述标准轨距。
4. 简述无缝线路。

学习作品

课后每名同学单独制作一个开放的、富有创造性的表现学习过程和学习成效的视频，时间为 5 min 以内，至少包括以下 5 项内容：

1. 铁路轨道基本组成；
2. 铁路钢轨、轨枕、道岔等主要部件的标准；
3. 标准轨距；
4. 无缝线路；
5. 通过对本任务的学习，个人在知识增长、能力强化、素养提升方面的小结。

在课程结束后的 3 天内将作品提交任课教师，此作品作为教师评价学生学习效果的依据。

任务 2.5 标准轨距铁路限界及线路标志

学习目标

1. 了解铁路机车车辆限界、建筑限界。
2. 了解安全空间、超限限界。
3. 掌握线路标志内涵。

基础知识

2.5.1 铁路限界

为了确保机车车辆在铁路线路上运行的安全，防止机车车辆撞击临近线路的建筑物和设备，而对机车车辆和接近线路的建筑物、设备所规定的不允许超越的轮廓尺寸线，称为限界。常规铁路基本限界可分为机车车辆限界和建筑限界两种。

2.5.2 标准轨距机车车辆限界

机车车辆限界是与线路中心线垂直的，限制机车车辆外形尺寸的极限横断面轮廓。

1. 适用范围

本任务学习的机车车辆限界适用于 1 435 mm 标准轨距铁路的机车车辆。

2. 机车车辆限界总体要求

1）机车车辆限界中心线

机车车辆限界中心线为通过平直线路中心的垂直线。机车车辆水平尺寸自其中心线算起，并以限界半宽表示。垂直尺寸自轨面算起。

2）机车车辆上部限界

距轨面高 350 mm 以上部分为上部限界。

3）机车车辆下部限界

距轨面高 350 mm 及其以下部分为下部限界。

4）其他限界

（1）机车车辆无论是空车或是重车，无论是具有最大标准公差的新车，或是具有最大标准公差和磨耗限度的旧车，停放在水平直线上，无侧向倾斜与偏移，仅在停车时需要探出的部分应处收回状态，除升起的受电弓以外，其他任何部分应容纳在机车车辆限界之内。

（2）机车车辆的受电弓作为特殊的部件，在不使用时必须落在机车车辆限界之内，而在正常使用时可以伸出机车车辆限界。

（3）机车车辆上有一些特殊部件，如后视镜、车门、脚踏板（或站台间隙调整器、补偿器）等，当机车车辆停靠站台时，为方便乘客上下车、司机掌握车外后方情况需要探出，这些特殊部件在行车状态时必须收回，不得超出机车车辆限界。

5）机车车辆设计制造要求

机车车辆设计制造时，无论是基本尺寸或是公差尺寸都不应超过限界所规定的极限横断面轮廓线。

3. 机车车辆限界轮廓图

1）机车车辆上部限界轮廓

客运专线动车组上部限界轮廓与客货共线机车车辆上部限界统一到一张轮廓图中。机车车辆上部限界图以客货共线机车车辆上部限界轮廓为基本轮廓，在肩部位置（距轨面高 3 600～4 800 mm）设置了电气化铁路机车车辆轮廓，在站台位置（距轨面高 350～1 250 mm）设置了客运专线动车组轮廓，可根据运用条件选择使用不同的轮廓线。

机车车辆上部限界如图 2-5-1 所示。

单位：mm

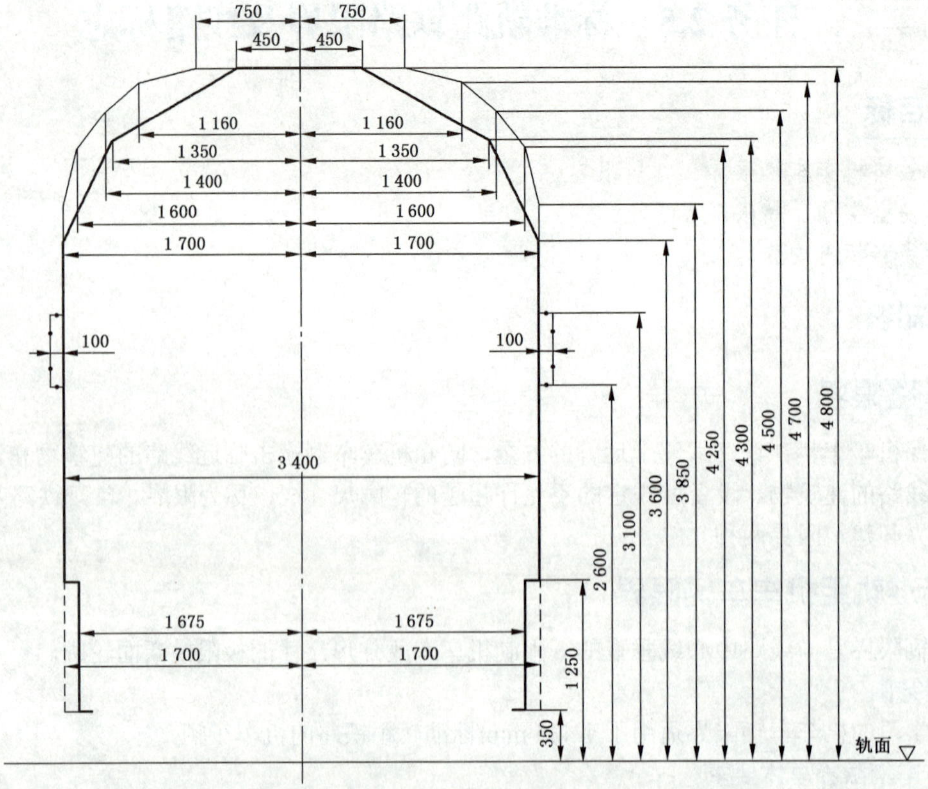

说明：

机车车辆上部限界基本轮廓。

电气化铁路机车车辆轮廓。

客运专线动车组轮廓。

列车信号装置、后视镜限界轮廓。

图 2-5-1　机车车辆上部限界

2）机车车辆下部基本限界轮廓

按照与建筑限界的对应关系，将机车车辆下部限界划分为两类：进入客货共线铁路的机车车辆下部限界、进入客运专线铁路的动车组下部限界。同时，根据客货共线铁路和客运专线铁路的机车车辆运行速度的差异，对弹簧承载部位距轨面的最低高度做出了不同的要求。

客货共线铁路机车车辆下部限界如图 2-5-2 所示，运行速度小于或等于 160 km/h 的机车车辆，图 2-5-2 中 a 为 70 mm，b 为 90 mm；运行速度大于 160 km/h 的机车车辆，图 2-5-2 中 a 为 80 mm，b 为 110 mm。

单位：mm

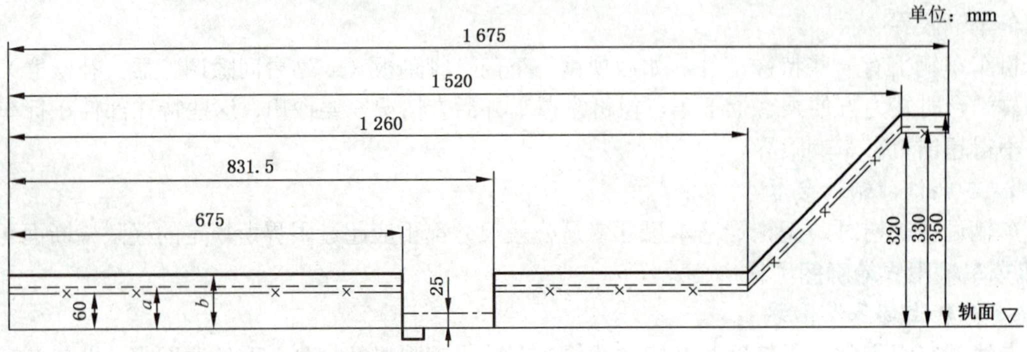

说明：

车体的弹簧承载部分。

转向架上的弹簧承载部分。

非弹簧承载部分。

机车闸瓦、撒砂管、喷油嘴最低轮廓。

图 2-5-2　客货共线铁路机车车辆下部限界

客运专线铁路机车车辆下部限界如图 2-5-3 所示。运行速度小于或等于 160 km/h 的机车车辆，图 2-5-3 中 a 为 70 mm，b 为 90 mm；运行速度大于 160 km/h 的动车组，图 2-5-3 中 a 为 80 mm，b 为 110 mm。

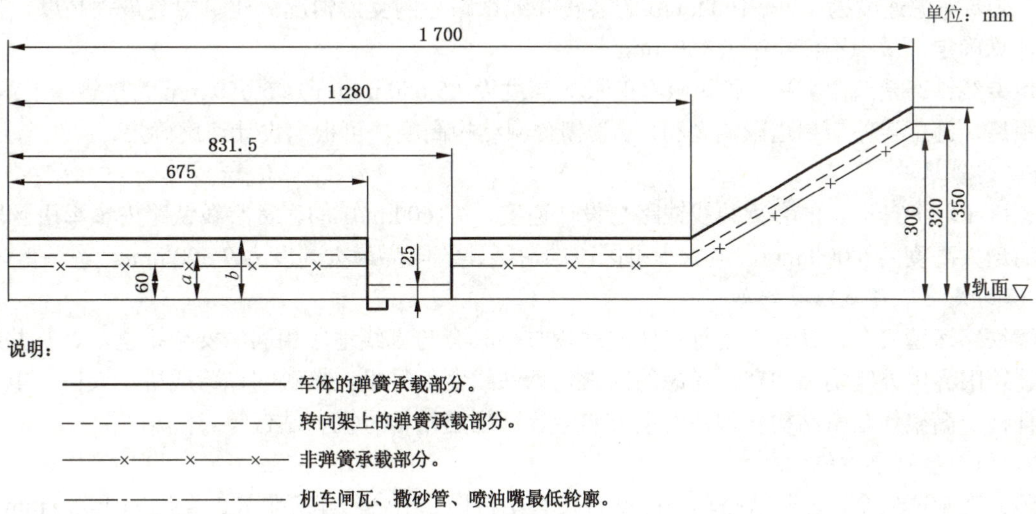

图 2-5-3　客运专线铁路机车车辆下部限界

3）机车车辆合理的结构及悬挂设计

我国铁路建筑限界的特点是：在区间线路建筑限界空间较大，但站内侧线高站台限界空间较为紧张。行车安全是重中之重，是限界空间充分利用的前提。

机车车辆上部限界轮廓中距轨面高 350～1 250 mm 的垂直线与侧线高站台相对应。距轨面高 350～1 250 mm 范围内的客货共线机车车辆限界半宽尺寸采用 1 675 mm，客运专线动车组限界半宽尺寸采用 1 700 mm。

进行机车车辆设计时，应考虑机车车辆的构造和线路运用条件，保证机车车辆与站台等建（构）筑物之间的安全距离，机车车辆正常运行时任何部分不应与线路两侧的设备设施发生干涉。机车车辆的断面外形轮廓设计与结构及悬挂设计结合起来一并考虑，采用合理的结构及悬挂设计，控制机车车辆通过或者停靠高站台时车体在 350～1 250 mm 范围内的偏移，以达到安全、充分利用限界空间的目的。

2.5.3 标准轨距建筑限界

建筑限界是与线路中心线垂直的极限横断面轮廓。在此轮廓内，除机车车辆和与机车车辆有相互作用及相关的设备（车辆减速器，接触线、吊弦、定位器等）外，其他设备或建筑物均不得侵入。

1. 适用范围

本任务学习的建筑限界适用于 1 435 mm 的标准轨距铁路。适用于下列铁路线路的设计、建设、运营维护。

（1）v≤160 km/h 客货共线铁路。

（2）v>160 km/h 客货共线铁路。

（3）客运专线铁路。

2. 建筑限界总体要求

（1）无论用新钢轨或旧钢轨（包括远期更换重轨加厚道床），从轨面算起的建筑限界尺寸，均应符合规定。

（2）各建筑限界图上的尺寸是以水平直道上的线路制定的。

（3）在曲线部分相邻线路中心距离以及线路中心线至建筑物间的扩大距离，应按规定的曲线加宽公式计算。

（4）在曲线部分由于外轨超高关系，建筑限界的垂直高度应自内、外两钢轨最高点所组成的直线上算起；水平尺寸应从线路中心线算起。

3. 建筑限界轮廓

1）最大宽度

客货共线铁路与高速铁路最大宽度为 4 880 mm；城际铁路最大宽度为 4 400 mm。

2）最大高度

在设计速度 v≤160 km/h 的客货共线铁路建筑限界中，对于电力牵引区段，既要考虑设计速度为 120 km/h，又要考虑速度为 120～160 km/h 的客货共线铁路弓网受流情况，建筑限界最大高度根据接触网结构高度计算确定，最小不应小于 6 550 mm。

在客运专线铁路建筑限界中，建筑限界的最大高度为（5 650 mm+y）。5 650 mm 为接触导线最低高度、对地绝缘距离、施工误差与抬道影响之和，y 为接触网结构高度，可根据设计速度确定。

3）桥隧建筑限界

设计速度 v>160 km/h 的客货共线铁路与设计速度 v≤160 km/h 的客货共线铁路内燃牵引区段的桥隧建筑限界的最大高度为 6 000 mm，电力牵引区段的桥隧建筑限界最大高度为 7 300 mm。

4）铁路曲线地段建筑限界的加宽

为保障铁路运营安全，使列车运行在曲线地段时仍具有与直线地段相同的安全裕量，客货共线铁路、客运专线建筑限界内外侧均需加宽，考虑的因素包括站线侧信号机，接触网、跨线桥、天桥、电力照明、雨棚等的杆柱、高架候车室结构柱、站内反方向运行矮型出站信号机、站台等。

5）站台门与线路中心线的距离

为保障旅客乘降安全，城际铁路车站的站台设有站台门，站台门建筑限界的宽度为 1 950 mm（不适用正线站台）；对于地下车站，考虑无横风和安全余量，站台门建筑限界的宽度为 1 850 mm。

对于设计速度 v≥250 km/h 的客运专线铁路，站台门距线路中心线的距离由设计确定。

4. 建筑限界

根据列车运行速度的不同，有不同的建筑限界。

（1）客货共线铁路的基本建筑限界（v≤160 km/h）如图 2-5-4 所示。

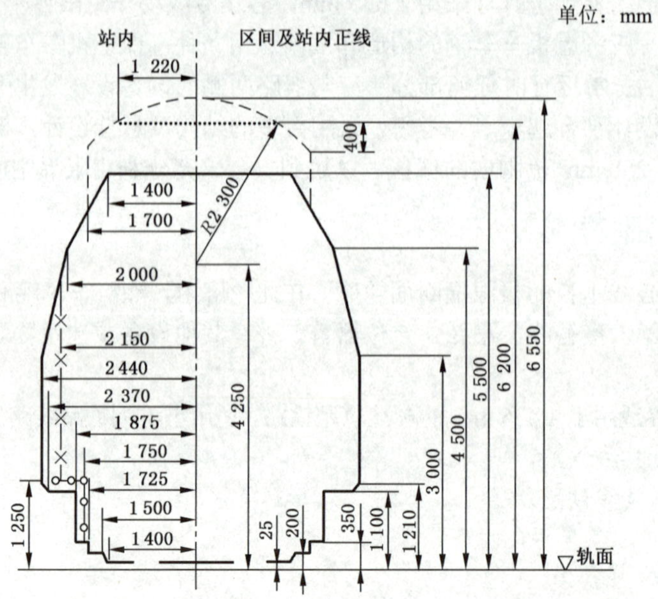

说明：

—×—×—×—× 信号机、高架候车室结构柱和接触网、跨线桥、天桥、电力照明、雨棚等杆柱的建筑限界（正线不适用）。

—o—o—o—o— 站台建筑限界（正线不适用）。

———— 各种建（构）筑物的基本限界。

－－－－－－ 适用于电力牵引区段的跨线桥、天桥及雨棚等建（构）筑物，最大高度根据接触网结构高度计算确定，最小不应小于 6 550 mm。

………… 电力牵引区段的跨线桥在困难条件下的最小高度。

图 2-5-4　客货共线铁路的基本建筑限界（v≤160 km/h）

（2）客货共线铁路的基本建筑限界（v>160 km/h）如图 2-5-5 所示。

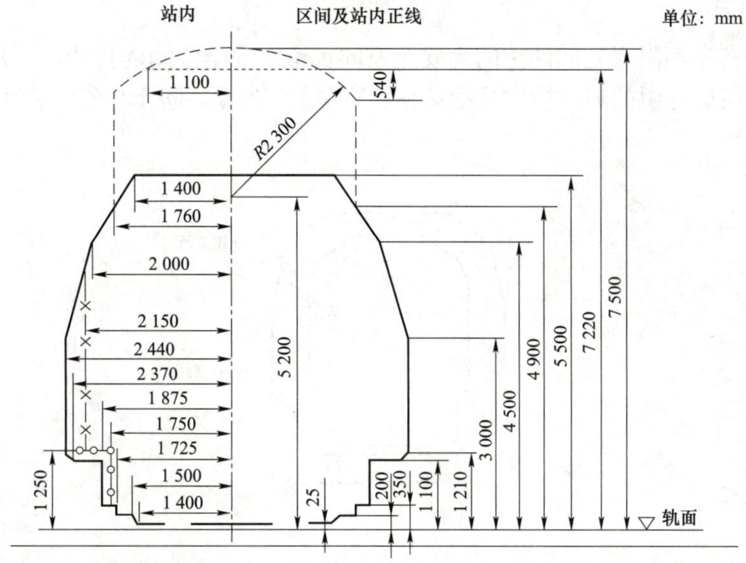

—×—×—×— 信号机、高架候车室结构柱和接触网、跨线桥、天桥、电力照明、雨棚等杆柱的建筑限界（正线不适用）。

—○—○—○— 旅客站台建筑限界（正线不适用）。

———— 各种建（构）筑物的基本限界。

- - - - - 适用于电力牵引区段的跨线桥、天桥及雨棚等建筑物。

·········· 电力牵引区段的跨线桥在困难条件下的最小高度。

图 2-5-5　客货共线铁路的基本建筑限界（v>160 km/h）

（3）客运专线铁路的基本建筑限界（200 km/h≤v≤350 km/h）如图 2-5-6 所示。

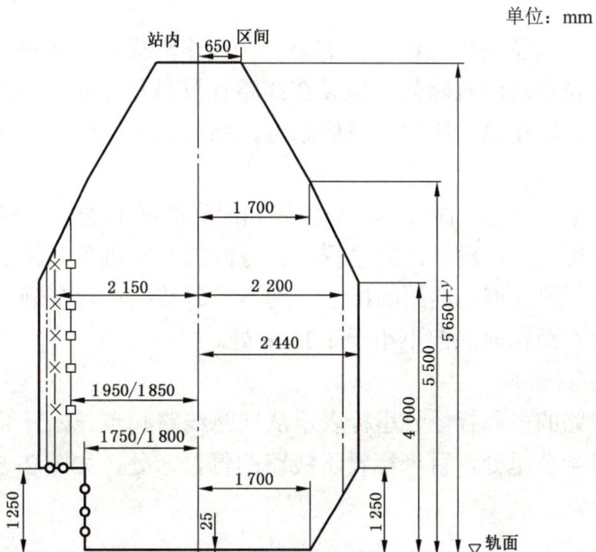

说明：

—·—·— 城际铁路基本限界的最大半宽为 2 200 mm。

—×—×—×— 信号机、高架候车室结构柱和接触网、跨线桥、天桥、电力照明、雨棚等杆柱的建筑限界（正线不适用）为 2 150 mm。

—○—○—○— ①旅客站台建筑限界（侧线站台为 1 750 mm；正线站台，无列车通过或列车通过速度不大于 80 km/h 时为 1 750 mm，列车通过速度大于 80 km/h 时为 1 800 mm）。

②站内反方向运行矮型出站信号机的限界为 1 800 mm。

—□—□—□— 站台门的建筑限界：城际铁路（正线不适用）地面车站或高架车站为 1 950 mm，地下车站为 1 850 mm；设计速度 250 km/h 及以上的客运专线由设计确定。

———— 各种建（构）筑物的基本限界（城际铁路的最大宽度为 4 400 mm），也适用于桥梁和隧道。

y 为接触网结构高度，根据设计确定。

图 2-5-6　客运专线铁路的基本建筑限界（200 km/h≤v≤350 km/h）

2.5.4 安全空间

建筑限界与机车车辆限界之间的空间为安全空间。留有安全空间的目的，一是为了组织超限货物列车运行，二是为了适应运行中的列车横向晃动偏移和竖向上下振动，防止与邻近的建筑物或设备发生碰撞，如图 2-5-7 所示。

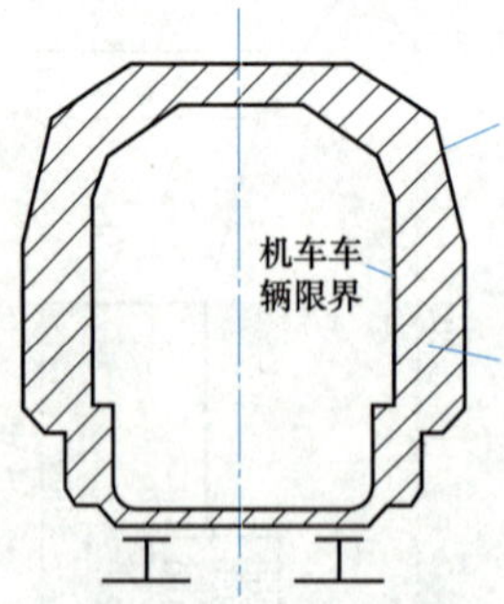

图 2-5-7 安全空间示意图

2.5.5 超限限界

当货物装车后，货物任何部分的高度和宽度超过机车车辆限界时，称为超限货物。

按货物超限的程度，分为一级超限、二级超限、超级超限三个等级。对于超限货物的运输，则要采取特殊的组织方法来进行。

2.5.6 线路标志

为了线路的维修和养护、为了司机工作上的需要，在线路沿线设有各种线路标志。

线路标志（用地界标、位移观测桩除外）应设在线路计算里程方向的左侧，双线区段需另设标志时，应设在列车运行方向的左侧，增建第二线的线路标志可比照双线区段设置。铁路线路安全保护区标桩的设置应符合相关标准的规定。

线路标志包括公里标、半公里标、曲线标、圆曲线和缓和曲线的始终点标、桥梁标、隧道（明洞）标、坡度标、界标等。这些线路标志具体设在线路里程增加方向的左侧机车车辆限界以外，其内侧距线路中心不小于 3.1 m 处。曲线标等不超过钢轨顶面的标志，为不妨碍某些特种车辆（如除雪车、底开门车等）在工作状态时顺利通过，可设在距钢轨头部不小于 1.35 m 处。

1. 公里标、半公里标、百米标

公里标、半公里标是线路的里程标。公里标表示从铁路线路起点开始计算的连续里程，每整公里设一个。半公里标设于线路的每半公里处，百米标设于线路的每百米处，如图 2-5-8 所示。

(a) 公里标　(b) 半公里标　(c) 百米标

图 2-5-8 公里标、半公里标、百米标

2. 曲线标

曲线标设在曲线的中点处，标明曲线中心里程、半径大小、曲线和缓和曲线长度、超高等，如图 2-5-9 所示。

3. 圆曲线和缓和曲线始终点标

圆曲线和缓和曲线始终点标设于直线与缓和曲线、圆曲线与缓和曲线的连接处，表明缓和曲线的起点与终点，在该标上分别写有“直缓、缓圆、圆缓、缓直”字样，如图 2-5-10 所示。

图 2-5-9 曲线标

图 2-5-10 圆曲线和缓和曲线始终点标

4. 坡度标

坡度标设于变坡点处。它的正面和背面分别表示两边的坡度和坡段长度，并用箭头表示上坡或下坡，侧面则标明它所在的里程，如图 2-5-11 所示。

图 2-5-11 坡度标

5. 桥梁标

桥梁标一般设于桥头处，标明桥梁编号、中心里程和长度，如图 2-5-12 所示。

6. 隧道标

隧道（明洞）标，直接标注在隧道（明洞）两端洞门端墙上，标明隧道号或名称，中心里程和长度，如图 2-5-13 所示。

7. 管界标

铁路局集团公司、工务段、线路车间、线路工区和供电段的界标，设在各自管辖地段的分界点处，两侧标明所向的单位名称，如图 2-5-14 所示。

图 2-5-12 桥梁标

图 2-5-13 隧道标

图 2-5-14 管界标

知识测评

1. 简述铁路机车车辆限界、建筑限界。
2. 简述安全空间、超限限界。
3. 简述线路标志内涵。

学习作品

课后每名同学单独制作一个开放的、富有创造性的表现学习过程和学习成效的视频，时间为 5 min 以内，至少包括以下 4 项内容：

1. 铁路机车车辆限界、建筑限界；
2. 安全空间、超限限界；
3. 线路标志内涵；
4. 通过对本任务的学习，个人在知识增长、能力强化、素养提升方面的小结。

在课程结束后的 3 天内将作品提交任课教师，此作品作为教师评价学生学习效果的依据。

任务 2.6　铁路工务作业及基础设施智能运维技术

学习目标

1. 掌握工务作业内容。
2. 了解线路作业机械化、自动化设备配置。
3. 掌握基础设施智能运维技术。

基础知识

2.6.1　工务作业

铁路工务部门的基本任务是确保列车按规定的最高速度安全、平稳运行，同时保证线路设施处于完好状态。为实现这一目标，需要解决由列车连续运行和外界因素引起的轨道变形或损坏问题，以增强轨道的强度和稳定性。

工务段是工务部门的基层生产单位，负责组织线路维修工作。线路的维修养护工作主要包括线路的经常维修和线路的大中修。

1. 线路经常维修

线路经常维修的基本任务是保持线路状态的完好，使列车能以规定速度安全、平稳和不间断地运行，并尽量延长设备使用寿命。线路经常维修工作包括综合维修（计划维修）、经常保养和临时补修等。在线路维修工作中，还包括巡道、线路维修单项作业等。

线路经常维修的特点是预防线路病害的发生，保持线路的完好状态，但是经过较长时间后，线路的各个部分还是会发生磨损或变形，单纯依靠经常维修就难以整治了。同时由于新技术的采用，有必要加强原有线路，提高线路质量，因此必须进行线路大修。

2. 线路大修

线路大修工作和经常维修不同，要根据专门的勘测调查和设计文件对线路进行一次全面、彻底的翻修或加强。

线路大修施工的内容有：矫正并改善线路的平面和纵断面；全面更换或抽换、修理钢轨；更换或补充轨枕；清筛和更换道床、补充道砟，全面起道并捣固、改善道床断面；整治路基和安装防爬设备等。线路经过大修后，其质量标准应符合设计要求或得到加强。

3. 线路中修

线路中修的目的是消灭上一次线路大修以后由于列车运行而积累下来的，但又不是线路经常维修所能消除的病害。

中修的主要内容是加强道床，解决道床不洁及厚度不足问题，同时更换失效轨枕，整修钢轨，使线路质量基本上恢复到或接近原来的状态。中修是在两次大修之间的修理，是延长大修周期的重要手段。

2.6.2 线路作业机械化和自动化

线路作业历来是一项烦琐、高成本的任务，它牵涉大量的人力、物力和财力投入。然而，随着技术的不断进步，养路机械已经经历了从小型到大型、从简单到复杂、从单机作业到联合机械作业的演变。这些先进的大型、高效、多功能机械设备的应用，极大地提升了线路作业的质量和效率，同时也显著降低了维修成本和人力需求。

1. 线路作业机械化

随着中国铁路的创新、发展，线路作业机械化程度大为提高。

1）小型养路机械

当前，工务段普遍配备了以单项、小型为主的养路机械，如捣固机、扒砟机、边坡回填机、液压起道机等，从而减轻了人员的劳动强度，提高了作业效率。

2）大型养路机械

在大型养路机械方面，三枕捣固车、道砟清筛车、配砟整形车、线路大修车等也在铁路现场得到了应用。由于实现了维修作业机械化，线路质量和作业效率大为提高，维修费用和人力也得到大量节省。

2. 线路检测技术现代化

为及时发现线路设备故障、环境影响和施工作业隐患，保障行车安全，铁路工务作业越来越重视早期故障诊断。近些年来，随着微电子、传感器等技术的提高，检测与监测设备的功能也得到了很大提升。铁路工务方面，以动态检测、静态检测为基础的工务信息化管理已逐步取代传统的管理方法和手段。

1）基础设施设备状态检测车

铁路工务部门可以运用多种能完成基础设施设备状态检测的检测车，如高速综合检测车、钢轨探伤车、工务巡检车、隧道检查车等，对轨道几何、轮轨力、钢轨伤损、扣件状态、隧道衬砌状态、限界等进行检测。

2）地面监测系统

地面安装断轨监测设备、桥梁健康监控系统、沉降自动化监测系统，综合运用这些途径，铁路工务部门实现了对线路不间断地检查、监控，并应用计算机进行科学分析，指导养护维修作业，以最快捷的方法消除病害、灾害对行车安全的影响，保证了列车运行的安全。

2.6.3 铁路基础设施智能运维技术

1. 我国自主研发铁路智能运维系统发布

2023 年 5 月 24 日，中国铁道科学研究院集团有限公司承担的国家能源集团 2020 年重大科技创新项目“朔黄重载铁路基础设施智能运维技术研究与应用”项目成果在朔黄铁路公司正式发布，我国自主研发重载铁路智能运维系统发布新闻报道如图 2-6-1 所示。这标志着我国重载铁路智能技术发展取得了新的重大突破，重载铁路基础设施智能运维水平得到显著提升。

图 2-6-1　我国自主研发重载铁路智能运维系统发布新闻报道

2. 铁路基础设施智能运维系统研究与应用

铁路基础设施智能运维系统首先应用在我国“西煤东运”第二大重载煤运通道——朔黄铁路。朔黄铁路规模化开行 2 万 t 重载列车，是国家能源集团运输的“大动脉”。随着运量提升，原有的基础设施运维模式面临新的挑战。为提高重载铁路基础设施一体化、智能化运维水平，重载铁路基础设施智能运维系统作为国家能源集团 2020 年十大科技创新项目被批准立项、研究。

历时 3 年自主研发，科研人员采用了无人机、机器人自动巡检、在线监测、北斗卫星定位、AI 识别等智能感知技术，建成了“空天车地”于一体的基础设施检测监测体系，打造了具备数据共享互通、深度学习、智能分析等能力的企业级智能大脑平台。据悉，智能大脑平台已接入业务系统 19 个，研发智能算法 130 余项，构建评估预测模型 15 个，可提供近 800 项应用功能，满足朔黄铁路用户管理、生产工作需求。

3. 铁路基础设施智能运维系统初步应用结果

铁路基础设施智能运维系统能够实时监测铁路及货运列车的运行状况，可以实现故障精准、及时定位，快速维修，零部件批量更换，具有高度的智能化和自动化水平，极大地提高了铁路的检修效率与精准度。

初步应用结果表明，重载铁路基础设施智能运维系统的应用可使设备检修效率提升 30%以上，设备运行质量提升 20%以上，设备维修成本降低 15%以上，线路、接触网、通信信号关键部件寿命延长 15%以上。改善智慧运维模式、提高运行安全、实现降本增效，是包含重载铁路、货运铁路及客运铁路在内的所有轨道交通系统的迫切需求。

运用感知技术、人工智能、大数据等技术实现铁路智能运维已成为现在和今后铁路基础设施智能运维技术发展的重点方向。

知识测评

1. 简述工务作业内容。
2. 简述线路作业机械化、自动化设备配置。
3. 简述铁路基础设施智能运维技术应用。

学习作品

课后每名同学单独制作一个开放的、富有创造性的表现学习过程和学习成效的视频，时间为 5 min 以内，至少包括以下 4 项内容：

1. 简述工务作业内容；
2. 简述线路作业机械化、自动化设备配置；
3. 简述铁路基础设施智能运维技术应用；
4. 通过对本任务的学习，个人在知识增长、能力强化、素养提升方面的小结。

在课程结束后的 3 天内将作品提交任课教师，此作品作为教师评价学生学习效果的依据。

拓展建议

1. 登录国家铁路局官网，学习《铁路线路设计规范》《铁路桥涵设计规范》《铁路隧道设计规范》《铁路轨道设计规范》《标准轨距铁路限界　第 1 部分：机车车辆限界》《标准轨距铁路限界　第 2 部分：建筑限界》。

2. 查阅有关横向结构物、过渡段方面的资料。

提示：

（1）横向结构物是横穿铁路路基的涵洞、框架桥、刚架桥（刚构桥）等结构物的总称。

（2）过渡段是路基与桥台，横向结构物、隧道及路堤与路堑等衔接处，需做特殊处理的地段。

3. 查阅有关成昆铁路的资料。

4. 拓展阅读。

为了让沙子通过　这里建了六座铁路桥

位于内蒙古西部的临哈铁路临策线是我国北方物资运输大动脉。这条铁路东起巴彦淖尔市临河站，西至阿拉善盟额济纳旗境内的策克口岸。我国中欧班列西通道、新疆煤炭内运和蒙古国进口煤炭都要通过这条铁路运输。

一、行沙桥

全长 768 km 的临哈铁路临策线有 400 多 km 穿越沙漠、戈壁地区。由于地处沙漠腹地，常年大风、流沙肆虐，铁路部门在沿线建了 6 座大型行沙桥，目的是为流沙留出通道，防止流沙“爬”上线路影响铁路运输。临哈铁路临策线线路上的“行沙桥”如图 2-6-2 所示。

二、桥梁维修检查小队

临哈铁路临策线上有一支桥梁维修检查小队，来自中国铁路呼和浩特局集团有限公司临河运营维修段治沙桥隧车间。他们担负着 253 座大小桥隧和 1 229 座涵洞的检查维护工作。行沙桥是他们日常监护的重中之重。行沙桥维修作业如图 2-6-3 所示。

图 2-6-2　临哈铁路临策线线路上的“行沙桥”

图 2-6-3　行沙桥维修作业

行沙桥多建在流沙肆虐、交通不便的区域，有些地方离工区很远，需要下车步行前往。在流沙里深一脚浅一脚，他们要比平常多用几倍的力气才能到达目的地。

临哈铁路临策线上最高一座行沙桥高达 49 m。检修人员需要在身上绑着安全绳索，从仅能容下一人的铁梯下到桥墩墩台，如空中飞人般在大桥的支座顶部开展维修检查工作，如图 2-6-4 所示。

春运期间，这里的最低气温达到零下 30 ℃以下，最大风力可达 10 级。检查作业时，需要保持 20 多 min 半蹲的姿势，厚重的棉服、刺骨的寒风，这些都让工作变得更加困难。

“这里环境恶劣，往往上一秒晴空万里，下一秒就天昏地暗。”工长孙楞说：“这里的风都是裹着沙子的。如果大风突然来了，只能暂时放下维修检查工作，牢牢地抓住安全绳索，等到风小一点再继续作业。”

三、防沙明洞

除了行沙桥，沿线还有用钢筋混凝土修建的防沙明洞。冬季寒冷，夏季炎热，温差大，防沙明洞易产生伸缩缝，列车驶入防沙明洞如图 2-6-5 所示。

图 2-6-4 “空中飞人”作业

图 2-6-5 列车驶入防沙明洞

维修检查小队需要经常检查混凝土块的完整性，发现松动的地方用杆子捅下碎块，用泡沫胶将扩张的伸缩缝堵住，将漏进明洞的沙子装在沙袋里，通过轨道车，运送出去。像这样的沙子，每个月都能清理出 1 000 多袋。

“别看这个缝隙不大，如果长时间不封堵，会漏进来更多沙子，所以要及时运出去。”孙楞指着伸缩缝说。封堵维修如图 2-6-6 所示，队员清理天窗周围的沙子如图 2-6-7 所示。

图 2-6-6 封堵维修

图 2-6-7 队员清理天窗周围的沙子

明洞的上方有用于通风换气的天窗，日积月累，窗口周围会集聚流沙。孙楞和队员们会定期带着铁锹爬上洞顶，将上面的沙子清理干净，防止沙子大量落入明洞。

许多年的春运，孙楞都是在工区度过的。作为两个孩子的父亲，他当然希望能陪孩子们过团圆年；但作为队长，他还是毅然决然地留在驻地应急值守，为春运保安全、保畅通。

队员们走在防沙明洞上如图 2-6-8 所示，列车在线路上运行如图 2-6-9 所示。

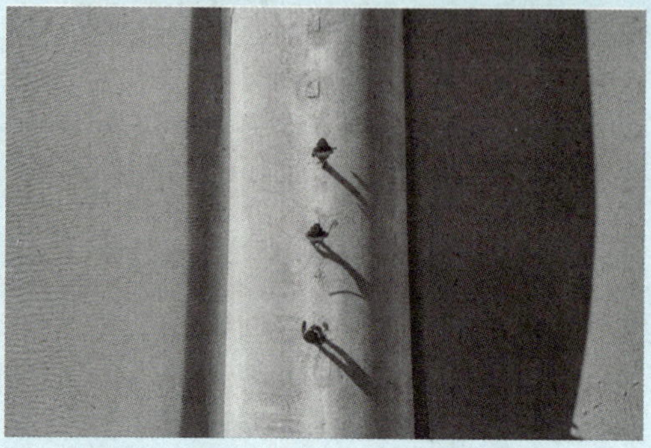

图 2-6-8 队员们走在防沙明洞上

图 2-6-9 列车在线路上运行

“这条线路最近几年不断增加了许多会让站，运输能力提高了不少，以前只运输煤炭和一对旅客列车，现在还有中欧班列经过，运输着各种大宗货物，运量越大，我们的责任也就越大。”队长孙楞自豪地说。

思政案例　新中国建设史上的第一个奇迹——成渝铁路

从清末到民国，西南人民盼这条铁路，盼了近半个世纪，也没见着一寸钢轨。新中国成立后，共产党人只用两年就完成了铁路通车。这就是被称为新中国建设史上第一个奇迹的成渝铁路。

车轮滚滚，汽笛长鸣。穿越近 70 年岁月，几经提能改造，成渝铁路依然是成都、重庆两城之间的重要交通大动脉。如今，货物班列、慢火车与时速 350 km 的高铁，并肩驰骋在祖国西南的群山之间，让成渝地区双城经济圈血管更加通畅。

以为人民服务的精神解决困难

四川省内江市梅山公园内，耸立着的成渝铁路筑路民工纪念碑，与成都人民公园屹立百余年的“辛亥秋保路死事纪念碑”遥相呼应，浓缩记载了巴蜀群众保路、筑路的历史风云和不朽功绩。

“蜀道难，难于上青天。”这片土地上的人们，千百年来一直梦想能打通天堑，畅游神州。1903 年，四川总督锡良上书奏请自办川汉铁路，成渝铁路为其西段。川蜀民众踊跃认股。1911 年，清政府宣布“铁路国有”，转而卖给英、法等国。轰轰烈烈的保路运动由此爆发，成为辛亥革命导火索。正如孙中山所说，“若没有四川保路同志会的起义，武昌革命或者要迟一年半载”。

后来，国民政府重启成渝铁路，但直到新中国成立，成渝线依旧是地图上的一条虚线，四川百姓的出山梦依旧遥远。

共产党没有让人民继续等待。开国大典后不久，时任中共中央西南局书记邓小平主持召开西南局常委办公会，决定“兴建成渝铁路，造船修建码头”。报告得到中央批准，成渝铁路成为国家战略。

1950 年 6 月铁路动工，四川各界群情振奋。华中轮船公司负责人说：“过去反动政府借口修筑成渝铁路，不知搜刮了多少民脂民膏，结果只是在地图上画了一条虚线。现在西南解放才几个月，西南人民 40 多年来的理想，在人民政府领导下就开始实现了。”

毛泽东主席为成渝铁路通车题词：“庆贺成渝铁路通车，继续努力修筑天成路（即后来的宝成铁路，编者注）。”

新中国刚刚成立，百废待兴，还面临西方国家的封锁禁运，要修铁路谈何容易。有人问，铁轨、枕木、机车从哪来？

“依靠地方，群策群力，就地取材，修好铁路！”党中央的指示明确有力。鞍钢的钢锭、上海的钢梁、武汉的机车，源源不断运到重庆。铁轨、螺丝钉、炸药、水泥等材料，全部自制。全川人民踊跃捐献枕木，青年献出做新床的木料，老人献出做寿棺的方材，有的人还献出了珍藏多年的樟木、楠木，全川共献枕木 129 万根。

不久，朝鲜战争爆发，筑路主力军北调参加抗美援朝。他们留下的任务，由从各城镇招募的失业工人和沿线动员的农民工所接替。

分散在 500 km 线路上的十万民工如何管理？更不要说其中还混迹着土匪、特务等敌对势力。铁路建设还能顺利推进吗？

“许多的困难问题，必须以为人民服务的精神，逐步地求得解决。”各级领导干部遵照邓小平在铁路开工典礼上的讲话，将修建铁路的过程，变成将党的政策在群众中间生根开花的过程。

干部、指导员如何做，民工看在眼里。饭不够吃，指导员先放下碗；工棚地下回潮，指导员把稻草让给民工多铺些；发生塌方，指导员让民工先出洞口，自己最后出来……好的干部带出了好的筑路队伍。隧道里放炮后，常常硝烟未散，工人就冲进去干活。当年参加筑路的华荣、凌云柱曾回忆：“那时抗美援朝，别人捐飞机大炮，我们没钱，只有加快施工，劳动报国。大家约定下班后义务加班半小时，届时班头吼一声‘捐献飞机大炮的时候到了’，我们就不仅不休息，反而干得更卖力，那半小时就像现在的自动传送带似的，工效比正常上班提高两倍。”成渝铁路工程师萨福均感慨道：“人民政府一声号召，从最高级的政府到最下级的政府一齐动员，几十万民工马上集合到路线上来。过去国民党抓都抓不来，现在他们是争着来，干了还不肯回去。”

只有人民政府才能领导人民走向幸福

1952 年 7 月 1 日，成渝铁路全线通车。沿线农民个个兴高采烈。他们在送给筑路工人的锦旗上写着："毛主席来了，火车也来了！""人民政府把我们的幸福的道路修通了！"到处可以听到这样的歌声："人民政府爱人民呀！共产党的恩情说不完！""人民的铁路人民修呀！人民的铁路人民护！人民的江山万万年。"

老百姓的欢歌笑语，充分表明共产党办了一件深得民心的大好事。时任政务院副总理兼财政经济委员会主任陈云说："中央人民政府两个年度的经济投资，使全国人民普遍地有了一种感觉：只有这个政府才是为人民服务的政府；只有这个政府才能领导我国人民走向幸福。"时任西南军政委员会副主席贺龙说："这是中国第一条全部用自己的器材修成的铁路，西南人民把它看作通往繁荣和幸福的起点。"时任民盟主席张澜在通车贺电中说："渴望数十年的成渝铁路，能在中国共产党 31 周年纪念日胜利通车，这充分证明了西南人民在毛主席领导下，才可能发挥伟大力量，获得今天的胜利和成功。"

学习笔记

模块 3

铁路车站装备及现代化铁路枢纽

模块导入

铁路车站及枢纽技术装备系统性强，且与铁路其他专业领域联系紧密。

铁路车站及枢纽技术装备要全面落实国家有关生态环境保护、水土保持、土地保护等法律法规的要求，突出“以人为本、服务运输、系统优化、着眼发展”的设计理念，铁路车站及枢纽设计应依据铁路网规划、城市总体规划和综合交通规划，系统分析客货运输要求，统筹协调车站及枢纽设施设备的布局，选择适宜的标准，合理确定站场设计方案。

通过对本模块的学习，同学们将走进中国铁路车站及枢纽，认识中国铁路车站及枢纽，热爱中国铁路车站及枢纽。

模块任务

任务 3.1　铁路车站、区间、区段设置

任务 3.2　中间站作业及中间站设备

任务 3.3　区段站作业及区段站设备

任务 3.4　编组站作业及编组站设备

任务 3.5　客运站作业及客运站设备

任务 3.6　现代化铁路枢纽

以上 6 项学习任务全部来自铁路车站及枢纽建设、运维体系实际，情境客观，内容真实。

任务 3.1　铁路车站、区间、区段设置

教学目标

1. 掌握铁路车站、区间、区段的基本常识。
2. 能识别车站股道、道岔编号。
3. 会判断计算股道有效长的起止设备。

基础知识

目前，我国铁路上有大小车站几千个，旅客候车、乘降，以及货物的承运、保管、装卸、交付等相关作业都在车站进行，可以说车站是铁路与旅客、货主联系的纽带。

3.1.1　车站的类型

1. 按业务性质分类

车站按业务性质分为营业站和非营业站。营业站分为客运站、货运站、客货运站。铁路客运站如图 3-1-1 所示。

图 3-1-1　铁路客运站

2. 按技术作业分类

车站按技术作业分为中间站、区段站、编组站，区段站和编组站称为技术站。

3. 按所担负的任务量及在铁路网上的地位分类

车站按所担负的任务量及在铁路网上的地位分为特等站、一等站、二等站、三等站、四等站。

1）特等站

特等站是中国铁路车站中最高等级的车站。具备下列三项条件之一者为特等站。

（1）日均上下车及换乘旅客在 6 万人以上，并办理到发、中转行包 2 万件以上的客运站。

（2）日均装卸车在 750 辆以上的货运站（装卸车数以整车为标准）。零担装卸车数包括整零、沿零。一站整零装、卸各按一车计算；两站整零第一到站（三站整零为第一、第二到站）无论有无加装，装卸合计均按 0.5 车计算。中间站沿零发到，累计 10 t 按一车计算。零担换算整车的比例为 1:3.5 车；专用线作业车换算为本站作业车的比例为 2:1 车；专用铁道作业车换算为本站作业车的比例为 3:1 车。以下均按此比例计算或换算。

（3）日均办理有调作业车在 6 500 辆以上的编组站（此数字是指《运站报 12》车站工作报告中之日均办理车数减去无调中转车数即第九项减去第十一项，以下均同）。

根据《铁路技术管理规程》规定划分的，办理客运、货运业务并担当货物列车解编技术作业的综合业务的车站，具备下列三项条件中两项者为特等站。

（1）日均上下车及换乘旅客 20 000 人以上，并办理到发及中转行包在 2 500 件以上的客运站。

（2）日均装卸车在 400 辆以上的货运站。

（3）日均办理有调作业车在 4 500 辆以上的编组站。

2）一等站

（1）具备下列三项条件之一者为一等站。

① 日均上下车及换乘旅客在 15 000 人以上，并办理到发、中转行包在 1 500 件以上的客运站。

② 日均装卸车在 350 辆以上的货运站。

③ 日均办理有调作业车在 3 000 辆以上的编组站。

（2）具备下列三项条件中两项者为一等站。

① 日均上下车及换乘旅客在 8 000 人以上，并办理到发、中转行包在 500 件以上的客运站。

② 日均装卸车在 200 辆以上的货运站。

③ 日均办理有调作业车在 2 000 辆以上的编组站。

3）二等站

（1）具备下列三项条件之一者为二等站。

① 日均上下车及换乘旅客在 5 000 人以上，并办理到发、中转行包在 500 件以上的客运站。

② 日均装卸车在 200 辆以上的货运站。

③ 日均办理有调作业车在 1 500 辆以上的编组站。

（2）具备下列三项条件中两项者为二等站。

① 日均上下车及换乘旅客在 4 000 人以上，并办理到发、中转行包在 300 件以上的客运站。

② 日均装卸车在 100 辆以上的货运站。

③ 日均办理有调作业车在 1 000 辆以上的编组站。

4）三等站

具备下列三项条件中两项者为三等站。

① 日均上下车及换乘旅客在 2 000 人以上，并办理到发、中转行包在 100 件以上的客运站。

② 日均装卸车在 50 辆以上的货运站。

③ 日均办理有调作业车在 500 辆以上的编组站。

5）四等站

办理综合业务，但按核定条件，不具备三等站条件者为四等站。

6）核定站等的参考条件

在依照核定条件，全面核定站等后，对某些尚未全部合乎高一等条件要求的站，经过综合平衡，考虑其所在地的政治、经济、文化、外事和运输布局等情况的需要，可按下列参考条件分别酌定其站等。

① 首都、中央直辖市及个别省府所在的车站、可酌定为特等站。

② 省府所在地的车站及重要的国境站、口岸站，可酌定为一等站或二等站。

③ 工矿企业比较集中地区所在地的车站及位于三个方向以上并担当机车更换、列车技术作业的车站，可酌定为二等站或三等站。

3.1.2　铁路分界点、区间、区段基本常识

分界点和区间是组成铁路线路的两个基本环节

为了保证行车安全和必要的线路通过能力，铁路上每隔一定距离需要设置一个车站（线路所或通过色灯信号机），它们把每一条铁路线划分成若干个长度不同的线段，每一线段称为区间，而车站（线路所或通过色灯信号机）就成为相邻区间的分界点。

1. 分界点

1）车站

铁路车站是办理列车通过、到发、技术作业及客货运业务的分界点。

2）线路所

非自动闭塞区段两车站间设置的线路所。

3）通过色灯信号机

自动闭塞区段的两车站间划分为若干闭塞分区处设置的通过色灯信号机。

线路所、通过色灯信号机被称为无配线分界点。

2. 区间

根据分界点的不同，区间分为站间区间、所间区间和闭塞分区。

1）站间区间

车站与车站间的线路称为站间区间。单线铁路站间区间如图 3-1-2 所示。在单线铁路上，车站与车站间以进站信号机柱的中心线为车站与区间的分界线；在双线或多线铁路上，车站与车站间分别以该线的进站信号机柱或站界标的中心线为车站与区间的分界线。

图 3-1-2　单线铁路站间区间

2）所间区间

两线路所间或线路所与车站间的线段称为所间区间。双线铁路站间区间如图 3-1-3 所示。两线路所间或线路所与车站间，以该线上的通过信号机柱的中心线为所间区间的分界线。设有进站信号机的线路所，所间区间的分界方法与站间区间相同。

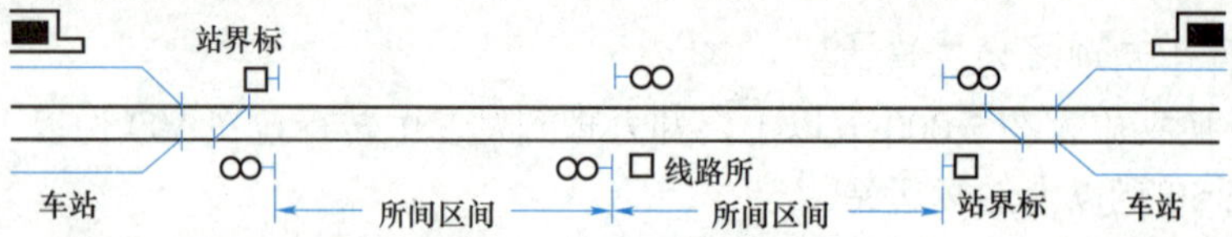

图 3-1-3　双线铁路站间区间

3）闭塞分区

自动闭塞区间两架通过色灯信号机间或进出站信号机与通过色灯信号机间的线段称为闭塞分区。自动闭塞区间同方向相邻的两架色灯信号机间，以该线上的通过信号机柱的中心线为闭塞分区的分界线。双线铁路自动闭塞分区如图 3-1-4 所示。

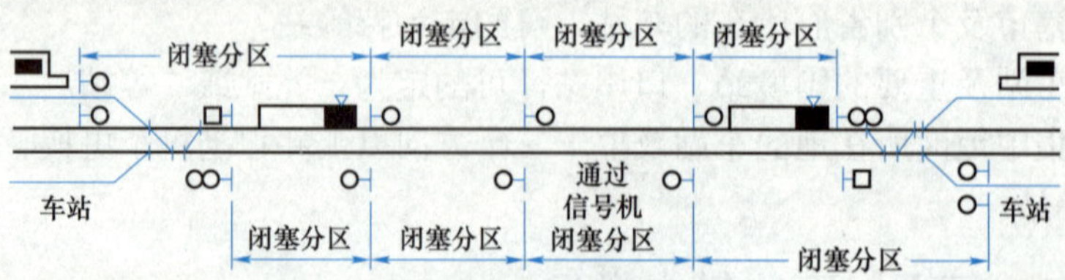

图 3-1-4　双线铁路自动闭塞分区

3. 区段

区段通常是指两相邻技术站间的铁路线段，它包含了若干个区间和分界点，区段长度一般取决于牵引动力的种类或路网状况。

3.1.3　铁路线路种类与线间距

1. 铁路线路种类

铁路线路分为正线、站线、段管线、岔线、安全线及避难线，如图 3-1-5 所示。

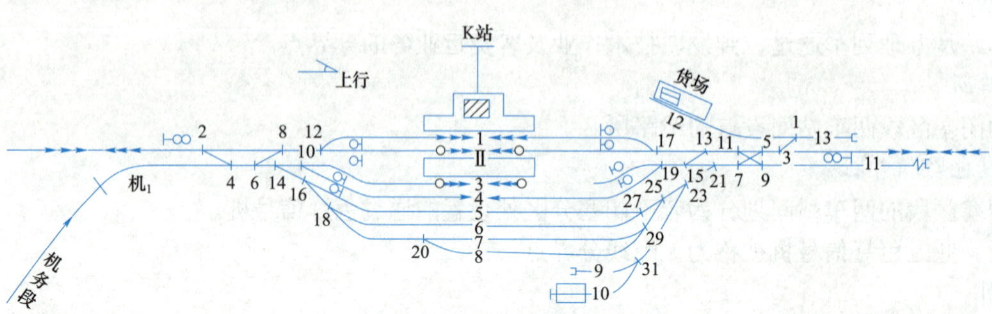

Ⅱ—正线；1、3、4—到发线；5、6、7、8—调车线；9、10—站修线；11、13—牵出线；12—货物线；机$_1$—机走线

图 3-1-5　车站线路

1）正线

正线是指连接车站并贯穿或直股伸入车站的线路。

2）站线

站线是在车站管理的线路中除正线以外线路的统称。

（1）到发线，办理列车到达、出发作业的线路。

（2）其他站线，在车站管理的线路中除正线、到发线、驼峰溜放部分线路以外线路的统称，包括调车线、牵出线、机待线、走行线、站内联络线、段管线、安全线等。

调车线，进行列车编组与解体作业使用的线路。

牵出线，设在调车场的一端，并与到发线连接，专供车列解体、编组及转线等牵出使用的线路。

机待线，供出入段机车停留与交会的线路，一般设在到发线附近。

段管线，机务、车辆、工务、电务、供电等段专用并由其管理的线路。如机车整备线、机车转头用的三角线、转盘线以及机车车辆检修作业用的库线，工务、电务轨道车库线等。

安全线，防止列车或机车车辆从一进路进入另一列车或机车车辆占用的进路而发生冲突的一种安全隔开设备，为特殊用途线。

避难线，为防止长大下坡道上失去控制的列车发生冲突或颠覆而设置的线路。

货物线，专供办理货物装卸车使用的线路。

岔线，在区间或站内接轨，通向路内外单位的专用线路。

站内指定用途的其他线路，是指站内救援列车停留线、机车走行线、车辆站修线、轨道衡线、加冰线、换装线、货车洗刷线、驼峰迂回线等。

2. 线间距

线间距是两相邻线路中心线之间的距离。线间距的大小应根据《铁路技术管理规程》的有关规定确定。直线部分区间及站内相邻线路中心线的标准距离规定，可参考表 3-1-1 和表 3-1-2。曲线部分的线间距按曲线半径大小，根据计算适当加宽。

表 3-1-1　客货共线铁路线间距

<table>
<tr><th>序号</th><th colspan="4">名　称</th><th>线间最小距离/mm</th></tr>
<tr><td rowspan="3">1</td><td rowspan="3">区间双线</td><td colspan="3">$v \leqslant 120$ km/h</td><td>4 000</td></tr>
<tr><td colspan="3">120 km/h $< v \leqslant$ 160 km/h</td><td>4 200</td></tr>
<tr><td colspan="3">160 km/h $< v \leqslant$ 200 km/h</td><td>4 400</td></tr>
<tr><td>2</td><td colspan="4">三线及四线区间的第二线与第三线</td><td>5 300</td></tr>
<tr><td>3</td><td colspan="4">站内正线</td><td>5 000</td></tr>
<tr><td rowspan="7">4</td><td rowspan="7">站内正线与相邻到发线</td><td colspan="3">无列检作业</td><td>5 000</td></tr>
<tr><td rowspan="6">有列检作业或上水作业</td><td rowspan="2">$v \leqslant 120$ km/h</td><td>一般</td><td>5 500</td></tr>
<tr><td>改建特别困难</td><td>5 000</td></tr>
<tr><td rowspan="2">120 km/h $< v \leqslant$ 160 km/h</td><td>一般</td><td>6 000</td></tr>
<tr><td>改建特别困难</td><td>5 500</td></tr>
<tr><td rowspan="2">160 km/h $< v \leqslant$ 200 km/h</td><td>一般</td><td>6 500</td></tr>
<tr><td>改建特别困难</td><td>5 500</td></tr>
<tr><td>5</td><td colspan="4">到发线间或到发线与其他线</td><td>5 000</td></tr>
<tr><td>6</td><td colspan="4">站内线间设有高柱信号机时，相邻两线（含正线）均需通行超限货物列车</td><td>5 300</td></tr>
<tr><td>7</td><td colspan="4">站内线间设有高柱信号机时，相邻两线（含正线）只有一条通行超限货物列车</td><td>5 000</td></tr>
<tr><td rowspan="2">8</td><td colspan="2" rowspan="2">牵出线与其相邻线</td><td colspan="2">调车作业繁忙车站</td><td>6 500</td></tr>
<tr><td colspan="2">改建困难或仅办理摘挂取送作业</td><td>5 000</td></tr>
</table>

注：线间有建（构）筑物或有影响限界的设施，最小线间距按建筑限界计算确定。既有线列车最高运行速度提速到 140～160 km/h 时，可保持 4 m 线间距。

表 3-1-2　客运专线铁路线间距

序号	名　称		线间最小距离/mm
1	区间双线	v=160 km/h	4 200
		160 km/h＜v≤200 km/h	4 400
		200 km/h＜v≤250 km/h	4 600
		250 km/h＜v≤300 km/h	4 800
		300 km/h＜v≤350 km/h	5 000
2	三线及四线区间的第二线与第三线		5 300
3	站内正线	v≤250 km/h	4 600
		250 km/h＜v≤300 km/h	4 800
		300 km/h＜v≤350 km/h	5 000
4	站内正线与相邻到发线		5 000
5	到发线与相邻到发线		5 000
6	安全线与其他线路		5 000

注：线间有建（构）筑物或有影响限界的设施，最小线间距按建筑限界计算确定。

3.1.4　站界及警冲标

1. 站界

为了保证行车安全和分清工作责任，车站与它两端所衔接的区间以进站信号机或站界标分割明确的界限，通常称为“站界”。在单线铁路上，以车站两端进站信号机柱的中心线为界，外方是区间，内方则属于车站范围。在双线铁路上，站界按上下行分别确定，一端以进站信号机柱的中心线为界，另一端以站界标中心线为界，如图 3-1-6 和图 3-1-7 所示。

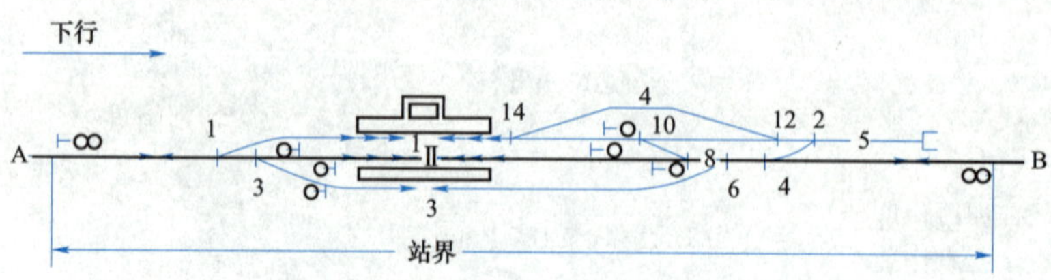

图 3-1-6　单线铁路横列式中间站

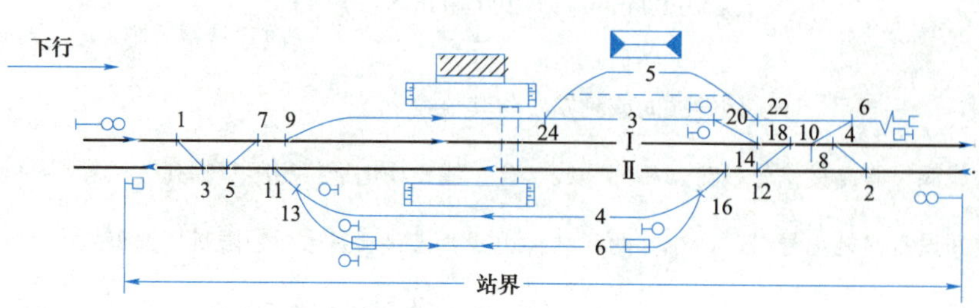

图 3-1-7　双线铁路横列式中间站

2. 警冲标

警冲标是信号标志的一种，设在两会合线路线间距离为 4 m 的中间，用来指示机车车辆不得侵入的安全停留位置，防止机车车辆的侧面冲撞，如图 3-1-8 所示。

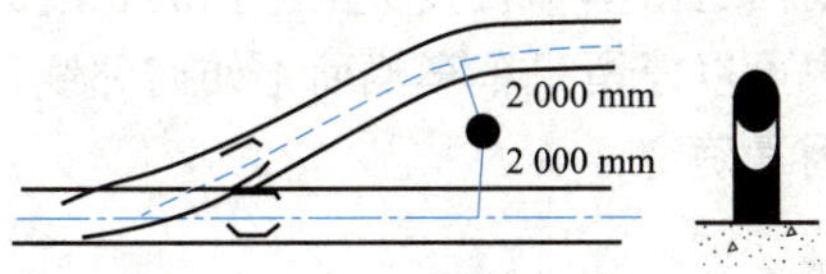

图 3-1-8 警冲标

3.1.5 股道和道岔的编号及股道有效长

1. 股道编号方法

为了作业和维修管理上的方便，站内的道岔及股道应由工务部门会同电务部门、车站共同统一顺序编号。同一车站或车场内的线路和道岔不得有相同的编号。

股道编号方法如下。

（1）站内正线用罗马数字（Ⅰ、Ⅱ、Ⅲ……），站线用阿拉伯数字（1、2、3……）编号。

（2）单线铁路的车站，从靠近站舍（信号楼）的线路起，向远离站舍（信号楼）方向顺序编号（包括正线在内）；位于站舍（信号楼）左右或后方的线路，在站舍前的线路编完后，再由正线一侧向外顺序编号。

（3）双线铁路的车站，从正线起按列车运行方向分别向外顺序编号，上行为双数，下行为单数。

（4）尽头式车站，站舍位于线路终点处时，应面向终点方向由左侧开始顺序编号；站舍（信号楼）位于线路一侧时，从靠近站舍的线路起，向远离站舍方向顺序编号，如图 3-1-9 所示。

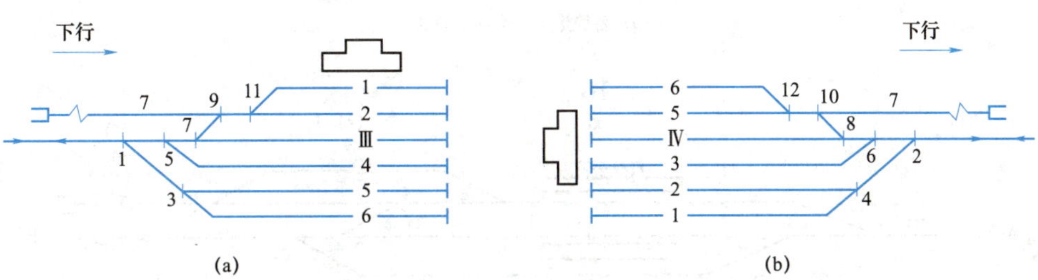

图 3-1-9 尽头式铁路车站线路、道岔编号

（5）有数个车场的车站，应分别从车场靠近站舍（信号楼）的线路起，向远离站舍（信号楼）方向顺序编号。股道编号用阿拉伯数字，在股道编号前冠以罗马数字表示车场，如三场五股道，应写为Ⅲ_5股道。

2. 道岔编号方法

（1）由上行列车到达方向起，顺序编为双号；由下行列车到达方向起，顺序编为单号。

如车站一端有两个方向时，道岔应按主要方向编号。上、下行方向的划分，车站值班员室（信号楼）位于站中心附近时，以车站值班员室（信号楼）中心线为界；车站值班员室（信号楼）距站中心较远时，以车站（车场）中心线为界。

（2）尽头站向线路终点方向顺序编号，上行到达方向编为双号，下行到达方向编为单号。

（3）每一道岔应有单独的号码。渡线道岔以及同一连接线上的数个道岔均应连续编号。交分道岔每组应根据电动转辙机的安装，将两组尖轨和两组可动心轨分别编 4 个号码，编号顺序根据动作关系按渡线道岔的办法连续编号。

（4）一个车站有几个车场时，每一个车场的道岔必须单独编号。为区别车场，道岔号码使用三位及以上数字，第一位数表示车场号码，后面的数字表示道岔号码。遇两个车场共用一个咽喉区时，可根据作业情况划分。

（5）联锁区内的道岔号码应连续编排，在联锁道岔编完后，适当地预留一些号码，再编非联锁道岔。

3. 股道有效长

车站线路的长度分为全长和有效长两种。全长是指车站线路一端的道岔基本轨接头至另一端道岔基本轨接头的长度。如为尽头式线路，则指道岔基本轨接头至车挡的长度。

股道有效长，在线路全长范围内可以停留机车车辆而不妨碍邻线使用的长度。

股道有效长的起止范围由下列因素确定。

（1）警冲标。

（2）道岔尖轨始端（无轨道电路时）或道岔基本轨接头处的钢轨绝缘（有轨道电路时）。

（3）出站信号机（或调车信号机），是用来指示列车可否进入区间的信号装置。

（4）车挡（为尽头式线路时）。

上述各项因素怎样确定股道有效长度，视股道的用途及连接形式而定，其基本原则应保证本道及相邻股道的停留与作业安全。对于双方向使用的线路，应分上下行分别确定其有效长。股道有效长的确定如图 3-1-10 所示，设置轨道电路的车站，（a）图表示各股道下行方向有效长，（b）图表示各股道上行方向有效长。

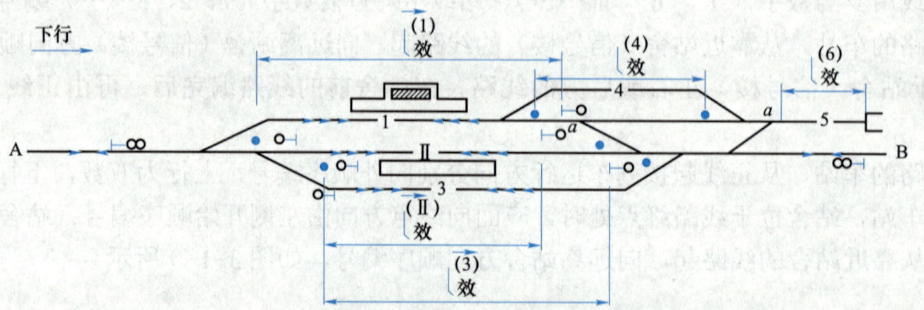

(a) 各股道下行方向有效长

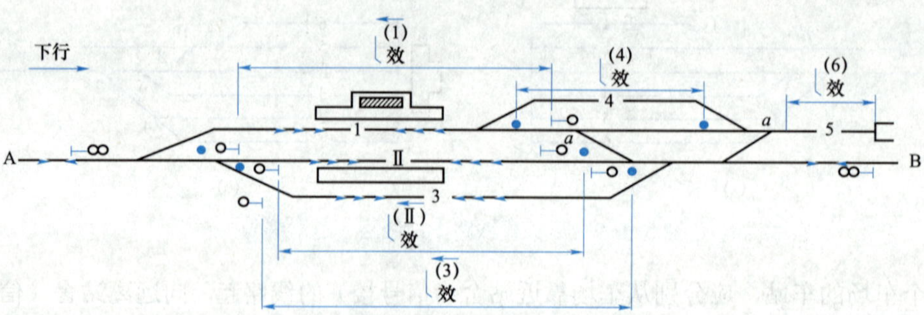

(b) 各股道上行方向有效长

图 3-1-10　股道有效长的确定

货物列车到发线的有效长度，应根据规定的列车长度及列车停车时的附加距离（规定为 30 m）等因素确定。

我国铁路采用的货物列车到发线有效长度在Ⅰ、Ⅱ级铁路上为 1 250 m、1 050 m、850 m、750 m、650 m，在Ⅲ级铁路上为 850 m、750 m、650 m 或 550 m。开行重载列车为主的铁路，开行万吨列车到发线有效长一般在 1 700 m 以上，2 万 t 列车到发线有效长一般在 2 800 m 以上。

采用何种有效长度，应根据运输能力的要求、机车类型及所牵引列车长度，结合地形条件，并考虑与相邻各铁路到发线有效长度相配合等因素确定。

知识测评

1. 简述铁路分界点、区间、区段。
2. 简述铁路线路种类及线间距。
3. 简述铁路股道和道岔的编号及股道有效长。

学习作品

课后每名同学单独制作一个开放的、富有创造性的表现学习过程和学习成效的视频，时间为 5 min 以内，至少包括以下 4 项内容：

1. 铁路分界点、区间、区段基本常识；
2. 铁路线路种类及线间距；
3. 股道和道岔的编号及股道有效长；
4. 通过对本任务的学习，个人在知识增长、能力强化、素养提升方面的小结。

在课程结束后的 3 天内将作品提交任课教师，此作品作为教师评价学生学习效果的依据。

任务 3.2　中间站作业及中间站设备

学习目标

1. 掌握中间站主要作业内容。
2. 掌握中间站主要设备配置。
3. 掌握会让站、越行站功能。

基础知识

中间站是办理列车通过、交会、越行和客货运业务的车站。中间站设备规模较小，但数量很多。它遍布全国铁路沿线中、小城镇和农村。在发展地方工农业生产，沟通城乡物资交流中起着很重要的作用。

3.2.1　中间站的主要作业

（1）列车的通过、会让、越行。在双线铁路上还办理调整反方向运行列车的转线作业。

（2）旅客乘降和行李包裹的承运、保管与交付。

（3）货物的承运、装卸、保管与交付。

（4）部分中间站还有沿零摘挂列车的车辆摘挂和向货场甩挂或专用线取送车辆的调车作业。

京张铁路的青龙桥站（见图 3-2-1）属于中间站。

图 3-2-1　京张铁路的青龙桥站

3.2.2　中间站的主要设备

为了完成以上作业，中间站应根据作业性质和工作量大小设有以下设备。

（1）客运设备，包括旅客站舍（售票房、候车室、行包房）、旅客站台、雨棚和跨线设备（天桥、地道、平过道）等。

（2）货运设备，包括货物仓库、货物堆放场、货物站台和货运室、装卸机械等。

（3）站内线路，包括列车到发线、货物装卸线，以及调车用的牵出线和安全线等。

（4）信号及通信设备，包括信号机、信号表示器、站内电话、对讲机械、广播及扩音设施等。

3.2.3 中间站布置图

中间站应采用横列式图型，客货共线铁路中间站可按图 3-2-2 或图 3-2-3 布置；困难条件下，可采用其他合理图型。

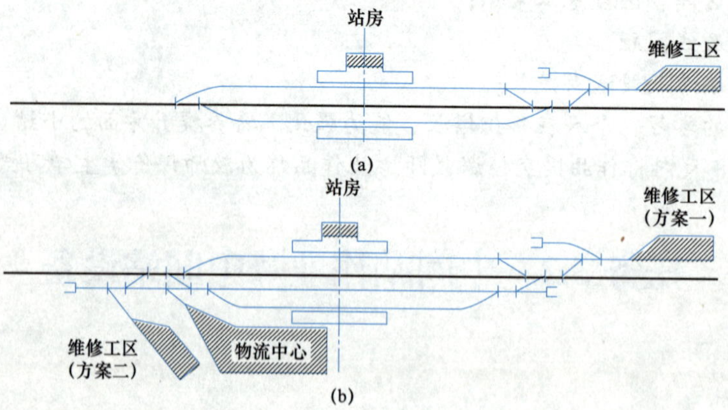

图 3-2-2 中间站布置（一）

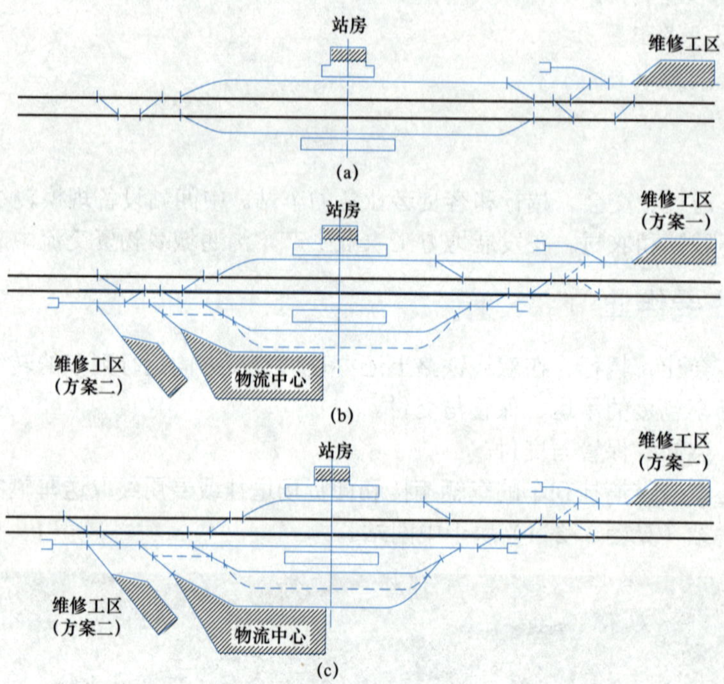

图 3-2-3 中间站布置（二）

客货共线铁路中间站的到发线应设 2 条，作业量较大时可设 3 条。当行车量较少或困难条件时可设 1 条，但不应连续设置。

3.2.4 会让站

会让站是在单线铁路上，为满足区间通过能力需要而设置的办理列车通过、会让、越行的车站。

会让站也办理少量的客货运业务。因此，会让站应铺设到发线、旅客乘降设备，并设置信号及通信设备、技术办公用房，但没有专门的货运设备。在会让站上，既可以实现会车，也可以实现越行。

1. 会车

两列反向列车互相交会，即先到的列车在本站停车，等待反方向的列车到达或通过本站后，再继续开行，叫作会车。

2. 让车

两列同向列车先后到达，先行列车在本站停车，等待后行列车通过本站或到达本站停车后先行称为让车。

3. 会让站布置图

会让站应采用横列式图型，可按图 3-2-4 布置。困难条件下，可采用其他合理图型。

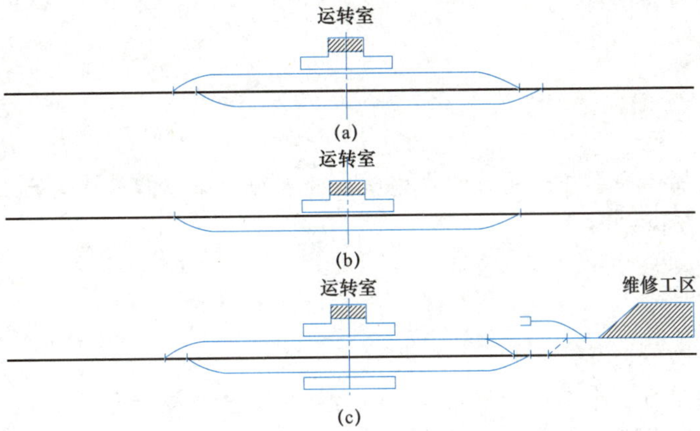

图 3-2-4　会让站

（1）会让站的到发线应设 2 条；当行车量较少或困难条件时可设 1 条，但不应连续设置。

（2）当会让站设 1 条到发线时，到发线宜布置在运转室对侧。

3.2.5　越行站

越行站是在双线铁路上，为满足区间通过能力的需要而设置的办理同方向列车越行的车站。

越行站必要时办理反方向列车的转线，也办理少量的客、货运业务。因此越行站应有到发线、旅客乘降设备、信号及通信设备、技术办公房屋等。

在正常情况下，双线铁路的每一条正线规定只开行某一方向的列车。车站上的到发线是按方向分别设置的。相对方向运行的列车，在区间内或车站上都可以交会。每一方向等待越行的列车可停在到发线上，不用跨越正线。车站两端设有渡线，在必要时作为调整列车运行方向或车站实行反方向接发列车之用。

越行站应采用横列式图型，可按图 3-2-5 布置。困难条件下，可采用其他合理图型。

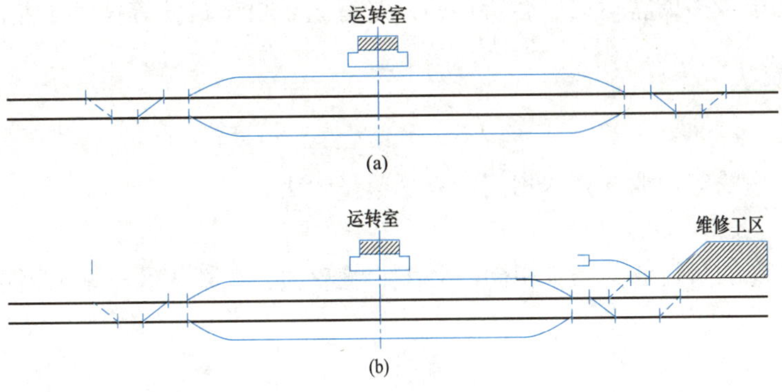

图 3-2-5　越行站

（1）越行站的到发线应设 2 条。

（2）高速铁路的越行站无维修工区且与两端相邻车站均较近时可不设渡线；其余情况下，应设渡线。客货共线铁路的越行站两端咽喉的两正线间应各设 1 条渡线，组成大“八”字渡线，有条件时车站咽喉每端宜预留 1 条渡线；越行站的大“八”字渡线不应连续设置。

知识测评

1. 简述中间站主要作业。
2. 简述中间站主要设备。
3. 简述会让站和越行站功能。

学习作品

课后每名同学单独制作一个开放的、富有创造性的表现学习过程和学习成效的视频，时间为 5 min 以内，至少包括以下 4 项内容：

1. 中间站主要作业；
2. 中间站主要设备；
3. 会让站和越行站功能；
4. 通过对本任务的学习，个人在知识增长、能力强化、素养提升方面的小结。

在课程结束后的 3 天内将作品提交任课教师，此作品作为教师评价学生学习效果的依据。

任务 3.3　区段站作业及区段站设备

教学目标

1. 掌握区段站主要作业内容。
2. 掌握区段站主要设备配置。
3. 了解区段站布置图结构。
4. 能正确分析区段站与中间站作业异同。

基础知识

区段站是为货物列车本务机车牵引交路和办理区段、摘挂列车解编作业而设置的车站。

始发、终到旅客列车较多的客运站、客货运站，进行大量机车换挂等技术作业，也属于区段站。

3.3.1　区段站作业

1. 客运作业

区段站与中间站办理的客运业务基本相同，只是数量较大。

2. 货运作业

区段站与中间站办理的货运业务基本相同，但作业量较大。在某些区段站上还进行冷藏车的整备及牲畜车的供水作业。

3. 运转作业

1）与旅客列车有关的运转作业

区段站与旅客列车有关的运转作业主要是办理旅客列车的接发作业及机车更换、技术检查等作业。有的车站还办理局管内或市郊旅客列车的始发、终到作业及个别车辆的甩挂作业。

2）与货物列车有关的运转作业

区段站与货物列车有关的运转作业主要是办理无改编中转列车的接发和有关作业。对区段和摘挂列车，要进行解体和编组作业。同时，还办理向货场、工业企业专用线取送作业车等。有些区段站，对部分改编中转列车，还要办理变更运行方向、变更列车重量或换挂车组等作业。

无改编中转列车、改编列车

到达区段站的货物列车，按它在该站所进行的作业性质，可以分为两类：一类是到达本站不解体，只做技术检查和机车换挂等作业，然后继续运行的列车，叫作无改编中转列车；另一类是列车到达本站后，要将车列解体，车组进入调车场集结编组形成列车后由车站出发，这种列车叫作改编列车。

解体、编组

解体，就是把车列中不同去向的车辆分别送入调车场的指定线路上；编组，就是把停留在调车线上同一去向的车辆，按有关规定连挂起来，编成一个新的车列。

4. 机车作业

机车作业主要是换挂机车和乘务组，对机车进行整备、修理和检查等。

5. 车辆作业

车辆作业主要办理列车的技术检查和车辆的检修业务。在少数设有车辆段的区段站上，还办理车辆的段修业务。

区段站所办理的作业，无论从数量上或种类上，都较中间站更为复杂。在所办理的各类列车中，又以无改编中转列车所占比重较大，成为区段站行车组织工作的重要环节。

3.3.2 区段站设备

为保证完成上述作业，在区段站上应设有以下设备。

1. 客运设备

客运设备主要有旅客站房、旅客站台、雨棚及跨线设备等。

2. 货运设备

货运设备主要指货场及其有关设备，如装卸线、存车线、货物站台、仓库、雨棚、堆放场及装卸机械等。

3. 运转设备

1）供旅客列车使用的运转设备

供旅客列车使用的运转设备主要有旅客列车到发线，必要时设客车车底停留线。

2）供货物列车使用的运转设备

供货物列车使用的运转设备主要有货物列车到发线、调车线、牵出线、机车走行线及机待线等。

4. 机务设备

在机务段（或机务折返段）所在的车站上，如采用循环交路，在到发场或其附近应设机车整备设备。采用长交路轮乘制时，可设机车运用段或机务换乘点。

5. 车辆设备

车辆设备主要指列车检修所和站修所等。

除上述各项设备外，还有信号、通信、给水、排水、电力、技术办公房屋等设备。

3.3.3 区段站布置图

区段站是为相邻牵引区段服务的，主要办理无改编中转列车的作业，因此区段站设备的布置主要应考虑如何缩短中转列车的停站时间和提高车站的通过能力。

区段站布置图型表示车站各项设备的总体布局，根据正线、旅客列车到发线（场）及上、下行货物列车到发线（场）的相互位置，区段站常见的布置图有单线铁路横列式图型、双线铁路横列式图型、双线铁路客货纵列式图型等类型，如图 3-3-1 所示。

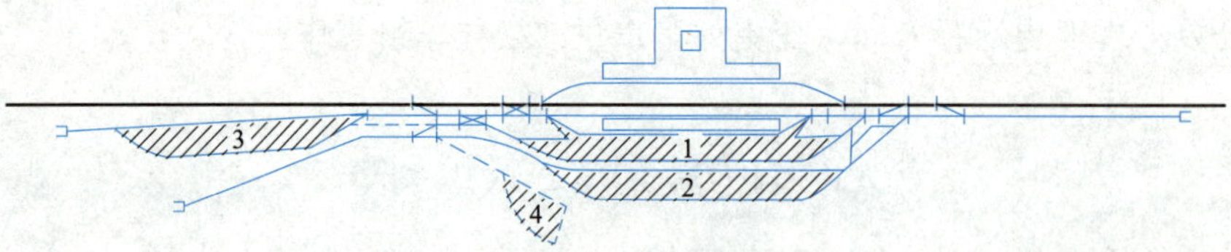

(a) 单线铁路横列式图型

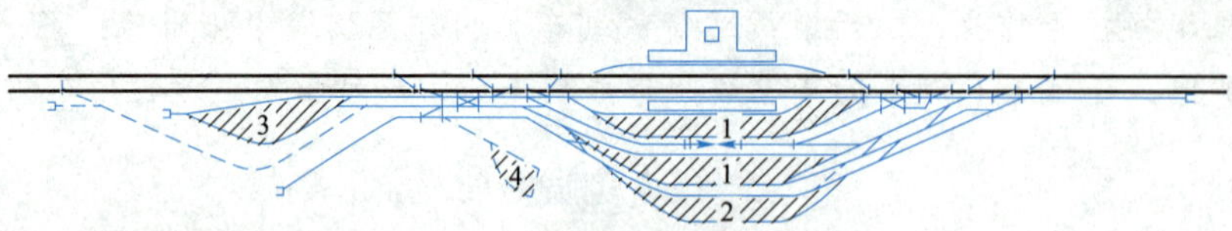

(b) 双线铁路横列式图型

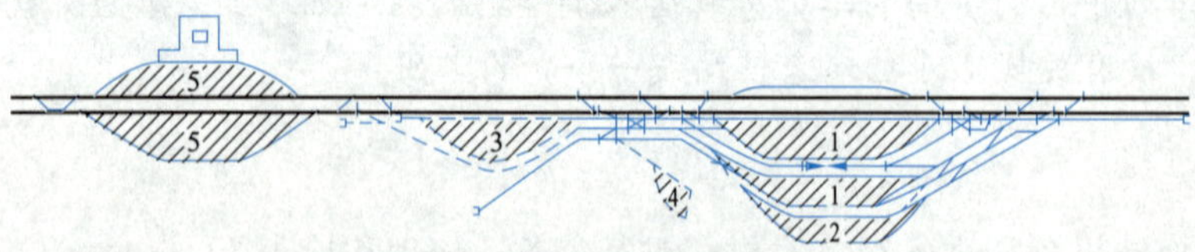

(c) 双线铁路客货纵列式图型

1—到发场；2—调车场；3—机务段；4—物流中心；5—客运车场

图 3-3-1　区段站布置图

知识测评

1. 简述区段站主要作业。
2. 简述区段站主要设备。
3. 简述区段站与中间站作业异同。

学习作品

课后每名同学单独制作一个开放的、富有创造性的表现学习过程和学习成效的视频，时间为 5 min 以内，至少包括以下 4 项内容：

1. 区段站主要作业；
2. 区段站主要设备；
3. 区段站与中间站作业异同；
4. 通过对本任务的学习，个人在知识增长、能力强化、素养提升方面的小结。

在课程结束后的 3 天内将作品提交任课教师，此作品作为教师评价学生学习效果的依据。

任务 3.4　编组站作业及编组站设备

学习目标

1. 掌握编组站主要作业内容。
2. 掌握编组站主要设备配置。
3. 掌握编组站驼峰调车作业。
4. 能正确分析编组站与区段站作业异同。

基础知识

编组站是为办理大量货物列车解体、编组作业而设置的车站。

3.4.1 编组站的主要作业

1. 改编货物列车作业

改编货物列车作业是编组站最主要的作业，包括列车到达作业、解体作业、编组作业及出发作业。这几项作业的数量既多又复杂，是分别在不同地点和车场办理的。

2. 无调中转列车作业

无调中转列车作业比较简单，主要是换挂机车和列车的技术检查，时间短，办理地点只限于在到发场（或专门的通过车场）。

3. 货物作业车作业

货物作业车指到达本站及工业企业线或段管线内进行货物装卸或倒装的车辆。其作业过程比改编中转列车增加了送车、装卸及取车三项作业。

4. 机车整备和检修作业

机车整备和检修作业与区段站相同。

5. 车辆检修作业

编组站上的车辆检修作业包括在到发线上进行的车列的技术检查及不摘车维修；在列检或调车过程中发现车辆损坏需摘车倒装后送往车辆段或站修所进行修理（即站修）；根据任务扣车送段维修（即段修）。

还需办理的作业

根据具体情况，编组站有时还需办理少量以下作业。

（1）客运作业：包括旅客乘降或换乘。

（2）货运作业：包括货物装卸、换装等。

（3）军运列车供应作业。

为了减少对编组站解编作业的干扰，确保主要任务的完成，应尽量不在编组站上办理或少办理客、货运业务。

3.4.2 编组站的主要设备

编组站的设备与区段站基本一样，有调车设备、行车设备、机务设备、车辆设备，根据需要，编组站有时也设有客运设备、货运设备等。而调车设备是编组站的核心设备。

3.4.3 调车设备

编组站的调车工作按使用设备的不同，可以分为牵出线调车和驼峰调车。

1. 平面牵出线

平面牵出线是车站的基本调车设备，基本上设于平道上。调车时车辆溜放的动力是调车机车的推力。牵出线设于调车场尾部，适合于车列的编组、转线，车辆的摘挂、取送等调车作业。

2. 驼峰

驼峰是将调车场始端道岔区前线路抬到一定高度，利用其势能和车辆自重，使车辆自动溜行到调车线上，用以解体车列的一种调车设备。

1）驼峰的分类

驼峰按日均解体作业能力分为：大能力驼峰，日均解体能力为 4 000 辆以上。中能力驼峰，日均解体能力为 2 000～4 000 辆。小能力驼峰，日均解体能力为 2 000 辆以下。

驼峰按设备条件分为：简易驼峰、非机械化驼峰、机械化驼峰、半自动化驼峰和自动化驼峰。

2）驼峰的平、纵断面

驼峰是指峰前到达场（不设峰前到达场时为牵出线）与调车场头部之间用于高效解体车列的部分线段，

如图 3-4-1 所示。它包括推送部分、溜放部分和峰顶平台。

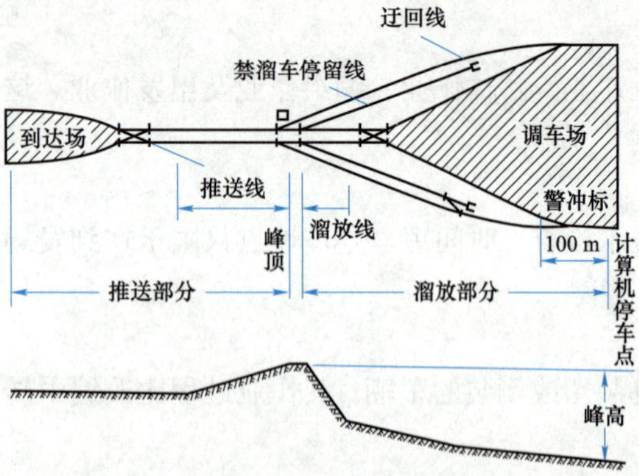

图 3-4-1　驼峰各组成部分示意图

（1）推送部分。推送部分是指经由驼峰解体的车列，其第一钩车位于峰顶平台始端时，车列全长所在的线路范围。设置推送部分的目的是使车辆得到必要的位能，并使车钩压紧，以便于摘钩。

（2）溜放部分。溜放部分是指由峰顶（峰顶平台与溜放部分的变坡点）到计算停车点的线路范围。驼峰调车场的调速制式不同，计算停车点的位置也不同。溜放部分一般分为 3 个坡段，即加速坡、中间坡和道岔区坡，以便保证车组有较快的溜放速度和充分的溜放间隔。

（3）峰顶平台。峰顶平台是指推送部分和溜放部分的连接部分，设有一段便于调车人员进行摘钩作业的平坦地段，叫作峰顶平台。

此外，驼峰部分为了便于作业，还设有从到达场往峰顶推送车列用的推送线；从峰顶往调车场溜放车组用的溜放线；存放禁止溜放车辆的禁溜线和迂回线等。

3. 驼峰调速设备

1）调速工具的作用

车列在驼峰编组场进行解编作业时，为了保证作业安全和作业效率，必须在规定地点设置一定种类的调速工具用以调控溜放车辆的速度。调速可分为间隔调速和目的调速两种。

间隔调速：确保溜放过程中前后钩车之间有足够的间隔，该间隔距离应满足减速器制动与缓解位置的及时调整和道岔的及时转换，从而避免前后钩车在溜放过程中追尾或错入股道或进入相邻线路时在警冲标处发生侧面冲突。

目的调速：保证各钩车以一定的安全速度溜放到调车场指定地点并与停留车安全连挂，以避免超速（大于 5 km/h）连挂和过大“天窗”的产生。

2）驼峰调速工具及其简单原理

（1）调速工具的种类。驼峰调车场调速工具，是为了提高驼峰的改编能力，保证作业安全所必需的设备。目前，我国铁路上常用的主要调速工具有减速器、减速顶、加速顶、加减速小车、制动铁鞋及手闸等。在机械驼峰上，除调车场内使用铁鞋制动外，在驼峰溜放部分均采用车辆减速器，而在自动化驼峰上，根据车辆的走行性能、重量、预定的停车地点，以及溜放速度等条件，由自动化装置控制减速器的制动能力。

（2）减速器。减速器主要有压力式减速器和重力式减速器两种形式。压力式减速器是利用压缩空气作为动力，由钢轨两侧的制动夹板挤压车轮进行制动。重力式减速器主要借助车辆自身的重量使制动夹板产生对车轮的压力而进行制动。

图 3-4-2 所示为压力式钳形减速器构造，当需要对车辆进行制动时，操纵制动按钮，使压缩空气进入气缸，活塞杆 5 和杠杆 4 的末端即被压向下方，而缸体 6 连同杠杆 3 的末端则上升。这样，由于两杠杆末端分开，使夹板 1 合拢而挤压车轮进行制动。

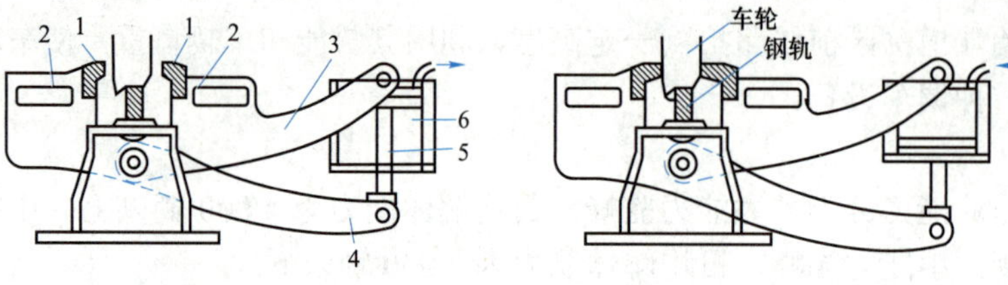

(a) 缓解位　　(b) 制动位

1—夹板；2—制动梁；3、4—杠杆；5—活塞杆；6—缸体

图 3-4-2　压力式钳形减速器构造

（3）减速顶。减速顶是一种不需要外部能源，可以自动控制车辆溜放速度的小型调速工具，其灵敏度高、性能良好、维修简便，在各编组场普遍使用。减速顶一般安设在钢轨内侧或外侧，由外壳、吸能帽、活塞组合件和止冲装置等组成，如图 3–4–3 所示。车轮经过减速顶时，吸能帽斜对轮缘部分，对高于临界速度的车辆可起减速作用，对低于临界速度的车辆不起减速作用，在线路上安装许多这种装置，就能对车辆进行连续的速度控制。

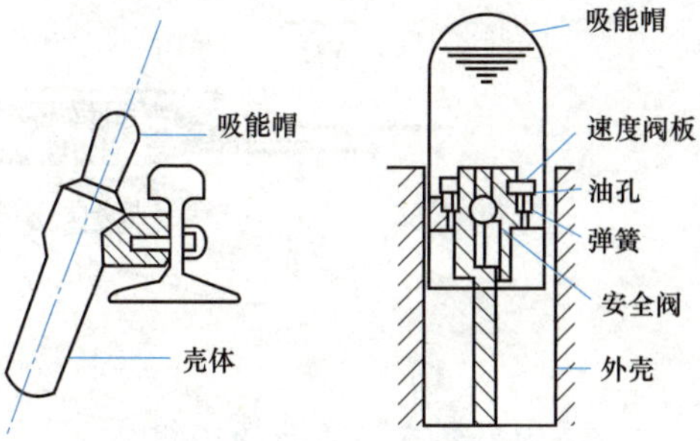

图 3–4–3 减速顶

3.4.4 编组站布置图

列车的到达、解体、集结、编组和出发等作业是在编组站的各个车场完成的，因此，到达场、调车场、出发场、到发场就成为列车改编作业的主要场地。

调车设备是编组站的核心设备，调车设备的数量与规模及各车场的相互位置，可构成不同的配置图型。

1. 按照调车设备的套数及调车驼峰方向分类

（1）单向布置图：只有一个调车场，上、下行合用一套调车设备，它的驼峰调车方向与主要改编车流运行方向一致。

（2）双向布置图：有两个调车场，上、下行各有一套调车设备，一般情况下，两个系统的驼峰应顺着各自的主要改编车流运行方向。

2. 按照每一套系统内车场的相互位置和数目分类

（1）横列式布置图：上、下行到发场与调车场并列配置。

（2）纵列式布置图：到达场、调车场、出发场等主要车场顺序纵向排列。

（3）混合式布置图：主要车场纵列，另一部分车场横列。

编组站布置图的基本类型，归纳起来主要有单向横列式、单向纵列式、单向混合式、双向横列式、双向纵列式、双向混合式，其他类型都是在这些图基础上派生的，且数量很少。

铁路现场对编组站布置图型习惯上称为“几级几场”。“级”是指车场排列形式，一级式就是车场横列，二级式就是到达场、调车场纵列，三级式就是到达场、调车场、出发场顺序排列。“场”是指车场，车站有几个车场，就叫几场。我国铁路编组站布置类型及典型布置形式如表 3–4–1 所示。

表 3–4–1 我国铁路编组站布置类型及典型布置形式

	类型	单向横列式	单向混合式	单向纵列式
单向	典型布置形式	单向横列式一级三场	单向混合式二级四场 单向混合式二级五场	单向纵列式三级三场
双向	类型	双向横列式	双向混合式	双向纵列式
	典型布置形式	—	双向混合式二级四场 双向混合式二级五场	双向纵列式三级六场 双向纵列式三级八场

3. 典型编组站布置图

1）单向混合式二级四场编组站

图 3–4–4 所示为单向混合式二级四场编组站布置图。图中各衔接线路方向的共用到达场和编组场（调车场）纵列配置；而上、下行的出发场分别并列在编组场两侧，供编组成列的列车停放、技检并按列车运行图规定时间发车；办理上、下行无改编中转列车作业的通过车场或股道，分别设在两出发场的外侧。到达场与调车场间大多设有机械化驼峰供解体用，编组场尾部设有两条牵出线供编组用。

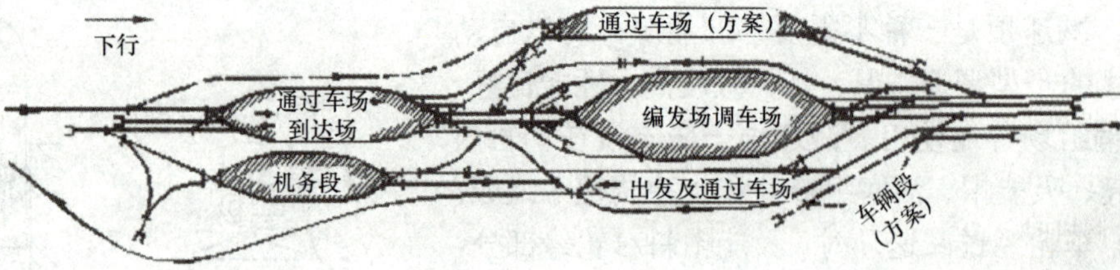

图 3-4-4　单向混合式二级四场编组站布置图

2）单向纵列式三级三场编组站

如图 3-4-5 所示，单向纵列式三级三场编组站布置图的基本特征是各衔接方向共用的到达场、调车场、出发场依次纵列配置。

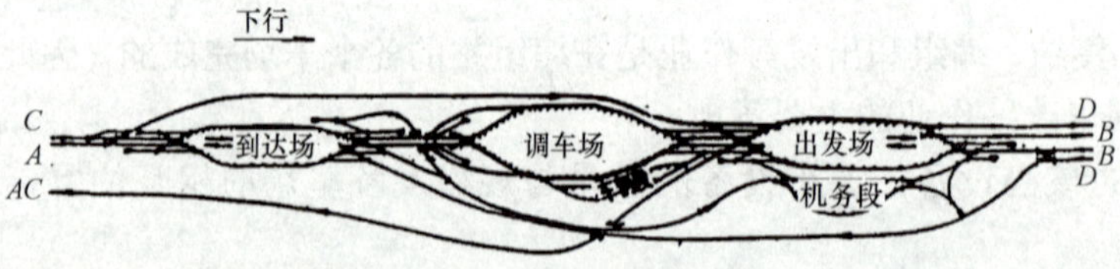

图 3-4-5　单向纵列式三级三场编组站布置图

3）双向纵列式三级六场编组站

图 3-4-6 所示为双向纵列式三级六场编组站布置图。由图中可以看出，其特点是上、下行方向各有一套到达场、调车场、出发场，每套三个车场均依次纵列布置，并组成两个相应并列的独立系统。双向均为"流水式"作业，避免了一级三场一个方向解体转线折返走行距离长的缺点，使车站具有较大的改编能力和通过能力。

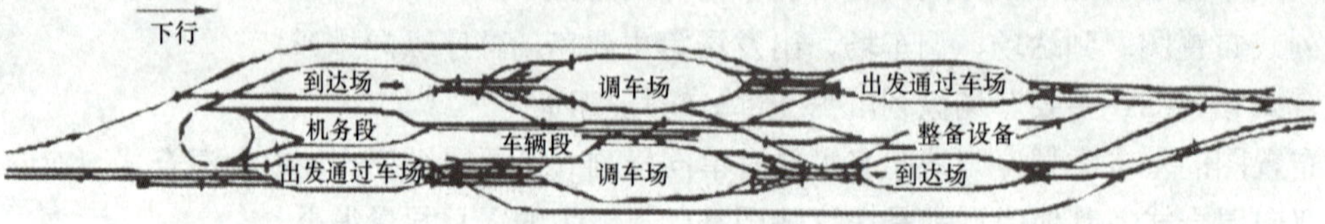

图 3-4-6　双向纵列式三级六场编组站布置图

知识测评

1. 简述编组站主要作业。
2. 简述编组站主要设备。
3. 简述编组站驼峰调车作业。
4. 简述编组站与区段站作业异同。

学习作品

课后每名同学单独制作一个开放的、富有创造性的表现学习过程和学习成效的视频，时间为 5 min 以内，至少包括以下 5 项内容：

1. 编组站主要作业；
2. 编组站主要设备；
3. 编组站驼峰调车作业；
4. 编组站与区段站作业异同；
5. 通过对本任务的学习，个人在知识增长、能力强化、素养提升方面的小结。

在课程结束后的 3 天内将作品提交任课教师，此作品作为教师评价学生学习效果的依据。

任务 3.5 客运站作业及客运站设备

学习目标

1. 掌握客运站主要作业内容。
2. 掌握客运站主要设备配置。
3. 能正确分析客运站与客货运站作业异同。

基础知识

客运站是主要办理客运业务的车站。

3.5.1 客运站作业

客运站是铁路旅客运输的基层生产单位，主要作业如下。

（1）组织旅客安全、迅速、准确、方便地上下车。

（2）行包、邮件的装卸及搬运。

（3）组织旅客列车安全正点到发。

（4）客车车底的取送。

（5）动车组出入车站。

3.5.2 客运站设置

我国客运站有专办客运和兼办货运的客运站。

1. 兼办货运业务的客运站

在兼办货运业务的客运站上，驻站单位多，客货运业务相互干扰，车站秩序较难维持，车站能力、客运作业安全及客运服务质量受到影响，车站的发展受到限制，因此，在客流较大的城市宜设置专用的客运站。

2. 专办客运业务的客运站

一般情况下，省会或城市人口为 100 万以上的大城市，客运量（最大月日均上下车总人数）约 13 000 人时，应设置专办客运业务的客运站。

当位于交通枢纽的中小城市或预计该城市经济发展迅速或为较大的旅游点，客运量在 8 000～10 000 人时，也可设置专办客运业务的客运站。

当近期客、货运量不大，可根据具体情况先设置兼办客货运业务的车站，随着客运量增长再逐步发展为专办客运业务的客运站。

3. 旅客乘降所

除客运站外，我国尚有旅客乘降所办理旅客乘降作业。旅客乘降所是在铁路区间线路上，为方便短途旅客乘降需要而设置的有简易客运设备的处所，不设配线，一般设置在铁路枢纽地区及重点厂矿企业等附近，地域性较强。

3.5.3 客运站类型

1. 按站房与铁路线的平面关系分类

铁路客运站可分为线端式（尽头式）客运站、线侧式（通过式）客运站、混合式客运站。

2. 按站房室内地面与站台面的高差关系分类

铁路客运站可分为线平式客运站、线上式客运站、线下式客运站。

3. 按客运量大小分类

客运站客运量大小由旅客最高聚集人数（客货共线铁路）或高峰小时发送量（客运专线铁路）等界定。

为了确定客运设备的规模和标准，铁路客运站根据旅客最高聚集人数（H）或高峰小时发送量（P_h）分为特大型客运站、大型客运站、中型客运站和小型客运站，详见表 3-5-1。

表 3-5-1 客运站分类表

客货共线铁路		客运专线铁路	
客运站类型	最高聚集人数 H/人	客运站类型	高峰小时发送量 P_h/人
特大型	$H \geqslant 10\,000$	特大型	$P_h \geqslant 1\,000$
大型	$3\,000 \leqslant H < 10\,000$	大型	$5\,000 \leqslant P_h < 10\,000$
中型	$600 < H < 3\,000$	中型	$1\,000 \leqslant P_h < 5\,000$
小型	$H \leqslant 600$	小型	$P_h < 1\,000$

旅客最高聚集人数是旅客车站全年上车旅客最多月份中，一昼夜在候车区（厅、室）内瞬时（8～10 min）出现的最大候车（含送客）人数的平均值。

旅客高峰小时发送量是旅客车站全年上车旅客最多月份中，日均高峰小时旅客发送量。

特大型客运站、大型客运站一般设于直辖市、省会、自治区首府或计划单列市，中型客运站一般设于地级市或经济发达的县级市，小型客运站一般设于县级及以下的城镇所在地。

地下铁路客运站（地下车站）

地下铁路客运站是全部或部分铁路客运站站房、客运服务设施位于地面以下的铁路客运站。

3.5.4 客运站设备

铁路客运站是办理客运业务，为铁路旅客提供乘降功能的场所。一般由铁路客运站站房、客运服务设施、城市配套设施（车站广场和城市交通配套设施）、综合换乘设备、铁路运输设备等组成。

1. 铁路客运站站房

铁路客运站站房是为铁路旅客办理客运业务的公共建筑，主要由进站、出站集散厅，候车区（厅、室），售票用房，客运作业及附属用房，行包用房，无障碍设施以及为旅客服务的商业用房等组成。

（1）中型、小型铁路客运站站房建筑面积宜为 5～8 m^2/人。

（2）特大型、大型铁路客运站站房建筑面积宜为 8～15 m^2/人。

（3）集散厅，铁路客运站站房内，对进站、出站旅客进行疏导的大厅。

（4）无障碍设施，方便残疾人、老年人等行动不便或有视力障碍者使用的安全设施。

2. 客运服务设施

铁路客运领域为旅客服务的站台、站台雨棚、地道、天桥等建筑物或构筑物，以及检票口、电梯与自动扶梯、公共信息导向系统等设施。

公共信息导向系统是由导向要素构成的引导人们在公共场所进行有序活动的标志系统。

3. 城市配套设施

车站广场和城市交通配套设施，包括人行流线，车行流线，与公交汽（电）车、城市轨道交通站点及出租车载客区等交通设施相连通的硬化防滑地面，绿化与景观设施，座椅，卫生间等。

4. 站房平台

站房平台是由铁路客运站站房外墙向城市方向延伸一定宽度，连接铁路客站站房各个部位及进出口的平台。

（1）平台长度不应小于站房主体建筑长度。

（2）与车站广场衔接的平台宽度，特大型站不宜小于 35 m，大型站不宜小于 25 m，中、小型站不宜小于 10 m。

（3）采用立体交通布局的铁路客运站，其平台应分层设置，每层平台的宽度不宜小于 10 m。

5. 综合换乘设备

随着高速铁路的发展，铁路客运站已不只是旅客上下列车的单一设施，而成为城市公交、出租汽车、城市轨道交通、城市水陆联运、铁路航空换乘、长途汽车等多种交通工具的综合枢纽站。铁路旅客可以方便地通过自动扶梯到达位于不同标高的换乘点，换乘所需要的交通工具。

6. 铁路运输设备

铁路运输设备包括车站线路、信号、供电等基础设施。

绿色铁路客运站

绿色铁路客运站是在建筑的全寿命周期内，最大限度地节约资源（节地、节能、节水、节材），保护环境和减少污染，为旅客和工作人员提供健康、适用和高效的使用空间，以及自然和谐共生的铁路客站。

3.5.5 客运站流线

铁路客运站的主要功能是输送旅客，解决旅客乘车、下车和中转换车等问题，这些活动形成各种流线。流线按性质可分为旅客流线、行李包裹流线和车辆流线；按流动方向可分为进站流线和出站流线。

在客运站的设计中，首先要安排好各种流线，按照各类旅客进出站和办理各种手续的顺序，进行总体布置和各个厅室的配置，尽量缩短旅客进出站的路线和高程，力求避免进出站流线之间以及旅客、行李包裹、车辆流线之间的互相干扰，务必使流线简洁通畅。大小客运站的规模和客流量相差很大，因此在设计大型站时，须从空间分配上安排流线，而小型站则可利用错开时间的办法来安排流线。

3.5.6 客车段所

客车段所是专门办理客车车底或动车组存放、整备、检查等作业的场所，包括客车整备所、动车所、动车段等，不包括客运机务段（所）。

客运站设有客车段所时，其相互配置应满足车站的通过能力，减少咽喉交叉干扰，缩短机车、客车车底和动车组列车的走行距离，并结合地形、地质条件和城市规划，通过全面比较确定。

（1）客车整备所、动车段所应纵列配置于客运站到发列车较少一端的咽喉区外方正线的一侧。

（2）以机车牵引客车为主的客运站，当全部或大部分客车均停站作业时，客车整备所及客运机务设备可与车站纵列布置在双线铁路的两正线间。

（3）当始发、终到旅客列车对数较少，且车站远期有更大的发展规划时，客车整备所可与客运站横列配置。

3.5.7 客运站布置图

客运站宜采用通过式图型，以始发、终到列车为主的客运站可采用通过式和部分尽头线的混合式图型，全部办理始发、终到列车并位于正线终端的客运站也可采用尽端式图型。

1. 以机车牵引客车为主的客运站图型

（1）客车段（所）在两正线间的通过式客运站图型如图 3-5-1 所示。

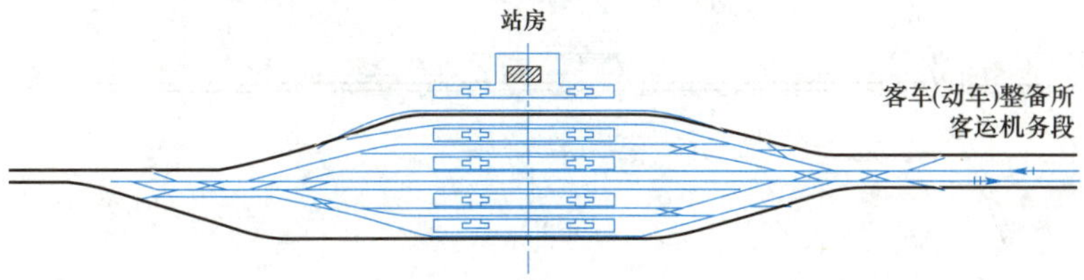

图 3-5-1 客车段（所）在两正线间的通过式客运站图型

（2）客车段（所）在站房同侧的通过式客运站图型如图 3-5-2 所示。

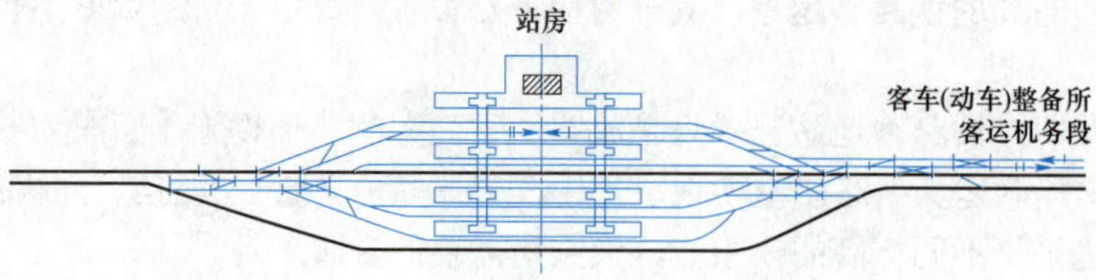

图 3-5-2　客车段（所）在站房同侧的通过式客运站图型

（3）客车段（所）在站房对侧正线中穿的通过式客运站图型如图 3-5-3 所示。

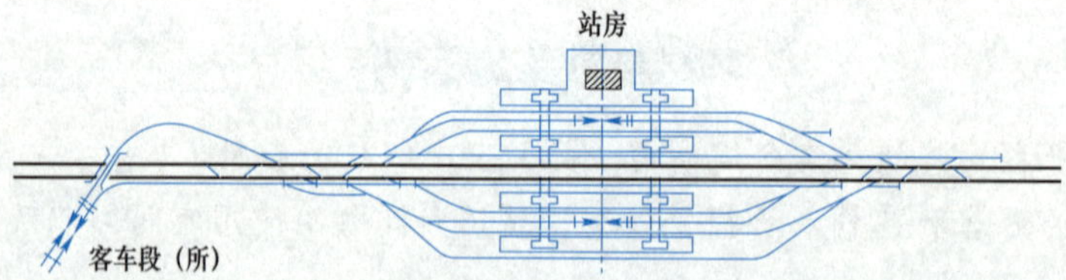

图 3-5-3　客车段（所）在站房对侧正线中穿的通过式客运站图型

2. 高速铁路始发站图型

（1）高速铁路通过式始发站图型如图 3-5-4 所示。

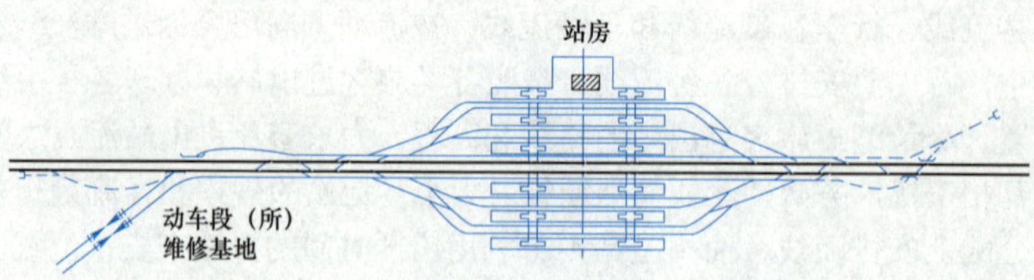

图 3-5-4　高速铁路通过式始发站图型

（2）高速铁路尽端式始发站图型如图 3-5-5 所示。

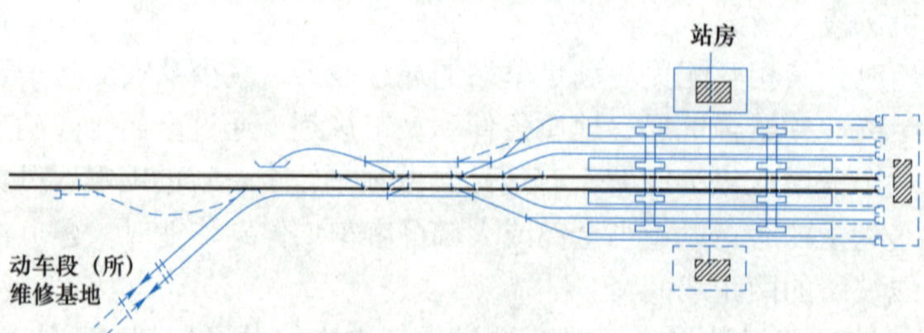

图 3-5-5　高速铁路尽端式始发站图型

（3）两条高速铁路交会的始发站图型如图 3-5-6 所示。

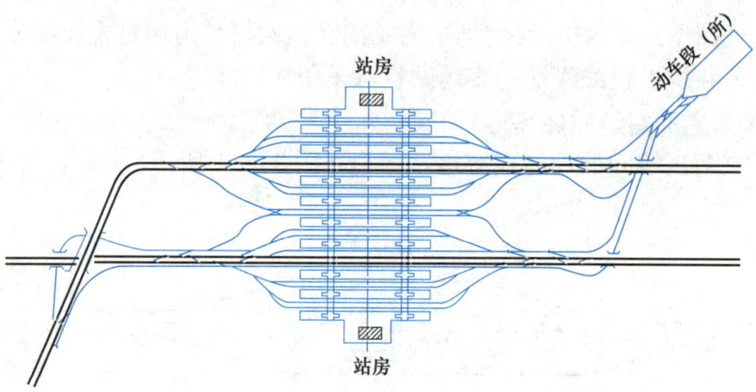

图 3-5-6　两条高速铁路交会的始发站图型

3. 城际铁路始发站图型

（1）城际铁路通过式始发站图型如图 3-5-7 所示。

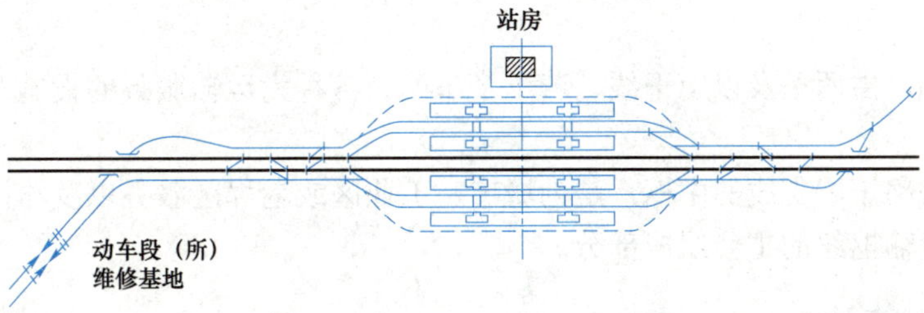

图 3-5-7　城际铁路通过式始发站图型

（2）城际铁路尽端式始发站图型如图 3-5-8 所示。

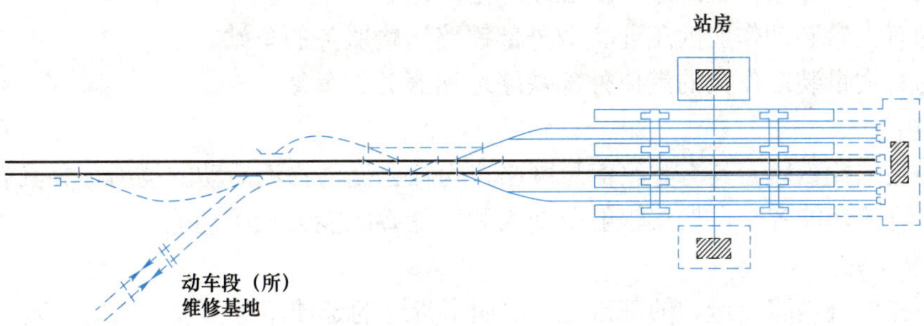

图 3-5-8　城际铁路尽端式始发站图型

知识测评

1. 简述客运站主要作业。
2. 简述客运站主要设备。
3. 简述客运站类型和客车段所。

学习作品

课后每名同学单独制作一个开放的、富有创造性的表现学习过程和学习成效的视频，时间为 5 min 以内，至少包括以下 4 项内容：

1. 客运站主要作业；
2. 客运站主要设备；
3. 客运站类型和客车段所；
4. 通过对本任务的学习，个人在知识增长、能力强化、素养提升方面的小结。

在课程结束后的 3 天内将作品提交任课教师，此作品作为教师评价学生学习效果的依据。

任务 3.6　现代化铁路枢纽

学习目标

1. 了解铁路枢纽类型。
2. 了解引入枢纽的新线接轨要求。

3. 了解铁路枢纽设备。

4. 了解铁路物流中心。

基础知识

在铁路网点或网端，由两条及以上干线、若干个车站、各种为运输服务的设施及其联络线等所组成的整体称为铁路枢纽。

铁路枢纽是连接铁路干、支线的中枢，是为城市、工业区或港埠区服务以及与国民经济各部门联系的重要纽带，也是交通运输枢纽的主要组成部分。

3.6.1 铁路枢纽内的设备

1. 车站

车站包括客运站、货运站、编组站、工业站、港湾站等。

工业站主要为有大量装卸作业的工业企业外部铁路运输服务的车站。

港湾站主要为有大量装卸作业的港口外部铁路运输服务的车站。

2. 铁路物流中心

铁路物流中心是依托铁路，具有完整信息网络，为社会提供物流活动的场所，并具有为社会或企业自身提供物流服务，物流功能齐全，聚集辐射范围大和存储吞吐能力强等功能。

1）铁路物流中心的类型

铁路物流中心在传统铁路货运站的基础上，增加了货运的延伸服务作业，包括包装、加工、分拨配送、快速分拣、金融物流等。铁路物流中心按照办理货物品类和性质可分为综合型铁路物流中心和专业型铁路物流中心。

2）综合性铁路物流中心

综合性铁路物流中心可由集装箱、长大笨重货物、包装成件货物、商品汽车、散装货物、仓储配送、危险货物、冷藏、流通加工等功能区和交易展示区组成。

综合性铁路物流中心按照服务类型可分为货运服务型、生产服务型、商贸服务型、口岸服务型和综合服务型。

综合性铁路物流中心按照承担的吞吐量、服务功能、建设规模和在路网中的作用等因素可分为一级、二级和三级铁路物流中心。一级铁路物流中心在铁路物流节点空间结构体系中处于最高层，是实现物流设施集约化和物流运作一体化的骨干节点。二级铁路物流中心在铁路物流节点空间结构体系中处于中间层，是铁路物流中心骨干体系在一定区域范围内的重要支撑和有益补充，弥补一级铁路物流中心在区域内辐射范围的空缺。三级铁路物流中心在铁路物流节点空间结构体系中处于基层，主要发挥铁路物流中心衔接终端物流市场的作用。

3. 疏解设备

疏解设备包括铁路线路与铁路线路的平面和立交疏解、铁路线路与城市道路的跨线桥和平交道口等。

4. 铁路线路

铁路线路包括引入正线、联络线、环线、直径线、工业企业线等。

5. 其他设备

其他设备包括机务段、车辆段、客车整备所、动车段（所）等。

3.6.2 铁路枢纽分类

1. 按在路网上的地位和作用分类

1）路网性铁路枢纽

凡承担的客货运量和车流组织任务涉及整个铁路网的枢纽，属于路网性铁路枢纽。这种枢纽一般位于几条铁路干线交叉或衔接的铁路网点上的具有重要政治和经济地位的大、中工业城市，办理大量的跨局通过车流和地方车流，设有较多的专业车站。它的设备规模和能力都很大，如北京、上海、广州、沈阳、武汉、郑州、西安、南京等枢纽。

2）区域性铁路枢纽

凡承担的客货运量和车流组织主要为一定的区域范围服务的枢纽，属于区域性铁路枢纽。这种枢纽一般位于铁路干线和支线交叉或衔接的铁路网点上的大、中城市，办理管内的通过车流和地方车流。它的设备规模和能力仅次于路网性铁路枢纽，如太原、柳州、蚌埠等枢纽。

3）地方性铁路枢纽

凡承担的客货运量和车流组织主要为某一工业区或港湾等地方作业服务的枢纽，属于地方性铁路枢纽。这种枢纽一般位于铁路网端或大工业企业和水陆联运地区，办理大量的货物装卸和小运转作业。它的设备规模和能力较小，如秦皇岛属港湾铁路枢纽、大同属工业铁路枢纽等。

2. 按衔接线路、车站数量和规模分类

按衔接线路、车站数量和规模分类，铁路枢纽分为特大型枢纽、大型枢纽、中型枢纽、小型枢纽。

3. 按主要服务对象分类

按主要服务对象分类，铁路枢纽分为工业枢纽、港湾枢纽、综合性枢纽。

4. 按布置图分类

按布置图分类，铁路枢纽分为一站式枢纽、三角形枢纽、十字形枢纽、顺列式枢纽、并列式枢纽、环形枢纽、尽端式和组合式枢纽等。

1）一站式枢纽

当引入线路少，客、货运量不大和城市规模较小时，可设计客、货共用的一站式枢纽。

2）三角形枢纽

当有三个方向的引入线路汇合时，可根据各方向线路间的客、货运交流量，在汇合处分别设置客、货共用车站和其他车站或线路所形成的三角形枢纽，如图 3-6-1 所示。

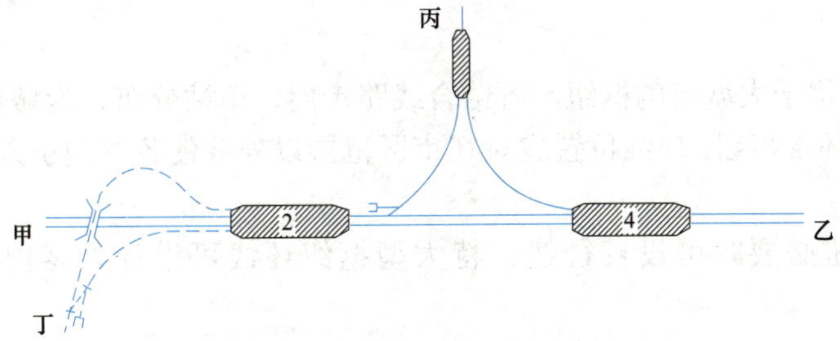

2—编组站；4—客、货共用站

图 3-6-1　三角形铁路枢纽布置示意图

3）十字形枢纽

当有大量通过车流的新线与既有线交叉时，可在新线上修建必要的车站和连接既有线的疏解设备线路，使新线直接跨越既有线，形成十字形枢纽，如图 3-6-2 所示。

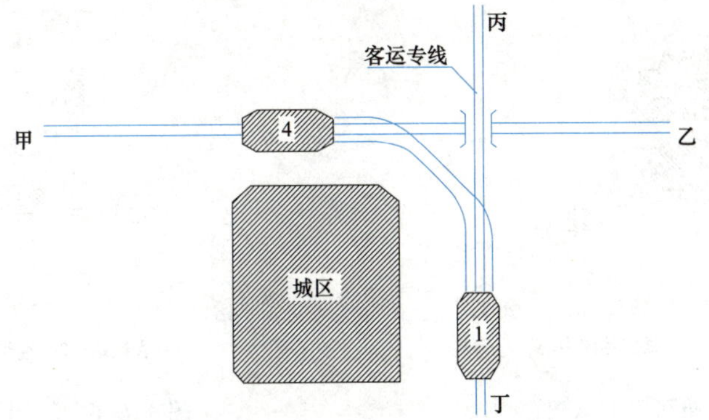

1—客运站；4—客、货共用站

图 3-6-2　十字形铁路枢纽布置示意图

4）顺列、并列枢纽

当引入线路较多，客、货运量较大，结合城市规划和当地条件需要设置两个及以上专业站时，可设计为主要客运站和编组站成顺列或并列布置的枢纽，如图 3-6-3、图 3-6-4 所示。

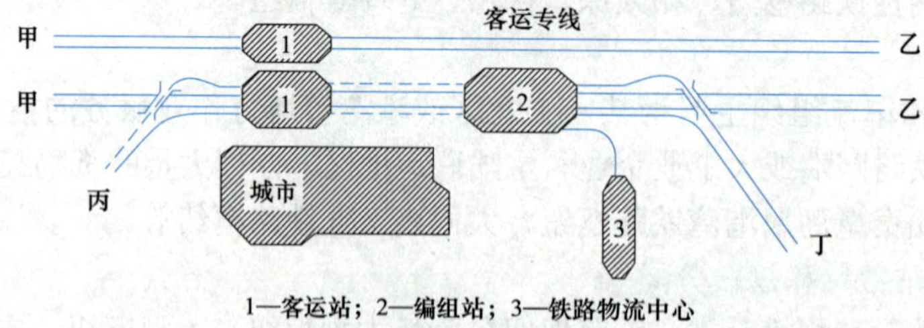

图 3-6-3　客运站与编组站顺列的枢纽布置示意图

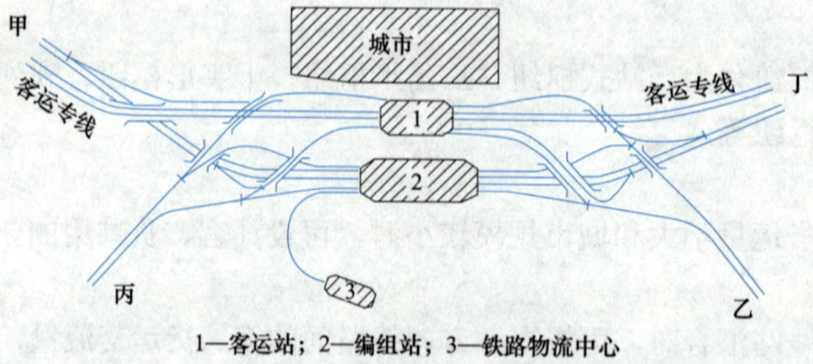

图 3-6-4　客运站与编组站并列的枢纽布置示意图

5）环形枢纽

衔接线路方向多、并位于大城市的枢纽，可结合线路走向、车站分布、为城市和工业区服务的联络线等情况，设计成环形或半环形枢纽，环线位置宜设在市区范围以外并使各方向引入线路有灵活便捷的通路，如图 3-6-5 所示。

特大城市的环形枢纽必要时可设直径线。特大型枢纽环线可设计为客内货外的客运环线或货运环线。

6）尽端式枢纽

位于路网终端的港埠城市、矿区的尽端式枢纽，编组站应设在出、入口处，并方便各地区之间的车辆交流，如图 3-6-6 所示。

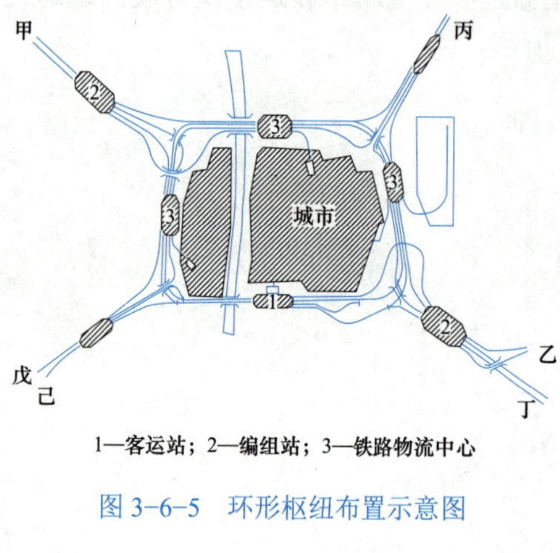

图 3-6-5　环形枢纽布置示意图

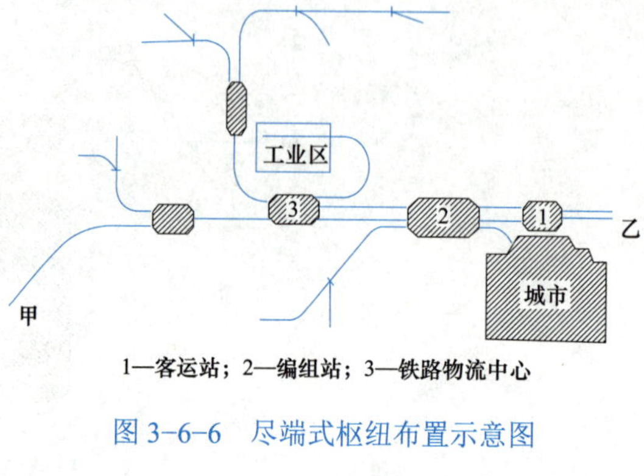

图 3-6-6　尽端式枢纽布置示意图

7）组合式枢纽

当按一种类型枢纽布置不能满足运营需要时，可设计成与枢纽作业量和作业性质相适应的由几种类型枢纽组合而成的组合式枢纽，如图 3-6-7 所示，该组合式枢纽由顺列式、三角形和环形等图型所组成。

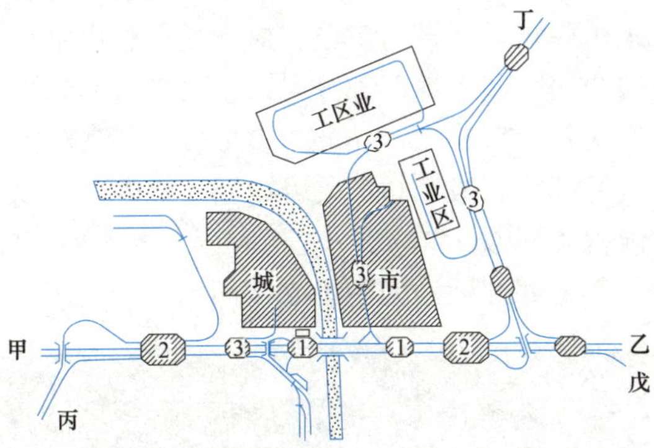

图 3-6-7　某组合式枢纽布置示意图

3.6.3　引入枢纽的新线接轨

引入枢纽的新线不宜过多地直接接轨于编组站，一般情况下，可在枢纽前方站或在枢纽内适当车站上接轨。

枢纽内具有一定规模的新建铁路专用线群应结合枢纽布置、工业区分布和城市建设等统一规划，合理选择接轨站。

3.6.4　现代化客运枢纽

我国铁路坚持畅通融合、绿色温馨、经济艺术、智能便捷的高铁客站建设新理念，加强与地方政府的沟通协调，注重与其他交通方式的高效衔接，注重与商业开发、城市建设融合发展，建造了北京南、上海虹桥、广州南、南京南、郑州东、西安北等一大批现代化高铁客站，以高铁客站为中心的综合客运枢纽相继落成。这些客站的建筑品质和服务功能较传统铁路客站明显改进，不仅显著提升了旅客出行体验，而且带动了客站周边区域开发建设，在城市发展进程中发挥了重要作用。

部分典型高铁客站介绍如下。

1. 北京南站

北京南站，是特等站，位于北京市丰台区，直属中国铁路北京局集团有限公司，是一座高度现代化的铁路客运车站，是京津城际和京沪高速铁路的起点站。北京南站建筑面积 32 万 m^2，站房建筑面积 22.1 万 m^2，有 24 条股道、13 个站台，是新型特大型铁路客站的典型代表。就车站规模来说，北京南站是北京面积最大、接发车次最多的火车站。

北京南站东端接京津城际铁路和北京站，西端接京沪高速铁路、京哈线和北京动车客车段，北京 4 号、14 号地铁线由地下穿站而过，成为集高速铁路、普速铁路、城市轨道交通、公交、出租车等多种交通设施于一体的大型综合交通枢纽站。

北京南站站房为双曲穹顶，外形为椭圆结构，远观似飞碟，中间设有 3 个层次，设计灵感来源于天坛祈年殿。从南北两个方向看，中央主站房微微隆起，东西两侧各有两跨钢结构雨篷，酷似横向拉伸的祈年殿。设计融入了古典建筑“三重檐”的传统文化元素。主站房两翼雨篷为悬索形钢结构，由 94 根不同高度的 A 形塔架支撑，最高点 31.5 m，檐口高 16.5 m，面积达 6 万多 m^2。悬垂主梁跨度最大的地方达到 67.5 m，如此大跨度在世界建筑史上尚属首例。

北京南站如图 3-6-8 所示。

2. 上海虹桥站

上海虹桥站，是特等站，位于上海市闵行区，直属中国铁路上海局集团有限公司。上海虹桥站总占地面积超过 130 万 m^2。上海虹桥站总建筑面积约 44 万 m^2、站房面积约 24 万 m^2、无站台柱雨棚面积 6.9 万 m^2，候车大厅面积约 11 340 m^2，最高可同时容纳 1 万人候车。上海虹桥站设高速、综合 2 个车场，设 16 个站台（2 个侧式站台+14 个岛式站台）、30 股道、30 站台面。日开行旅客列车最多超过 300 对，日均到发旅客约 32 万人，最高峰超过 60 万人次，是全国最繁忙的车站之一。

上海虹桥站北端引接京沪高速铁路、沪汉蓉高速铁路，南端与沪昆高速铁路、沪杭甬客运专线接轨，是上海虹桥综合交通枢纽的组成部分，是华东地区最重要的、规模最大的铁路客运枢纽。车站不仅是集铁路、航空、地铁、公交、出租、长途客运等于一体的大型现代化综合交通枢纽，还是集交通枢纽、商业休闲、文化交流等于一体的商业综合体，可为来往旅客提供交通、餐饮、休闲、购物等一站式便利服务。

上海虹桥站造型以平直、方正、厚重为设计理念，体现了海纳百川的海派文化及现代化铁路客站的功能性、系统性、先进性、文化性和经济性的建设理念。上海虹桥站主体结构为钢砼组合结构，屋面钢结构采用弹性、球铸、多肢支撑形式；总用钢量近 8 万 t，约为北京奥运会主场馆“鸟巢”外部钢结构用钢量的 2 倍，其中地下部分用钢量约 3 万 t，地上部分用钢量约 5 万 t；位于屋面最高处 42 m 的 24 根主钢梁，每根长 62 m、高 5.6 m、重 63 t。上海虹桥站主体建筑由站房、无站台柱雨棚、站场设备、南北辅助办公楼等部分组成，站房采用线上高架候车、线下出站的结构，在东西两侧均设置高架落客平台，外观与机场候机楼相似。

上海虹桥站如图 3-6-9 所示。

图 3-6-8 北京南站

图 3-6-9 上海虹桥站

3. 广州南站

广州南站，是特等站，位于广东省广州市番禺区，是中国铁路广州局集团有限公司管辖的一座客运车站。车站建筑面积约为 33 万 m^2，包括高架进站天桥、地下出站通道和停车场等设施。整个车站的设计简洁大方，线条流畅，色彩明快，给人一种现代都市的感觉。

广州南站，连接京广高速铁路、广深港高速铁路、贵广高速铁路、南广铁路、广珠城际等铁路，是粤港澳大湾区、泛珠江三角洲地区的铁路核心车站，连接广州地铁、白云机场快轨、公交、出租车等众多线路，为旅客提供一站式的出行服务，是华南地区最大的铁路交通枢纽之一。

广州南站的设计极具现代气息又结合了鲜明的岭南文化特色。车站主体建筑呈长方形，巨大的玻璃穹顶棚形似 6 片飘浮于空中的芭蕉叶，其中部为 64 m 大跨拱形结构，体现了广东音乐《步步高》的意境，成为广州历史神韵和现代气息完美结合的标志性建筑。

广州南站如图 3-6-10 所示。

4. 西安北站

西安北站，是特等站，位于陕西省西安市城区北部中轴线上，是中国铁路西安局集团有限公司管辖的高铁客站。西安北站拥有中国编号最大的站台，设 18 个站台（2 个侧式站台+16 个岛式站台）、34 条到达出发线、34 个客运站台面，是连接我国东西部的重要铁路交通枢纽，也是西安铁路枢纽“四主一辅”客运系统中的一个主站。车站主体建筑为南北双向客运站房、双向站前广场，形成南主北辅的规模格局。车站总建筑面积 33.66 万 m^2，主体建筑总高度 43.6 m，其中主站房面积 17.1 万 m^2、站房面积为 9 万 m^2，最大可容纳 8 万名旅客同时候车。车站全长 8.4 km，其中车场部分 3.4 km，动车所及走行线部分 5 km，站房东西方向宽（含站台雨棚）434.5 m、南北方向长 550.4 m。

西安北站是连接徐兰高铁、西成高铁、大西高铁、银西高铁和关中城际铁路网的中心枢纽车站，是西北地区最重要的、规模最大的铁路客运枢纽，是西安铁路枢纽的主要客运站之一。西安北站是西安咸阳国际机场、西安旅游的城市转换节点。

西安北站的设计立意为“唐风汉韵、盛世华章”，整体朴素庄重、雄奇壮美，气势恢宏、彰显浓郁的汉唐雄风。西安北站融合了唐大明宫含元殿和西安城墙的元素，屋顶、进站大厅、高架层分别源自大明宫含元殿出檐深远的屋顶、结构外露的墙身、浑厚有力的台基。车站的屋顶由七个单元体组成，每个单元体在中间高起的屋脊处为梭型的天窗，既能利用天然采光，又能在立面上形成一道优美的弧形屋脊，与舒展的两翼相得益彰，优化了结构受力和采光条件。室内主要为灰色和白色等浅色调，体现出西安古城风貌，营造了一种安静的氛围。站房构造采用柱顶水平滑动支座分缝方式，以减小温室效应和土地浪费；站房建设采用智能消防、照明，以及环保吸音、吸光、自动售票等高科技项目，使站房富于科技含量，使古朴之风与现代科技、生态情调相统一；高架层铺设采用钢化 LOW-E 玻璃幕墙和热压通风技术，自然采光，体现了绿色、环保的宗旨。

西安北站如图 3-6-11 所示。

图 3-6-10 广州南站

图 3-6-11 西安北站

5. 郑州东站

郑州东站，是特等站，位于河南省郑州市金水区，是亚洲规模最大的高铁站之一，全国唯一的一座“米”字形高铁枢纽，隶属于中国铁路郑州局集团有限公司。郑州东站与郑州站、郑州南站、郑州西站、郑州北站、圃田西站等共同构成郑州铁路枢纽。该站包括站房和站场两部分，总建筑面积 411 841 m^2，站房建筑面积 15 万 m^2，车站规模 16 台 32 线。

郑州东站是郑西高铁、京广高铁、郑徐高铁、郑合高铁、郑渝高铁、郑太高铁、郑济高铁、郑贵高铁、郑银高铁、郑青高铁等国家高铁干线的始发站，同时又是郑开城际铁路、郑焦城际铁路、郑机城际铁路、郑洛城际铁路、郑许城际铁路、郑新城际铁路、郑平城际铁路等中原城市群城际轨道交通网络的始发站，郑州地铁 1 号线、郑州地铁 5 号线、郑州地铁 8 号线等城市轨道交通在此接驳换乘。

郑州东站采用“城市之门”造型，正面造型如双鼎相连，建筑细部和室内设计运用了“莲鹤方壶”和“双连壶”的和谐构图纹饰，体现“青铜器”的文化内涵，整体犹如抽象雕塑，厚重沉稳，浑然一体。

郑州东站如图 3-6-12 所示。

图 3-6-12 郑州东站

知识测评

1. 简述铁路枢纽类型。
2. 简述引入枢纽的新线接轨要求。
3. 简述铁路枢纽设备。
4. 简述铁路物流中心。

学习作品

课后每名同学单独制作一个开放的、富有创造性的表现学习过程和学习成效的视频，时间为 5 min 以内，至少包括以下 5 项内容：

1. 铁路枢纽类型；
2. 引入枢纽的新线接轨要求；
3. 铁路枢纽设备；
4. 铁路物流中心；
5. 通过对本任务的学习，个人在知识增长、能力强化、素养提升方面的小结。

在课程结束后的 3 天内将作品提交任课教师，此作品作为教师评价学生学习效果的依据。

拓展建议

1. 登录国家铁路局官网，学习《铁路车站及枢纽设计规范》《铁路旅客车站设计规范》。
2. 查阅郑济高铁线路上的“滑浚站”的趣闻轶事。
3. 拓展阅读。

亚洲最大的编组站——武汉北站

武汉北站，位于中国湖北省武汉市，是中国铁路武汉局集团有限公司管辖的货运编组站，衔接京广铁路、合武铁路、武麻铁路、武九铁路、汉丹铁路等铁路干线，承担着全国各地货车通过武汉中转解编的任务，是华中地区铁路货运枢纽的核心节点。

武汉北站于 2006 年 4 月 18 日动工兴建，2009 年 4 月 27 日交工验收，2009 年 5 月 19 日投入运营。全站占地近 5 km^2、纵深 7 km。

目前，武汉北站每天列车集结量接近 300 列，日均办理货运车辆 2.3 万辆，日最大作业量可达 3.1 万辆。

武汉北站车场采用双向三级七场混合式站型布置，共设有四个列检作业场，分别为上行到达、出发场和下行到达、出发场，其中，两个调车场间设交换场，预留下行辅助调车场。

车场下行出发场与上行到达场之间设机务段，在下行到达场与上行出发场之间设机务折返段，在下行系统到达场与上行系统出发场之间设站修所，在交换场与下行调车场之间设倒装站台。

中国最大陆路口岸站——满洲里站

满洲里地处东北亚经济圈的中心，是我国最大的陆路边境口岸，中欧班列东部通道重要口岸站之一，承担着全国中欧班列近三成的运量，在国家“一带一路”倡议实施中地位和作用日益凸显。

满洲里站，位于内蒙古自治区呼伦贝尔市满洲里市道南街道，隶属中国铁路哈尔滨局集团有限公司，是滨洲铁路的始发、终到站，也是国际车站和客货一等站，承担中国最大陆路口岸满洲里口岸的铁路业务。满洲里站为加快“一带一路”建设，深化中俄贸易合作，已开行“苏满欧”“广满俄”“郑满欧”等铁路联运班列，开行莫斯科—满洲里—北京国际客运列车。

满洲里站有 2 个月台、1 个侧式站台、1 个岛式站台、3 个站台面。2021 年 5 月，满洲里铁路国际货场进行扩能改造，先后铺设线路 7.38 km、铺设走行轨 2.4 km，铺设道岔 14 组；新建集装箱场地 40 139 m^2；新建环场道路 21 700 m^2、填挖土方 178 362 m^3；新增边检场 AEI 车号识别装置 1 套，以及相关配套通信、电力、信号、水暖等工程。

2022 年 6 月 30 日，满洲里站国际货场扩能改造工程顺利完工，正式投入使用。满洲里铁路国际货场的准轨场和宽轨场分别新增到发线 2 条，新增集装箱换装场 1 处、机车走行线 1 条，增设龙门吊 3 台。

投入使用后，车站集装箱日换装量由 420 标箱提升至 840 标箱。新增 13 套化肥换装设备，化肥灌装能力得到有效提升，边检场增设 AEI 探测站，铁路货车车号由人工录入转变为自动识别、秒级录入，车辆运行效率大幅提升。

扩改后的满洲里铁路国际货场投入使用后，中欧班列开行能力、运输效率得到有效提升，为持续推进高质量共建“一带一路”倡议，加强同各国基础设施互联互通，保障国际产业链、供应链稳定发挥积极作用。

思政案例 打不烂、炸不断——抗美援朝铁路运输线

1950 年，以美国为首的“联合国军”悍然发动侵朝战争，把战火烧到了鸭绿江边。刚刚获得解放的中国人民，为了祖国的长治久安，应朝鲜政府的请求，挥正义之师，跨过鸭绿江，抗美援朝，保家卫国。

随着中国人民志愿军的节节胜利，战场不断扩大，后方补给线迅速延长，遭受严重破坏的朝鲜铁路远远不能适应大兵团作战对日益增多的军需物资运输的需要，由于供应不足，趴冰卧雪英勇奋战的前方官兵有时只能吃一把炒面吃一口雪。为迅速改变后方运输的被动局面，铁道兵团奉中央军委命令率所属 3 个师 2 个团于 1950 年 11 月陆续入朝执行铁路保障任务，后以其所属的直属桥梁团为基础组建了第四师，1951 年 1 月，铁道兵团划归中国人民志愿军建制。

入朝之初，铁路保障的重点是进行抢修。时值严冬，天寒地冻，抢修部队先是克服地理不熟、资料不全、材料奇缺等困难，不畏艰险，连续奋战，相继修复了遭受严重破坏的沸流江桥、大同江桥、大宁江桥、清川江桥等桥，使平德线、平元线、平北线、京元线、京义线迅速向前延伸。

第四次战役前后，敌人采用前后夹击战术，加剧了对前沿铁路和后方运输线的破坏，重点是大桥和场站，投掷大量定时弹、子母弹、杀伤弹和重磅炸弹，并辅以不间断的低空炮击和俯冲扫射，疯狂破坏、阻止我军的抢修和运输。铁道兵抢修部队不断摸索规律，以分段保障的战法应对：随机变化重点，集中兵力，随炸随修；加强防空火力，逼迫敌机减少低空轰炸；巧作伪装，迷惑敌机；统一便桥设计标准，预先做好排架和木龙，缩短抢修时间，使运输效率成倍提高。仅敌机轰炸频繁的 1951 年 5 月就接运重车 5 155 辆，前线的物资供应明显改善。

1951 年 7 月，突然连降暴雨，平时少水甚至无水的江河，水位高涨，数十年不遇的特大洪水咆哮而至，冲毁桥梁 94 座，冲走了大量抢修器材，铁路建筑物、通信线路、便道、公路被破坏，其破坏程度超过同期敌机轰炸的近 3 倍，抢修难度可想而知。敌人曾幸灾乐祸地断言，遭此巨劫，志愿军将“无法再度过一个冬季”。沧海横流，方显英雄本色。困难和考验，激发了铁道兵的无穷智慧和力量，在 50 多个惊心动魄的日子里，他们头顶穿梭轰炸的敌机，置身滔滔激流，奋勇搏斗，修复正桥 59 座，终于让钢铁“长虹”重新飞架在条条江河之上，在整个汛期依然运输物资 3 600 多车。

1951 年 8 月以后，敌人为彻底摧毁我铁路运输线，断绝前线供应，突然改变战术，将重点轰炸桥梁、车站，改变为集中轰炸重要的铁路交会点，实行更加疯狂的所谓“绞杀战”。易炸难修的京义线新安州至西浦、满浦线价川至西浦、价川至新安州的“三角地区”，成为双方争夺的焦点。这一地区靠近朝鲜西海岸，是朝鲜北部铁路运输线的咽喉地带。敌机一群接着一群，不分昼夜疯狂轰炸，炸弹、定时弹像冰雹一样倾泻。从 9 月到年底，仅在“三角区”就投掷 6.35 万枚炸弹，破坏线路 3 000 余处，京义线“317” km 地段平均 1.4 m^2 落弹一枚。狭路相逢勇者胜。残酷的战争赋予了铁道兵钢铁的性格、钢铁的意志、钢铁的力量，他们头顶呼啸的敌机，身旁伴着随时爆响的定时弹，英勇顽强，日夜奋战。炸断，修复；再炸断，再修复。尽管敌人机关算尽，不断变换战法，今天分别“炸两头”，明天集中“炸一头”，并亮出了所有的新式武器，始终没能阻止我军用列车源源不断开往前线。当时的美军第 5 航空队司令爱福莱斯特不得不承认“‘绞杀战’已经失败”。美国空军发言人连发慨叹：“坦白地讲，我们认为他们是世界上最坚决的建筑铁路的人。”美军第 8 军军长范弗里特也无可奈何地说：“虽然联军的空军和海军尽了一切努力，企图阻断

共产党的供应，然而共产党仍然以令人难以置信的顽强毅力把物资运到前线，创造了人间的奇迹。”铁道兵就是用这种国际主义、爱国主义和革命英雄主义精神锻铸的大智大勇，创建了一条打不烂、炸不断的钢铁运输线，创造了战争史上的奇迹，这是千千万万铁道兵将士的血肉之躯和顽强意志在血与火中的升华！

铁道兵团在随后的反登陆紧急战备、复旧和新建铁路，以及帮助朝鲜人民重建家园中，都创造了骄人的成绩。在近 3 年的抗美援朝战争期间，“联合国军”出动各类飞机 58 967 架次，向铁路沿线投掷炸弹 19 万多枚，重约 9.5 万吨，相当于第二次世界大战期间德军投向英国本土炸弹总吨数的 1.5 倍。铁道兵团以 1 481 名同志壮烈牺牲、2 989 位同志光荣负伤的代价，共抢修、抢建、复旧正桥 2 294 座次，隧道 122 座次，线路 14 691 处次，新建铁路 212 km，使朝鲜铁路通车里程由铁道兵部队入朝时的 107 km 延长到 1 382 km，为朝鲜人民作出了不可磨灭的贡献，得到了中朝两国政府和人民的高度赞扬。

学习笔记

模块 4

铁路信号通信设备及列车运行智能控制

模块导入

近年来，我国铁路尤其是高速铁路建设取得了举世瞩目的成就，铁路信号专业领域的联锁、闭塞、列车运行控制、调度指挥以及信号集中监测等技术标准已在高速铁路、城际铁路、重载铁路以及客货共线等各等级铁路建设中广泛运用，ZPW—2000 系列轨道电路、计算机联锁、中国铁路列车运行控制（CTCS）、信号集中监测（CSM）等系统设计规范相继出台。

通过对本模块的学习，同学们将走进中国铁路信号通信设备，认识中国铁路信号通信设备，热爱中国铁路信号通信设备。

模块任务

任务 4.1　铁路信号基础设备

任务 4.2　铁路信号系统

任务 4.3　GSM-R、LTE-R、5G-R 系统

任务 4.4　铁路通信系统

以上 4 项学习任务全部来自铁路信号通信设备及列车运行控制及其运维体系实际，情境客观，内容真实。

任务 4.1　铁路信号基础设备

学习目标

1. 掌握铁路色灯信号机及应用。
2. 掌握轨道电路及应用。
3. 掌握道岔转辙机及应用。
4. 掌握应答器及应用。

基础知识

4.1.1　铁路信号装置

铁路信号是指示列车运行及调车作业的命令，有关行车人员必须严格执行。

1. 铁路信号类型

铁路信号分为视觉信号和听觉信号。

1）视觉信号

视觉信号包括色灯信号机、车载信号设备、移动信号、手信号、信号表示器及各种标志给出的视觉显示，其基本颜色有红色、黄色、绿色，如图 4-1-1 所示，各颜色基本含义如下。

红色——停车；

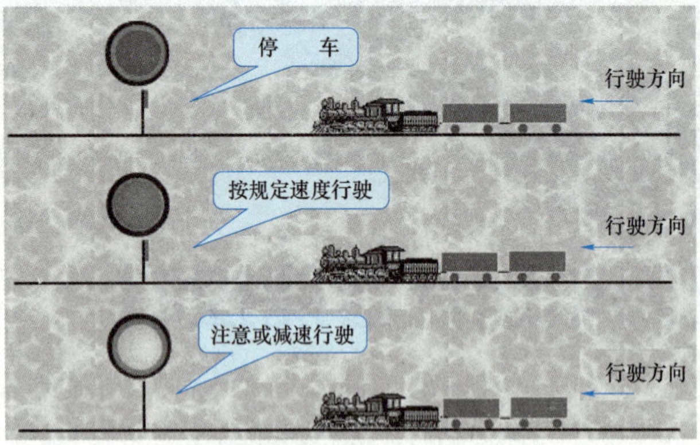

图 4-1-1　铁路信号基本色

绿色——按规定速度运行；

黄色——注意或减速行驶。

视觉信号的辅助颜色主要有白色、月白色、蓝色等，在调车作业、引导接发车、上坡道过程中不停车运行等相对低速运行的情况下起指示作用，或表达相关地面设备位置信息、状态信息，也可配合基本颜色表达相关指示信息。

2）听觉信号

听觉信号包括号角、口笛、响墩等发出的音响，以及机车、动车组、自轮运转特种设备的鸣笛等声音信息。

听觉信号采用不同的声长及间隔、重复等组合方式表达不同的含义，其基本使用原则如下。

声长——长声为 3 s，短声为 1 s；

间隔——音响间隔为 1 s；

重复——重复鸣示时，应当间隔 5 s 以上。

机车、动车组、自轮运转特种设备作业中提示注意、相互联系等应当使用通信方式；联系人不接通或者危及人身安全时可采用鸣笛方式。

2. 铁路信号装置类型

铁路信号装置一般分为信号机和信号表示器两类。

1）信号机及定位

（1）信号机是表达固定信号显示所用的机具的总称。按安装部位不同分为地面信号机和机车信号机。地面信号机按用途分为进站、出站、通过、进路、预告、接近、遮断、复示、调车信号机等。

（2）信号机定位，信号机经常保持的显示状态作为信号机的定位。

① 进站、出站、进路信号机及线路所的通过信号机，均以显示停车信号为定位。

② 自动闭塞区段的通过信号机，以显示进行信号为定位。

③ 接近信号机、进站预告信号机、线路所通过信号机的预告信号机，以显示注意信号为定位。

④ 在自动闭塞区段内的车站（线路所），如将进站及正线出站信号机及其直向进路内的进路信号机转为自动动作时，以显示进行信号为定位。

2）信号表示器及显示

（1）信号表示器是对行车人员传达行车或调车意图，或对信号进行某些补充说明所用的器具，按用途分为道岔、脱轨、进路、发车、发车线路、调车及车挡表示器。

（2）常用信号表示器及显示。

① 道岔表示器及显示。道岔表示器设置于道岔旁，用于反映道岔开通位置。凡非集中操作的联锁道岔都应设道岔表示器，以便有关行车人员确认道岔位置。道岔开通直向时，表示器昼间无显示，夜间显示紫色灯光；道岔开通侧向位置时，表示器昼间显示为中央划有黑线的黄色鱼尾型牌，夜间显示为黄色灯光。如图 4-1-2 所示。

② 脱轨表示器及显示。脱轨表示器设置于集中联锁以外的脱轨器及安全线、避难线的道岔上，用来表示线路在开通或者遮断状态。当线路在遮断状态时，脱轨表示器在昼间显示带白边的红色长方牌，夜间为红色灯光；线路在开通状态时，表示器昼间显示带白色的绿色圆牌，夜间为月白色灯光。

③ 进路表示器及显示。进路表示器仅在主体信号机开放后，才能亮灯，用于区别进路开通方向，不能独立构成信号显示。进路表示器并列设置 3 个灯，当出站信号机开放后，如果左灯显示一个白灯，表示准许列车向左侧线路发车。

3）信号机及信号表示器的显示距离

（1）高柱进站、高柱通过、高柱接近、遮断信号机显示距离，不得小于 1 000 m；

（2）高柱出站、高柱进路信号机显示距离，不得小于 800 m；

（3）预告、矮型接近信号机显示距离，不得小于 400 m；

（4）矮型进站、矮型进路、矮型出站、调车、复示信号机，容许、引导信号不得小于 200 m；

（5）各种信号表示器的显示距离不得小于 200 m；

（6）在地形、地物影响视线的地方，进站、通过、接近、预告、遮断信号机的显示距离不得小于 200 m。

3. 地面固定信号机

铁路地面固定信号机应采用色灯信号机。

色灯信号机是以灯光的颜色及其组合，亮灯状态表达信号含义的信号机。

色灯信号机包括广泛使用的透镜式色灯信号机和新型的组合式色灯信号机及 LED 色灯信号机。

1）透镜式色灯信号机

透镜式色灯信号机如图 4-1-3 所示。

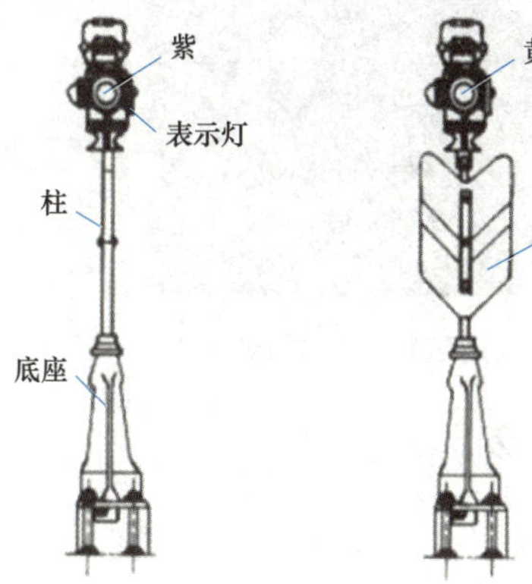

图 4-1-2　道岔表示器

图 4-1-3　透镜式色灯信号机

透镜式色灯信号机的主要优点是结构简单、维修容易，因而使用很广泛，但其光系统存在一定的缺点，光通量不能充分利用，在曲线路段上不能连续显示。

2）组合式色灯信号机

组合式色灯信号机采用组合形式，一个灯位为一个独立单元，配一种颜色，使用时根据需要进行组合，故称为组合式色灯信号机。它能保证信号显示在曲线路段上的连续性。

组合式色灯信号机适用于瞭望困难的线路，适用于曲线半径 300～20 000 m 的各种曲线和直线轨道上，在距信号机 5～1 000 m 距离内得到连续信号显示。

3）LED 色灯信号机

LED 色灯信号机的光源板是信号机的发光主体，通过光学聚焦原理由高亮度 LED 发光二极管阵列而成。LED 色灯信号机可作为铁路站场、区间的进站、出站、进路、防护、预告、调车、复示、遮断、通过及引导等地面灯光信号之用，并具有结构紧凑、能耗低、寿命长、无需调焦等特点，是新一代用于铁路运输线上的色灯信号机。

4. 高柱信号机

高柱信号机是信号机构设于柱上的信号机。

1）高柱信号机应用

以地面信号为列车行车凭证的线路宜采用高柱信号机。

2）高柱信号机结构

高柱信号机的机构安装在钢筋混凝土信号机柱上，高柱色灯信号机的每个灯位配备了相应的透镜组和灯泡，给出信号显示。托架用来将机构固定在机柱上，每一机构有上、下托架各一个。梯子用于方便信号维修人员进行攀登作业。高柱信号机如图 4-1-4 所示。

5. 矮型信号机

矮型信号机是无信号机柱的信号机。

1）矮型信号机应用

（1）以车载信号为列车行车凭证的线路宜采用矮型信号机。

（2）不办理通过列车的到发线上的发车进路信号机、出站信号机，道岔区内的调车信号机，以及桥梁、隧道地段的信号机宜采用矮型信号机。

2）矮型信号机结构

矮型透镜式色灯信号机如图 4-1-5 所示。

图 4-1-4　高柱信号机

图 4-1-5　矮型透镜式色灯信号机

矮型信号机用螺栓固定在信号机基础上，没有托架，更不需要梯子。

6. 常用色灯信号机

1）进站信号机

进站信号机用于防护车站，是指示列车能否由区间进入车站的信号机，如图 4-1-6 所示。

（1）有列车接车作业的车站必须设置进站信号机。

（2）动车段、动车运用所宜设置进站信号机。

（3）进站信号机设置于进站最外方对向道岔尖轨尖端外方或顺向道岔警冲标内方沿线路方向不小于 50 m 处。

（4）双线自动闭塞区段，车站的反方向进站信号机可设置于列车运行方向的右侧。

2）出站信号机

出站信号机是用来防护区间，指示列车是否由车站向区间发车的信号机，如图 4-1-7 所示。

图 4-1-6　进站信号机

图 4-1-7　出站信号机

（1）车站的正线和到发线设置出站信号机。

（2）设有进站信号机的动车段、动车运用所设置出站信号机。

（3）发车线发车方向末端为对向道岔时，出站信号机设置于尖轨尖端外方，如图 4-1-8 所示。

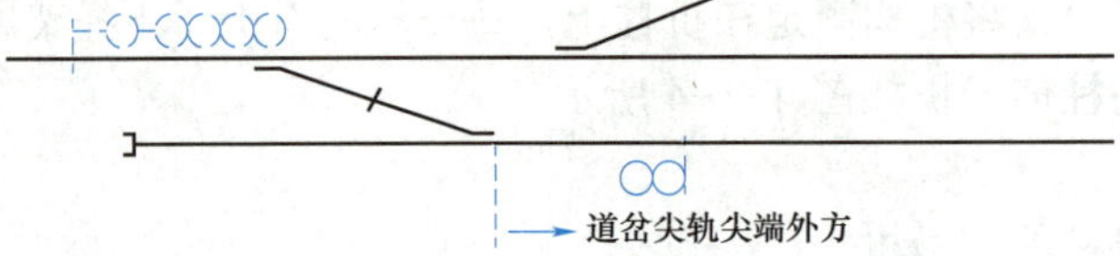

图 4-1-8　出站信号机设于发车线对向道岔尖轨尖端外方示意图

（4）发车线发车方向末端为顺向道岔时，出站信号机设置于顺向道岔警冲标内方，如图 4–1–9 所示。

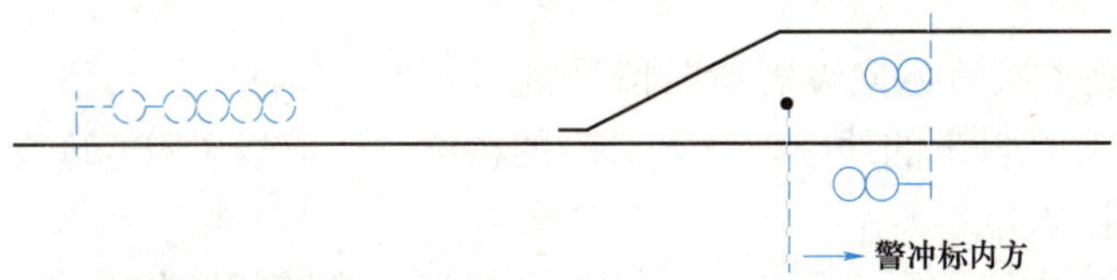

图 4–1–9　出站信号机设于发车线顺向道岔警冲标内方示意图

无动车组运行时出站信号机设置于距警冲标沿线路方向不小于 3.5 m 处。

有动车组运行时出站信号机设置于距警冲标沿线路方向不小于 5 m 处。

（5）调车场的编发线可设置线群出站信号机；设置线群出站信号机时，应在各编发线顺向警冲标内方的适当位置设置发车线路表示器。

3）通过信号机

通过信号机是设于区间分界点，指示列车能否进入前方闭塞分区的信号机。

通过信号机如图 4–1–10 所示。

图 4–1–10　通过信号机

（1）以地面信号为列车行车凭证的自动闭塞区段，区间闭塞分区分界处设置通过信号机。

（2）线路所设置线路所通过信号机，并应设置于最外方对向道岔尖轨尖端外方或顺向道岔警冲标内方适当处所。

（3）自动闭塞区段的通过信号机不得设置于列车停车后可能脱钩的处所，不宜设置于列车起动困难的地点。

（4）自动闭塞区段的进站信号机或线路所通过信号机前方第一架通过信号机设置三条黑斜线标记，四显示自动闭塞区段的进站信号机或线路所通过信号机前方第二架通过信号机还应设置一条黑斜线标记。

4）进路信号机

进路信号机是为使列车在站内或由一个车场运行到另一个车场而设置的信号机。

进路信号机按照在列车进路上设置的位置和所起的作用，可分为接车进路信号机、发车进路信号机和接发车进路信号机三种。进路信号机只有在几个车场纵列布置的大型编组站和区段站上才有条件设置，靠进路信号机的显示，向列车指示运行条件，使列车安全快捷地由一个车场驶向另一个车场，从而缩短列车占用进路的时间并提高运输效率。

5）预告信号机

预告信号机设于主体信号机前方，是向列车预告主体信号机显示的信号机。

（1）非自动闭塞区段的进站信号机、通过信号机外方未设置接近信号机时，设置预告信号机。

（2）遮断信号机外方设置预告信号机。

（3）预告信号机与主体信号机的设置距离。

① 应符合列车设计速度到停车的紧急制动距离要求，并不得小于 800 m。

② 预告信号机的显示距离不足 400 m 时，不得小于 1 000 m。

6）接近信号机

接近信号机在非自动闭塞线路设于进站信号机前方，信号显示具有速度含义的信号机。

（1）设计速度 120 km/h 以上的非自动闭塞区段，进站信号机或线路所通过信号机外方设置接近信号机和两个接近区段。

（2）接近信号机设置于两个接近区段的分界处。

7）遮断信号机

遮断信号机是设于规定的防护地点，平时灭灯不起信号作用，必要时点亮红灯，用以指示列车停车的信号机。

遮断信号机主要用于平交道口（铁路与公路的平面交叉点）、桥梁、隧道以及塌方落石等危险地点的防护，如图 4-1-11 所示。

（1）有人看守道口的列车接近方向设置遮断信号机。

（2）设计速度 120 km/h 及以下的线路，有人看守的桥梁、隧道建（构）筑物及可能危及行车安全的塌方落石地点，可设置遮断信号机。

（3）遮断信号机距防护地点不得少于 50 m，并按司机能清晰瞭望防护地点的原则就近设置。

8）调车信号机

调车信号机是为调车车列指示运行条件的信号机。

调车作业一般是利用牵出线与到发线、咽喉区与到发线之间的线路进行的。调车信号是调车作业的命令和要求，是机车乘务人员及其他调车人员行动的依据，如图 4-1-12 所示。

图 4-1-11 遮断信号机

图 4-1-12 调车信号机

调车信号机显示含义如下。

（1）一个月白色灯光——准许越过该信号机调车。

（2）一个月白色闪光灯光——装有平面溜放调车区集中联锁设备时，准许溜放调车。

（3）一个蓝色灯光——不准越过该信号机调车。

不办理闭塞的站内岔线，在岔线入口处设置的调车信号机，可用红色灯光代替蓝色灯光。在尽头式到发线上，设置的起阻挡列车运行作用的调车信号机，应采用矮型三显示机构，用红色灯光代替蓝色灯光。

9）驼峰信号机及驼峰辅助信号机

驼峰信号机是设于驼峰推送部分，指示车列能否溜放的信号机。

（1）驼峰信号机的作用是指示驼峰作业的运行条件。

驼峰信号机又称“驼峰主体信号机”或“峰顶信号机”，是铁路编组站驼峰调车场用于指挥调车机车进行推送车列解体的色灯信号机，设于驼峰峰顶。

（2）驼峰辅助信号机的作用是指示机车车辆向驼峰预先推送，辅助驼峰信号机的显示功能。

当调车场与到达场纵列布置时，到达场的到发线上应装设驼峰辅助信号机，驼峰辅助信号机可兼作出站或发车进路信号机。

10）复示信号机

复示信号机是复示主体机显示的基本含义的信号机。

进站、出站、进路、驼峰及调车信号机，因受地形、地物影响，达不到规定的显示距离时，应装设复示信号机。

复示信号机为方形背板。如出站信号机的色灯复示信号机，一个绿色灯光表示主体信号机在开放状态，无显示表示主体信号机在关闭状态。

7. 机车信号机

机车信号是在司机驾驶室内设置的，用于自动反映列车运行前方地面信号显示状态的信号装置及其附属设备的总称。

1）机车信号机运用

信号机由于装在地面上，受曲线、隧道等地形限制，给司机瞭望带来一定的困难。特别是在雨雪、风沙、大雾迷茫等恶劣气候条件下，地面信号更是看不清。另外，随着列车速度的不断提高，显示距离约 1 km 的信号机已很难使司机从容采取措施。比如司机发现红色停车信号时以 100 km/h 的速度行驶，即使立即使用紧急制动，列车在巨大惯性的推动下，可能越过信号机。因此，提速列车单纯依赖地面信号机显然是极其危险的。

为了解决这个问题，人们研制了机车信号机，它装在机车司机室内，能显示和地面信号机同样的信号，保证了行车安全，提高了运行效率，也改善了司机的工作条件。机车信号如图 4-1-13 所示。

图 4-1-13　机车信号

2）机车信号主机

机车信号主机是处理机车从地面上接收到的信号的主要部件。通过主机板处理由机车感应器从钢轨上接收的移频信号，对应显示在机车信号机相应灯位上，向司机提供下一区段列车占用情况信息。机车信号是在地面信号机为主体信号的前提下，机车信号为辅助信号，它能自动地反映列车运行前方地面信号机的显示状态和运行条件，指示列车运行，并与列车自动停车装置结合，确保列车的安全运行。

3）机车信号的类型

机车信号主要的形式有接近连续式和连续式两种。

（1）接近连续式机车信号，用于半自动闭塞区间。当机车到达进站信号机前方的接近区段，可以连续地得到由地面传输来的用以控制机车信号显示的信息。

（2）连续式机车信号，用于自动闭塞区段。由于自动闭塞区段每个闭塞分区都装设轨道电路，地面信息能利用轨道电路不间断地向机车传送，使机车信号机可以连续地预告地面信号机的显示状态。

4.1.2　轨道占用检查装置

轨道占用检查装置主要用来检测线路是否空闲或是否有车占用，宜采用轨道电路，也可采用计轴轨道占用检查装置。

1. 轨道电路

轨道电路是以铁路线路的两根钢轨作为导体，两端加以机械绝缘（或电气绝缘），连接送电和受电设备构成的电路。简言之，即利用钢轨作为导体，用以检查区段占用状态的电路。

轨道电路是铁路信号的重要基础设备，它的性能直接影响行车安全和运输效率。

1）轨道电路的作用

（1）监督列车占用。由轨道电路反映该段线路是否空闲，为开放信号、建立进路或构成闭塞提供依据；利用轨道电路的被占用关闭信号，把信号显示与轨道电路是否被占用结合起来。

（2）传递行车信息。例如，移频轨道电路中传送的行车信息，为列车运行控制系统直接提供控制列车运行所需要的前行列车位置、运行前方信号机状态和车站进路等有关信息，以决定列车运行的目标速度，控制列车在当前运行速度下是否停车或减速。即轨道电路作为传递行车信息的通道。

2）轨道电路制式规定

（1）应采用闭路式轨道电路。

（2）开路式轨道电路不宜单独使用，特殊情况下使用时应有防护措施。

（3）站内。

① 采用机械绝缘轨道电路。

② 无岔站宜采用 ZPW—2000 系列轨道电路。

ZPW—2000 系列轨道电路是采用 1 700 Hz、2 000 Hz、2 300 Hz、2 600 Hz 载频进行频率调制的轨道电路制式。

③ CTCS-2 级、CTCS-3 级区段，简单车站、线路所宜采用 ZPW—2000 系列轨道电路。

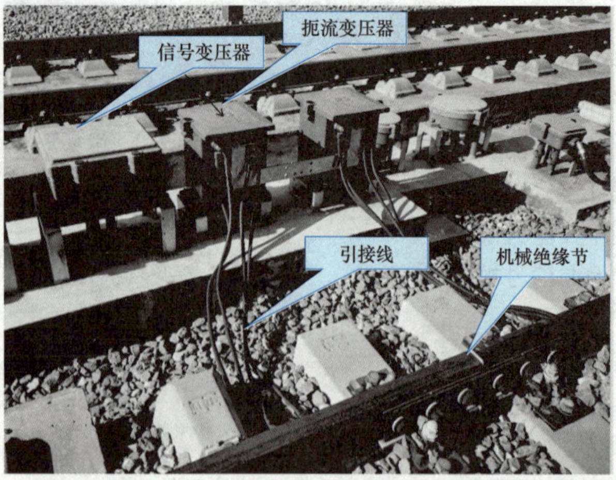

图 4-1-14　25 Hz 相敏轨道电路室外结构

④ CTCS-2 级、CTCS-3 级区段的复杂车站，正线及到发线的股道部分宜采用 ZPW—2000 系列轨道电路。其他区段可采用 25 Hz 相敏轨道电路或不对称脉冲高压轨道电路。

⑤ 其他车站、线路所，以及动车段、动车运用所、存车场宜采用 25 Hz 相敏轨道电路或不对称脉冲高压轨道电路，也可采用其他制式的轨道电路。

相敏轨道电路是采用调相方式的轨道电路制式。25 Hz 相敏轨道电路室外结构如图 4-1-14 所示。

（4）区间。

① 半自动闭塞区段、自动站间闭塞区段，进站信号机、线路所通过信号机外方采用与站内同制式的轨道电路或 ZPW—2000 系列轨道电路。

② 自动闭塞区间采用 ZPW—2000 系列轨道电路。

3）轨道电路状态

（1）轨道电路的空闲、占用状态如图 4-1-15 所示。

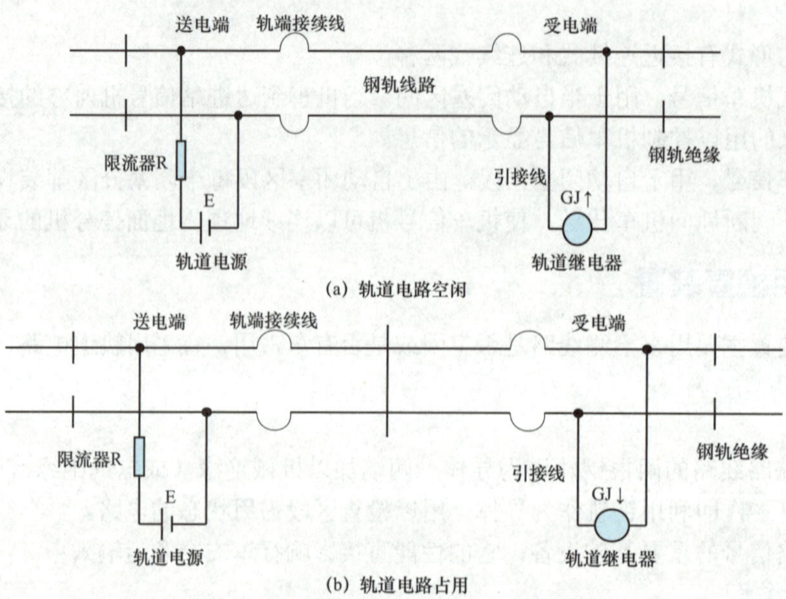

图 4-1-15　轨道电路的空闲、占用状态

① 当轨道电路内钢轨完整，且没有列车占用时，轨道继电器吸起，表示轨道电路空闲。

② 当轨道电路被列车占用时，它被列车轮对分路，轮对电阻远小于轨道继电器线圈电阻，流经轨道继电器的电流大为减小，轨道继电器落下，表示轨道电路被占用。

③ ZPW—2000 系列轨道电路除了实现列车占用检查功能外，还可以通过轨道电路向列车传递行车信息。

（2）轨道电路的三种状态。轨道电路有调整状态、分路状态、断轨状态，详见表 4-1-1。

表 4-1-1　轨道电路的三种状态

调整状态	当轨道区段空闲时，轨道电路信号从发送端向接收端传送，当信号抵达接收端后，接收设备将对信号进行判断，并给出反映区段状态的信息表示。如果采用轨道继电器作为接收设备，轨道继电器将励磁吸起，表示该轨道区段空闲，此时轨道电路的工作状态称为调整状态
分路状态	当列车进入轨道区段后，大部分轨道电路信号经机车第一轮对分路后回流，接收端信号能量低于阈值，轨道继电器失磁落下，表示区段占用，此时轨道电路的工作状态称为分路状态。同时，车载设备利用轨道信号接收天线以电磁感应的方式生成相应的机车感应电压信号，通过对机车信号进一步解调和译码，最终提取控车命令并发送给车载安全计算机

续表

断轨状态	列车将根据接收到的轨道电路信号获知前方空闲的区段数，并生成目标-速度控制模式曲线，实现列车的安全追踪。此外，当钢轨发生断轨故障时，轨道电路无法构成回路，轨道继电器将立即失磁落下，列车无法进入该断轨区段，此时轨道电路的工作状态称为断轨状态

（3）补偿电容。当轨道电路较长时，钢轨呈现较高的感抗值，如感抗值高于道砟电阻时，则钢轨对信号传输有影响。为消除此影响，在发送端与接收端之间每隔一段距离加装一补偿电容进行补偿，保证信号的传输。

2. 计轴轨道占用检查装置

计轴轨道占用检查装置（计轴设备）是除轨道电路外的另一种轨道占用检查设备，其通过计入、计出轴数的运算，输出控制条件，实现对轨道区段空闲、占用的检查。

计轴轨道区段的入口处、出口处应分别设置轮轴检测器，主要由计轴磁头、计轴轨旁盒、计轴主机等组成。室外钢轨上安装两个磁头，起到有效计轴，检查轨道占用状态及鉴别列车运行方向的作用。

4.1.3 道岔转辙装置

道岔转辙装置一般包括：转辙机、外锁闭装置、安装装置、密贴检查器、道岔控制电路、道岔监测系统等，其核心部件是转辙机。道岔转辙装置的作用是转换道岔、锁闭道岔，并对其位置进行监督检查。简而言之，道岔转辙装置的三大基本功能是：转换、锁闭、监督。

本任务重点学习转辙机。

1. 转辙机的作用

列车的换向依靠道岔的位置来确定，而道岔的转动是依靠转辙机的带动来完成转换。

转辙机是指用以可靠地转换道岔位置，改变道岔开通方向，锁闭道岔尖轨，通过与室内外联锁设备相联系，反映道岔位置的重要的信号基础设备，它可以很好地保证行车安全，提高运输效率，改善行车人员的劳动强度，其具体作用如下。

（1）转换道岔的位置，根据需要转换至定位或反位。

（2）道岔转至所需位置且密贴后，实现锁闭，防止外力转换道岔。

（3）正确地反映道岔的实际位置，道岔的尖轨密贴于基本轨后，给出相应的表示。

（4）道岔被挤或因故处于“四开”（两侧尖轨均不密贴）位置时，及时给出报警及表示。

2. 转辙机数量配置

道岔配置的转辙机数量由道岔号数决定。道岔号数有 9 号道岔（尖轨配置 2 台转辙机）、12 号道岔（尖轨配置 2 台转辙机、心轨配置 2 台转辙机，共 4 台）、18 号道岔（尖轨配置 3 台转辙机、心轨配置 2 台转辙机，共 5 台）。

3. 转辙机分类

1）按照动作能源和传动方式分类

按照动作能源和传动方式分类，转辙机可分为电动转辙机、电液转辙机和电空转辙机。

（1）电动转辙机由电动机提供动力，采用机械传动。

（2）电液转辙机由电动机提供动力，采用液力传动。

（3）电空转辙机由压缩空气作为动力，由电磁换向阀控制。

2）按照供电电源种类分类

按照供电电源种类分类，转辙机可分为直流转辙机和交流转辙机。

（1）直流转辙机采用直流电动机，工作电源是直流电。直流电动机的缺点是，由于存在换向器和电刷，易损坏，故障率较高。

（2）交流转辙机采用三相交流电源或单相交流电源，由三相异步电动机或单相异步电动机（现大多采用三相异步电动机）作为动力，交流转辙机采用感应式交流电动机，无换向器和电刷，因此故障率低，而且单芯电缆控制距离远。

3）按照动作速度分类

按照动作速度分类，转辙机可分为普通动作转辙机（动作时间 3.8 s 以上）和快动转辙机（动作时间 0.8 s 以下）。

4）按照锁闭道岔方式分类

按照锁闭道岔方式分类，转辙机可分为内锁闭转辙机和外锁闭转辙机。

（1）内锁闭转辙机依靠转辙机内部的锁闭装置锁闭道岔尖轨，是间接锁闭的方式。内锁闭方式，锁闭可靠程度较差，列车对转辙机的冲击大。

（2）外锁闭转辙机虽然内部也有锁闭装置，但主要依靠转辙机外的外锁闭装置锁闭道岔，将密贴尖轨直接锁于基本轨，斥离尖轨锁于固定位置，是直接锁闭的方式。外锁闭方式锁闭可靠，列车对转辙机几乎无冲击。

5）按是否可挤分类

按是否可挤分类，转辙机可分为可挤型转辙机和不可挤型转辙机。

（1）可挤型转辙机内设挤岔保护（挤切或挤脱）装置，道岔被挤时，动作杆解锁，保护了整机。

（2）不可挤型转辙机内不设挤岔保护装置，道岔被挤时，挤坏动作杆与整机连接结构，应整机更换。电动转辙机和电液转辙机都有可挤型和不可挤型。

4. 转辙机运用

（1）重载铁路以及设计速度 120 km/h 以上线路，道岔应采用三相交流转辙机和外锁闭装置。

（2）可动心轨辙叉单开道岔应设置外锁闭装置。

（3）设计速度 160 km/h 以上线路，道岔的尖轨密贴段牵引点应设置密贴检测器。密贴检测器宜设置于线路外侧。

（4）转辙机宜设置于线路外侧、便于人工操作和维修的位置。

（5）多点牵引的道岔应采用多台转辙机牵引方式，或采用转辙机及转换闭锁器组合的牵引方式。

（6）位于正线及到发线上的单点牵引道岔和多点牵引道岔第一牵引点的转辙装置应符合下列规定。

① 转辙机的动作杆应具有锁闭功能。

② 采用内锁闭转辙装置时，转辙机的表示杆应具有锁闭功能。

5. 常用转辙机

常用轨辙机类型有：ZD6、ZD（J）9 电动转辙机，ZY（J）4、ZY（J）6、ZY（J）7、ZY（J）11 电液转辙机，ZK4 电空转辙机。

1）电动转辙设备

电动转辙设备一般采用交流或直流电动机驱动，实现道岔转换、锁闭和监督功能，是具有机械传动和机械锁闭结构的转辙机。中国铁路技术装备规范规定：行车速度大于 120 km/h 线路上的道岔采用外锁闭装备，转辙机应具备内锁闭功能；低于 120 km/h 线路上的道岔可采用内锁闭功能的转辙机。

（1）ZD6 电动转辙机。ZD6 系列电动转辙机是当下用量最大的转辙机之一，用于铁路电气集中、调度集中的站场，或用于电力控制道岔状态的场所，用来改变道岔开通方向，锁闭道岔尖轨、反映尖轨位置状态，是实现轨道运输现代化和自动化的重要基础设备。

ZD6 系列电动转辙机适用于 120 km/h 以下的普通单开道岔和复式交分道岔，根据对道岔的保护方式分为可挤型和不可挤型两种；根据对道岔的锁闭方式，又可分为单锁闭和双锁闭。它可以单机牵引道岔，也可以通过系列中不同型号转辙机的相互匹配实现双机牵引道岔，从而满足不同道岔的需要。

ZD6 型电动转辙机如图 4-1-16 所示。

（2）ZD（J）9 系列电动转辙机。我国在 2001 年研制出 ZD（J）9 型转辙机，利用多点牵引带动大号道岔，从而满足我国铁路在高速、重载、高密度运行下的快速发展。ZD（J）9 型转辙机应用范围广，适用于铁路、城市轨道交通线路上，可以采用单点、多点同步牵引，锁闭方式也可以分动外锁闭、联动内锁闭等。

ZD（J）9 型转辙机如图 4-1-17 所示。

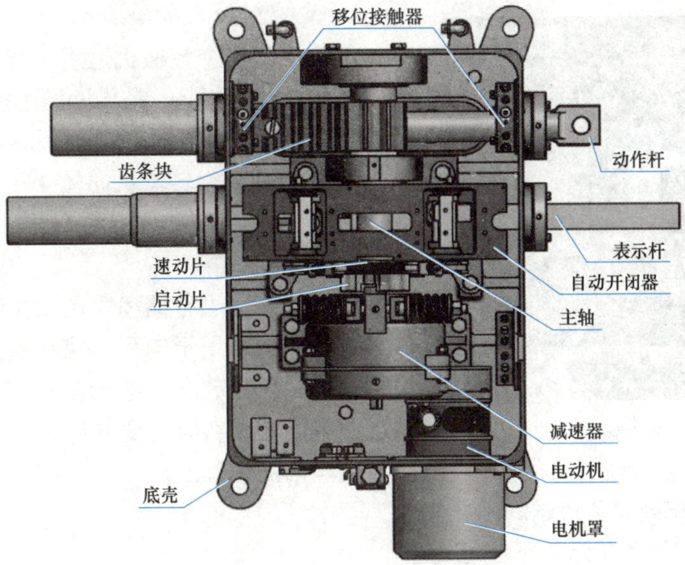

图 4-1-16 ZD6 型电动转辙机

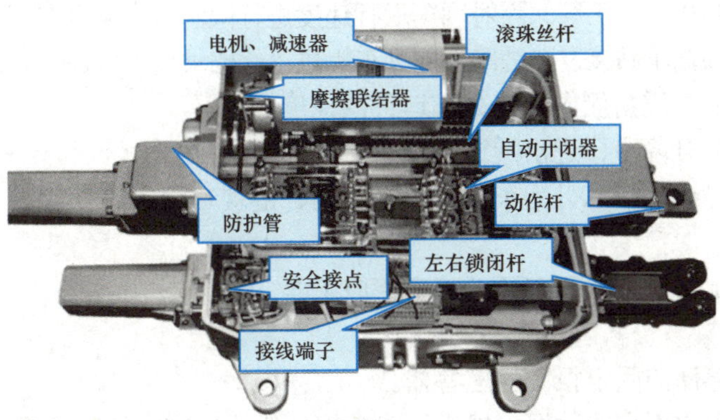

图 4-1-17 ZD（J）9 型转辙机

2）电液转辙设备

电液转辙设备一般采用交流或直流电动机驱动，实现道岔转换、锁闭和监督功能，是具有液压传动和机械锁闭结构的转辙机。

我国铁路使用的电液转辙设备主要是：ZY（J）4 电液转辙机、ZY（J）6 电液转辙机、ZY（J）7 电液转辙机、ZY（J）11 电液转辙机。近年来，ZY（J）11 电液转辙机应用较多。

ZY（J）11 系列电液转辙机用于转换铁路道岔，改变道岔开通方向，锁闭道岔尖轨（心轨），反映道岔尖轨位置状态。

ZY（J）11 系列电液转辙机适用于高速、普速线路及城市轨道线路。可适用于内锁闭道岔；也可配套外锁闭装置用于外锁闭道岔。

ZY（J）11 系列电液转辙机由液压站和转换锁闭器组成，一台液压站可驱动多台转换锁闭器工作，根据道岔的型号及种类，转辙机有不同的组合配置。ZY（J）11 系列电液转辙机如图 4-1-18 所示。

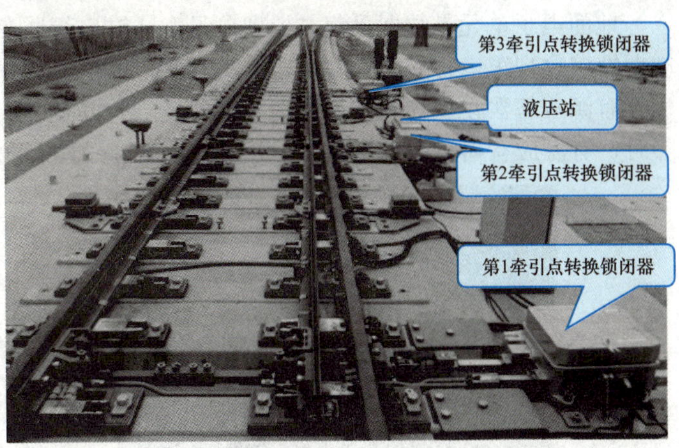

图 4-1-18 ZY（J）11 系列电液转辙机

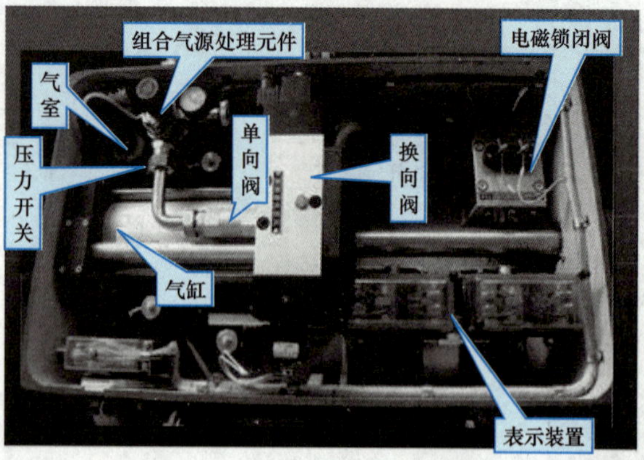

图 4-1-19 ZK4 系列电空转辙机

3）电空转辙设备

ZK4 系列电空转辙机适用于有压缩空气源的自动化、半自动化驼峰编组场，是借助压缩空气快速转换道岔、锁闭道岔、表示道岔尖轨位置的设备。

ZK4 系列电空转辙机如图 4-1-19 所示。

4.1.4 应答器

应答器是用于存储和发送报文的点式数据传输设备。

应答器设备用于向列车控制系统传送线路基本参数、线路速度、特殊定位、列车运行目标数据、临时限速、车站进路等固定和实时可变的信息，用于在特定地点实现地面与列车间的相互通信。

1. 应答器设备向列控车载设备传送的主要信息

应答器设备向列控车载设备传送以下信息。

（1）线路基本参数：如线路坡度、轨道区段等参数。

（2）线路速度信息：如线路最大允许速度、列车最大允许速度等。

（3）临时限速信息：当由于施工等原因对列车运行速度进行限制时，向列车提供临时限速信息。

（4）车站进路信息：根据车站接发车进路，向列车提供“线路坡度”“线路速度”“轨道区段”等参数。

（5）道岔信息：给出前方道岔侧向允许列车运行的速度。

（6）特殊定位信息：如升降弓、进出隧道、鸣笛、列车定位等。

（7）其他信息：固定障碍物信息、列车运行目标数据、链接数据等。

2. 应答器种类

应答器分为无源（固定）应答器和有源（可变）应答器。

1）无源应答器

无源应答器是发送已存储的固定报文的应答器。

无源应答器用于发送固定不变的数据，提供线路数据、线路速度、线路坡度、过分相、列车定位、列控等级切换、车站进路、公里标、闭塞分区长度、无线闭塞中心切换等固定信息。

无源应答器设于闭塞分区入口和车站进、出口处，如图 4-1-20 所示。

2）有源应答器

有源应答器是通过专用电缆与地面电子单元连接，发送实时可变报文的应答器。

有源应答器，传输可变信息。必须通过专用的应答器电缆与 LEU（地面电子单元）设备连接，可以根据 LEU 设备所发送的报文，变化地向列车传送应答器报文信息。

地面电子单元是数据采集与处理单元，通过串行通信接口或其他接口方式与列车运行控制中心连接，周期性接收列车运行控制中心发送的实时变化的信息，并连续向有源应答器发送报文。

有源应答器设置在车站进站端和出站段，主要发送接车进路信息和临时限速信息。当与 LEU 通信故障时，有源应答器发送自身默认信息，如图 4-1-21 所示。

图 4-1-20 无源应答器安装

图 4-1-21 有砟道床有源应答器安装

3. 应答器工作原理

无论是无源应答器还是有源应答器，其工作原理是一样的。

列车司机室下方都安装有一个车载应答器天线，当列车头部运行到地面应答器的上方时，车载应答器天线便会发出电磁能量到地面应答器，地面应答器便会将该能量转换为工作电源，使应答器内部的电子单元开始工作，将其内部所存储的线路、速度等信息发送给列车。

每个应答器（组）都有一个编号，并且该编号在全国铁路范围是唯一的。

应答器设备可以简单地理解为一个数据存储器和发送器，当车载天线激活该应答器时，应答器发送自身存储的应答器报文或地面电子单元传送的应答器报文。

知识测评

1. 简述铁路色灯信号机及应用。
2. 简述轨道电路及应用。
3. 简述道岔转辙机及应用。
4. 简述应答器及应用。

学习作品

课后每名同学单独制作一个开放的、富有创造性的表现学习过程和学习成效的视频，时间为 5 min 以内，至少包括以下 5 项内容：

1. 铁路色灯信号机及应用；
2. 轨道电路及应用；
3. 道岔转辙机及应用；
4. 应答器及应用；
5. 通过对本任务的学习，个人在知识增长、能力强化、素养提升方面的小结。

在课程结束后的 3 天内将作品提交任课教师，此作品作为教师评价学生学习效果的依据。

任务 4.2　铁路信号系统

学习目标

1. 掌握联锁设备及应用。
2. 掌握闭塞制式及应用。
3. 了解移动闭塞设备。
4. 正确识别列车运行控制系统、列车调度指挥系统与调度集中系统、信号集中监测系统。

基础知识

铁路信号系统由联锁、闭塞、列车运行控制系统、列车调度指挥系统与调度集中系统等组成。

4.2.1　联锁

联锁是使道岔、信号、进路遵循一定程序，在符合规定的技术条件后才能动作或建立相互关联的技术。道岔、信号、进路之间建立的一种相互制约关系称为联锁关系，简称联锁。

1. 进路

进路是指在车站范围内列车或调车车列（或车组）所运行的径路。进路可分为列车进路和调车进路。

1）列车进路

凡是进站、出发及通过列车经过的进路，称为列车进路，包括接车进路、发车进路和通过进路。

2）调车进路

凡是调车车列为完成调车作业所经过的进路，称为调车进路。

3）进路的范围

一般由防护该进路的信号机起至同一方向限制列车或调车车列运行的信号机（或站界标、车挡表示器）为止的一段路线，为进路的范围。

2. 敌对进路

敌对进路是同时行车会危及行车安全的任意两条进路。

车站办理进路，就是将有关岔道转换到进路要求的位置并锁闭，开放防护进路的信号，但是有些进路如果同时建立会造成列车或调车车列冲突的危险，这样的进路互为敌对进路。防护两条相互敌对进路的信号机，互为敌对信号，不容许同时开放。

下列进路应设计为敌对进路。

（1）同一到发线上。

① 对向的列车进路。

② 对向的列车进路与调车进路。

（2）同一咽喉区内。

① 对向重叠的列车进路。

② 重叠的列车进路与调车进路。

③ 对向重叠的调车进路。

（3）车场之间的无岔区段。

① 对向的列车进路。

② 对向的列车进路与调车进路。

③ 对向的调车进路。

（4）信号机设置于侵入限界绝缘处时，禁止同时开放的进路。

（5）列车接车进路设置延续进路时，除延续进路始端顺向列车进路外的其他与延续进路重叠的进路与延续进路。

3. 联锁关系

车站、线路所以及动车段、动车运用所应采用集中联锁。集中联锁是道岔与信号机集中操纵的联锁。纳入集中联锁的道岔、进路、信号机的联锁关系应符合下列规定。

1）道岔与进路的联锁

（1）纳入集中联锁的道岔应与有关道路联锁。

（2）进路中的道岔均锁闭后，进路方能锁闭。

（3）进路锁闭后，进路中的道岔不能解锁。

2）道岔与信号机的联锁

（1）纳入集中联锁的道岔应与有关信号机联锁。

（2）进路中的有关道岔均锁闭在正确位置后，进路的防护信号机方能开放。

（3）信号机开放后应连续检查防护进路的有关道岔均锁闭在正确位置。

3）进路与信号机的联锁

（1）进路应与有关信号机联锁。

（2）进路空闲并锁闭后，进路的防护信号机方能开放。

（3）信号机开放后应连续检查防护进路锁闭。

（4）进站信号机、进路信号机、出站信号机、线路所通过信号机开放后应连续检查防护的进路空闲。

4）信号机与信号机的联锁

（1）敌对信号应相互联锁。

（2）进路的敌对信号机关闭后，进路的防护信号机方能开放。

（3）信号机开放后，防护进路的敌对信号不能开放。

（4）进站信号机、线路所通过信号机未开放时，预告信号机不得开放。

4. 集中联锁方式

集中联锁可采用继电联锁方式、计算机联锁方式实现。

1）继电联锁方式

继电联锁是主要由继电电路组成并采用色灯信号机的联锁。

继电联锁是集中联锁中最常用的一种，它是用继电器组成的电路来进行控制并实现联锁。继电联锁采用色灯信号机显示信号，道岔由转辙机转换，进路上所有区段均设有轨道电路，在信号楼或值班室集中控制、监督信号机和道岔。继电联锁能准确及时地反映现场行车情况，操作人员只需在控制台上按按钮就能办理或解锁进路，从而缩短了进路建立和解锁时间，提高了通过能力。

（1）继电器。继电联锁通过继电器电路控制道岔的转换、信号机的开放和关闭以及进路的锁闭与解锁等。在采用继电集中联锁场所，一般都将继电器组合起来，集中安装在专门的继电器室中。继电集中联锁需要的电源设备，在中小车站上可附设在继电器室中，在大编组站上则可另设专门的电源室。

（2）道岔转换设备。道岔尖轨转换位置是由道岔转换设备（转辙机）控制的，在道岔转换完成以后，表示部分则将表示接点接通，在控制台上反映道岔所处的状态，以便与进路信号机进行联锁。

（3）控制台。控制台设于信号楼或值班室内，是值班员指挥列车和调车作业的控制中心，用来控制道岔的转换和信号的开放，并对进路、信号、道岔进行监督。控制台的正面装有站场股道平面图及各种进路按钮、道岔按钮和其他按钮等。需要办理进路时，按压控制台上进路的始端按钮和终端按钮，就能将进路中有关道岔转换到规定位置，且防护该进路的信号机也自动开放。

控制台上的主要表示器是光带和表示灯。它们的用途是正确反映室外监控对象的状态及线路运用情况，表示操作手续是否完成，并反映继电器电路的工作状态，若发生故障可及时发现故障发生地点。

2）计算机联锁方式

计算机联锁是主要联锁关系由计算机实现的集中联锁。

计算机联锁是以计算机技术为核心，综合采用通信、控制、容错、故障—安全等技术来实现联锁逻辑控制功能。

计算机联锁利用计算机对操作命令和现场设备的表示信息进行逻辑运算，完成对信号机、道岔及进路的联锁和控制。计算机联锁用彩色监视器代替继电集中联锁控制台的表示盘，还可根据需要多台并机使用。

高速、城际、重载和客货共线铁路Ⅰ、Ⅱ级线路的集中联锁应采用计算机联锁，其他铁路的集中联锁宜采用计算机联锁。

（1）计算机联锁组成。

① 硬件设备。硬件设备包括联锁计算机（完成联锁功能和显示功能）、安全检验计算机（用以检验联锁计算机的运行情况，发现故障可导向安全）、彩色监视器、微型集中操纵台、安全继电输入输出接口柜、计算机联锁专用电源屏以及现场信号机、转辙机、轨道电路等室外设备。

② 软件设备。软件设备是实现进路、信号机和道岔相互制约的核心部分，由两部分组成。

a）参与联锁运算的车站数据库，包括车站赋值表、车站联锁表、按钮进路表、车站显示数据等。

b）进行联锁逻辑运算、完成联锁功能的应用程序，即系统管理程序模块、时钟中断管理程序模块、表示信息采集及信息处理程序模块、操作命令输入及分析程序模块、选路及转岔程序模块、信号开放程序模块、解锁程序模块和站场彩色监视器显示程序模块等。

（2）计算机联锁的特点。

计算机联锁实现了从有接点到无接点的变革，操作人员办理进路时，只需先按进路始端钮，再按进路终端钮即可完成。实现了执行器件电子化，系统各组成部分标准化，可使行车和调车、操作和维修进一步自动化、网络化、信息化和智能化，使系统的可靠性和安全性进一步提高。

（3）全电子计算机联锁。

全电子计算机联锁是铁路信号控制的新一代联锁设备，系统以计算机控制技术为核心，以电力电子开关技术为基础，采用计算机通信、电子信息技术、自动检测、通信技术、电力电子开关技术等先进技术，实现车站联锁的信号系统。全电子计算机联锁系统实现了控制监测一体化，将道岔动作电流、信号机灯丝电流等模拟量采集功能也纳入其中，实现了对现场信号设备的监测。

4.2.2 闭塞

用信号或凭证，保证列车按照规定的空间间隔控制运行的技术方式，称为行车闭塞法，简称闭塞。

1. 区间闭塞制式

（1）单线区段采用半自动闭塞或自动站间闭塞，也可采用自动闭塞。

（2）双线区段。

① 高速铁路、城际铁路、重载铁路以及其他Ⅰ、Ⅱ级铁路，应采用自动闭塞。

② 其他铁路宜采用自动闭塞。

（3）一个区段内宜采用相同的闭塞方式。

（4）CTC 区段采用自动闭塞或自动站间闭塞。

2. 闭塞设备

闭塞设备即为实现“一个区间（闭塞分区）内，同一时间只允许一列车占用”而设置的铁路区间信号设备。

1）半自动闭塞

半自动闭塞就是人工办理闭塞手续，列车凭信号显示发车后，出站信号机自动关闭的闭塞方式。

（1）半自动闭塞的特征。

① 站间区间或所间区间同时只允许开行一列列车。

② 人工办理闭塞手续。

③ 人工确认列车完整到达和人工解除闭塞。

使用半自动闭塞法行车时以站间区间或所间区间作为行车间隔，列车进入区间的行车凭证是出站信号机或线路所通过信号机显示的绿色灯光。

只有区间空闲并且与相邻车站办理好闭塞手续后，出站信号机（或线路所通过信号机）才能开放，保证一个站间区间或所间区间内同时只有一个列车运行。

（2）64D 型半自动闭塞。

目前，我国单线铁路区段主要采用 64D 型单线继电半自动闭塞。

64D 型继电半自动闭塞设备主要有：半自动闭塞机、闭塞按钮和表示灯、半自动闭塞用的轨道电路、受闭塞机控制的出站信号机等。为了实现闭塞设备之间的相互联系和控制，在相邻两站属于同一区间的两台闭塞机之间，用闭塞外线连接。

在车站进站信号机内方设置有一段不少于 25 m 的半自动闭塞用轨道电路。出发列车进入此轨道电路时，通过轨道继电器的动作证明列车出发；到达列车进入此轨道电路时，通过轨道继电器的动作证明列车到达。半自动闭塞设备如图 4-2-1 所示。

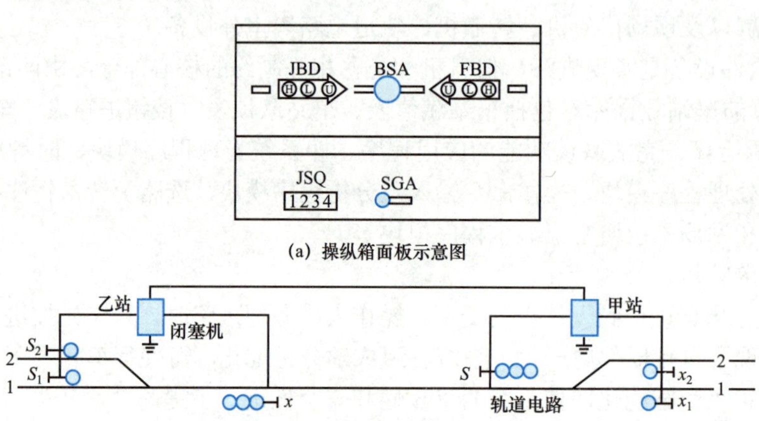

图 4-2-1 半自动闭塞设备

64D 型半自动闭塞正常办理步骤如表 4-2-1 所示。

表 4-2-1 64D 型半自动闭塞正常办理步骤

办理步骤	甲站（发车站）			乙站（接车站）		
	FBD	JBD	DL	FBD	JBD	DL
平时状态	灭	灭		灭	灭	
甲站请求发车：按压 BSA	黄		响		黄	响
乙站同意接车：按压 BSA	绿		响		绿	
甲站开放出站信号机：列车出发，经过半自动闭塞轨道电路进入区间	红				红	响
乙站开放进站信号机：列车经过半自动闭塞轨道电路进入站内	红			红	红	
乙站确认列车完整到达，按压 FUA，办理到达复原	灭		响	灭	灭	

注：BSA—闭塞按钮；FUA—复原按钮；FBD—发车表示灯；JBD—接车表示灯；DL—电铃。

2）自动站间闭塞

随着办理发车进路自动构成站间闭塞，列车凭出站信号显示进入发车进路后，出站信号机自动关闭，待列车出清区间后自动解除闭塞的行车闭塞方式。

自动站间闭塞的特征如下。

（1）区间必须设置轨道占用检查装置。

（2）站间区间或所间区间同时只允许开行一列列车。

（3）办理发车进路时自动完成闭塞手续的办理。

（4）自动确认列车到达和自动解除闭塞。

使用自动站间闭塞法行车是以站间区间作为行车间隔，列车进入区间的行车凭证是出站信号机显示的绿色灯光。

自动站间闭塞不同于自动闭塞，它的区间不划分闭塞区间，以整个区间为行车间隔；自动站间闭塞不同于半自动闭塞，实现闭塞和解除闭塞是自动完成的。自动站间闭塞一般以半自动闭塞作为备用手段，区间检查设备故障时即转为半自动闭塞。

自动站间闭塞设备故障，半自动闭塞设备良好时，可根据调度命令改按半自动闭塞法行车。

3）自动闭塞

根据列车运行及有关闭塞分区状态，自动变化通过信号显示而司机凭信号行车的闭塞方式。

自动闭塞轨道上安装传感器接收装置，只要前方列车的车轮压上钢轨，“前方有列车占用轨道”的信息，就会通过钢轨，传送给后方列车和调度中心。后方列车接到前方列车的位置信息后，调整速度，以保证两车之间有个安全的距离，这个安全距离也叫闭塞区。

（1）自动闭塞制式规定。

① 设计速度为 120 km/h 及以下的区段，宜采用四显示自动闭塞，也可采用三显示自动闭塞。

② 设计速度为 120 km/h 以上、以地面信号作为列车行车凭证的区段，宜采用四显示自动闭塞。

（2）自动闭塞的类型。

① 单向运行自动闭塞。在单线区段，只有一条线路，既要运行上行列车，又要运行下行列车。为了调整双方向列车的运行，在线路的两侧都要装设通过信号机，这种自动闭塞称为单线双向自动闭塞，如图 4-2-2 所示。

② 双向运行自动闭塞。在双线区段，以前一般采用列车单方向运行方式，即一条铁路线路只允许上行列车运行，而另一条铁路线路只允许下行列车运行。为此，对于每一条铁路线路仅在一侧装设通过信号机，这样的自动闭塞称为双线单向自动闭塞，如图 4-2-3 所示。

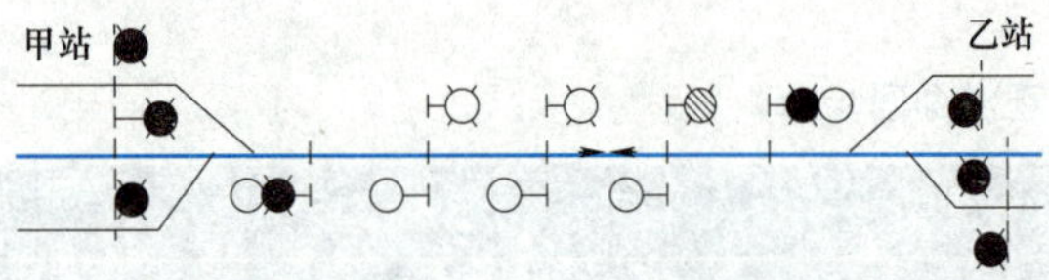

图 4-2-2　单线双向自动闭塞

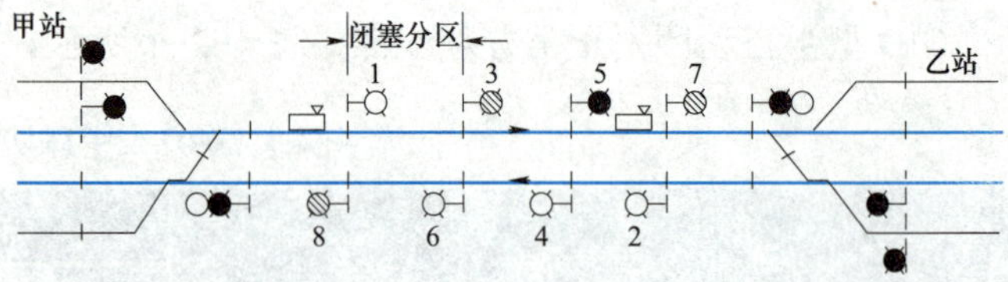

图 4-2-3　双线单向自动闭塞

为了充分发挥铁路线路的运输能力，在双线区段的每一条线路上都能双方向运行列车，这样的自动闭塞称为双线双向自动闭塞，如图 4-2-4 所示。正方向设置通过信号机，反方向运行的列车是按机车信号的显示作为行车命令的，即此时以机车信号作为主体信号。

（3）三显示自动闭塞和四显示自动闭塞。

三显示自动闭塞，通过信号机具有三种主要显示，能预告列车运行前方两个闭塞分区状态的自动闭塞。

四显示自动闭塞，通过信号机具有四种主要显示，能预告列车运行前方三个闭塞分区状态的自动闭塞。

与三显示自动闭塞相比，四显示自动闭塞通过信号机增加了绿黄灯显示，形成了红、黄、绿黄、绿的信号显示序列，能预告列车运行前方三个闭塞分区的状态。如图 4-2-5 所示。

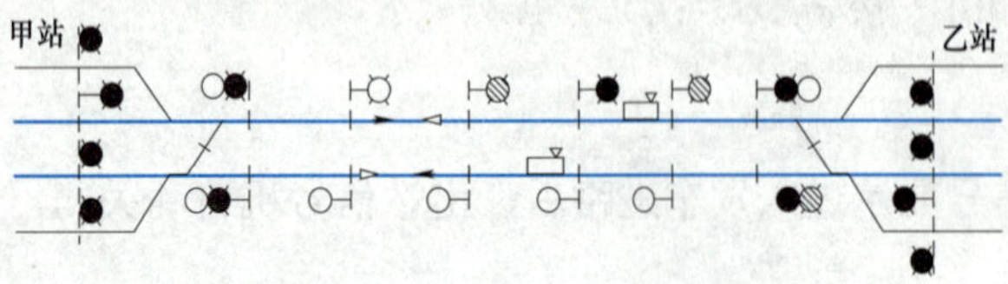

图 4-2-4　双线双向自动闭塞

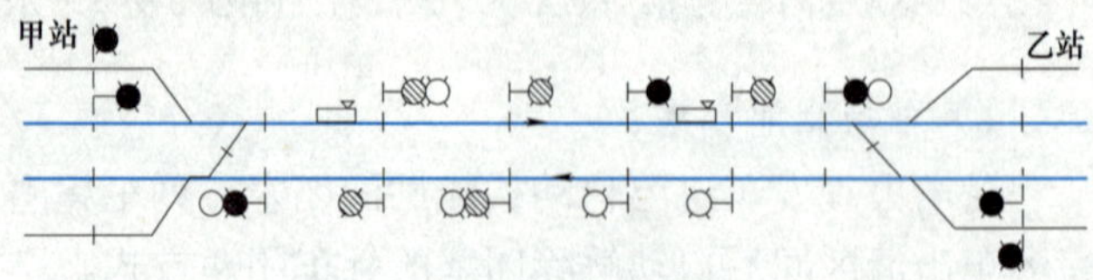

图 4-2-5　四显示自动闭塞

四显示自动闭塞区段出站信号机显示：

一个绿色灯光——准许列车由车站出发，表示运行前方至少有三个闭塞分区空闲。

一个绿色灯光和一个黄色灯光——准许列车由车站出发，表示运行前方有两个闭塞分区空闲。

一个黄色灯光——准许列车由车站出发，表示运行前方有一个闭塞分区空闲。

一个红色灯光——不准列车越过该信号机。

两个绿色灯光——准许列车由车站出发，开往半自动闭塞区段。

在兼作调车信号机时，一个月白色灯光——准许越过该信号机调车。

3. 电话闭塞

当基本闭塞法不能使用时，应根据列车调度员的命令采用电话闭塞法行车。

遇列车调度电话不通时，闭塞法的变更或恢复，应由该区间两端站的车站值班员确认区间空闲后，直接以电话记录办理。列车调度电话恢复正常时，两端站车站值班员应及时向列车调度员报告。

1）电话闭塞法行车

遇下列情况，应停止使用基本闭塞法，改用电话闭塞法行车：

（1）基本闭塞设备发生故障导致基本闭塞法不能使用、自动闭塞区间内两架及以上通过信号机故障或灯光熄灭时；

（2）无双向闭塞设备的双线区间反方向发车或改按单线行车时；

（3）发出由区间返回的列车，或发出挂有由区间返回后部补机的列车时；

（4）自动站间闭塞、半自动闭塞区间，由未设出站信号机的线路上发车，或超长列车头部越过出站信号机并压上出站方面轨道电路发车时；

（5）在夜间或遇降雾、暴风雨雪，为消除线路故障或执行特殊任务，开行轻型车辆时。

2）行车凭证

使用电话闭塞法行车时，列车占用区间的行车凭证为路票，如图 4-2-6 所示。当挂有由区间返回的后部补机时，另发给补机司机路票副页。

3）电话记录号码

办理电话闭塞时，下列各项应发出电话记录号码，并记入《行车日志》：

路　票

电话记录 第　　号

车　次________

×× ➡ ×××

××站（站名印）　　　编号 123456

注：1. 路票为预先印好区间（即站名）和编号的硬卡片：（规格75 mm×88 mm）

2. 加盖副字戳记者，为路票副页。

图 4-2-6　路票

（1）承认闭塞；

（2）列车到达，补机返回；

（3）取消闭塞；

（4）单线或双线反方向越出站界调车。

4.2.3　移动闭塞

随着数字化、无线传输、卫星定位技术及高速铁路的发展，列车运行自动控制设备的水平也在不断提高，以列车超速防护为基础，逐步实现了列车自动限速和列车自动运行。我国铁路依靠先进技术实现了列车和地面控制中心、列车和列车之间的信息传输，就不需要将区间划分为固定的若干分区来调整列车之间的追踪间隔，而是通过数据传输，自动计算出实时的列车追踪的安全间隔，使两列车之间的间隔最小，从而提高了行车密度和区间通过能力，这就形成了准移动闭塞和移动闭塞。

1. 准移动闭塞

准移动闭塞是追踪目标点为前行列车所占用闭塞分区的始端，目标点相对固定，而制动的起始点是随线路参数和列车本身性能不同而变化的闭塞方式。

准移动闭塞是我国高速铁路、城际铁路运行控制系统现阶段采用的主要闭塞方式。

与固定（自动）闭塞通常采用分级速度控制模式不同，准移动闭塞方式的列车运行控制系统采取目标距离（又称连续式一次速度控制）控制模式，即根据目标距离、目标速度及列车本身的性能确定列车制动曲线，不设定每个闭塞分区速度等级，采用一次制动方式，对列车运行进行速度控制。准移动闭塞的追踪目标点是前行列车所占用闭塞分区的始端（预留一定的安全距离），而后行列车从最高速开始制动的计算点是根据目标距离、目标速度及列车本身的性能计算决定的。

2. 移动闭塞

移动闭塞是区间不固定的划分为若干个闭塞分区，目标点和制动的起始点均不固定，利用先进的通信技术和自动控制技术，使前后列车自动保持一定的（合适）间隔的闭塞方式。

移动闭塞方式的列车运行控制系统也采取目标距离控制模式。移动闭塞的追踪目标点是前行列车的尾部（预留有一定的安全距离），后行列车从最高速开始制动的计算点是根据目标距离、目标速度及列车本身的性能计算决定的。移动闭塞一般采用无线通信和无线定位技术来实现，其追踪运行间隔要比准移动闭塞更小一些。

3. 移动闭塞运用

和固定闭塞、准移动闭塞相比，移动闭塞突破了轨道电路和固定闭塞分区的局限性。

目前，我国高速铁路列车运行控制系统涉及的闭塞方式主要为准移动闭塞，移动闭塞尚未在我国高铁线路上应用。主要原因是我国地形气候复杂多样，导致铁路线路纵横交错、路况复杂；人口分布和区域经济发展极不平衡，导致客、货流时空分布不均等。因此我国铁路不能像城市轨道交通那样固定编组、每趟列车载重大致相同，也不可能把铁路运输网络分割成若干封闭路线或运输环线，实现公交化运行。

4.2.4 中国列车运行控制系统

中国列车运行控制应采用 CTCS。

1. CTCS

CTCS（chinese train control system），是中国列车运行控制系统，是保证列车安全运行，并以分级形式满足不同线路运输需求的列车运行控制系统的总称。

CTCS 系统有两个子系统，即车载子系统和地面子系统。CTCS 根据功能要求和设备配置划分应用等级，分为 0～4 级。

1）地面子系统组成

地面子系统由应答器、轨道电路、无线通信网络（GSM-R）、列车控制中心（TCC）/无线闭塞中心（RBC）等组成。其中 GSM-R 不属于 CTCS 设备，但是地面子系统的重要组成部分。

2）车载子系统组成

车载子系统由 CTCS 车载设备、无线系统车载模块组成。

2. CTCS 应用等级

（1）CTCS-0（简称 L0）级，由通用机车信号和列车运行监控记录装置组成，为既有系统。

（2）CTCS-1（简称 L1）级，由主体机车信号与安全型运行监控记录装置组成，点式信息作为连续信息的补充，可实现点连式超速防护功能。

（3）CTCS-2（简称 L2），基于轨道电路和点式应答器传输信息。

（4）CTCS-3（简称 L3），基于无线传输信息并采用轨道电路等方式检查列车占用。

（5）CTCS-4（简称 L4），完全基于无线传输信息。

同条线路上可以实现多种应用级别，L2、L3 和 L4 可向下兼容。

3. CTCS 等级选择应符合下列规定

（1）设计速度 160 km/h 及以下线路：

① 仅运行动车组列车时，根据设计速度、行车追踪间隔、站间距、停车精度等要求，宜采用 CTCS-2 级，也可采用 CTCS-0 级。

② 其他线路宜采用 CTCS-0 级。

（2）设计速度 160 km/h 以上、250 km/h 以下的线路，采用 CTCS-2 级。

（3）设计速度 250 km/h 的线路宜采用 CTCS-3 级，也可采用 CTCS-2 级。

（4）设计速度 250 km/h 以上的线路，采用 CTCS-3 级。

4.2.5 列车调度指挥系统及调度集中

1. 列车调度指挥系统（TDCS）

TDCS（train dispatching and commanding system）是覆盖全路的列车调度指挥管理系统，由国铁集团总调度室、铁路局集团公司、车站三级构成，能实时自动采集列车运行及现场信号设备状态信息，并传送到国铁集团总调度室、铁路局集团公司调度指挥中心，完成列车运行实时追踪、无线车次号校核、自动报点、正晚点统计分析、交接车自动统计、列车实际运行图自动绘制、阶段计划人工和自动调整、调度命令及行车计划下达、站间透明、《行车日志》自动生成等功能，实现各级运输调度的集中管理、统一指挥和实时监督。

TDCS 应按管理需要分级设置，并应符合下列规定。

（1）应设车站系统、调度所系统，可根据需要设置调度中心系统。

（2）车站系统应设置综合处理机、车站服务器、操作终端、维护终端等。

（3）调度所系统应设置数据库服务器、应用服务器、通信前置服务器、接口服务器、对开时钟服务器、操作终端、维护终端等。

（4）根据运输企业的调度指挥需求，设置调度中心系统设备。

2. 调度集中系统（CTC）

CTC（centralized traffic control）是综合了通信、信号、运输组织、现代控制、计算机、网络等多学科技术，实现调度中心（调度员）对某一区段内的信号设备进行集中控制，对列车运行直接指挥和管理的技术装备。

CTC 由铁路局集团公司、车站两级构成。

1）CTC 主要功能

（1）遥控作用。调度员在调度所里可以集中控制管辖范围内（长达几百千米）每一个中间站的道岔、进路和信号，直接办理各站的进路、开放进出站信号，指挥各次列车运行。

（2）通信作用。区段内的区间和车站的股道占用、进路开通、信号机开放、列车的运行和分布等情况，可以通过信息传输及时地反映到调度所内的区间和车站线路表示盘上，可供调度员监督。

2）CTC 控制模式

CTC 应具备分散自律控制和非常站控两种模式，CTC 控制模式可以转换。

（1）分散自律控制模式是通过调度集中设备，实现进路自动和人工办理的模式。

（2）非常站控模式是遇行车设备故障，以及施工、维修需要时，脱离调度集中系统控制转为车站联锁控制台人工办理的模式。

3）调度集中区段信号控制

调度集中区段，车站应设集中联锁，区间应设自动闭塞或自动站间闭塞。

调度集中系统原则上应将同一调度区段内、同一联锁控制范围内所有车站（车场、线路所）的信号、联锁、闭塞设备纳入控制范围。调度集中区段的两端站、区段站，以及调车作业较多、有去往区间岔线列车或中途返回补机的中间站，可不列入调度指挥中心控制，应能通过调度集中车站终端进行自动或人工控制。

3. TDCS 与 CTC 关系

（1）CTC 除实现 TDCS 的全部功能外，还应实现列车编组信息管理、调车作业管理、综合维修管理、列车/调车进路人工和计划自动选排、分散自律控制等功能。

（2）高速铁路、城际铁路应采用 CTC，其他铁路根据需要可采用 CTC 或 TDCS。

（3）CTC 应配置独立的处理平台，设备采用冗余配置，通信协议与 TDCS 一致。

（4）CTC/TDCS 与 LTE-R 数字移动通信系统或列车无线调度通信设备结合，实现调度命令、接车进路预告信息、调车作业通知单等向司机的传送，并能通过无线通信系统获取车次号校核、调车请求及签收回执等信息。

4.2.6 信号集中监测

高速铁路、城际铁路、重载铁路以及其他Ⅰ、Ⅱ级铁路，信号设备的监测应采用 CSM（centralized signaling monitoring）系统；其他铁路，信号设备的监测宜采用 CSM 系统。

CSM 系统的监测范围应包括：

（1）联锁设备；

（2）闭塞设备；

（3）列控地面设备；

（4）TDCS/CTC 设备；

（5）电源设备；

（6）与防火、环境监测等系统的接口。

知识测评

1. 简述联锁设备及应用。
2. 简述闭塞制式及应用。
3. 简述移动闭塞设备。
4. 简述列车运行控制系统、列车调度指挥系统与调度集中系统、信号集中监测。

学习作品

课后每名同学单独制作一个开放的、富有创造性的表现学习过程和学习成效的视频，时间为 5 min 以内，至少包括以下 5 项内容：

1. 联锁设备及应用；
2. 闭塞制式及应用；
3. 移动闭塞设备；
4. 列车运行控制系统、列车调度指挥系统与调度集中系统、信号集中监测系统；
5. 通过对本任务的学习，个人在知识增长、能力强化、素养提升方面的小结。

在课程结束后的 3 天内将作品提交任课教师，此作品作为教师评价学生学习效果的依据。

任务 4.3　GSM-R、LTE-R、5G-R 系统

学习目标

1. 掌握 GSM-R 系统及应用。
2. 了解 LTE-R 系统及应用。
3. 了解 5G-R 系统及应用。

基础知识

4.3.1　GSM-R 系统

GSM（global system for mobile communication）是全球移动通信系统，GSM 是世界上最广泛应用的第二代数字移动通信标准（2G）。铁路数字移动通信系统 GSM-R（global system for mobile communication for railways）则是基于 GSM 技术基础、结合铁路需求进行优化、定位于铁路专网的通信系统。GSM-R 中的“R”，指的就是 railways。GSM-R 是专门为满足铁路应用而开发的数字无线通信系统，可以提供无线列控信息传输、应急通信和组呼通信等业务，满足铁路生产中的通信需求。

与传统的 GSM 技术相比，GSM-R 主要增加了铁路专用调度通信的相关功能。GSM-R 应用、基本业务如表 4-3-1 所示。

表 4-3-1　GSM-R 应用、基本业务

	语音类应用	数据类应用
GSM-R 应用	列车调度通信 编组场调车通信 货运调度通信 牵引变电调度通信 施工养护通信 站场调度通信 道口调度通信 应急语音通信	ETCS自动列车控制 多机车牵引 旅客信息服务 调车机车信号传送 监控信息传送 调度命令传送 车次号传送 列尾信息传送

GSM-R 基本业务					
	功能寻址	功能号码显示	接入矩阵	位置寻址	铁路紧急呼叫
	eMLPP	广播VBS	组呼VGCS	CSD	GPRS
	标准GSM业务				

目前，我国主要使用的铁路专网通信技术，就包括 GSM-R。

2004 年，为满足高速铁路发展 CTCS-3 级列车运行控制系统的需要，我国正式采用 GSM-R 标准，作为新一代铁路无线通信国家标准。我国是亚洲第一个发展 GSM-R 的国家。国内第一条应用 GSM-R 的铁路是青藏铁路。

我国 GSM-R，采用的是 900 MHz“黄金频段”，上行 885～889 MHz，下行 930～934 MHz，2×4 MHz 带宽，最大覆盖距离可达 6～9 km。

从 2008 年起，新（改）建铁路几乎全部采用 GSM-R 作为专用无线通信系统，实现了数字化、网络化升级。目前，国内 GSM-R 覆盖线路里程约 10 万 km，用户数超过 35 万。

1. GSM-R 主要用户

GSM-R 的主要用户是铁路职工，包括司机、调度员、乘务员、维修人员等。

2. GSM-R 主要作用

GSM-R 在铁路中的主要作用如下。

（1）提高铁路工作人员的通信效率。利用 GSM-R 系统提供组呼、组播、功能号码呼叫和紧急呼叫等业务。

（2）提高铁路运营效率。利用 GSM-R 系统对列控信号的承载能力，从而满足列车高速运行中对通信的需求。

3. GSM-R 运用

我国于 2000 年开始采纳 GSM-R 标准，而 2006 年 7 月 1 日青藏铁路的全线通车，则标志着 GSM-R 通信系统正式进入我国铁路运营的历史舞台。目前，GSM-R 是我国铁路全面使用的专用数字移动系统。

GSM-R 系统在铁路中的应用主要有以下几个方面。

（1）调度通信；

（2）车次号传输与列车停稳信息的传送；

（3）调度命令传送；

（4）列尾装置信息传送；

（5）调车机车信号和监控信息系统传输；

（6）机车同步控制传输；

（7）CTCS-3 级/CTCS-4 级；

（8）区间移动工务通信；

（9）应急指挥通信和话音和数据业务；

（10）旅客列车移动信息服务通道。

基于 2G 技术构建的 GSM-R 系统，以语音业务为主，频率效率低，窄带数据带宽最多只有 100 多 KB，难以承载铁路数字化改造后的通信大带宽需求。

4.3.2 LTE-R 4G 系统

LTE-R 4G 系统的运用，让铁路通信直接进入 4G 世代。

长期演进（long term evolution，LTE）是由第三代合作伙伴计划（the 3rd generation partnership project，3GPP）组织制定的通用移动通信系统（universal mobile telecommunications system，UMTS）技术标准的长期演进，于 2004 年 12 月在 3GPP 多伦多 TSG RAN#26 会议上正式立项并启动。

2014 年，朔黄铁路开行全球首列基于 LTE-R 通信系统重载列车，为中国乃至全球铁路的 LTE 宽带无线市场起到极大的示范和引领作用。

2016 年 3 月 9 日，朔黄铁路 2 万 t 重载列车正式开行，同时也开创了国内搭载 LTE-R 4G 系统 2 万 t 重载列车的先河，如图 4-3-1 所示。

朔黄铁路 2 万 t 重载列车开行采用了地面 LTE-R 4G 通信系统、机车无线重联系统、CIR 一体化通信电台、可控列尾四种新型基础设备，为重载列车的开行提供了可靠的科技支持和设备保障；通过优化同步控制单元的操纵流程、交流机车制动机系统，升级车载 LTE-R 同步通信系统的主控单元控制板，有力保障了机车安全。

图 4-3-1　国内首列搭载 LTE-R 4G 系统的 2 万 t 重载列车

朔黄铁路开行 2 万 t 货运重载列车，必须采用多机车同步操控，同时，为解决列车纵向冲动问题，需采用可控列尾与机车制动操作联动，主控机车与列尾从控机车的通信距离将达到 2 500 m 以上。原有 800 MHz+400 kHz 系统存在通信距离不足、通信可靠性低等问题，无法满足新需求。

eLTE（eLTE 中的“e”代表了“enterprise”或“enhanced”，是华为针对朔黄铁路用户专门定制的无线通信解决方案组合）方案采用 1.8G LTE TDD 组网，弥补了原有系统传输距离短、实时性差等缺点，成功实现了 2 万 t 重载列车的多机车操控，将朔黄铁路年运能从 2 亿 t 提升至 3.5 亿 t 以上。

eLTE 网络承载多机车同步操控、可控列尾等重载铁路业务，对整个网络的可靠性、安全性要求极高。针对铁路上对通信可靠性的苛刻要求，eLTE 网络采用全网元冗余的方案，保证系统可用性达到 99.999%，而且，创新的双网络覆盖方案和多优先级业务保障机制，真正实现了铁路业务的零中断。

在 eLTE 网络的高带宽上，通过承载集群调度、远程数据采集、无线视频监控和列控数据传输等新业务，进一步提升了运营和维护效率。

现如今，重载铁路新型宽带移动通信 TD-LTE（全称 LTE-TDD，国内亦称 TD-LTE，即分时长期演进 time division long term evolution）技术体系的建立，形成了具有完全自主知识产权的重载铁路 LTE 宽带移动通信系统成套技术和成套装备，构造的支撑平台将有助于提升我国相关领域的创新能力、制造能力与产业化能力，带动相关产业的发展，逐步构建更加完善的产业链。其最终形成的技术体系与标准体系可引领世界铁路移动通信技术的发展，有助于最终形成以中国为主导的下一代国际铁路移动通信标准，由“中国制造”实现“中国创造”，大幅提升我国铁路技术和通信技术的国际竞争力。

4.3.3　5G-R 系统

图 4-3-2　5G-R 铁路移动通信系统宣传画

基于 2G 技术构建的 GSM-R 系统无法满足现代铁路的发展需求，而基于 LTE-R 4G 建设的铁路无线专网没有大规模商用，其原因之一是国家打算一步到位，跳过 LTE-R，直接“上”5G-R。

2023 年 10 月工信部向中国国家铁路集团有限公司（以下简称“国铁集团”）批复 5G-R 试验频率的消息，引起了行业内的广泛关注。在批复中，5G-R（5G-Railway）被称为“基于 5G 技术的铁路新一代移动通信系统”。其实，简单来说，5G-R 就是用于铁路运输行业的 5G 技术。图 4-3-2 所示为 5G-R 铁路移动通信系统宣传画。

1. 属于专网通信系统

5G-R 属于专网（private network）通信系统。它是国铁集团的专用 5G 网络，专门用于满足铁路通信运营和管理需求，是铁路内部使用的。如此，5G-R 需要单独申请频谱，进行网络建设。

国内 5G-R 的工作频段是 2 100 MHz。具体来说，上行 1 965～1 975 MHz，下行 2 155～2 165 MHz，各 10 MHz，采用 FDD 制式。

2. 应用场景

铁路运输是典型的移动通信场景，对无线通信技术的需求非常强烈，需要随时保持与车站的紧密联系，这是铁路安全运行的基本前提。归纳来看，铁路专网无线通信包括以下几种应用场景。

1）正线车地通信

所有铁路正线经过的地方，都需要进行信号覆盖。这属于典型的广域覆盖场景。

列车运行过程中，主要用到的通信系统和业务包括：列车运行控制系统（CTCS）、重载组合列车的机车同步控制和调度通信、列车进路预告、调度命令信息等。

除了车地之外，现在车车（T2T）通信也有需求，主要应用于防撞系统。

铁路正线广域区域需要实现全路范围内的通信，主要是列车与地面的通信，对业务可靠性要求高。

2）铁路站场、枢纽

铁路货运站、机务段、车辆段等区域，也是通信需求较为密集的场所，属于热点覆盖区域。

主要业务包括：平面调车、调车监控、车载数据下载、站场物联网、站场维护作业等。

这里的人员、车辆和设备较多，对通信带宽和容量要求高，偏增强移动宽带场景。

3）铁路沿线基础设施

除了列车之外，铁路沿线的基础设施，也有通信需求。

例如，铁路沿线电务、工务等专业基础设施设备（桥梁、隧道、接触网、铁塔等，目前重要的线路信号设备还是以有线通信为主）。

铁路沿线洪水、山体滑坡等自然灾害频发，为了监测灾害，铁路部门设置了很多监测物联网节点，也有通信需求。

这些监测节点连接数量大，带宽要求小，偏海量机器通信场景。

4）车辆内部通信场景

车辆内部通信场景主要体现在动车组等高速客运车辆上，业务包括：列车定位、自动驾驶、移动装备状态检测、智能诊断等。

列车内外的监测系统比较多，例如 6A（机车车载安全防护系统，包含：机车的制动系统、防火、高压绝缘、列车供电、走行部、视频）和 6C（供电安全检测监测系统）。它们是掌握列车运行状态的重要手段。

其他铁路通信会用到的场景还包括：事故救援（话音和多媒体集群）、移动运维（数据、话音和多媒体集群）、LBS（基于位置的服务，如人员定位和列车定位等）。

3. 5G-R 优势

5G-R 基于 5G 技术，具备超大带宽、超低时延、海量连接的特点，网络性能几乎碾压 GSM-R。

在网络能力上，5G-R 支持网络切片、边缘计算等业务，可以为铁路关键业务提供服务质量保障。

在安全性和可靠性上，5G-R 也有巨大的提升。这对铁路运输安全非常重要。

在 4G 条件下，面向铁路专网传输列控信号时，信号可靠性通常达 99.9%或 99.99%，而在 5G 条件下，信号可靠性则可达 99.999%，信息传输更为精确和可靠。

4. 5G-R 组网构架

5G-R 和公网 5G 的工作原理基本上是一样。5G-R 的主要不同，集中体现在业务类型、组网方式和核心网侧要求上。

（1）在业务类型上，铁路有自己很多的特殊业务。

（2）在组网方式方面，5G-R 沿铁路线进行部署，无线接入网更多采用链状组网。

（3）在核心网侧上，需要与铁路部门的生产方式、组织方式相匹配，进行适当的组网改造。

5G-R 组网架构示意如图 4-3-3 所示。

除了传统公网 5G 所包含的控制面网元（AMF、SMF、UDM 等）和媒体面网元（UPF）之外，我们可以看到一些 5G-R 专用设备，例如铁路宽带集群通信（MCX）设备、5G 智能网（5G-IN）、5G 设备识别寄存器（5G-EIR）等。

通过 MCX 设备，5G-R 可以与其他通信系统互联，提供有线无线融合的调度通信业务。还可以实现与铁路固定电话网互联互通，满足公务通信需求。

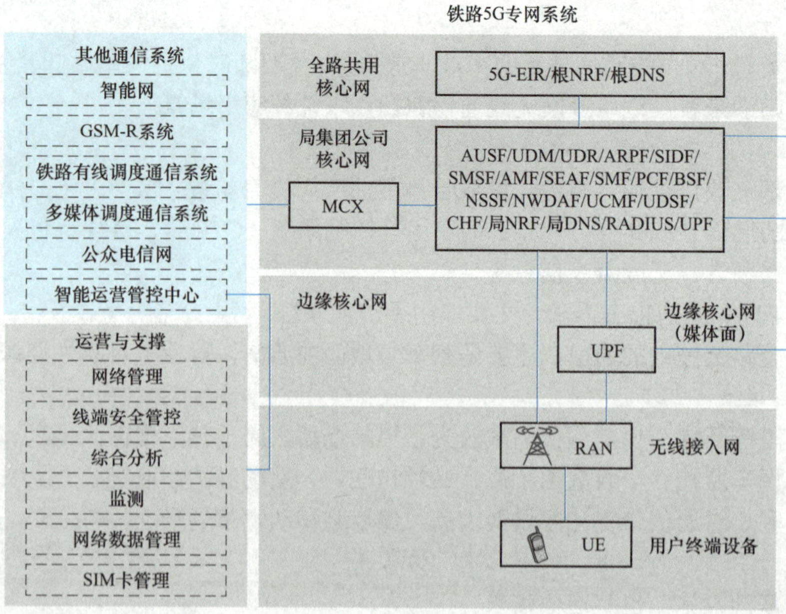

图 4-3-3　5G-R 组网架构示意

5G-R 系统组成包括：5G 核心网产品、5G 边缘核心网产品、5G IMS 产品、5G 无线网、5G 用户终端以及相关应用业务系统。此外，5G-R 系统可与铁路应用业务系统、智能网、铁路有线调度通信系统、GSM-R 系统和铁路固定电话交换网之间互联互通。

知识测评

1. 简述 GSM-R 系统及应用。
2. 简述 LTE-R 系统及应用。
3. 简述 5G-R 系统及应用。

学习作品

课后每名同学单独制作一个开放的、富有创造性的表现学习过程和学习成效的视频，时间为 5 min 以内，至少包括以下 4 项内容：

1. GSM-R 系统及应用；
2. LTE-R 系统及应用；
3. 5G-R 系统及应用；
4. 通过对本任务的学习，个人在知识增长、能力强化、素养提升方面的小结。

在课程结束后的 3 天内将作品提交任课教师，此作品作为教师评价学生学习效果的依据。

任务 4.4　铁路通信系统

学习目标

1. 掌握铁路通信系统组成。
2. 了解铁路通信网络。
3. 掌握铁路调度电话。

4. 了解铁路通信智能巡检。

基础知识

铁路通信系统是实现铁路专用通信业务的系统，铁路调度通信是其重要组成部分，目前铁路通信基本采用数字通信技术。

4.4.1 铁路通信系统组成

铁路通信系统由传输系统、通信线路、时钟系统、数据通信系统、接入网系统、数字调度通信系统、铁路数字移动通信（GSM-R）系统、CIR 系统、通信电源及动力与环境监控系统、会议电视系统、应急通信系统、站场及列车广播系统等组成。

铁路通信系统组成如图 4-4-1 所示。

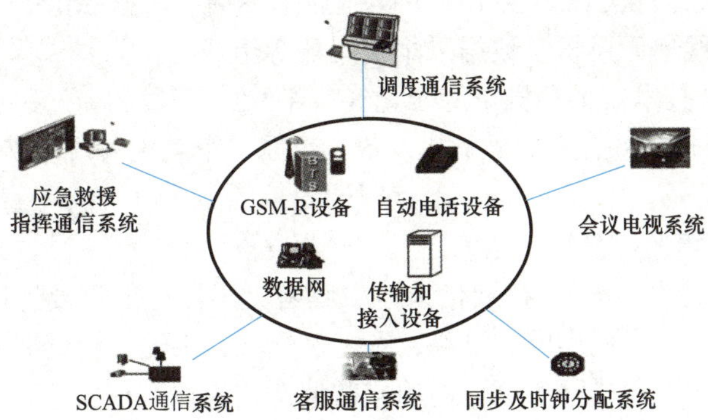

图 4-4-1 铁路通信系统组成

1. 传输系统

（1）传输系统是通信网的重要组成部分，主要承载各种话音、数据及视频业务的传送任务。没有传输系统就无法形成通信网络，传输系统质量的好坏，是影响通信网络质量的关键因素之一。

（2）传输系统是一个基于光纤的宽带综合业务数字传输网络，为各种业务信息提供传输通道，构成传送语言、文字、数据和图像等各种信息的综合业务传输网。它将为其他通信子系统提供可靠的、冗余的、可重构的、灵活的信道。

2. 车站时钟系统

（1）系统构成：铁路时钟系统采用二级组网模式，系统包括 GPS 母钟、GPS 接收天线、通信控制器、NTP 时间服务器、时钟系统监控服务器、子钟等。

（2）时钟系统是铁路运行的重要组成部分之一，其主要作用是为工作人员提供统一的标准时间，并为所有通信设备系统提供统一的标准时间信号，使各系统的定时设备与本系统同步，从而实现网络化运营的时间统一。

3. 数据通信系统

铁路数据通信系统是集数据通信、计算机、网络和信号技术于一体的 ATS 系统。

（1）数据通信是数字计算机或其他数字终端之间的通信，是计算机与计算机或计算机与其他数据终端之间存储、处理、传输和交换信息的一种通信技术，而实现这种通信的系统就是数据通信系统。

（2）随着各类信息化设备在铁路运营管理业务中的广泛运用，近年来铁路数据通信系统得到了高速发展和应用。

4. 接入网系统

接入网在通信网中具有极其重要的地位，它直接面对广大的用户和各种应用系统，是完成语音、数据、图像等综合业务接入的必经之路，它的质量和性能对通信网有着直接的影响。

5. 数字调度通信系统

（1）数字调度通信系统是铁路行车指挥的神经枢纽，是直接为铁路运输生产服务的重要通信设施。为保证列车畅通无阻、安全高速，数字调度通信系统必须提供迅速、安全、可靠的通信服务。

（2）主系统放置于铁路局集团公司调度所或大型调度指挥中心，主要用于接入各调度操作台和各种调度电路，是整个系统的核心。

（3）分系统放置于铁路局集团公司管辖范围内各车站，通过数字传输通道与主系统相连，主要用于接入车站操作台、远端调度分机、站间电话、区间电话、站场电话等。分系统由数字调度主机、车站操作台等组成。

6. 数字移动通信（GSM-R）系统

铁路数字移动通信（GSM-R）系统是基于GSM技术，专为铁路通信设计的数字移动通信系统，为铁路应用提供综合通信服务的平台，不仅实现无线列车调度、铁路区间移动通信等语音功能，同时还承担了车次号校核信息、调度命令、列控信息传送等无线数据通信任务，在铁路安全生产中发挥着重要作用。

7. 车载设备机车综合无线通信设备（CIR）系统

（1）机车综合无线通信设备（CIR）由主机、操作显示终端（简称 MMI）、送（受）话器、扬声器、打印终端、连接电缆、天馈线单元及机车数据采集编码器等组成。

（2）CIR是基于GSM-R技术规范和机车综合无线设备V2.0研发的，它采用了集中控制和模块化设计，CIR 已经成为我国铁路无线调度通信的主要车载设备。目前，车载设备机车综合无线通信设备（CIR）广泛使用在既有线和高铁线上。

8. 通信电源及动力与环境监控系统

通信电源作为通信系统的“心脏”，在通信系统中具有无可比拟的重要地位。动力与环境监控系统可对通信机房电源系统的各种指标、机房内的温度、湿度、烟雾、水浸、门禁和空调等异常情况进行集中监控、管理并报警，以便及时发现和排除各机房内的异常情况，确保系统安全可靠运行。

9. 会议电视系统

会议电视系统是进行工作部署及突发事件处置、信息沟通等的重要通信设施。会议电视系统必须提供安全、稳定、可靠、高质量的图像和语音信号。

10. 应急通信系统

铁路应急通信系统可迅速建立多个事发现场、各级应急指挥中心、相关信息系统之间的视频图像、语音、数据信息通信，将应急现场的视频、图像实时接入和转发至各级应急指挥中心，为各级领导提供实时的、直观的决策依据，以及方便、快捷、可靠的应急指挥平台。

11. 车站广播系统

车站及列车广播系统具有铁路列车、站场及车站发布信息公告、通告事项和室内外人员业务联系，以及在发生紧急情况承担紧急广播的功能。

4.4.2 铁路通信网络

1. 铁路通信网的作用

（1）控制列车安全、高效运行的重要保障。列车运行控制系统可以使用铁路移动通信网的无线信道，实现数据在列车与地面控制中心之间的双向传输。借助高可靠性、高实时性的无线信道，可大大提高列车运行的安全性，也可大大提高铁路运输效率。

（2）实现铁路调度指挥和安全生产的重要手段。铁路移动通信网能够满足无线调度通信、区间移动通信、紧急救援、调车编组作业、站场无线等移动话音通信的需要；满足分散自律调度集中系统（CTC）数据传输的需要；满足无线车次号校核、列车尾部风压、机车状态信息、车辆轴温监测、线桥隧道监护、铁路供电状态监视、道口防护等移动和固定无线数据传输的需要；满足以移动列车为主体的安全信息分发与预告警系统的需要，确保人员和设备的安全，减少事故发生。

2. 铁路通信应用

1）有关行车安全与提高效率的通信系统

（1）列车自动控制（ATC）用通信。用来传输ATC的控制信息，分别由轨道电路和ATC用的电缆构成。

（2）沿线电话。沿线电话供沿线轨道和架空线路检查维修人员作业时联系使用。

（3）列车运转调度电话。列车运转调度电话是调度员与列车司机之间运转调度用的列车无线电话。

（4）车站运转调度电话。车站运转调度电话是调度员与各站值班员及运转室、车长室之间的运转调度电话和营业调度电话，是能进行全呼或个别选呼的职能专用电话。

（5）列车调度集中系统（CTC）用的通信。列车调度集中系统（CTC）用的通信是连接调度所与沿线多处信号室的信息传输系统，用以进行调度集中控制，安排沿线各站的列车进路。

（6）传真电报。传真电报用来传达调度所向车站、运转室、车长发布的命令信息。

（7）防护天线。沿线作业人员在工作时设置防护天线，当列车接近时发出告警音响，以保证作业人员的人身安全。

（8）站内无线电话。站内无线电话供沿正线列车与各站运转室及信号楼联系用的站内专用无线电话。

2）设备维修及运营管理用通信系统

（1）移动无线电话。移动无线电话是在设备维修人员乘用的机动车上装设的无线电话，用以和有关单位联系。

（2）无线呼叫。无线呼叫是从调度所选叫在沿线进行设备维修的工作人员之用。

（3）直通专用电话。直通专用电话是工务、电务、供电等业务单位相互间联系用的直通电话。

4.4.3 铁路调度电话

（1）列车调度电话，为列车调度员指挥列车运行而设置的专用电话。

（2）货运调度电话，为货运调度员进行货车组织和指挥有关车站货物装卸作业而设置的专用电话。

（3）机车调度电话，为机车调度员与其管辖区域内的有关机车调度、机车司机之间进行业务联系而设置的专用电话。

（4）牵引供电调度电话，为牵引供电调度人员指挥其管辖区域内有关牵引供电作业的人员进行业务联系而设置的专用电话。

（5）其他调度电话，根据运输组织需要而设置的调度电话，如车辆调度、工务调度、电务调度、水电调度、计划调度、煤运调度、燃料调度、特运调度、军运调度、罐车调度、篷布调度、港口调度、集装箱调度电话等。

4.4.4 铁路通信智能巡检

智能巡检是保证铁路运输线路及设备的日常巡检到位、维护及时，加大现场巡检力度，打造一套既能满足铁路巡检各环节基础语音通信需求，又实现智能化管理与立体化指挥调度的通信新模式，其无疑是消除各种安全隐患、保证列车安全运行和人民生命财产的有力措施。

铁路智能巡检系统的技术特点如下。

（1）系统建设方便，成本低，维护简单；

（2）标准化作业，确保巡检人员按照设计的路线开展巡检作业；

（3）调度员可实时查看各位置巡检人员的动态信息和移动轨迹；

（4）巡检人员日常巡更打卡、数据采集与实时问题上报；

（5）列车设备运行状况、参数等历史数据的整合与分析，提高紧急预警应对能力；

（6）管理中心及相关部门可随时在线查询巡检情况。

知识测评

1. 简述铁路通信系统组成。
2. 简述铁路通信网络。
3. 简述铁路调度电话。
4. 简述铁路通信智能巡检。

学习作品

课后每名同学单独制作一个开放的、富有创造性的表现学习过程和学习成效的视频，时间为 5 min 以内，至少包括以下 5 项内容：

1. 铁路通信系统组成；
2. 铁路通信网络；
3. 铁路调度电话；
4. 铁路通信智能巡检；
5. 通过对本任务的学习，个人在知识增长、能力强化、素养提升方面的小结。

在课程结束后的 3 天内将作品提交任课教师，此作品作为教师评价学生学习效果的依据。

拓展建议

1. 登录国家铁路局官网，学习《铁路信号设计规范》《铁路通信设计规范》。
2. 阅读有关中国列车运行控制系统方面的资料。
3. 阅读有关中国铁路研制 GSM-R、LTE-R、5G-R 系统的资料。
4. 拓展阅读。

中国铁路通信信号生产的核心企业

中国铁路通信信号股份有限公司（简称：中国通号）是国务院国资委直接监管的大型中央企业，是以轨道交通控制技术为特色的高科技产业集团，是全球领先的轨道交通控制系统提供商。中国通号拥有投融资、设计研发、系统集成、装备制造、工程服务、运营维护完整产业链，是中国轨道交通控制系统设备制式、技术标准及产品标准的归口单位。

中国通号是保障国家轨道交通安全运营的核心企业，是我国高铁列控系统技术民族产业的代表者，是我国高铁最核心技术引领全球铁路行业进步的佼佼者。中国通号世界领先的列控技术为我国铁路网提供安全保障，建立完善了 6 万多个高铁测试案例，超过国外跨国企业的总和，是我国高铁建设运营的突出优势和世界轨道交通行业的宝贵财富。近年来，中国通号成功研发 200 km/h 和 350 km/h 高铁自动驾驶技术，标志着我国高铁列车运行控制系统技术已经走在世界前列。中国通号八大核心技术如图 4-4-2 所示。

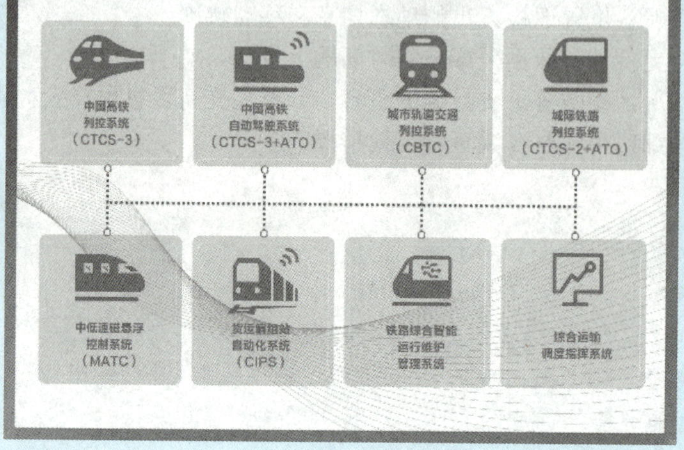

图 4-4-2　中国通号八大核心技术

高铁列控系统是高铁的“大脑和中枢神经”，是中国高铁三大核心技术之一。中国通号坚持引进消化吸收再创新的技术路径，加快自主创新，实现了我国高铁、地铁全套列车控制系统技术的完全自主化和产品的 100%国产化，完成了高铁列控系统（CTCS-3 级）、高铁自动驾驶系统（CTCS-3+ATO）、地铁列控系统（CBTC）、城际铁路列控系统（CTCS-2+ATO）、中低速磁悬浮控制系统、货运编组站综合自动化系统、铁路综合智能运维系统、综合运输调度指挥系统等轨道交通核心自主技术的重大突破，将轨道交通核心技术牢牢掌握在自己手里，从根本上保障了国家铁路建设和运输安全，为落实“一带一路”倡议和高铁“走出去”提供核心技术支撑。

作为中国高铁建设的国家队和主力军，中国通号先后参与了我国京津城际、京沪高铁、武广高铁、哈大高铁、兰新高铁等国内全部重大高铁项目建设。为我国 95%以上已开通运营高铁提供核心列控技术和装备；中国通号肩负自主创新使命，将成熟的高铁控制系统技术应用于城市轨道交通领域，先后参与北京、上海、广州、深圳、天津、南京、武汉等 40 多个城市的 140 余条地铁项目，市场占有率达到 65%以上。作为中国高铁“走出去”联盟的重要一员，广泛参与印尼雅万高铁、匈塞铁路、中老铁路等 10 多个国家和地区的高铁项目并取得积极进展，向世界展示了“中国高铁”亮丽的国家名片。

思政案例　移山填海建造的铁路——鹰厦铁路

鹰厦铁路（江西鹰潭—福建厦门）是中国东南沿海重要的铁路干线，是福建省第一条干线铁路、第一条出省铁路通道，也是中华人民共和国成立后继成渝铁路后第二条开工建设的干线铁路。

1954 年冬，铁道兵调集第 1、第 2、第 3、第 5、第 6、第 7、第 10、第 11 师，以及独立桥梁团，闽赣两省调遣 12 万民工进入工地，做施工准备。1955 年 2 月，工程开建。

鹰厦铁路线路大部蜿蜒于崇山峻岭、河川峡谷之中，要穿越武夷山，翻过戴云山，不仅要移山，还要填海，把海中的厦门岛和陆地连接起来，工程艰巨复杂。

福建素有“山国”之称，交通极为不便，鹰厦铁路的修建使福建人民的夙愿得以实现。鹰厦铁路连接江西鹰潭和福建海滨城市厦门，全长 698 km。

施工部队以“叫高山低头，河水让路”的英雄气概，掀起了一个又一个施工高潮，战胜了数不尽的艰难险阻，一路高歌猛进。其中，勇闯“三关”就成为他们最为骄傲的得意之作。

第一道难关叫作“穿山”。绵亘于闽赣交界的武夷山脉，像一座天然屏障，巍巍耸立，一夫当关万夫莫开。部队仅有少量机械，主要靠铁镐、铁锹、扁担、土箕等一般工具，要想让铁路穿过桥隧众多的武夷山脉，尤其要凿通倚天而立、石坚似铁的大禾山隧道，难关重重。大战开启，王震司令员就带领工作组进入隧道，他和干部战士一样打风枪，一起研究改进施工方法，多方改善生活和物质保障，鼓舞了士气，工效提高两倍多，并创造了日进 34.05 m 的最高纪录。经过 235 天的苦战，终于提前 118 天贯通了这座 1 460 m 的大禾山隧道，搬掉了第一只拦路虎。

第二道难关是“移山”。铁路将要通过的地方山高谷深，路基填方量巨大，用常规的施工方法，根本无法保证几经压缩的工期。奇迹往往是在困难中孕育出来的。多年的战地抢修赋予了筑路人智慧和灵感，他们大胆采用定向爆破扬弃法，加大药量，移山填谷。最为壮观的要数戴云山大爆破，投放炸药 234 t，一炮炸掉 3 座山头，扬弃石方 11.2 万 m^3，松动石方 6.8 万 m^3，节省劳力 16 万工天，缩短工期 90 天。类似的大爆破此起彼伏，全线开花，一座座山峰削平了。

第三道难关就是“填海”。人们知道，“精卫填海”是一个极富浪漫色彩的神话传说，而鹰厦铁路的“填海”却是实实在在的人间壮举。筑路部队驾着小船，鏖战大海。头晕、呕吐，全然不顾；风急浪高，抛石不停，他们用自己创造的一列式拖带和快速抛石法，硬是把近 100 万 m^3 的大石块抛入茫茫大海，从集美到杏林，再到厦门，一条长 5 km、宽 19 m 的长堤劈波斩浪，跃出海面，有人将她比喻成一条漂浮于碧海蓝天之间的白色玉带，极目而望，蔚为壮观。其实，她更像祖国母亲伸出巨大的手臂把长期漂浮在海上的游子揽入温暖的怀中。朱德总司令为厦门海堤建成挥毫写下“移山填海”四个大字，这是对鹰厦铁路筑路部队豪迈壮举的无上褒奖。

模块 5

铁路电力牵引供电及安全检测监测

模块导入

铁路电力牵引是以电能为动力驱动电力机车（或电力动车组）运行的一种牵引动力形式。牵引所需电能经专门的牵引供电系统变换成符合铁路用电要求的电流、电压，并通过接触网系统向电力机车（或电力动车组）供电。电力牵引具有高效节能、运载能力强、运输速度高、运输成本低、环境污染小等特点，经济效益和社会效益巨大，已获广泛应用。

通过对本模块的学习，同学们将走进中国铁路电力牵引供电，认识中国铁路电力牵引供电，热爱中国铁路电力牵引供电。

模块任务

任务 5.1　铁路电力牵引供电基本常识

任务 5.2　电气化铁道供电主要设备配置

任务 5.3　铁路供电远动（SCADA）系统

任务 5.4　电气化铁道供电运维及安全检测监测系统

以上 4 项学习任务全部来自电气化铁道供电运维体系实际，情境客观，内容真实。

任务 5.1　铁路电力牵引供电基本常识

学习目标

1. 了解铁路供电系统。
2. 掌握牵引供电系统的电流制。
3. 掌握牵引供电系统的组成。

基础知识

5.1.1　电气化铁道供电系统

电气化铁道供电系统是由地方电力系统经高压输电、牵引变电所降压、变相或换流等环节，向电气化铁道运行的电力机车、电力动车组输送电能的全部供电系统。

电气化铁道供电系统通常包括两大部分，即对沿线牵引变电所输送电能的外部供电系统；以及从牵引变电所经降压、变相或换流（转换为直流电）后，向电力机车、电力动车组供电的牵引供电系统。如图 5-1-1 所示。

5.1.2　牵引供电系统电流制

我国电气化铁道牵引供电采用工频单相交流制，电压为 25 kV（27.5 kV）或 50 kV（55 kV）。

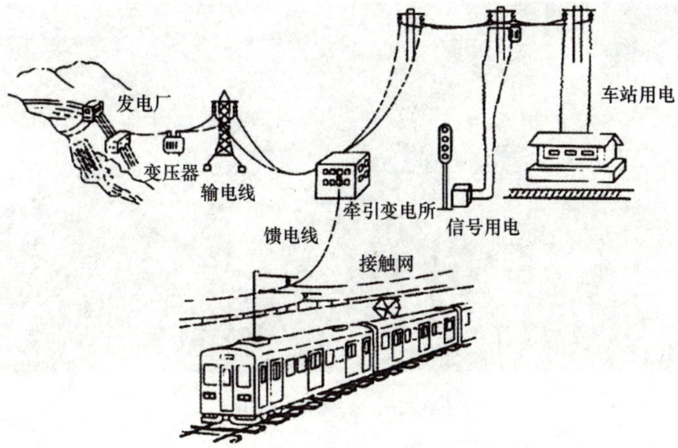

图 5-1-1 电气化铁道供电系统示意图

5.1.3 牵引供电系统组成

工频交流单相电力牵引供电系统主要由牵引变电所和牵引网两部分组成。

牵引网实行单相供电，由馈电线、接触网、轨道电路及回流线等组成。我国规定牵引网额定电压为 25 kV，额定频率为 50 Hz。

交流电气化牵引供电系统组成的构成可用图 5-1-2 所示的工频单相交流牵引供电系统示意图说明，牵引供电构成的回路是：牵引变电所—馈电线—电力机车（电力动车组）—钢轨和大地—回流线—牵引变电所。

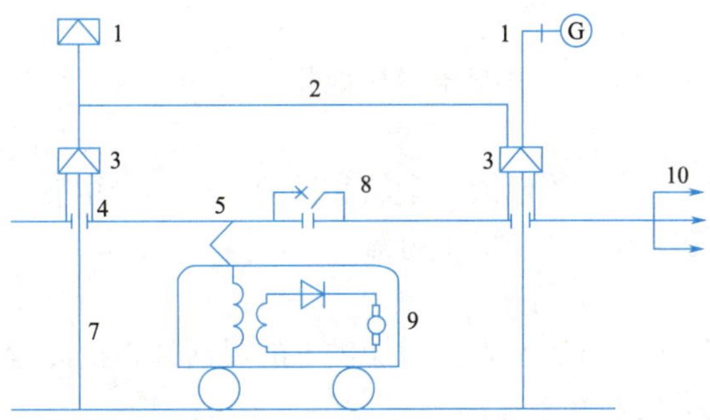

1—区域变电所或发电厂；2—高压输电线；3—变电所；4—馈电线；5—接触网；6—钢轨；7—回流线；8—分区亭；9—电力机车；10—开闭所。

图 5-1-2 工频单相交流牵引供电系统示意图

1. 一次供电网络

一次供电网络是指直接向牵引变电所供电的地区变电所或发电厂及高压输电线路。

输电线路一般分为两路，电压为 110 kV。近年来，也有采用 220 kV 的输电线路，如哈大铁路。相比之下，后者电源的可靠性和稳定性等技术指标相对较高。

上述高压输电线路虽然专门用于牵引供电，但由国家电力部门修建并管理，并以牵引变电所的 110 kV 进线门形架为分界点。

2. 牵引变电所

牵引变电所是交流工频单相电力牵引供变电系统的重要环节。它的作用是将电力系统引入的 110 kV 或 220 kV 三相交流电转换成 27.5 kV 或（2×27.5）kV 的单相交流电，通过馈电线送至铁路线上的接触网，供电力机车（电力动车组）取用。

牵引变电所为电气化铁道的重要负荷，一旦发生供电中断将造成重大损失，所以牵引变电所一般设有备用电源，采用双回路电源供电，以提高供电的可靠性。我国目前所用的牵引变压器有单相式、三相式、三相—二相式 3 种类型。牵引变电所如图 5-1-3 所示。

图 5-1-3　牵引变电所

3. 牵引网

牵引网是由馈电线、接触网、钢轨、回流线组成的双导线供电系统。

1）馈电线

馈电线是连接牵引变电所母线和接触网的架空铝绞线。馈电线一般采用大截面积的钢芯铝绞线。

2）接触网

接触网是牵引网的主体。接触网是指悬挂于电气化铁道钢轨的上方并和钢轨顶面保持一定距离的输电线。电力机车（电力动车组）的受电弓和接触网滑动接触，获取电能。接触网的额定电压是 25 kV。

3）钢轨

钢轨在电气化区段，除做列车导轨之外，还是牵引回归电流的导线，是牵引电路的组成部分，所以电气化区段轨道应该是导电的。

4）回流线

回流线是连接钢轨和牵引变电所中牵引变压器接地相之间的导线。它的作用是将轨道中的牵引回归电流引入牵引变电所。

流过电力机车（电力动车组）的负荷电流经钢轨和回流线回到牵引变电所。由于钢轨对地并非绝缘，所以部分电流沿大地流回牵引变电所，形成地中电流。

4. 分区所

分区所也叫分区亭，在电气化铁道上，为了增加供电的灵活性，提高运行的可靠性，在两个相邻供电分区的分界处常用分相绝缘器断开。

若是单线电气化区段，在分相绝缘器断开处设旁路隔离开关，以便实行一侧变电所事故时临时越区供电。

若是双线电气化区段，则在断开处设置开关和相应的配电装置，组成分区所，铁路分区所如图 5-1-4 所示。

5. 开闭所

电气化铁道的枢纽站场（如编组站、客站、机车整备线等），均由接触网供电。为了提高供电的可靠性和灵活性，通常将其分组并独立供电，为此就需要增设开闭所，开闭所作用原理示意图如图 5-1-5 所示。

图 5-1-4　铁路分区所

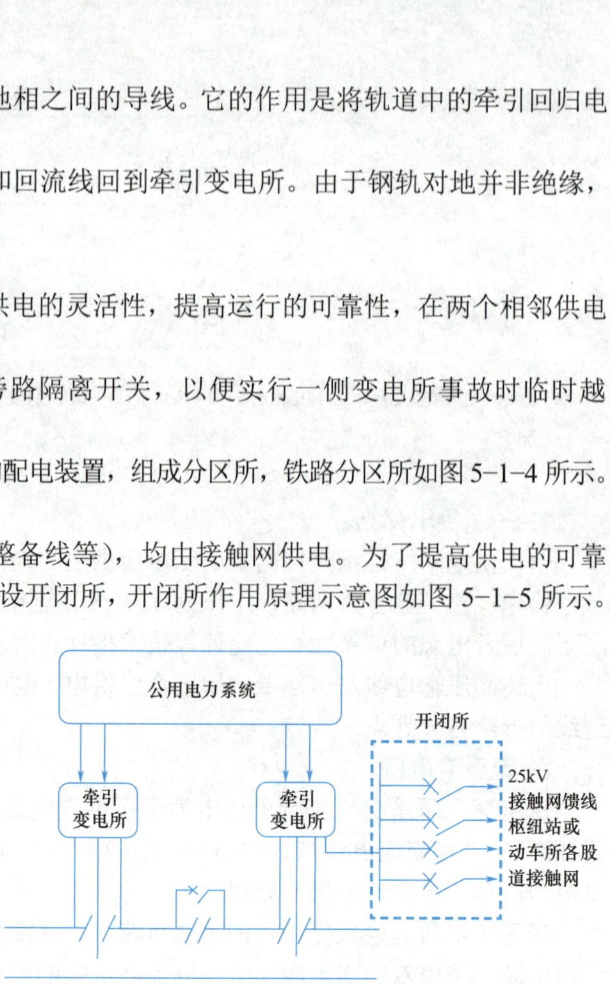

图 5-1-5　开闭所作用原理示意图

交流电力牵引系统开闭所，实际上是起配电作用的开关站，是在牵引网有分支引出时，为不影响电力牵引安全，保证可靠供电而设置带保护断路器等设施的控制场所。

因此一般在枢纽站、编组站、电力机务段和折返段等处需设置开闭所。

开闭所主要设备是断路器。电源进线一般设两条回路，双线时可由上、下行牵引网各引一回路，出线则按需要设置。当出线数量较多时，也可将开闭所母线实行分段。单线时如就近无法取得第二电源，也可只引一路电源。

6. 自耦变压器站

自耦变压器站简称 AT 所，是 AT 供电方式牵引网的重要组成部分。将自耦变压器（AT）按一定间隔距离跨接在 AT 牵引网的接触网、正馈线和钢轨间，起支撑 2×25 kV 馈电系统的作用。

工频单相交流电气化铁道如采用自耦变压器（AT）供电方式时，在沿线需每隔 10～15 km 设置一台自耦变压器。自耦变压器设于铁路的各站场上，同时将分区所和开闭所合并，便于运行管理。

7. 电分相

电分相即两个不同相供电臂之间的分段装置。分相绝缘器限制了电力机车平滑连续受流，成了供电的薄弱环节，制约了列车速度。

案例：2018 年 6 月 5 日，由国家能源集团神朔铁路分公司牵头、株洲中车时代电气股份有限公司参与研制的重载铁路智能电分相装置在神朔铁路顺利开通，实现在该领域的全球首创，标志着中国轨道交通牵引供电技术取得了重大技术进步。铁路“电分相”是牵引供电系统的最薄弱环节，列车需断电通过，对牵引力和速度损失、列车冲击、司机劳动强度、电气设备寿命等带来诸多影响。神朔铁路作为西煤东送的 I 级重载电气化铁路，最大牵引坡度达 12‰，列车通过电分相时运行速度的降低，直接影响线路的运能提升。传统的机械开关地面过分相设备存在开关寿命低、故障率高、智能化程度低等缺陷，为此，神朔铁路分公司提出基于电力电子技术的重载铁路智能电分相技术实现列车不断电过分相，并针对需求最迫切的保德—王家寨区段研制了具有完全自主知识产权的 27.5 kV/1 500 A 重载铁路智能电分相装置。该装置综合了大功率电力电子、符合国际 SIL4 标准的安全计算机、列车智能识别与逻辑控制等多项先进技术，实现换相失电时间由原来的 130 ms 缩短至 30 ms、开关使用寿命由原来的 1 年提高至 20 年，线路运能提升 8%以上（2 000 万 t），通过 RC 回路过渡区电弧减低 60%，设备平均无故障时间由原来的 10 000 h 提高至 100 000 h，保障设备和人身双安全。通过重载列车过分相试验表明，该装置能实现列车不断电过分相，无速度和牵引力损失、无过电压和涌流冲击；实现列车无感知过分相，对重载铁路的运能提升、降低设备故障率和司机操作强度，提高车—网匹配性具有重要意义，开启了铁路牵引供电技术新纪元。

知识测评

1. 简述铁路供电系统。
2. 简述牵引供电系统的电流制。
3. 简述牵引供电系统的组成。

学习作品

课后每名同学单独制作一个开放的、富有创造性的表现学习过程和学习成效的视频，时间为 5 min 以内，至少包括以下 4 项内容：

1. 铁路供电系统；
2. 牵引供电系统的电流制；
3. 牵引供电系统的组成；
4. 通过对本任务的学习，个人在知识增长、能力强化、素养提升方面的小结。

在课程结束后的 3 天内将作品提交任课教师，此作品作为教师评价学生学习效果的依据。

任务 5.2　电气化铁道供电主要设备配置

学习目标

1. 掌握变配电系统设备配置。
2. 掌握接触网设备配置。
3. 了解铁路电力设备配置。

基础知识

5.2.1　变配电系统设备配置

变配电系统的电气设备可分为一次设备和二次设备两大类，一次设备是变配电系统的主体，二次设备是变配电系统安全可靠运行的重要保障。二者缺一不可。共同协调工作才能保证变配电系统安全可靠的运行。

图 5-2-1　某牵引变电所一次设备局部实物图

1. 一次设备

在变配电所中，直接用来接收电能、改变电能电压和分配电能以及相关的所有设备，均称为一次设备，或称为主设备。由一次设备构成的电路相应称为一次电路或主电路。

图 5-2-1 所示为某牵引变电所一次设备局部实物图，从图中可看到变电所一次设备的概貌，其按功能大致可分为以下类型。

1）开关电器

开关电器是指用于正常控制主电路通断的设备。主要有断路器、隔离开关和负荷开关等。

2）变换电器

变换电器是指在变配电系统中用于改变电压或变换电流的设备，主要有电力变压器、电流互感器和电压互感器等。

3）保护电器

保护电器是指变配电系统中进行过电流保护、过电压保护或其他方式保护的设备，如熔断器、限流电抗器、抗雷线圈、阻波器和避雷线圈等。

4）补偿电器

补偿电器是指用于变配电系统中补偿无功功率、提高功率因数的设备，主要包括电力电容器和同步补偿机等。

5）成套装置和组合电器

根据一次电路的要求，将各种一次设备（如断路器、隔离开关和互感器）组合为一个整体的电气装置称为成套装置，主要包括各种成套的配电装置，如高压开关柜、低压成套电气装置以及气体绝缘金属密封组合电器 GIS 等。

随着变电所综合自动化技术的发展，按单元（如一条电源进线或一条馈出回路）将一次设备和二次设备组合成一个整体电气装置，称为新型的成套装置，在现代化变配电系统中得到越来越广泛的使用。

2. 二次设备

对一次设备进行控制、保护、检测和指示的设备，称为二次设备，如各种继电器、控制开关、成套继电保护装置等。二次设备是变配电系统的重要组成部分。

3. 变配电系统主要电器设备

1）变压器

电力变压器是变电所中最重要的一次设备，其主要功能是变换电压和传输电能，将一次侧电能通过电磁能量转换的方式传递到二次侧，同时根据应用的需要将电压升高或降低，完成电能的输送和分配。图 5-2-2 所示为牵引变电所主变压器。

图 5-2-2 牵引变电所主变压器

2）互感器

互感器是一次电路（主电路）和二次设备（测量、保护及监控电路）之间的联络设备。它将二次电气设备（仪表、继电器线圈等）与高电压、大电流的一次电路隔离，解决绝缘问题，保证操作人员和二次设备的安全。互感器还将高电压、大电流统一变换成标准的低电压、小电流，作为二次设备的交流电源，以便于安装标准化的仪表、继电器。

变电所安装的互感器有电压互感器和电流互感器两种，前者将高电压变为标准的低电压，后者将大电流变为标准小电流，配合测量仪表，测量变电所进、出线等处的电压、电流参数，与继电保护装置配合，保护所内设备和牵引网。互感器如图 5-2-3 所示。

(a) 110 kV 电流互感器　　(b) 110 kV 电压互感器

图 5-2-3 互感器

3）高压断路器

高压断路器是电力系统中最为重要的电器。在正常运行状态下，依靠断路器接通或断开负荷电流起控制作用；在故障状态时，依靠断路器与继电保护装置配合，迅速而准确地切断短路电流而起保护作用。它具有很强的灭弧能力，性能完善，同时具有控制和保护双重作用。

断路器在断开时，触头间会产生电弧，高压断路器有专门的灭弧机构。根据灭弧介质的不同，可分为油断路器、六氟化硫（SF_6）断路器和真空断路器等。断路器如图 5-2-4 所示。

图 5-2-4 断路器

4）高压隔离开关

隔离开关是一种没有灭弧装置的开关电器，其动触头、静触头、导电杆均暴露在外。在分闸状态下有明显的断口，在合闸状态下能可靠地通过额定电流和短路电流。隔离开关没有灭弧装置，不能切断负荷电流和短路电流，所以隔离开关通常和断路器配合使用，且在操作中必须注意与断路器操作的先后顺序。这种与断路器配合使用的操作通常称为倒闸操作。为了保证安全，一般采用连锁装置，以防止误操作。图 5-2-5 为 GW4-110 型隔离开关。

图 5-2-5　GW4-110 型隔离开关

5）熔断器

熔断器是一种在通过的电流超过规定值时使其熔体熔化而切断电路的保护电器。熔断器的功能主要是对电路及其中设备进行短路保护，但也具有过负荷保护的功能。

熔断器主要有管式熔断器和跌落式熔断器两种。熔断器如图 5-2-6 所示。

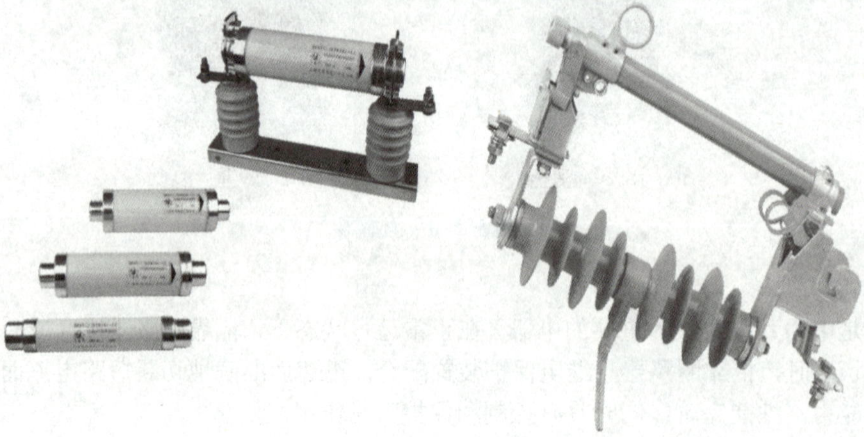

(a) 管式熔断器　　(b) 跌落式熔断器

图 5-2-6　熔断器

6）避雷装置

避雷装置又称防雷装置，其作用是防止电气设备的雷电过电压。雷电过电压，是由于电力设备或建筑物遭受直接雷击或雷电感应而发生的过电压。雷电过电压又称大气过电压或外部过电压。雷电过电压产生的雷电冲击波，其电压幅值可达 100 MV，电流幅值可达几百万安，因此，对电气设备的正常运行危害极大，必须采取措施加以防护。

（1）接闪器。接闪器就是专门用来接受雷闪的金属物体。接闪器的金属杆称为避雷针；接闪器的金属线称为避雷线或架空地线；接闪器的金属带、金属网，称为避雷带、避雷网。所有接闪器都必须经过引下线与接地装置相联。

（2）避雷器。避雷器是一种过电压保护设备，用来防止雷电所产生的大气过电压沿架空线路侵入变电站或其他建筑物内，以免危及被保护设备的绝缘。避雷器也可以用来限制内部过电压。避雷器与被保护设备并联且其放电电压低于被保护设备的绝缘耐压值。

7）二次设备及接线

为了实现运行维护人员对一次设备进行监控，就必须配置与一次设备保持电气隔离的低电压、小容量的相应设备，这些设备统称为二次设备。二次设备通过互感器与一次设备取得电气联系。二次设备是指对一次设备的工作状态进行控制、保护、监察和测量的一系列低压、弱电设备，又称为辅助设备。二次设备按照一定的顺序相互连接而成的电路称为二次电路，也称为二次接线。

二次接线的基本任务：反映一次设备的工作情况，控制一次设备；当一次设备发生故障时，能将故障部分迅速退出工作，以保持电力系统处于最佳的运行状态。

二次接线按电流分为：直流回路和交流回路；按工作性质分为：监视、测量回路，控制回路，信号回路，调节回路，继电保护与自动装置，自动和远动装置以及操作电源系统等几个部分。

5.2.2 接触网设备配置

接触网是沿铁路线上空架设的向电力机车供电的特殊形式的输电线路。其由接触悬挂、支持装置、定位装置、支柱与基础几部分组成，如图 5-2-7 所示。

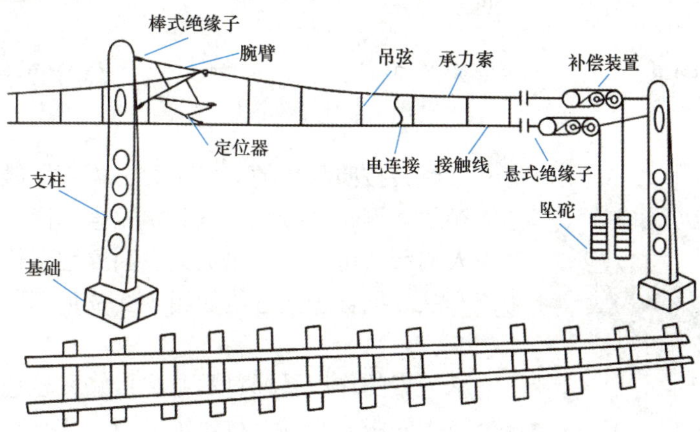

图 5-2-7 接触网组成

1. 接触悬挂

接触悬挂包括接触线、吊弦、承力索和补偿器及连接零件。

接触悬挂通过支持装置架设在支柱上，其作用是将从牵引变电所获得的电能输送给电力机车。电力机车运行时，受电弓顶部的滑板紧贴接触线摩擦滑行得到电能，简称“取流”。

2. 支持装置

支持装置是接触网中支持接触悬挂，并将其机械负荷传给支柱固定的部分。支持装置包括腕臂、平腕臂（或水平拉杆、悬式绝缘子串）、棒式绝缘子及接触悬挂的悬吊零件。

根据接触网所在区间、站场和大型建筑物需要的不同，支持装置表现为不同的形式，如：腕臂结构、软横跨、硬横跨，以及隧道、桥梁和其他大型建筑物上的特殊支持结构。

3. 定位装置

定位装置包括定位管、定位器、定位线夹及其连接零件。

其作用是固定接触线的横向位置，使接触线水平定位在受电弓滑板运行轨迹范围内，保证接触线与受电弓不脱离，使受电弓磨耗均匀，同时将接触线的水平负荷传给支柱。

4. 支柱与基础

支柱与基础用以承受接触悬挂、支持和定位装置的全部负荷，并将接触悬挂固定在规定的位置和高度上。

我国接触网中主要采用预应力钢筋混凝土支柱和钢柱。钢筋混凝土柱从外观形态上可分为矩形横腹杆式、等径圆支柱式两种。基础用来承载支柱负荷，即将支柱固定在钢筋混凝土制成的基础上，由基础承受支柱传给的全部负荷，并保证支柱的稳定性。预应力钢筋混凝土支柱可不设单独的基础，支柱直接埋入地下，起到基础的作用。

5. 接触网主要设备

1）接触线

接触线是接触网中直接和受电弓滑板摩擦接触取流的部分，电力机车从接触线上取得电能。接触线的材质、工艺及性能对接触网起着重要作用，要求其具有较小的电阻率、较大的导电能力；要有良好的抗磨损性能，具有较长的使用寿命；要有高强度的机械性，具有较强的抗张能力。

接触线制成上部带沟槽的圆柱状，沟槽是为了便于安装接触线的线夹，同时又不影响受电弓取流。接触线底面与受电弓接触的部分呈圆弧状。接触线截面图如图 5-2-8 所示。

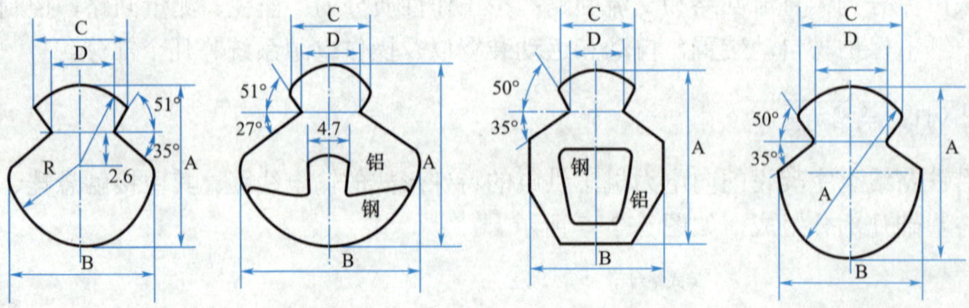

(a) TCG-100 (85) 型　(b) GLCA型　(c) GLCN型　(d) TCW (CTHA、B)型

图 5-2-8　接触线截面图

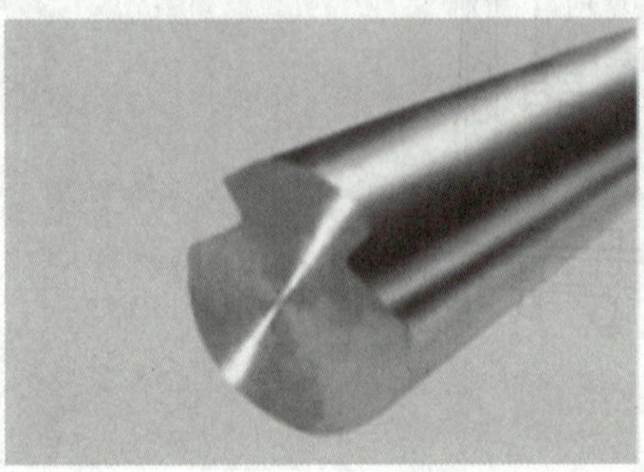

图 5-2-9　铜合金接触线

接触线按照材质的分类主要分为铜接触线、钢铝接触线和铜合金接触线。铜合金接触线以其抗拉强度高、耐高温性能好的优势逐渐被人们所认可，目前已成为我国繁忙干线或提速干线接触导线的主流产品。铜合金接触线如图 5-2-9 所示。

2）承力索

承力索的作用是通过吊弦将接触线悬挂起来。要求承力索能够承受较大的张力和具有抗腐蚀能力，并且在温度变化时弛度变化较小。承力索根据材质一般可分为铜承力索、钢承力索、铝包钢承力索三类多种规格。按照设计时承力索是否通过牵引电流，可以将承力索分为载流承力索和非载流承力索。承力索如图 5-2-10 所示。

图 5-2-10　承力索

3）绝缘子

绝缘子是接触网带电体与支柱设备或其他接地体保持电气绝缘的重要部件。接触网用的绝缘子多为瓷质悬式绝缘子和棒式绝缘子。

（1）悬式绝缘子。悬式绝缘子使用最广泛，用量最多。悬式绝缘子主要用于绝缘承受张力的场合，如用于线索下锚、水平拉杆、软横跨绳索、隧道内悬挂、锚段关节，以及馈电线、并联线等处的对地绝缘。

悬式绝缘子如图 5-2-11 所示。

（2）棒式绝缘子。在需要承受压力、张力和弯矩的场合使用棒式绝缘子，电气化铁道接触网使用棒式绝缘子主要用于斜腕臂、压管、平腕臂及隧道定位和隧道悬挂等场合。绝缘子按安装方式分为悬挂、定位和腕臂支撑式三种。隧道用悬挂、定位式，区间、站场用腕臂支撑式。按使用环境绝缘子又分为普通型和防污型两种。

棒式绝缘子如图 5-2-12 所示。

（3）针式绝缘子。针式绝缘子多用于回流线、保护线及跳线处，它承受线索不同方向的负荷，将线索固定，并对地起电气绝缘。针式绝缘子如图 5-2-13 所示。

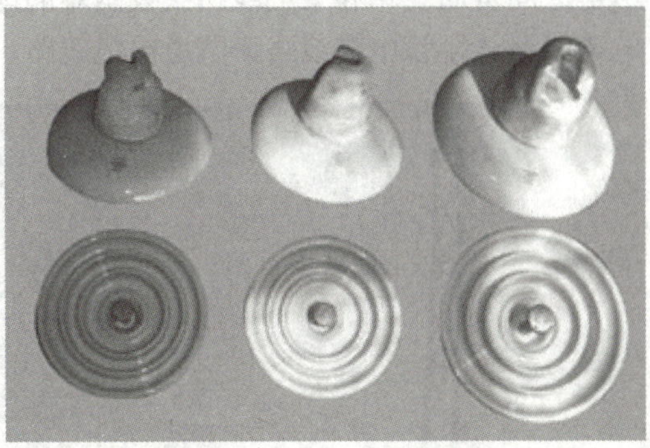

图 5-2-11　悬式绝缘子

图 5-2-12　棒式绝缘子

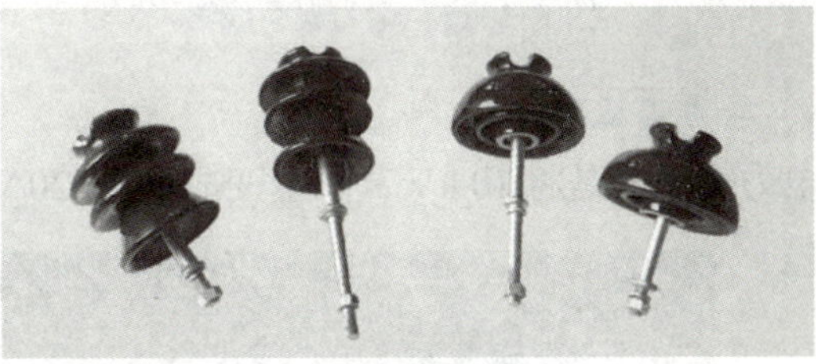

图 5-2-13　针式绝缘子

5.2.3　铁路电力设备配置

1. 铁路电力系统组成

铁路电力系统承担着铁路运输生产、调度指挥、通信信号、旅客服务等系统供电任务，是确保铁路安全、稳定、高效运营的基础设施之一。铁路电力系统组成如图 5-2-14 所示。

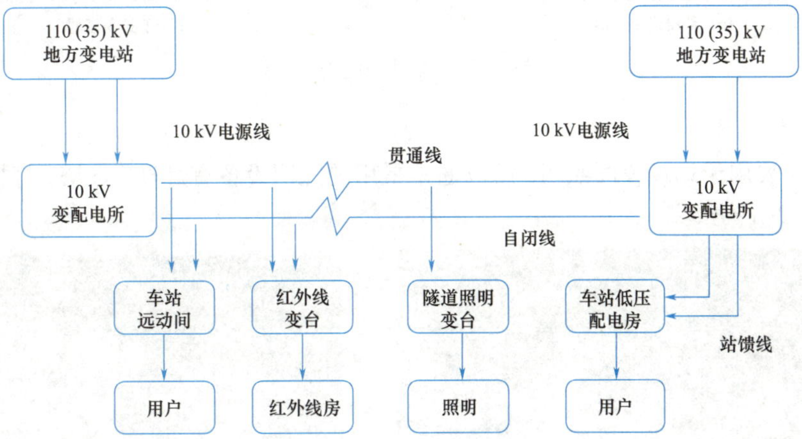

图 5-2-14　铁路电力系统组成

2. 铁路电力主要设备

1）电力架空线路

电力架空线路指用绝缘子将输电导线固定在直立于地面的杆塔上，以传输电能的输电线路，其按用途分为输电线路和配电线路。输电线路是将发电厂生产的电能，经升压变压器把电压升高，通过架空线路或电缆线路输送到距离很远的降压变电站的线路；配电线路是通过降压变电所把电压变为 10 kV 及以下，然后通过架空线路或电缆线路把电能分配到各个用户的线路。电力架空线路如图 5-2-15 所示。

2）电力电缆线路

电力电缆线路由 10 kV 高压电缆、箱变（分支箱）、电缆终端杆、10 kV 配电所组成。电力电缆线路多用于区间贯通线路和架空线路架设困难的地区，如城市或特殊跨越地段的输配电。其按敷设环境分为直埋电缆线路、排管电缆线路、隧道电缆线路、架空电缆线路等。电力电缆线路如图 5-2-16 所示。

图 5-2-15　电力架空线路

图 5-2-16　电力电缆线路

3）电力变压器

电力变压器是将 10 kV 高压电变成 380/220 V 低压电的设备。常见的电力变压器如图 5-2-17 所示。

(a) 油浸式变压器　　(b) 干式变压器

图 5-2-17　常见的电力变压器

4）站场照明设备

站场照明设备主要用于站场夜间照明。站场通常采用的照明设备有灯柱、灯塔、灯桥或几种混合方式，如图 5-2-18、图 5-2-19 所示。

(a) 灯柱　　(b) 灯塔

图 5-2-18　灯柱、灯塔

5）箱式变电站

箱式变电站又称为户外成套变电站，是将变压器、铠装母线、高低压开关设备以及微机保护装置等集中安装在一个箱体内的设备。10/0.4 kV 箱式变电站如图 5-2-20 所示。

图 5-2-19 编组场灯桥

图 5-2-20 10/0.4 kV 箱式变电站

6）10 kV 电缆分支箱

电缆分支箱仅作为电缆分支使用，其主要作用是将电缆分接或转接。常见分支箱有不带任何开关柜的普通电缆分支箱和带开关柜的分支箱，如图 5-2-21 所示。

(a) 普通分支箱　　(b) 带开关柜的分支箱

图 5-2-21 10 kV 电缆分支箱

7）接地接零和防雷保护

电气设备的外壳或支架在正常情况下是不带电的，由于误接线路或设备内部绝缘损坏时，带电部分与金属外壳或支架连接，人身触碰带电的外壳或支架就有触电的危险。接地和接零是防止人体接触偶然带电体引起触电事故的重要安全措施。

知识测评

1. 简述变配电系统设备配置。
2. 简述接触网设备配置。
3. 简述铁路电力设备配置。

学习作品

课后每名同学单独制作一个开放的、富有创造性的表现学习过程和学习成效的视频，时间为 5 min 以内，至少包括以下 4 项内容：

1. 变配电系统设备配置；
2. 接触网设备配置；
3. 铁路电力设备配置；
4. 通过对本任务的学习，个人在知识增长、能力强化、素养提升方面的小结。

在课程结束后的 3 天内将作品提交任课教师，此作品作为教师评价学生学习效果的依据。

任务 5.3　铁路供电远动（SCADA）系统

学习目标

1. 了解铁路供电远动（SCADA）系统的功能。
2. 掌握铁路供电远动（SCADA）系统的构成。

基础知识

5.3.1　SCADA 系统简介

SCADA 系统（supervisory control and data acquisition）是以微型计算机为主构成的远方监视控制和数据收集系统，对现场的运行设备进行监视和控制，以实现数据采集、设备控制、测量、参数调节以及各类信号报警等功能。

SCADA 系统实现调度自动化的过程如下。

1. 执行端采集被控对象信息并将其传送到调度端

执行端负责采集现场的状态和数据，并将其进行变换后通过远动信道传到调度端，调度端经过一定的变换显示到人机界面上（显示器等）。此过程主要由执行端、现场信息转换机构来实现，实现的是遥信、遥测这两个功能。

2. 调度端对远动装置传来的信息进行实时处理

调度端对传来的遥信、遥测数据进行存储、显示、打印，分析传输的数据是否正确，并加以抛弃或纠正后使用。此过程主要由调度端实现。

3. 调度端做出调度决策

调度计算机根据接收的信息，对被控对象的运行进行自动或人工分析，然后做出适当的调节和控制（调整挡位、分合开关、投撤电容等）。此过程主要由调度端实现。

4. 将调度决策送执行端去执行

调度决策包括对被控对象的控制和调节。调度端发出遥控、遥调命令，经过信道传到执行端，执行端接收到之后进行具体执行。此过程主要由执行端和现场执行机构实施，实现的是遥控、遥调功能。

5.3.2　铁路供电 SCADA 系统的构成

铁路供电 SCADA 系统包括铁路牵引供电 SCADA 系统和铁路电力供电 SCADA 系统，如图 5-3-1 所示。

1. 调度端

调度端，亦称调度中心。调度端的 SCADA 机房有 SCADA 专用通道接口 4 个、办公及通用复视通道接口 1 个、专用复视通道若干。调度端通过 SCADA 专用通道接口和内部局域网，接收和发送信息，完成遥信、遥测、遥控功能，即完成断路器、隔离开关等状态信息的收集与处理；完成电流、电压、功率等数据信息的收集与处理；根据运行需要发送遥控命令。另外，调度端将通道送来的信号进行数据处理后，送至后台服务器中，显示各种图形，制作各种报表、曲线。

2. 执行端

执行端，由牵引变电所、分区所、开闭所、AT 所、专用网隔屏、变配电所、箱式变电站等组成。执行端对需要进行监测的各物理量及状态量进行采集，并将采集后的信息进行抗干扰加工（称抗干扰编码），然后再变换成适合通道传送的信号形式，并按一定方式送入通道。执行端的另一作用是接收由通道送来的遥控命令，并执行。

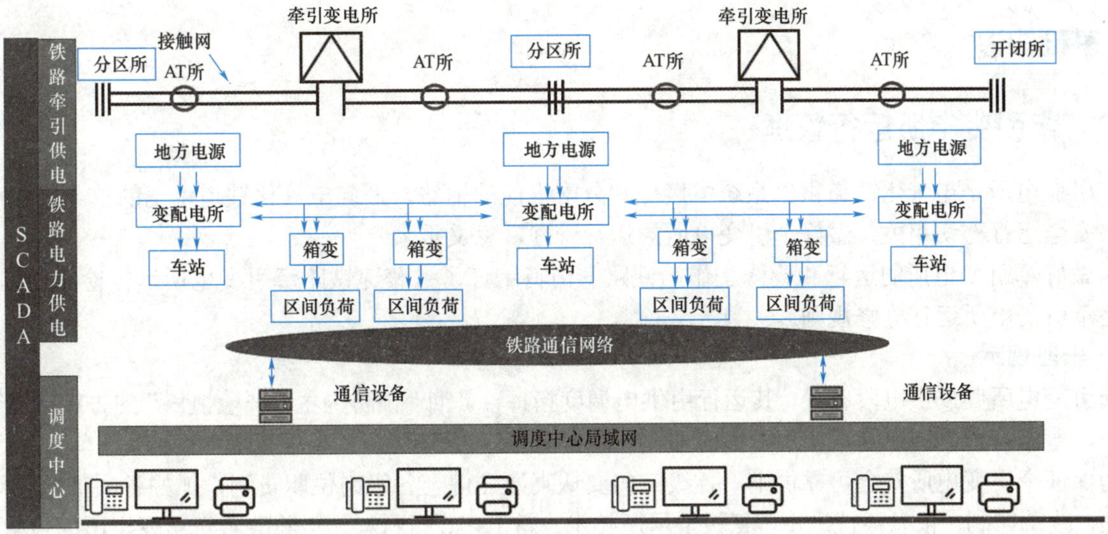

图 5-3-1　铁路供电 SCADA 系统结构

3. 信道

信道，亦称通道，是连接调度端与执行端的通信网络，传输二者交换的命令与数据。铁路供电 SCADA 系统有四种通道，即 SCADA 专用通道、综合维护通道、专用复视通道和办公 OA 通道。

知识测评

1. 简述铁路供电远动（SCADA）系统的功能。
2. 简述铁路供电远动（SCADA）系统的构成。

学习作品

课后每名同学单独制作一个开放的、富有创造性的表现学习过程和学习成效的视频，时间为 5 min 以内，至少包括以下 3 项内容：

1. 铁路供电远动（SCADA）系统的功能；
2. 铁路供电远动（SCADA）系统的构成；
3. 通过对本任务的学习，个人在知识增长、能力强化、素养提升方面的小结。

在课程结束后的 3 天内将作品提交任课教师，此作品作为教师评价学生学习效果的依据。

任务 5.4　电气化铁道供电运维及安全检测监测系统

学习目标

1. 了解牵引变电所运行管理的规定。
2. 掌握牵引变电所检修的要求。
3. 了解接触网运行管理的规定。
4. 掌握接触网的检测、分析诊断与维修要求。
5. 掌握铁路供电安全检测监测系统的功能。

基础知识

5.4.1 牵引变电所运行管理

牵引变电所是电气化铁道供电系统中接受和分配电能的枢纽，是向电气化铁道供电的重要组成部分，与铁路安全运行密切相关，做好牵引变电所的运行管理，意义重大。

为做好牵引变电所的运行和检修工作，铁路部门特制订了《普速铁路牵引变电所运行检修规则》《高速铁路牵引变电所运行检修规则》。

1. 一般规定

牵引变电所归属供电段领导，其运行由供电调度指挥，贯彻“预防为主、严检慎修”的方针，遵循“全面养护、寿命管理”的原则，实现“实时监测、科学诊断、精细维修、寿命管理”目标。

为保证牵引变电所安全可靠供电，各级部门要认真建立健全各级岗位职责制，抓好各项基础工作，科学管理，改革修制，依靠科技进步，积极采用新技术、新工艺、新材料，不断改善牵引变电所的技术状态，提高供电工作质量。

电气设备运行和检修工作实行分级负责的原则，充分发挥各级部门的作用，分为国铁集团、铁路局集团公司、供电段三级。

2. 运行相关技术文件

牵引变电所应有接线图、室内外设备平面布置图、室外配电装置断面图、安装图，制造厂提供的设备说明书，电气设备、安全用具和绝缘工具的试验结果，保护装置的整定值，隐蔽工程图及有关资料等技术文件。

3. 牵引变电所的各种记录制度

在日常运行工作中应该做好各项记录，包括值班日志、设备缺陷记录、蓄电池记录、保护装置整定记录、主变压器过负荷记录等记录。各项记录应装订成册作为历史档案以备必要时进行查询分析。

4. 牵引变电所的值班工作

牵引变电所值班人员的工作内容主要有监视设备的运行状态、巡视、倒闸作业、办理工作票、月报、事故应急处理等。牵引变电所要按规定的班制昼夜值班。

5.4.2 电气设备的检修

为了保证电气设备安全可靠地供电，需要对这些电气设备进行检修，除发生问题临时修理外，还要进行定期检修。电气设备的定期检修分为小修、状态维修和大修三种修程。各种修程的内容如下。

1. 小修

小修属维持性修理。对设备进行检查、清扫、调整和涂油，更换或整修磨损到限的零部件，保持设备正常的技术状态。

2. 状态维修

状态维修属恢复性修理。根据检测、试验结果对存在问题的设备安排的有计划性维修。

3. 大修

大修属彻底性修理，对设备进行全部解体检修，更新不合标准的零部件，对外壳进行除锈涂漆，恢复设备的原有性能，必要时进行技术改造，提高电气和机械性能。

不同设备有不同的检修周期，主要电气设备的小修、大修周期详如表 5-4-1 所示。

检修应有计划，当年制定下一年度的检修计划。状态维修、小修计划由供电段制定后下达，大修计划要经铁路局集团公司审核后报国铁集团核备。设备大修时，根据计划提出设计施工文件报铁路局集团公司批准后方准开工。电气设备的停电检修应尽量利用“天窗”时间进行。同时充分利用备用设备，以减少停电时间。检修后的设备应按规定的项目进行试验，试验合格后要进行验收。

设备每次检修后，承修的班组均应填写设备检修记录，设备大修及进行较大的技术改造后，还应填写设备检修（改造）竣工验收报告，格式按新建工程竣工验收报告格式编写并附试验记录，报请有关单位验收，经验收合格方准投入运行。

表 5-4-1　主要电气设备的小修、大修周期

序号	修程 设备名称	小修	大修（推荐值）
1	变压器	1 年	15～20 年
2	单装互感器	1 年	15～20 年
3	隔离开关	1 年	10～15 年
4	交直流电源装置	1 年	8～10 年
5	高压母线	1 年	10～15 年
6	避雷针	每年雷雨季节前	15～20 年
7	避雷器	每年雷雨季节前	10～15 年
8	接地装置	每年雷雨季节前	10～15 年
9	单装气体断路器	1 年	15～20 年
10	单装真空断路器	1 年	15～20 年
11	GIS 开关柜及组合电器	1 年	15～20 年
12	综合自动化设备	1 年	6～8 年
13	负荷开关柜	1 年	10～15 年
14	远动装置	1 年	6～8 年
15	高压电缆	1 年	15～20 年
16	集合式电容器（电容器组）	1 年	5～10 年
17	空心电抗器	1 年	10～15 年

注：小修实际周期允许较以上规定伸缩 15%。

设备小修、状态维修、大修验收办法由铁路局集团公司自行制定。

所有电气设备除定期检修后需进行试验外，每年还要进行一次预防性试验，如果设备定期检修时的试验已经包括预防性试验的内容和要求，则在该周期内可以不再做预防性试验。

5.4.3　接触网的运行管理

接触网是电气化铁路的重要组成部分，与行车有直接的关系，为搞好接触网的运行和检修工作，必须加强管理，不断提高其设备的检修质量，不断改善接触网的技术状态，保证安全、不间断、质量良好地供电。

为保证高速电气化铁路接触网运行安全可靠，特制定《普速铁路接触网运行维修规则》《高速铁路接触网运行维修规则》。

1. 一般规定

接触网运行维修应坚持“预防为主、重检慎修”的方针，按照“定期检测、状态维修、寿命管理”的原则，遵循精细化、机械化、集约化维修方式，通过对设备定期检测、分析诊断、质量评价和鉴定，并依据结果实施修理，恢复设备正常运行状态的循环管理过程，主要包括运行、检测、维修等管理工作。

2. 接触网运行组织管理

接触网运行管理工作实行统一领导、分级管理的原则，充分发挥各级管理组织的作用，由国铁集团、铁路局集团公司、供电段三级管理。

供电段下设供电车间、检测车间和维修车间。

供电车间负责日常运行管理和应急处置，组织接触网一级修（临时修），跟踪验收维修质量。供电车间管辖运营里程宜为 200 km 左右，枢纽地区宜单独设置，有砟线路区段可适当缩短，供电车间下设运行

工区。运行工区管辖运营里程宜为 60 km 左右，有砟线路区段、站间距较小的城际铁路、山区、高原和严寒地区可适当缩短；枢纽站、动车段（所）宜单独设置。

检测车间负责供电段 6C 系统综合数据处理中心工作，以及供电段 6C 系统检测装置的维护、运用、管理和检测数据分析。检测车间一般设置在供电段所在地。检测车间可按照 6C 系统的运用、维护和数据分析等职能设置检测工区。

维修车间负责接触网二级修（综合修）工作，采用集中修方式组织实施。维修车间承担的维修任务以 1 200～1 500 延展千米为宜。接触网维修车间下设维修工区，一般设在维修车间所在地，根据管辖范围可在异地增设。

3. 接触网的接管与运行

接触网工程在施工竣工以后，应按规定对工程进行认真的质量检查和验收。开通前的验收工作由上级有关部门组织，接触网工区则配合进行验收工作。工程验收完毕后进行工程交接时，运行单位和施工单位之间要交接图纸、施工记录和说明书等必须的竣工资料，具体验收项目及标准，应按照有关文件、竣工资料及验收规程进行。进行检查和试验，确认接触网的状态良好后方可正式送电运行。接触网投入运行称为开通。接触网开通后，各接触网工区便开始进行管理和维护检修工作。

5.4.4 铁路供电安全检测监测系统

接触网依靠铁路供电安全检测监测系统（6C）等手段，建立信息资源共享平台，实行“运行、检测、维修”分开和集中修组织模式，确保接触网运行品质和安全可靠性。

接触网设备应充分利用铁路供电安全检测监测系统（6C）等手段，定期进行检测，开展即时、定期分析诊断，按照标准值、警示值、限界值界定设备状态，划分缺陷等级（两级缺陷），为设备维修提供依据。

铁路供电安全检测监测系统（6C）组成如下。

1. 弓网综合检测装置（1C）

采用动车组、客车车体搭载，对接触网平顺性、受流性、几何参数、网压进行动态检测。

2. 接触网安全巡检装置（2C）

采用便携式视频采集设备，对接触网的状态进行视频采集，分析接触悬挂部件技术状态。

3. 车载接触网运行状态检测装置（3C）

在运营的动车组上加装接触网检测设备，以实现高速铁路接触网状态的动态检测。

4. 接触网悬挂状态检测监测装置（4C）

对接触网悬挂系统的零部件实施高精度成像检测，指导接触网故障隐患的排查。

5. 受电弓滑板监测装置（5C）

在车站和动车库出入线采用视频图像监测受电弓滑板技术状态。

6. 接触网及供电设备地面监测装置（6C）

在接触网的特殊断面及供电设备处设置地面监测装置，监测接触网的张力、振动、抬升量、线索温度、补偿位移及供电设备绝缘状态和温度等。

维修是指在接触网系统实际状态出现不允许的偏差或发生故障时，对接触网系统进行必要修复，恢复正常功能，以及通过精确检测、调整修理，恢复设备标准状态的过程。接触网维修分为一级修（临时修）、二级修（综合修）、三级修（精测精修）三级修程。

达到或超出限界值的一级缺陷纳入一级修（临时修），由运行工区及时组织修理；达到或超出警示值且在限界值以内的二级缺陷纳入二级修（综合修），由维修工区按计划修理；达到一定条件的开展三级修（精测精修），恢复设备标准状态。

5.4.5 接触网的检测、分析诊断与维修

1. 检测

检测是指利用仪器、设备或人工等方式，对接触网进行检查测量，掌握设备质量及运行状态的过程，包含监测、静态与动态检测、检查、零部件检验四部分。检测后必须进行分析诊断，并以此作为编制维修

计划的依据。

1）监测

监测是对接触网外观、零部件状态、主导电回路、绝缘状况、外部环境和弓网配合等运行状态进行监视测量的过程，分为移动视频监测和定点监测两种方式。

2）静态与动态检测

（1）静态检测，是指利用运行检测车辆在接触网静止状态下进行非接触式测量，或人工使用仪器、工具测量接触网技术状态。

（2）动态检测，是指利用弓网综合检测装置（1C）、车载接触网运行状态检测装置（3C）等手段，测量接触网技术状态及弓网接触取流状态。

3）检查

检查分为巡视检查、全面检查、单项设备检查和非常规检查。

（1）巡视检查，是对接触网外观、绝缘部件状态、外部环境，以及电力机车、动车组取流情况进行目视检查，分为步行巡视检查和登乘巡视检查。

（2）全面检查、单项设备检查，具有检查、测量和试验等多重职能。针对无法或不易通过静态和动态检测、监测手段掌握设备及零部件运行状态的所有项目，利用天窗在接触网作业车作业平台、车梯或支柱上进行近距离检查，并进行必要的测量和试验等。全面检查是对所有设备进行检查；单项设备检查是对个别设备进行专项检查，并兼有维护保养职能。

（3）非常规检查，通常在特殊情况下或根据需要进行。

4）零部件检验

零部件检验是指对拆卸送检的接触网零部件进行外观检查、补充特殊试验，确认其质量状态的过程。零部件性能下降、状态劣化，判定即将或基本达到寿命时，应进行更换。

2. 分析诊断

分析诊断是根据接触网检测结果，判断设备运行状态、判定缺陷等级，为维修提供依据。分析诊断包括即时分析诊断、定期分析诊断。

1）即时分析诊断

检测监测设备报警或发出危及行车的信息时，应立即进行即时分析诊断。

2）定期分析诊断

定期检测工作完成后，检测工区、运行工区应在规定时限内完成定期分析诊断。

当检查和人工静态检测发现设备缺陷时，由发现班组分析并纳入维修处理；当零部件检验发现质量缺陷，供电段技术主管部门应立即分析零部件质量缺陷对接触网运行产生的影响，并安排修理；当发生跳闸、中断供电、打碰受电弓等异常情况时，供电段技术主管部门应立即组织对该区段接触网检测资料进行分析诊断，查找原因并修理。

供电段要加强分析诊断人员培养，定期组织培训，以保证分析诊断的质量。

3. 维修作业

接触网维修分为一级修（临时修）、二级修（综合修）、三级修（精测精修）三级修程。

1）一级修

一级修（临时修）是为了使设备状态保持在限界值以内，对导致接触网功能障碍的缺陷、故障立即投入、无事先计划的临时性维修，主要包括一级缺陷的临时性修理、危及接触网供电周边环境因素处理、导致接触网功能障碍的故障修复（必要时采取降弓、限速、封锁等处置措施）。

2）二级修

二级修（综合修）是为了使设备状态保持在警示值以内，对定期检测发现的缺陷进行有组织、有计划的维修，以及对设备进行全面维护保养，主要包括二级缺陷集中修理和设备全面维护保养（必要的防腐和注油等）。二级修（综合修）可结合全面检查进行，或根据缺陷情况有计划地安排。

3）三级修

三级修（精测精修）是指通过检测动态条件下的弓网作用参数，测量静态条件下的接触网几何位置，检验零部件质量状态，依据检测、检验分析结果，全面调整接触网静态几何参数、更换失效或接近预期寿命的零部件和设备、更换局部磨耗接近限界的接触线，恢复接触网标准状态。

接触网维修作业一般采用车梯或检修作业车，离线路较远的设备可利用大梯子或其他工具进行维修。当进行带电作业时，对地绝缘工具应采用高强度绝缘材料制成，并严格按照带电作业操作程序进行维修，确保人身及设备安全。

对接触网维修工作，要进行综合安排，对测量和检查出的缺陷，除危及安全需及时整修外，应尽量将各种调整、修换的工作有机地结合进行，减少停电时间和停电范围，提高维修效率。

知识测评

1. 简述牵引变电所运行管理的规定。
2. 简述牵引变电所检修要求。
3. 简述接触网运行管理的规定。
4. 简述接触网的检测、分析诊断与维修要求。
5. 简述铁路供电安全检测监测系统功能。

学习作品

课后每名同学单独制作一个开放的、富有创造性的表现学习过程和学习成效的视频，时间为 5 min 以内，至少包括以下 4 项内容：

1. 牵引变电所检修要求；
2. 接触网的检测、分析诊断与维修要求；
3. 铁路供电安全检测监测系统功能；
4. 通过对本任务的学习，个人在知识增长、能力强化、素养提升方面的小结。

在课程结束后的 3 天内将作品提交任课教师，此作品作为教师评价学生学习效果的依据。

拓展建议

1. 登录国家铁路局官网，学习《铁路电力牵引供电设计规范》。
2. 阅读铁路供电 SCADA 系统应用资料。
3. 拓展阅读。

分相供电改造成同相供电的技术装备

同相供电，即同相供电技术，是指线路上相邻变电所供电的区段接触网电压相位相同，线路上无电分相环节的新型牵引供电方式。

一、巴准铁路运用

2024 年 1 月 9 日，全国首条 128 km 全线贯通式同相供电示范工程在国能集团新朔铁路公司巴准铁路纳林川牵引变电所向接触网送电成功，标志着项目两座牵引变电所均已完成送电。

2023 年 9 月 1 日，巴准铁路四道柳牵引变电所受电工作完毕，标志着全国首座贯通式同相供电牵引变电所受电成功。本次受电对四道柳牵引变电所新安装的 2 台斯科特变压器、同相供电补偿装置 10 kV 母线、27.5 kV 母线等设备进行了冲击试验，试验结果良好，设备运行正常。

纳林川牵引变电所新安装的牵引变压器正在运行如图 5-4-1 所示。

图 5-4-1 纳林川牵引变电所新安装的牵引变压器正在运行

科研人员借助同相供电理论、现代电力电子技术和现代测控技术，以取消全线电分相，提高牵引变压器容量利用率、提升电能质量为研究方向，在单个变电所实现同相供电的基础上达到贯通式同相供电。本次送电前对同相供电装置功率单元上电、串联测并网、并联测母线稳定运行情况等 17 项内容进行了静态测试，测试结果均合格，送电后各类设备运行正常。项目建成后，将首次实现全线分段测控和双边贯通供电的牵引供电系统技术引领，使牵引供电系统供电能力得以充分发挥，为巴准铁路提升 6%的运能，每年可节省约 1 000 万元基本电费，增强牵引供电系统稳定性的同时减少运营维护成本，助力公司降本增效，提升价值创造力。该项目是贯彻落实“双碳”目标部署要求的生动实践，在重载铁路运输行业技术创新引领方面与电气化铁路推广方面具有重要的现实意义。

二、同相供电变电所技术变化

变电所采用同相供电技术，通过实时检测系统的综合补偿电流，控制有源滤波器，平衡三相，滤除无功电流，牵引变压器原边不再轮换。

同相供电系统变电所单相供电，不用设置分相绝缘器。同相供电技术从根本上解决了电分相的问题，有利于重载机车速度的提升，更能满足重载牵引的发展要求；在补偿装置的作用下，能够解决系统的三相不平衡问题，同时补偿无功和谐波。

三、同相供电接触网技术变化

（一）支柱

供电线钢柱采用热浸镀锌格构式钢柱，格构钢柱支柱执行《电气化铁路接触网钢支柱第 1 部分：格构式支柱》（GB/T 25020.1—2020）等标准。

（二）基础

格构式钢柱基础采用现浇整体混凝土基础。

（三）隔离开关

既有分相前后接触悬挂短接并设置隔离开关，实现独立断电。27.5 kV 单极电动隔离开关主要技术指标见表 5-4-2。

表 5-4-2 27.5 kV 单极电动隔离开关主要技术指标

设备及技术性能	参数及要求
安装方式	户外
额定电压	27.5 kV（2×27.5 kV）
系统最高电压	31.5 kV（2×31.5 kV）
额定频率	50 Hz
额定电流	2 000 A

续表

设备及技术性能	参数及要求
额定短时耐受电流	20 kA
额定短路持续时间	2 s
额定动稳定电流（峰值）	50 kA
雷电冲击耐受电压（全波 1.2/50 μs 峰值）	对地 185 kV、断口间 215 kV
一分钟工频耐受电压	对地 85 kV、断口间 110 kV
爬距	≥1 400 mm
形式	垂直打开
允许开合时冰厚（mm）	10
接线端子的水平静拉力	不大于 490 N
开关触头最大温升（不超过 40°C 时）	65 K
可靠分、合闸次数（其间不调整）	3 000 次
机械寿命（3 000 次后每 1000 次进行简单检查）	10 000 次
操作机构类型	电动
电机参数：a. 电压；b. 功率	AC220 V；200 W
辅助开关参数：a. 常开接点；b. 常闭接点	10 对；10 对
操动机构寿命	10 000 次
操作机构输出力矩	≥250 N · m
隔离开关主回路电阻	不大于 200 μΩ
支柱绝缘子：抗弯破坏负荷；抗扭破坏负荷；在 0.25～0.35 mg/cm^2 盐密下污秽耐受电压	不小于 3 922 N；不小于 980 N · m；不小于 32 kV
设计寿命	30 年

思政案例　象征 20 世纪人类征服自然的奇迹——成昆铁路

成昆铁路始建于 1958 年，1959—1969 年期间，成昆铁路多次停工后再复工，1970 年 7 月 1 日，成昆铁路全线竣工运营。在成昆铁路建设中建设者们留下了热爱祖国、敢于吃苦、敢于奉献、敢于牺牲的“成昆精神”，这种精神与不畏艰险、迎难而上、万众一心的铁路人精神是一脉相承的，深深地根植于铁路儿女的基因里。1984 年 12 月 8 日，成昆铁路、美国阿波罗宇宙飞船登月和苏联第一颗人造卫星共同被联合国组织评为“象征 20 世纪人类征服自然的三大奇迹”，当日，中国政府赠送给联合国一件成昆铁路象牙雕刻作品。

在西南铁路建设中，中共中央对成昆铁路的修建尤为重视，并且点名要突击力最强的铁道兵部队担此大任。1964 年 7 月 2 日，周恩来总理在一次批示中明确指出：修成昆路，主席同意，朱委员长提议，使用铁道兵。根据西南铁路大会战的总体部署，铁道兵第 1 师、第 5 师、第 7 师、第 8 师、第 10 师和独立机械团、独立汽车团等部队相继转战成昆线。

成昆铁路是我国西南的大动脉，北起四川成都，南抵云南昆明，全长 1 083 km，桥梁 653 座，隧道 427 座，桥隧总长 433.7 km，占线路总长的 40%。平均每 1.7 km 有一座桥梁，每 2.5 km 有一座隧道。铁路穿行于四川、云南的万水千山之间，特别是大渡河、金沙江两岸，山高谷深，川大流急，线路迂回重叠，经过地区有气温高达四五十摄氏度的“火沟”，有常年积雪的雪山，有烈度 7～9 度的地震区，山体错落，岩石破碎，溶洞、暗河、断层、流沙、瓦斯、岩爆，一应俱全，工程之艰巨，地质之复杂，在世界筑路史上也是惊人壮举。

修建成昆铁路困难很多，其最难之处，就是在堪称“地质博物馆”的崇山峻岭中开凿密集的隧道。有的地段桥隧相接，隧隧相连，中坝至巴格勒间 18 km 线路，隧道就占 13.2 km，仅白虎山至朱家营的 17.8 km 线路，就要开凿 15 座隧道，总延长 14 km。隧道不仅多而且奇特。为了适应线路迂回展线的需要，隧道要修成“灯泡型”“S 型”“麻花型”等各种奇异形状。还有的区段，线路从山脚或山腰进入隧道，在大山腹中画一个几公里的圆圈，最后从进口上方几十米的出口钻出来，美其名曰“楼上楼”。此时，常年奋战在大山腹地的筑路人已经化身为雕塑家，而这些蜿蜒盘旋，多姿多态的异形隧道，就是他们精心雕琢的一件件艺术品，巧夺天工，令人叹为观止。然而，有谁知道，他们为了创造出这些惊世骇俗的“艺术品”，需要付出多少艰辛的劳动，甚至鲜血和生命。开始的时候，公路没有修通，大型机械运不进来，他们为了争时间，抢速度，就打起火把进洞，硬是用铁锤、钢钎这些原始工具，打通了近千米的隧道。越往里进，地质越加复杂。不仅有铁青钢硬的特坚石，也有一触即溃的烂泥巴，而“火焰山”，让人汗流如注，一排炮过后，岩缝里又会水如泉涌，仿佛突然进入“水帘洞”，冰冷刺骨。在这种艰难困苦的条件下他们依然月月超额完成任务，并创造了单口月成洞 571.2 m 的纪录，连续 7 个月平均双口月成洞 502 m。著名数学家华罗庚深为筑路部队忘我劳动的拼搏精神所感动，当场写下《西江月》词一首，热情赞扬铁道兵：“今日梅花怒放，明朝杜鹃满山。铁道兵巧手绘蓝图，彩虹铺上云天。不畏艰难险阻，何惧水深石顽。十万大山已凿穿，凯歌直冲霄汉。”

1969 年 6 月 15 日，中国解放军总参谋部根据中央军委办事组的批示，电示铁道兵在成都设立铁道兵指挥部，指挥参加西南地区铁路建设的铁道兵部队。由于“文化大革命”内乱的干扰，原定成昆铁路 1968 年 7 月 1 日通车的计划未能实现。1969 年第四季度，中共中央发出成昆线务必于 1970 年“七一”通车的号令，铁道兵和铁道部各工地的施工再掀高潮，架桥、铺轨的进度不断加快，1970 年 6 月底，南北两支铺架队伍在礼州会师，7 月 1 日在西昌胜利举行通车典礼，工程浩大的成昆铁路建设圆满收官。随着成昆铁路建设而兴建的攀枝花钢铁基地也炼出了第一炉铁。1982 年 12 月，联合国宣布人类在 20 世纪创造的具有划时代意义的三项伟大杰作，排在第一位的就是中国的成昆铁路。

学习笔记

模块 6

铁路机车设备及运行安全防护

模块导入

铁路机车是牵引或推送铁路车辆运行的动力设备。

由于铁路车辆不具备动力装置，故而需要将其连挂成列，由机车牵引沿钢轨运行。此外，在车站内，车辆的转线及车辆的取送等各项调车作业，都要由机车完成。因此，铁路为了完成客货列车的牵引和车站的调车工作，必须保证提供足够数量、牵引性能良好的机车，同时，还必须加强对机车的保养与检修工作，确保机车的合理运用。

通过对本模块的学习，同学们将走进中国铁路机车，认识中国铁路机车，热爱中国铁路机车。

模块任务

任务 6.1　铁路机车设备

任务 6.2　铁路机车运检及车载安全防护系统

任务 6.3　铁路基础设施检修装备

以上 3 项学习任务全部来自铁路机车运维体系实际，情境客观，内容真实。

任务 6.1　铁路机车设备

学习目标

1. 了解铁路机车类型。
2. 掌握内燃机车构造。
3. 掌握电力机车构造。

基础知识

6.1.1　铁路机车类型

1. 按机车的牵引动力分类

1）内燃机车

内燃机车是自带能源，由柴油机、燃气轮机通过传动装置驱动的机车。

内燃机车主型机车为东风（DF）系列、和谐（内燃）（HXN）系列。DF_{4D} 型内燃机车如图 6-1-1 所示，HXN_3 型内燃机车如图 6-1-2 所示。

内燃机车与电力机车相比，其优缺点如下。

（1）内燃机车的优点。

① 内燃机车自带动力，不受外部断电的影响。

② 内燃机车可以在所有的铁路线上运行。

图 6-1-1 DF_{4D} 型内燃机车

图 6-1-2 HXN_3 型内燃机车

（2）内燃机车的缺点。

① 污染重。内燃机车运行时产生废气。

② 噪声大。内燃机车行走时比电力机车声音大。

③ 速度慢。由于柴油机车自携很重的内燃机引擎以及燃油，因此在加减速、速度方面均不及电力机车。

④ 爬坡能力弱。柴油机车比电力机车爬坡能力弱，适于平原运行。

我国铁路碳排放主要来源于内燃机车，截至 2023 年底，还有近万台内燃机车承担运输任务，特别是一些工矿企业还在使用二十世纪五六十年代的直流内燃机车，污染重、耗能高、噪声大，淘汰更新势在必行。国家铁路局将会同有关部门制定内燃机车排放标准和管理办法，完善更新补贴政策，加快推动新能源机车推广应用，力争到 2027 年实现老旧内燃机车基本淘汰，这也是铁路行业落实党中央关于推进大规模设备更新的具体行动。

2）电力机车

电力机车是一种非自带能源，直接从电气化铁路供电系统的接触网获得电能，通过机车上的牵引电动机和传动装置将电能转换为机械能驱动的机车。

电力机车主型机车为韶山（SS）系列、和谐（电力）（HXD）系列。SS_9 型电力机车如图 6-1-3 所示，HXD_1 型电力机车如图 6-1-4 所示。

图 6-1-3 SS_9 型电力机车

图 6-1-4 HXD_1 型电力机车

电力机车与内燃机车相比，其优缺点如下。

（1）电力机车的优点。

① 污染轻。电力机车不会产生内燃机车运行时产生的废气。

② 噪声小。电力机车行走时比内燃机车静得多。

③ 速度快。由于电力机车不用像柴油机车那样自携很重的内燃机引擎以及燃油，从而减轻了自重，因此在加减速、速度方面比柴油机车更优。

④ 爬坡能力强。电力机车比内燃机车爬坡能力强，适于山区运行。

（2）电力机车的缺点。

电力机车的缺点在于其本身没有动力源，电能来自外部的电气化铁路供电系统，如遇自然灾害、战争等不可抗力状况引发断电就无法运行，甚至可能引发事故。

故电力机车虽有许多优点，仍然无法全面取代内燃机车。

2. 按机车的用途分类

机车按用途分为：客运机车、货运机车、调车机车和工矿机车。

1）客运机车

客运机车（客车）是牵引旅客列车的机车，相对货运机车（货车）来说，客运机车的牵引力小，速度快。这是因为客车的编组较少，载重量比货车小得多。

客运机车主要型号有 SS_8 型电力机车、DF_{11} 型内燃机车等，分别如图 6–1–5、图 6–1–6 所示。

图 6–1–5　SS_8 型电力机车

图 6–1–6　DF_{11} 型内燃机车

2）货运机车

货运机车是牵引货车的。货运机车的牵引力要比客运机车大得多，但速度没有客运机车那么快。货运机车主要型号有 SS_4 型电力机车、DF_4 型内燃机车、HX 系列机车等。SS_4 型电力机车如图 6–1–7 所示。

3）调车机车

调车机车主要在车站内或编组站（场）用于车列的解体和编组，如牵出、转线和车辆的取送等作业，这种机车起动和停车频繁，它的特点是机动灵活，因此车身较短，能通过较小的曲线半径，而速度相对要求不高。调车机车主要型号有 DF_7 型、BJ 型等。DF_7 型调车机车如图 6–1–8 所示。

图 6–1–7　SS_4 型电力机车

图 6–1–8　DF_7 型调车机车

4）工矿机车

工矿机车是担任采掘、冶金、石油、化工、森林等企业内部运输和工厂内部运输的机车。一般来说其功率比铁路干线用的机车小，速度要求也不高，但须有足够的牵引力。在某些特殊工厂运输用的机车还须有防火、防爆等设施。工矿机车如图 6–1–9 所示。

图 6–1–9　工矿机车

6.1.2 内燃机车认知

1. 内燃机车基本结构

内燃机车的种类虽然很多，但其主要组成和工作原理基本相同或相似。内燃机车的基本结构由柴油机、传动装置、车体走行部、车钩缓冲装置、制动装置、辅助装置和控制设备等组成。电传动内燃机车结构示意图如图 6-1-10 所示。

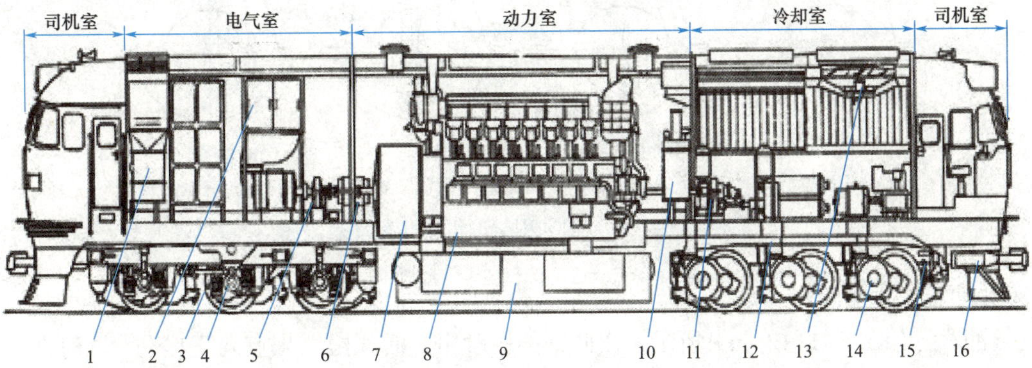

1—电阻制动装置；2—硅整流柜；3—牵引装置；4—走行部；5—启动变速箱；6—励磁机；7—主发电机；8—柴油机；9—燃油箱；10—预热锅炉；11—静液压变速箱；12—电机悬挂系统；13—冷却风扇；14—牵引电动机；15—基础制动装置；16—车厢缓冲装置

图 6-1-10 电传动内燃机车结构示意图

1）柴油机

柴油机是内燃机车的动力装置，又称压燃式内燃机。其主要结构特点包括气缸数、气缸排列形式、气缸直径、活塞冲程、增压与否等。内燃机车柴油机如图 6-1-11 所示。

图 6-1-11 内燃机车柴油机

（1）柴油机的组成。柴油机由固定部件、运动部件、配气机构，以及进排气、燃油、冷却、润滑等系统组成。

（2）柴油机工作原理。柴油机在工作时，每一工作循环要经历进气、压缩、燃烧膨胀和排气四个过程。根据完成一个工作循环的方式不同，柴油机分为二冲程柴油机和四冲程柴油机。我国制造的 DF 型、DF_2 型和 DF_3 型机车使用的是二冲程柴油机，而 DF_4 系列、DF_8 系列、BJ（北京）型和 DFH（东方红）型系列等机车使用的是四冲程柴油机。单缸四冲程柴油机工作循环示意图如图 6-1-12 所示。

柴油机在工作过程中，活塞 6 在气缸 5 内做连续的上下往复运动，连杆 7 连接活塞与曲轴的曲柄 8，曲轴做连续的回转运动。气缸盖上设有喷油器 3，进气阀 1 和排气阀 4。进排气阀由凸轮轴通过配气机构来控制它们的开或闭，喷油器受燃油系统供油装置控制。

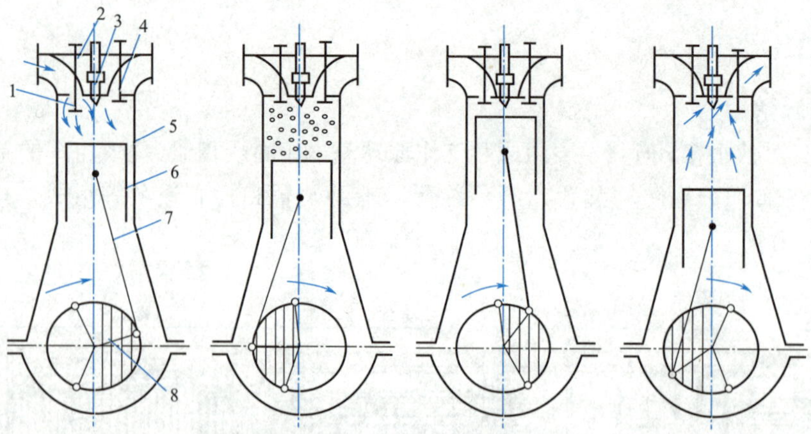

(a) 进气冲程　(b) 压缩冲程　(c) 燃烧膨胀冲程　(d) 排气冲程

1—进气阀；2—气缸盖；3—喷油器；4—排气阀；5—气缸；6—活塞；7—连杆；8—曲柄

图 6-1-12　单缸四冲程柴油机工作循环示意图

四冲程柴油机工作循环过程如下。

① 进气冲程，如图 6-1-12（a）所示，在曲轴的驱动下，活塞由上止点向下移动，同时在配气机构的作用下，进气阀开启，排气阀关闭，新鲜空气由进气阀与阀座间隙进入气缸。

② 压缩冲程，如图 6-1-12（b）所示，在曲轴的驱动下，活塞由下止点开始向上移动，同时在配气机构的作用下，进气阀关闭，排气阀仍处于关闭状态。此时随着活塞向上移动，使进入气缸内的新鲜空气不断地被压缩，其压力和温度不断升高，为燃油自燃创造了必要条件。

③ 燃烧膨胀冲程，如图 6-1-12（c）所示，当活塞接近上止点时，燃烧供油装置使喷油器打开，向气缸内喷入 25.5 MPa 的高压雾状燃油。此时（进排气阀仍处于关闭状态），燃油与气缸内的高温高压空气混合，迅速自行燃烧。燃气的压力、温度瞬间迅速上升，并迅速开始膨胀，推动活塞下行，通过曲柄连杆机构使曲轴转动，并由曲轴向外输出机械能，直到活塞到达下止点。这是柴油机做功冲程，即把燃料的化学能转变为热能，再转变为机械能的过程。

④ 排气冲程，如图 6-1-12（d）所示，在曲轴的驱动下，活塞由下向上移动。同时排气阀开启，进气阀仍处于关闭状态。这时气缸内经过膨胀做功的废气开始由排气阀与阀座的间隙排出，并把废气排尽。

在配气机构的作用下，柴油机又重新回到第一冲程，进气阀重新打开，排气阀关闭，并按上述顺序，柴油机不断地工作。

2）传动装置

传动装置是为使柴油机的功率传到动轴上能符合机车牵引要求而在两者之间设置的媒介装置。柴油机扭矩—转速特性和机车牵引力—速度特性完全不同，不能用柴油机来直接驱动机车动轮。柴油机有一个最低转速，低于这个转速就不能工作，柴油机因此无法起动机车；柴油机功率基本上与转速成正比，只有在最高转速下才能达到最大功率值，而机车运行的速度经常变化，使柴油机功率得不到充分利用；柴油机不能逆转，机车也就无法换向。所以，内燃机车必须加装传动装置来满足机车牵引要求。

常用的传动方式有机械传动、液力传动和电力传动。

（1）机械传动装置。机械传动装置是由离合器、齿轮变速箱、轴减速箱等组成的。因其功率受到限制，在铁路内燃机车中不再采用。

（2）液力传动装置。液力传动装置主要由液力传动箱、车轴齿轮箱、万向轴等组成。液力变扭器（又称变矩器）是液力传动机车最重要的传动元件，由泵轮、涡轮、导向轮组成。泵轮和柴油机曲轴相连，泵轮叶片带动工作液体使其获得能量，并在涡轮叶片内流动，将能量传给涡轮叶片，由涡轮轴输出机械能做功，通过万向轴、车轴齿轮箱将柴油机功率传给机车动轮；工作液体从涡轮叶片流出后，经导向轮叶片的引导，又重新返回泵轮。液力传动机车操纵简单、可靠，特别适用于多风沙和多雨的地带。

（3）电力传动装置。电力传动分为以下三种。

① 直流电力传动装置。牵引发电机和电动机均为直流电机，发动机带动直流牵引发电机，将直流电

直接供各牵引直流电动机驱动机车动轮。

② 交—直流电力传动装置。发动机带动三相交流同步发电机，发出的三相交流电经过大功率半导体整流装置变为直流电，供给直流牵引电动机驱动机车动轮。

③ 交—直—交流电力传动装置。发动机带动三相同步交流牵引发电机，发出的直流通过整流器到达直流中间回路，中间回路中恒定的直流电压通过逆变器调节其振幅和频率，再将直流电逆变成三相变频调压交流电压，并供给三相异步牵引电动机驱动机车动轮。

3）走行部

走行部包括车架、车体、转向架等基础部件。

（1）车架。车架是机车的骨干，是安装动力机、车体、弹簧装置的基础。车架为一矩形钢结构，由中梁、侧梁、枕梁、横梁等主要部分组成，上面安装有柴油机、传动装置、辅助装置和车体（包括司机室），下面由两个转向架支撑并与车架相连，车架中梁前后两端的中下部装设车钩、缓冲装置。车架承受荷载最大，并传递牵引力使列车运行，因此，车架必须有足够的强度和刚度。

（2）车体。车体是车架上部的外壳，起保护机车上的人员和机器设备不受风、沙、雨雪的侵袭和防寒作用。按其承受载荷情况，分为整体承载式和非整体承载式；按其外形分为罩式和棚式。

（3）转向架。转向架是机车的走行装置，又称台车，由构架、旁承、轴箱、轮对、车轴齿轮箱（电力传动时包括牵引电机）、弹簧、减振器、均衡梁，以及同车架的连接装置、基础制动装置等主要部件组成。其作用是承载车架及其上面装置的重量，并把重量均匀分配给每个轮对；传递牵引力和制动力；帮助机车平衡运行和顺利通过曲线。

通常用轴式来表示机车走行部的特征，如 B—B，表示该机车有两台二轴转向架，共 4 个轮轴，轮轴的驱动方式为成组驱动；而 C_0—C_0 则表示该机车有两台三轴转向架，共 6 个轮轴，每一轮轴均为单独驱动。其中字母“B”或“C”代表数字 2 或 3，即为每个转向架上的轮轴数。下脚有“0”表示每根轮轴都有单独的驱动装置，一般为电传动；无下脚“0”表示整个转向架的轮轴是成组驱动，一般为液力传动。又如 2（B_0—B_0）表示它是由两节机车联挂、每节机车是由 2 个二轴转向架组成的 8 轴机车，8 根轮轴都是单独驱动的动轴。

4）辅助装置

辅助装置是用来保证柴油机、传动装置、走行部、制动装置和控制调节设备等正常工作的装置。其主要设备如下。

（1）燃油系统——保证给柴油机供应燃油的设备及管路系统；

（2）冷却系统——保证柴油机和液力传动装置能够正常工作的冷却设备和管路系统；

（3）机油管路系统——给柴油机正常润滑的设备及管路系统；

（4）空气滤清器——过滤空气中灰尘等脏物的装置；

（5）压缩空气系统——向列车空气制动装置、砂箱、空气笛及其他设备供应压缩空气的系统；

（6）辅助电气设备——蓄电池组、直流辅助发电机、柴油机起动电机等。

5）制动设备

内燃机车都装有一套空气制动机和手制动机。此外，多数电力传动机车增设电阻制动装置，液力传动机车装有液力制动装置。

6）控制设备

控制设备是控制机车速度、行驶方向和停车的设备，主要有机车速度控制器、换向控制器、自动控制阀和辅助制动阀。操纵台上的监视表和警告信号装置有：空气、水、油等压力表，主要部位温度表，电流表、电压表，主要部位超温、超压或压力不足等音响和显示警告信号。为了保证安全，便于操作，内燃机车上还装设有机车信号和自动停车装置。

2. 内燃机车的工作原理

电力传动装置的工作原理如图 6-1-13 所示。柴油机与发电机转子连接在一起，组成发电机组，柴油机发出的动力传输给主发电机，主发电机转子旋转，机械能转化为交流电能，经整流柜将三相交流电变换为直流电，供给牵引电动机使用，把电能再转变成机械能，驱动机车动轮。

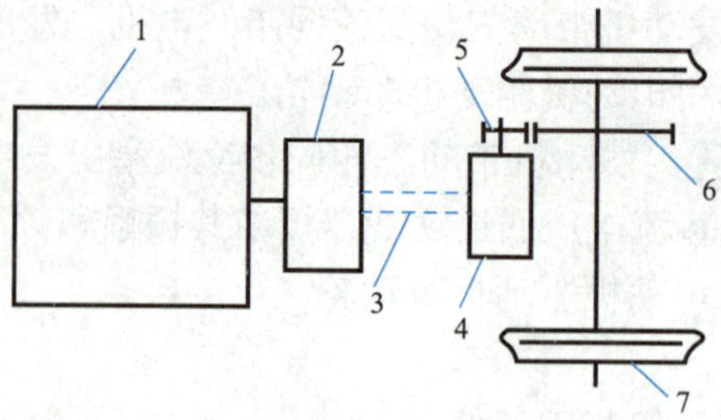

1—柴油机；2—牵引发电机；3—电路；4—牵引电机；5—主动齿轮；6—从动齿轮；7—动轮

图 6-1-13　电力传动装置的工作原理

3. 新型内燃机车

1）HXN_3 型内燃机车

HXN_3 型内燃机车于 2008 年 7 月 2 日在中车集团大连机车车辆有限公司下线。这种新型内燃机车装用先进的大功率、低油耗、低排放、电喷柴油机，采用交流传动系统、车载微机网络控制系统以及集成化气路的空气制动系统等 11 项国际先进、成熟的新技术，并具备三机重联功能。

HXN_3 型内燃机车是 6 000 马力大功率交流传动干线货运内燃机车，机车额定功率 4 410 kW，轮径 1 050 mm，轴式 C_0—C_0，25 t 轴重，最高运行速度 120 km/h，最大起动牵引力 620 kN，持续牵引力 598 kN，恒功率速度范围 23～120 km/h，通过最小曲线半径 145 m。该型机车装用 16V265H 型柴油机，最大运用功率达 4 660 kW。该型机车是国际上首台同等功率等级的双司机室内走廊机车，采用先进的 16V265H 型大功率低排放电喷柴油机、交流传动及控制、32 位 EM2000 微机网络控制和故障诊断、CCBⅡ电控制动等先进技术，能够满足双机牵引 5 000 t，平直道上 120 km/h 运行的要求。出于对驾驶人员舒适性的考虑，该机车还配备了微波炉、空调、冰箱以及洗手间。

HXN_3 型内燃机车及新 HXN_3 型内燃机车（高原过渡型号）如图 6-1-14、图 6-1-15 所示。

图 6-1-14　HXN_3 型内燃机车

图 6-1-15　新 HXN_3 型内燃机车（高原过渡型）

2）HXN_5 型内燃机车

HXN_5 型大功率交流传动内燃机车于 2008 年 11 月 25 日在中车集团戚墅堰机车有限公司下线，这款机车采用罩式车体，装用大功率 IGBT 变流器，额定功率达到 4 660 kW，最大运用时速 120 km，并且排放低、节能好，是贴上了绿色环保标签的最新产品。

HXN_5 型机车采用模块化设计、外走廊、底架承载结构，机车轴重为 25 t，大大方便了制造组装及规模化生产。机车具有卓越的防空转、防滑行功能，具有轮周效率高，黏着利用率高，起动加速快，动力学性能和制动性能良好的特性。机车主要技术经济指标均达到了国际先进水平。HXN_5 型内燃机车如图 6-1-16 所示。

6.1.3　电力机车认知

电力机车的种类虽然很多，但其主要组成和工作原理基本相同或相似。电力机车由机械部分、电气部分和空气管路系统三部分组成。

图 6-1-16　HXN_5 型内燃机车

1. 机械部分

电力机车机械部分主要由车体、走行部、车钩缓冲装置、轮缘润滑系统及基础制动装置组成。SS_8 型电力机车设备布置总图如图 6-1-17 所示。

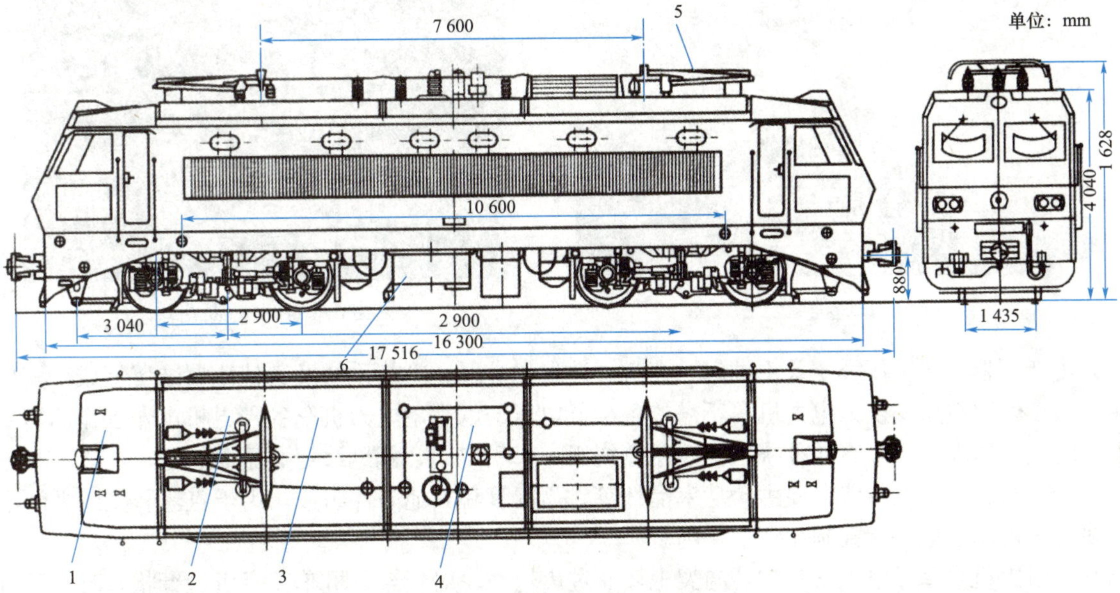

1—司机室设备布置；2—机械室设备布置；3—电器室设备布置；4—变压器室设备布置；5—车顶设备布置；6—辅助设备布置

图 6-1-17　SS_8 型电力机车设备布置总图

1）车体

车体用来安放各种设备，同时也是乘务人员的工作场所，由底架、司机室、台架、侧墙和车顶等部分组成。司机室设在车体的两端，有走廊相通。司机室内安装控制设备，如司机控制器、制动阀、按钮开关、监测仪表和信号灯等。两司机室之间用来安装机车的全部主要设备，有时划分成小室，分别安装辅助机组、开关设备、换流装置以及牵引变压器等。部分电气设备如受电弓、主断路器和避雷器等则安装在车顶上。

2）走行部

机车的走行部即转向架，由构架、轮对、轴箱、轴箱悬挂装置、齿轮传动等部分组成，以构架为基础，各部件组装在一起，使转向架成为一个整体部件。

3）基础制动装置

基础制动装置由制动缸、制动传动装置、闸瓦装置及闸瓦间隙调节器组成，其作用是将制动缸活塞上产生的推力放大若干倍后均匀地传递到各个闸瓦，使之压紧轮对踏面从而产生制动效果。

4）轮缘润滑系统

每节机车装备了一套轮缘润滑系统，轮缘润滑沿行驶方向润滑每个转向架上的第一位轮对。

2. 电气部分

电力机车电气部分的作用就是用线路将各电气设备连接起来构成一个整体，用以实现一定的功能。电力机车的电气部分按功能分为主电路、辅助电路和控制电路三大部分。

1）主电路

主电路的作用是把产生机车牵引力和制动力的各种电气设备连成一个系统，实现机车的功率传播。主电路包括的电气设备主要有受电弓、主断路器、主变压器、变流装置、电抗器、牵引电机和制动电阻等。

（1）受电弓。受电弓是受流器的一种，为铰接式的机械构件，它通过绝缘子安装于电力机车车顶，受电弓如图 6-1-18 所示。受电弓的弓头升起后与接触线接触，从接触网上集取电流，并将其通过车顶母线传递到车内供机车使用。每台机车一般装有两台受电弓，机车正常运行时只升后面的受电弓，另一台受电弓备用。

（2）主断路器。主断路器是机车的总电源开关和保护开关，用于开断、接通电力机车的 25 kV 高压电路。同时主断路器是机车上最重要的保护设备，当机车发生严重电气故障时能自动切断机车总电源，从而保护机车设备。主断路器如图 6-1-19 所示。

图 6-1-18　受电弓

图 6-1-19　主断路器

（3）主变压器。主变压器一般由油箱、器身、油保护装置、冷却系统及其他附属装置组成，其作用是将 25 kV 的接触网电压变换为电力机车所需的各种低电压，以满足电力机车各种电机电器工作的需要。电力机车上的主变压器中一般有四种绕组：高压侧绕组、牵引绕组、辅助绕组、励磁绕组。

（4）变流装置。变流装置主要由大功率晶体管、晶闸管和其他附件组成，用于直流和交流之间电能的变换，并对各种牵引电机起控制和调节作用。

（5）牵引电机。牵引电机安装在转向架上，通过齿轮与轮对相连。机车在牵引运行状态时，牵引电机将电能转换成机械能，通过轮对驱动机车运行。机车在电气制动状态运行时，牵引电机将机械能转换成电能，产生机车的制动力，此时电机处于发电状态。

2）辅助电路

辅助电路是机车上为主电路电器服务的各种辅助电气设备和辅助电源连成的一个电路系统，包括各种电机（冷却风机、压缩机、油泵、水泵的电机）、蓄电池充电器、空调及窗加热装置等。

3）控制电路

控制电路就其功能而言是指令系统，司机通过控制系统发出指令来间接控制机车主电路及辅助电路，以完成各种工况的操作。

三个系统通过电磁、电空或机械传动等方式互相联系，配合动作，以实现机车的运行。

3. 空气管路系统

电力机车空气管路系统的作用是产生压缩空气供机车上的各种风动器械使用，并实现机车及列车的制动与缓解。电力机车空气管路系统按其功能可分为风源系统、控制管路系统、辅助管路系统和制动机管路系统四大部分。

1）风源系统

风源系统主要由空气压缩机组、止回阀、空气干燥器、总风缸、压力控制器、塞门及连接管路等组成，其作用是为制动机系统及全车的气动器械提供稳定和洁净的压缩空气。

2）控制管路系统

电力机车上专门设置了一套为气动电器提供压缩空气的管路系统，称为控制管路系统。控制管路系统主要由辅助空气压缩机、辅助风缸、控制风缸、门联锁阀、止回阀及其连接管路等组成。电力机车上的一些电器，如受电弓、主断路器、高压柜内的二位转换开关及电空接触器，均以压缩空气为动力进行工作状态的转换。

3）辅助管路系统

辅助管路系统主要由风喇叭、刮雨器、撒砂装置及塞门等组成，用以确保机车安全运行及改善性能。

4）制动机管路系统

制动机管路系统主要由空气制动阀、中继阀、分配阀、紧急阀、压力开关、塞门及其连接管路等组成，给制动机系统各部件的动作提供所需的压缩空气。

4. 电力机车工作原理

1）交—直型电力机车

如图 6-1-20 所示，交—直型电力机车是靠机车顶部升起的受电弓从接触网上取得单相工频交流电，经牵引变压器降压，再经变流装置将交流电整流转换为直流电，供给直流牵引电机，经传动装置使车轮转动，使机车产生动力。

交—直型电力机车有结构简单、造价低、控制简单和运行可靠的优点，但由于受供电及牵引电机端电压的限制，机车功率受到限制且供电效率低，不能满足大功率牵引的需要。

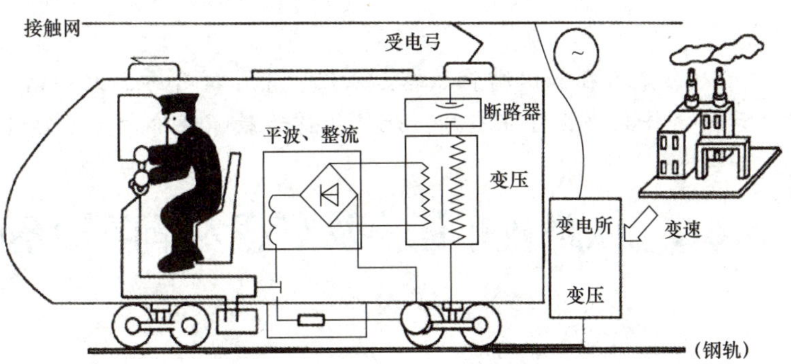

图 6-1-20 交—直型电力机车的工作原理示意图

2）交—直—交型电力机车

交—直—交型电力机车也是经受电弓从接触网上取得单相工频交流电，经变压器降压，不同的是交—直型电力机车的变流装置将单相工频交流电整流后再进行逆变，从而转换成电压和频率可调的三相交流电供给三相交流牵引电机。

交—直—交型电力机车具有优异的牵引和制动运行性能、黏着系数高、电机维护简单、功率因数高、等效干扰电流小等诸多优点。目前我国的和谐型交—直—交型电力机车已经在国内的重载线路上发挥了重要的作用，体现了交—直—交型电力机车的优越性能。HXD_1 型、HXD_2 型电力机车现在已经取代 SS_4 改型电力机车成为大秦线的主力，两台和谐型电力机车通过无线重联可以牵引 2 万 t 的重载列车。

5. 计算机控制系统和逻辑单元

1）计算机控制系统

在电力机车上计算机控制的主要任务是优化黏着控制，分配制动力，对牵引力和制动力做进一步处理后传送给传动及控制系统。计算机的控制目标主要是机车速度，信息处理机构为微型计算机，执行机构是晶闸管变流装置，即计算机根据司机给定手柄级位与机车的实际速度比较输出信号，调节晶闸管的触发脉冲，从而控制牵引电机的电枢电流，达到控制机车速度的目的。

机车的计算机控制系统具有多种功能。它自动化程度高，可部分代替司机的工作，除牵引、制动控制功能外，还能实现防空转滑行、空电联合制动、列车供电控制、自动过分相、故障转换、故障诊断、故障记录和网络通信等功能。

2）逻辑控制单元

逻辑控制单元（logical control unit，LCU）相当于可编程控制器PLC，是新型机车上的一种可编程逻辑控制器件。

在控制电路中采用逻辑控制单元取代机车上传统的继电器有触点控制电路，以克服继电器控制电路的不足，适应机车计算机控制技术不断发展的需要。

知识测评

1. 简述铁路机车的类型。
2. 简述内燃机车的构造。
3. 简述电力机车的构造。

学习作品

课后每名同学单独制作一个开放的、富有创造性的表现学习过程和学习成效的视频，时间为5 min以内，至少包括以下4项内容：

1. 铁路机车的类型；
2. 内燃机车的构造；
3. 电力机车的构造；
4. 通过对本任务的学习，个人在知识增长、能力强化、素养提升方面的小结。

在课程结束后的3天内将作品提交任课教师，此作品作为教师评价学生学习效果的依据。

任务6.2　铁路机车运检及车载安全防护系统

学习目标

1. 了解铁路机务段的职能。
2. 掌握铁路机车运用管理制度。
3. 掌握铁路机车检修制度。
4. 掌握铁路机车车载安全防护系统（6A）。

基础知识

铁路机车是铁路运输的牵引动力装置，机车的运用与检修工作是铁路运输的重要组成部分。科学高效地检修机车，确保机车的完好状态，经济合理地运用机车，对完成铁路运输任务具有十分重要的意义。

6.2.1　铁路机车配属

我国铁路机车实行配属管理制度。国铁集团根据运输任务需要和运输设备条件等因素将铁路机车配属给铁路局集团公司使用和保管。铁路局集团公司按担当任务量的大小配属一定数量的机车给所属机务段，以完成运输生产任务。

6.2.2　机务段及整备作业

机务段是机车运用与检修的基层单位，一般设在区段站和编组站，根据运量，配属了一定数量的机车。

1. 机务段类型

机务段按所担当的任务可分为货运机车机务段、客运机车机务段和客货运机车混合机务段；按机型可分为内燃机车机务段、电力机车机务段或混合机务段。

2. 机务段任务

机务段的任务是认真贯彻上级的命令指示，执行列车运行图、机车周转图；在机车运用方面，负责计划和组织本段机车和乘务组完成邻接区段的列车牵引任务和车站调车任务，并对日常运用机车进行整备和日常保养；在机车检修方面进行段修范围内的机车定期检修和日常维修工作，按计划供应质量良好的机车，确保运用机车的状态良好。

3. 机务段生产机构及职能

机务段设有管理部门和生产车间。生产车间包括运用车间、检修车间、整备车间、设备车间、监控车间和机务折返段等。

运用车间主要负责机车的运用与保养工作；检修车间主要负责段修范围内的定期检修以及机车的日常维修；整备车间负责机车用的燃料、润滑油、水、砂等物资供应和机车的各种整备作业；设备车间负责机务段内的各种机械设备、水电动力设施的管理与维修；监控车间负责列车运行监控记录装置或自动停车装置等设备的检测、运行信息转储及设备维护；机务折返段是机务段的派出行车单位，主要负责折返段所在站的专用调车机车的运用及折返机车的整备作业及保养，并组织乘务员休息。

机车出段牵引列车或担任调车作业前，需要供应机车必需的物资和做好各项准备工作，这些工作称为机车整备作业。车型不同，整备作业的内容也不同。机车整备作业项目如表 6–2–1 所示。为完成机车整备作业，机务段还必须修建相应的整备设施及设备，如机车整备场、加油站，转向、化验、清洗等设备。

表 6–2–1 机车整备作业项目

需要供应物资			需要做的准备工作		
项目	内燃机车	电力机车	项目	内燃机车	电力机车
燃料	Y	N	机车转向	Y（N）	N
水	Y	N	机车擦拭	Y	Y
砂	Y	Y	检查	Y	Y
润滑油	Y	Y	给油	Y	Y
擦拭材料	Y	Y	交接班	Y	Y

6.2.3 机车运用

机车运用的一大特点是：机车只要离开机务段，就要受到车站以及上级运用管理部门的调度和指挥。因此，机务部门和行车部门的关系尤为密切，两者必须联动协作才能安全、高效、优质地完成运输任务。

1. 机车交路

机车交路是机车固定担当运输任务的两站之间的周转区段，也称机车牵引区段。

根据牵引区段长度不同，机车交路分为短交路和长交路。

如果用一班或一班以上乘务组在规定的连续工作时间内，机车仅能够完成一个单程交路的牵引作业，称作长交路。

如果用一班乘务组在规定的连续工作时间内，机车能够完成一个往返交路的牵引作业，称为短交路。

2. 机车运转制

机车运转制是指机车在交路上从事列车牵引作业的方式，它是合理使用机车的因素之一。我国铁路机车运转方式主要分为肩回运转制和循环运转制。

1）肩回运转制

机车牵引列车在一个交路区段内往返一次后即进入本段整备检查的运转制，为肩回运转制。机车的长、短交路均可采用这种运转方式，在我国铁路区段上，担当牵引任务的机车多采用肩回运转制。肩回运转制如图 6-2-1 所示。

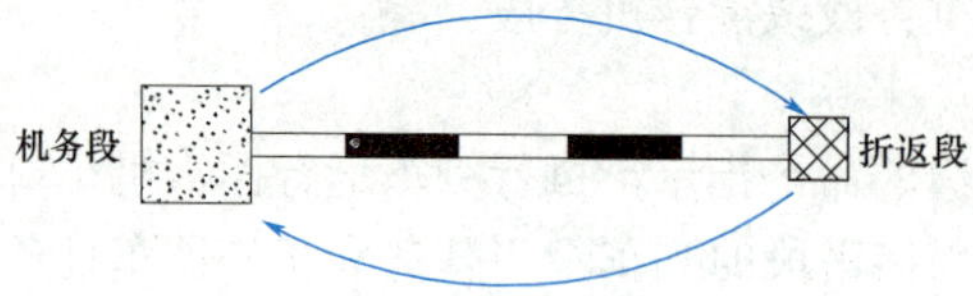

图 6-2-1　肩回运转制

2）循环运转制

机车牵引列车在相邻两个交路区段内做往返连续运行，直到需要进行中检或定期检修时，才进入机务段的运转制，为循环运转制。一般短交路均可采用这种机车运转方式。循环运转制如图 6-2-2 所示。

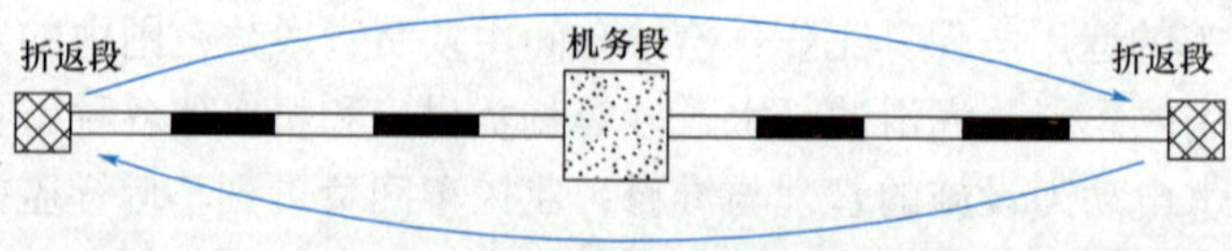

图 6-2-2　循环运转制

3. 乘务制度

机车乘务制是指机车乘务员使用机车的制度，一般分为轮乘制、包乘制、轮包结合制。

1）轮乘制

轮乘制是乘务组不固定包管、包用机车的乘务制，即按运转派班计划，派出乘务组到任一机车出乘。

采用轮乘制是实现机车长交路的先决条件。轮乘制提高了机车的利用率和乘务员的劳动效率，也提高了铁路运输效率，而机车的保养及检修条件较差，因此对机车本身的质量要求较高。

长交路轮乘制的特点如下。

长交路轮乘制的优点是减少直通、直达列车摘挂机车的次数，缩短了列车在技术站的停留时间，提高了旅行速度，加快了货物送达和机车车辆的周转；减少机车出入段次数及等待列车的停留时间，加快机车周转，提高机车运用效率和乘务员的劳动生产率；实行轮乘制，人不受机车限制，机车不受人限制，便于组织运输生产，而且乘务员之间的劳逸较均衡；减少沿线机务设备及区间段站的设置，节省基建投资，降低了运营成本。

长交路轮乘制的缺点是随着机车交路的延长，对机车状态的要求更高，对机车乘务员的技术水平要求更高，必须提高机车修造质量及日常维护保养水平。

2）包乘制

包乘制是由固定的几个乘务组包管、包用一台机车的乘务制。

包乘制由于乘务组工作的机车相对固定，有利于加强乘务员的责任心和机车的保养工作，同时也便于乘务员熟悉机车性能，但常会出现车等人或人等车的现象，劳动生产效率较低，机车运用率也较低。

3）轮包结合制

轮包结合制是一台机车，在某些交路由固定包乘乘务员担任，而在其他交路上由非本机车包乘人员或其他轮乘人员担任的一种乘务制度。

4）乘务组的出乘方式

机车乘务组如何出乘换班，担当机车作业的方式，称为乘务组的出乘方式。按照机车交路的长短和乘务组连续工作的时间要求，乘务组的出乘方式主要有以下 3 种。

（1）立即折返制。包乘组中一班出乘，到达折返段后不换班，立即原班原机返回。

（2）外段驻班。包乘组中一班出乘，到达折返段后换班退勤，机车交由驻在折返段的另一班乘务组接乘返回。

（3）随乘换班。包乘组中两班出乘（另两班在驻地休息），其中一班工作，另一班在随挂的宿营车上休息，到达某中途站或折返点后，自行换班随乘返回。

包乘制各乘务组的换班方式与交路类型有关，各有优缺点。立即折返方式用于短交路，具有短交路增加沿线机务设备和区段站数量及投资的缺点，至于机车车辆运用效率，由采用何种机车运转制而定。立即折返方式对于机务段组织管理和乘务员下班后能回家休息等方面是有利的。外段驻班方式具有长交路的某些优点，一般多采用此种方式，但乘务员要经常在外段驻班休息，应加强驻班点的组织管理和乘务员生活休息条件的改善。随乘方式一般只在线路修建期间及战时特殊情况下采用。

随着铁路牵引动力的发展，列车运行速度的提高、行车密度的加大，我国铁路逐步实行了长交路轮乘制。一方面，长交路轮乘制运转方式可减少机车摘挂次数，减少中途停站时间，提高旅行速度，加快机车周转；另一方面，又可以减少机车出入段的次数和等待列车时间，提高劳动生产率，但是，随着机车交路的延长，对机车状态的要求更高，对机车乘务员的技术水平要求更高，必须提高机车修造质量及日常维护保养水平。

6.2.4 机车检修

机车在运用中，其技术状态随着走行千米数的增加，各部件都会发生磨耗、变形或损坏，达不到预定的工作性能，导致机车出现故障，因此，要对其进行维修。除了乘务员的日常检查和保养外，还必须进行各种定期检修。

1. 直流机车定期检修的修程

内燃、电力机车分为大修、中修、小修和辅修。机车大修是一种全面的恢复性修理，修后机车需达到新车水平；中修主要修理走行部；小修主要是为了对有关设备进行测试和维修；辅修是临时性的维修和养护。

机车检修周期根据机车实际技术状态和走行公里或使用日期，由国铁集团各型号机车检修技术规程规定。

若用 R 来表示新造或大修机车，用 b 表示中修，用 e 表示小修，用 d 表示辅修，则机车的修理周期结构，如图 6–2–3 所示。其表示在一个大修修理周期内，经历两次中修，在一个中修周期内经历一次小修，每次小修、中修之间或小修之间经过两次辅修，在每次辅修中间需进行若干次中间技术检查和日常的维护保养。

R—d—d—el—d—d—bl—d—d—e2—d—d—b2—d—d—e3—d—d—R

图 6–2–3 机车的修理周期结构

2. 交流机车定期检修的修程

交流机车定期检修的修程分为 C1、C2、C3、C4、C5 和 C6 修（读作 1 级修、2 级修、3 级修、4 级修、5 级修和 6 级修，其中“C”是取英文单词“class”首个字母，含义为“等级”）。

C1 修：机车例行检查和保养，利用机车自检系统进行故障诊断，按状态修理。

C2 修、C3 修：机车关键部件重点检查维修，有针对性地恢复机车运行可靠性。

C4 修：机车主要部件检查，性能参数测试，修复不良状态部件，恢复机车可靠质量状态。

C5 修：机车主要部件分解检修，性能参数测试，恢复机车可靠质量状态。

C6 修：机车全面分解检修，性能参数测试，恢复基本性能，可同时进行机车或主要部件的技术提升。

3. 计划预防维修制度

我国目前的检修体制实行的是机车计划预防修。计划预防维修制度，是在掌握机器磨损和损伤规律的基础上，根据各种零件的磨损速度和使用极限，以防重于治为原则，对机械设备有计划地组织保养和修理，防止或减少故障，从而能较好地发挥设备的使用效能。计划预防修理制的具体实施可概括为“定期检查、按时保养、计划修理”。

主要零部件的专业化集中修和定期检测状态修，是为适应铁路快速发展，提高机车配件质量而进行的修制改革。专业化集中修是将机车中修及以上作业，集中在少数几个有相应检修能力的机务段进行，避免设备重复投入，提高检修效率和经济效益。对机车的主要零部件的检修按照专业化的生产原则，合理分工、定点协作，同时采用诊断技术，定期监测机车主要零部件参数变化、确定设备的状态，制定合理的检修周期，坚持“按工艺、按机统 28 机车状态、按规定的技术要求、按范围”“程序化、机械化、文明化”记名修车，确保检修质量。

6.2.5 机车车载安全防护系统（6A）

1. 系统应对的主要问题

机车运行过程中关系到机车安全的最常见的问题集中在以下方面：机车设备（空气制动系统、车内电器设备、为客车供电的设备、内部设备间、车顶高压设备、机车走行部轴承齿轮车轮等）故障、机车火灾、机车运行前方存在障碍物等。为了满足对上述方面的监测需求，我国铁路采用了机车车载安全防护系统，即6A系统。

2. 主要组成

6A系统由中央处理平台和6大安全监测子系统组成。

（1）机车空气制动安全监测子系统（ABDR），监测机车运行过程中的停放制动状态等，发送报警信息。

（2）机车防火监控子系统（AFDR），检测是否发生火情，及时发出报警。

（3）机车高压绝缘检测子系统（AGDR），测量高压设备对地的漏电流等，检测机车的绝缘状况。

（4）机车列车供电监测子系统（APDR），通过监测列车供电线路对地漏电流值对列车供电系统进行监测。

（5）机车走行部故障监测子系统（ATDR），通过监测轴承温度及供电情况，综合评估轴承、齿轮及车轮踏面状态。

（6）机车自动视频监控及记录子系统（AVDR），通过摄像头，对司机室、机械间、路况等情况进行记录；火灾发生时可自动切换至火情发生区域。

3. 主要功能

6A系统主要实现综合诊断、统一存储、集中显示和车—地通信等功能。

知识测评

1. 简述铁路机务段的职能。
2. 简述铁路机车运用管理制度。
3. 简述铁路机车检修制度。
4. 简述铁路机车车载安全防护系统（6A）。

学习作品

课后每名同学单独制作一个开放的、富有创造性的表现学习过程和学习成效的视频，时间为5 min以内，至少包括以下5项内容：

1. 铁路机务段的职能；
2. 铁路机车运用管理制度；
3. 铁路机车检修制度；
4. 铁路机车车载安全防护系统（6A）；
5. 通过对本任务的学习，个人在知识增长、能力强化、素养提升方面的小结。

在课程结束后的3天内将作品提交任课教师，此作品作为教师评价学生学习效果的依据。

任务6.3 铁路基础设施检修装备

学习目标

1. 了解铁路基础设施检修装备类型。
2. 掌握轨道车的种类及常见车型。

3. 掌握大型养路机械的种类及常见车型。
4. 掌握接触网作业车的种类及常见车型。
5. 掌握隧道煤粉清理车的种类及常见车型。
6. 了解铁路基础设施检修装备运用安全规定。

基础知识

6.3.1 铁路基础设施检修装备正式纳入《铁路机车车辆目录》

铁路基础设施检修装备，就是业内通常说的“自轮运转特种设备”，自 2024 年 7 月 1 日起正式纳入《铁路机车车辆目录》，打破以作业功能为分类的既有行业管理模式，按作业对象进行重整及划分，可涵盖目前全部产品（包括在研检修装备）。

铁路基础设施检修装备类型如下。

1. 轨道车

轨道车主要包括通用轨道平车、起重轨道平车、重型轨道车、起重轨道车、电气化铁路接触网作业车、接触网专用平车等。

2. 钢轨及道岔检修车

钢轨及道岔检修车主要包括铁路大型养路机械钢轨打磨车、铁路大型养路机械钢轨铣磨车、移动式焊轨车等。

3. 轨枕检修车

轨枕检修车主要包括线路大修列车等。

4. 线路及道岔检修车

线路及道岔检修车主要包括铁路线路捣固车、带式物料运输车、轨道动力稳定车、配砟整形车、道砟清筛机等。

5. 轨道清洁车

轨道清洁车主要包括铁路道床吸污车等。

6. 桥隧检修车

桥隧检修车主要包括铁路桥梁检查车等。

7. 接触网检修车

接触网检修车主要包括电气化铁路接触网立杆作业车、电气化铁路接触网恒张力放线车、电气化铁路接触网检修作业车等。

8. 铁路基础设施检测车

铁路基础设施检测车主要包括铁路大型养路机械钢轨探伤车等。

6.3.2 轨道车

1. 轨道车类型

1）按性能作用分类

轨道车按其性能作用可分为轻型轨道车、重型轨道车（含起重轨道车和发电轨道车）、起重轨道车和轨道平车。

2）按传动方式分类

轨道车按传动方式可分为机械传动式、液力传动式和电传动式。

3）按轴列式分类

轨道车按轴列式分为轴列式为 B 的二轴车、轴列式为 A—A 的四轴车和轴列式为 B—B 的四轴车三种，其中四轴为转向架结构，二轴为轮对直接与车体车架连接结构。

2. 轨道车型号

轨道车型号由轨道车名称代号、结构特点代号和主要参数三部分组成。

1）名称代号

轨道车的名称代号用车辆名称的汉语拼音第一个字母大写组成，如重型轨道车用 G（轨）、C（车）表示。

2）结构特点代号

轨道车的结构特点代号指轨道车传动方式代号。其中，机械传动不标，液力传动用字母 Y 表示，电传动用字母 D 表示。

3）主要参数

主要参数表示发动机功率。

3. 轨道车常用车型

轨道车常用车型有 GC-270 型轨道车、GCY-300 Ⅱ 型轨道车等。

1）GC-270 型轨道车

轨距：1 435 mm

功率：270 kW

自重：37 t

最高自运行速度：100 km/h

传动方式：机械传动

转向架中心距：7 200 mm

外形尺寸：14 030 mm×3 070 mm×4 500 mm

GC-270 型重型轨道车为机械传动的四轴轨道车，驾驶室内前后端各设有 1 个标准化操作台，方便双向驾驶。车内空间大，可乘坐 35 人，如图 6-3-1 所示。

2）GCY-300 Ⅱ 型轨道车

轨距：1 435 mm

功率：300 kW

自重：46 t

最高运行速度：120 km/h

传动方式：液力传动

转向架中心距：10 500 mm

外形尺寸：17 440 mm×3 120 mm×4 460 mm

GCY-300 Ⅱ 型轨道车为液力传动的四轴重型轨道车，1 个驾驶室，单向驾驶。采用动力下悬布置；车后设载货平台和随车起重机，如图 6-3-2 所示。

图 6-3-1　GC-270 型轨道车

图 6-3-2　GCY-300 Ⅱ 型轨道车

4. 轨道车作业

1）施工作业

工务轨道车施工作业主要内容包括：配合工务专业换轨换岔、配合施工装卸材料、配合大型养路机械作业、运送作业人员和机具进行维修作业等。

2）编组配置

根据配合作业内容编组配置相应的轨道车。配合换轨换岔一般应配备两台轨道车、一台单臂吊轨道平车、一台收轨车。配合大修装卸轨料应配备两台以上轨道车、收轨车及平车。配合大型养路机械作业一般配备两台轨道车，运送作业人员机具进行维修作业根据作业需要配备轨道车、轨道平车。根据线路等级、作业条件、封锁时间、作业要求等实际因素，具体配备内容可相应调整，可扩大设备组合，提高施工效率。

6.3.3 大型养路机械

铁路线路是列车运行的基础，为保证列车的正常运行，铁道线路必须保持规定的技术完好状态。在实际运营过程中，列车的运行必然会造成线路的磨损，导致几何参数的变化。因此，计划性、系统性地对线路进行检查和养护是十分必要的。随着我国铁路高速、重载和舒适化运输的要求，线路验收标准逐步提高，再加上近年来各种新建铁路、客运专线，以及改、扩建线路的大量竣工，大幅增加了我国铁路的运营里程，以往传统的养护手段已经无法满足要求，大力推广使用大型养路机械进行系统化、机械化养护已成为必然。

1. 大型养路机械控制技术

大型养路机械集机械、电气、液压、气动于一体，通过自动检测、电液伺服控制、自动联锁、微机控制等先进技术，实现线路的机械化养护。

2. 大型养路机械组成

大型养路机械一般由发动机系统、动力传动系统、制动系统、走行系统、电气系统、液压系统、测量系统、工作装置等组成。

3. 常用大型养路机械简介

1）捣固车

捣固车能对线路进行起道、抄平、拨道、道砟捣固及夯实作业。作业后可使线路方向、左右横向水平和前后高低均达到线路维修规则的要求，提高道砟的密实度，增强线路的稳定性，确保列车安全运行。DC-32K 型线路捣固车如图 6-3-3 所示。

2）动力稳定车

WD-320 型动力稳定车作业时强迫轨排及道床产生横向水平振动并向道床传递垂直静压力，使道砟流动重新排列，互相填充达到密实，实现轨道在振动状态下有控制地均匀下沉，提高作业线路的横向阻力和道床的整体稳定性。WD-320 型动力稳定车（见图 6-3-4）作业效率为 0.2～2.5 km/h。

图 6-3-3　DC-32K 型线路捣固车

图 6-3-4　WD-320 型动力稳定车

3）钢轨打磨车

钢轨打磨车通过打磨装置对钢轨表面进行打磨，消除钢轨表面的不平顺、缺陷、病害等问题，同时可将轨头轮廓恢复到设计要求，实现预防钢轨表面缺陷的产生，减缓缺陷的发展，提高钢轨表面质量，延长钢轨使用寿命，降低轮轨噪声，改善旅客乘车舒适度的目的。

PGM-48 型钢轨打磨车（见图 6-3-5）由三节车体组成，全列共有 48 个打磨头，作业走行速度为 1.6～24 km/h。

4）清筛机

清筛机是用来清筛道砟的大型机械，它能将脏污的道砟挖出，进行筛分后，将清洁道砟回填至道床，将筛出的污土抛至线路外。

QS-650 型线路清筛机可在不拆除轨排的情况下，挖出轨排下的道砟，经过筛分后，将污土抛到该机前方线路的两侧或物料运输车内，清洁道砟回填至挖掘区域后方。在翻浆冒泥路段，可对道床道砟进行全抛作业。QS-650 型线路清筛机（见图 6-3-6）作业走行速度为 0～1 km/h，作业效率大于或等于 650 m^3/h。

图 6-3-5　PGM-48 型钢轨打磨车

图 6-3-6　QS-650 型线路清筛机

5）配砟整形车

配砟整形车具有对道床进行抛砟、配砟、整形和清扫轨枕面等作用，配砟整形车可编挂于捣固车之前，使捣固前道床断面成形、布砟均匀、方便捣固；也可编挂于捣固车之后，使捣固后道床得到进一步整理成形，同时将散落在轨枕或扣件上的道砟清扫干净。

SPZ-200 型双向配砟整形车（见图 6-3-7）作业走行速度为 0～12 km/h。

6）物料运输车

WY-100 型物料运输车可与清筛机整编成一列车组，将清筛作业产生的废弃污土料在不间断清筛作业的情况下适时地运走，在提高了天窗利用率的基础上，有效地避免了将大量废弃污土抛弃在路肩地段、多线区段以及车站范围内，保护了环境，杜绝了传统清筛作业的人工二次清理，从而极大地提高了清筛作业的整体作业效率。WY-100 型物料运输车（见图 6-3-8）的储料箱容积为 68 m^3，输送能力大于 800 m^3/h，满载料卸空时间小于 5 min。

图 6-3-7　SPZ-200 型双向配砟整形车

图 6-3-8　WY-100 型物料运输车

6.3.4　接触网作业车

电气化铁路的发展有效地提升了铁路运输能力、降低了运输成本、减少了环境污染，为确保持续、稳定、安全地为牵引机车和动车组供电，需要定期对接触网设备进行检修维护。接触网检修属于高空作业，为确保作业安全，满足接触网检修作业要求，我国自主研发了各种类型的接触网作业车。

接触网作业车可以满足接触网恒张力放线、接触线及承力索检修、绝缘子清洗、接触网状态检测及接触网支柱立杆作业等多种作业需求，同时也可以用作牵引车。接触网作业车现已成为电气化铁路建设、运营维护、应急抢险工作中不可或缺的设备。

1. 供电作业车的类型

供电作业车按作用性能分为接触网检修车（列）、接触网放线车、接触网检测车、接触网立杆车、绝缘子冲洗车等。

供电作业车按传动方式可分为机械传动式作业车和液力传动式作业车。作业车轴列式与轨道车相同，都为 4 种。作业车主要由动力及传动系统、走行系统、车钩缓冲装置、电气控制系统、制动系统、车体、液压系统及液力升降回转作业平台组成。

2. 常用供电作业车简介

供电作业车常用车型有 JW-4G 型接触网作业车、BRC-711 型多功能作业车、JJC 型接触网检修作业车。

1）JW-4G 型接触网作业车

JW-4G 型接触网作业车最高运行速度为 120 km/h，采用动力下悬布置；后端安装有自动调平功能的作业平台，如图 6-3-9 所示。

2）BRC-711 型多功能作业车

BRC-711 型多功能作业车最高运行速度为 160 km/h，配有升降旋转作业平台、高空作业斗、导线拨线装置、接触网检测装置等设备，能胜任复杂的检修环境，如图 6-3-10 所示。

图 6-3-9 JW-4G 型接触网作业车

图 6-3-10 BRC-711 型多功能作业车

3）JJC 型接触网检修作业车

JJC 型接触网检修作业车由两台牵引车和十台作业车组成，最高运行速度 120 km/h。顶部安装有 175 m 的贯通升降作业平台，该车集贯通平台作业、牵引、弓网取电、发电、材料存储和预配、备件和工具储放、食宿、会议、现场办公等于一体，如图 6-3-11 所示。

图 6-3-11 JJC 型接触网检修作业车

6.3.5 隧道煤粉清理车

2024 年 1 月，在西康铁路引镇至青岔区间，全路首台隧道煤粉清理车正式投入使用，铁路大型养路机械再添新成员。作为“大黄蜂”家族的新成员，此次投入使用的 TX-100K 型煤粉清理车也有了别称——铁路版“超强吸尘器”，如图 6-3-12 所示。

受自然环境以及运煤列车开行的影响，煤灰会在线路上、隧道内不断堆积，进而影响列车运输环境。铁路版“吸尘器”负责为铁路既有线路，进行煤灰清理作业。

(a) 整体

(b) 局部

图 6-3-12　TX-100K 型煤粉清理车

1. 隧道煤粉清理车组成

隧道煤粉清理车由动力车、侧吸车、中吸车三节车厢组成，如图 6-3-13 所示。

(a) 动力车

(b) 侧吸车

(c) 中吸车

图 6-3-13　隧道煤粉清理车组成

2. 隧道煤粉清理车工作过程

隧道煤粉清理车，采用扫、吸结合，负压输送原理，能对道床表面、轨道中心 7.2 m 范围内的煤粉进行清理、收集，整机具备防爆、隔爆、泄爆、防火、环境监测等功能，如图 6-3-14 所示。

收集的煤粉经除尘系统分离后通过输送带传输到物料车上，并在作业完成后，在固定区域内对收集到的煤粉进行统一排放处理。

隧道煤粉清理车投入使用后，将大幅度节约劳动成本，提升铁路设备使用寿命，延长隧道大修周期，改善列车运行环境，提高铁路运输能力。

6.3.6　运用安全

铁路基础设施检修装备驾驶人员，必须经过专业培训、考试或鉴定合格，取得铁路岗位培训合格证书及相应资格后方可上岗。

1. 岗位准入要求

依据《铁路机车车辆驾驶人员资格许可实施细则》的规定，大型养路机械、轨道车、接触网作业车驾驶人员，应当通过国家铁路局组织的考试，并取得相应类别的铁路机车车辆驾驶证。其中，驾驶大型养路机械需取得 L1 或 L2 类铁路机车车辆驾驶证；驾驶轨道车、接触网作业车需取得 L1 或 L3 类铁路机车车辆驾驶证。

(a) 吸煤粉

(b) 扫煤粉

(c) 处理煤粉

图 6-3-14 隧道煤粉清理车工作过程

持有国家铁路局颁发的理论考试合格证明的铁路基础设备设施检修装备驾驶证申请人，在司机指导下方能驾驶相应申请考试机型进行实际操作训练。

司机每年应参加年度鉴定，鉴定不合格者，不准驾驶铁路基础设备设施检修装备。

在高速铁路线上驾驶轨道车、接触网作业车的司机，还应进行高速铁路专项培训并取得 CRH、CR 资格证书。

轨道车上安装的起重装置等设备的使用应严格执行国家和国铁集团的有关规定，起重设备操作人员应按规定取得相应操作资质。

2. 职业能力要求

1）安全知识

司机应熟悉和掌握《铁路技术管理规程》《普速铁路行车组织规则》《铁路车机联控作业》《普速铁路工务安全规则》《高速铁路工务安全规则（试行）》《大型养路机械使用管理规则》《电气化铁路有关人员电气安全规则》《普速铁路接触网安全工作规则》《轨道作业车管理规则》等与铁路基础设备设施检修装备行车和安全相关的规章，正确理解规章各项要求，能够正确识别铁路行车信号、行车标志、线路标志等各种标志符号并严格执行，确保行车安全和作业安全。

2）专业知识

司机应熟悉行车安全设备的基本工作原理、结构和技术性能，按操作手册、作业指导书规范操作；熟悉所驾车型的基本结构、工作原理、检修保养内容及方法，掌握常见故障的处理方法及故障应急处置方法，按照一次出乘作业标准规范驾驶。

3. 安全一般要求

（1）从事铁路基础设施检修装备相关工作的人员，应严格执行相关的运行、作业、消防等安全管理要求。

（2）铁路基础设施检修装备须配备轨道车运行控制设备（GYK）、机车综合无线通信设备（CIR）及防护备品（根据需要配备 GSM-R 手持终端），并应配备起复设备、防溜器具、轴温监测装置、灭火器具等。

（3）铁路基础设施检修装备应按规定进行年检鉴定，经年检鉴定合格并取得铁路局集团公司发放的年检合格证后，方可上线运行。

知识测评

1. 简述铁路基础设施检修装备类型。
2. 简述轨道车的种类及常见车型。
3. 简述大型养路机械的种类及常见车型。
4. 简述接触网作业车的种类及常见车型。
5. 简述隧道煤粉清理车的种类及常见车型。
6. 简述铁路基础设施检修装备运用安全规定。

学习作品

课后每名同学单独制作一个开放的、富有创造性的表现学习过程和学习成效的视频，时间为 5 min 以内，至少包括以下 7 项内容：

1. 铁路基础设施检修装备类型；
2. 轨道车的种类及常见车型；
3. 大型养路机械的种类及常见车型；
4. 接触网作业车的种类及常见车型；
5. 隧道煤粉清理车的种类及常见车型；
6. 铁路基础设施检修装备运用安全要求；
7. 通过对本任务的学习，个人在知识增长、能力强化、素养提升方面的小结。

在课程结束后的 3 天内将作品提交任课教师，此作品作为教师评价学生学习效果的依据。

拓展建议

1. 登录国家铁路局官网，学习《铁路机车车辆目录》《铁路机务设备设计规范》。
2. 阅读有关中国人制造铁路机车的资料。
3. 拓展阅读。

国内首台新型智能重载电力机车顺利下线

2024 年 5 月 9 日，由国家能源集团朔黄铁路公司与中车株洲电力机车有限公司联合研制的国内首台新型智能重载电力机车在湖南株洲正式下线，标志着我国重载铁路运输装备领域取得了又一项重大技术突破，实现了重载机车向智慧重载机车的成功战略转型。新型智能重载电力机车如图 6-3-15 所示，新型智能重载电力机车下线如图 6-3-16 所示。

图 6-3-15　新型智能重载电力机车

图 6-3-16 新型智能重载电力机车下线

这款新型智能重载电力机车的成功研制，是推进朔黄铁路“智慧重载 4.0”战略的重要里程碑。这款机车的投入使用，将极大地提升朔黄铁路的运输能力和服务水平，为我国重载铁路运输事业的发展注入新的动力。

新型智能重载电力机车是我国自主研发、将运用于我国西煤东运第二大通道朔黄铁路重载运输的新一代主型电力机车，这款八轴制式的“钢铁巨人”，是全球最大功率永磁直驱重载货运电力机车，单台最大牵引功率可达 10 400 kW，相比于同轴数的传统电力机车，单台机车单趟运量可提升近 1 200 t、综合年运量可提升近 28 万 t。

该机车具备三大全球首创技术。

（1）应用了全球首创大功率碳化硅变流器，相较于传统技术，功率密度超过 1.8 kW/kg，开关频率可实现 500 Hz 到 2 000 Hz 大范围动态调节，能适应更复杂的线路电网条件，满足机车牵引更加顺畅的需求。

（2）搭载了国际领先水平的全球首创大转矩永磁牵引电机，相比于既有机车异步牵引电机，转矩由 9 717 N·m 增大至 61 000 N·m，使得机车传动效率更高、更环保。

（3）采用了全球首创大牵引力直驱转向架做承载，通过电机弹性架悬、二系回转阻力等先进技术，使机车运动时轮轨间冲击力更小，动力学性能更佳。

三大全球首创技术的应用，让机车运行更轻盈、更绿色低碳，整车能量转化效率由 85%提升至 90%，单台机车运营一年可节省约 33 万度电。

中车株洲电机为我国大功率氢能源机车注入强劲动力

2024 年 5 月，中国中车与国家能源集团联合研制的我国首台大功率氢能源动力调车机车在新朔铁路巴准线四道柳站首次完成万吨装车试验，中车株洲电机公司为此次重载铁路大功率氢能源动力调车机车试验提供强劲动力。

此次装车试验以氢气为动力能源，机车牵引 105 辆 C80 车辆恒速走行 2 km。这标志着我国重载铁路大功率氢能源动力装备的市场化运用取得关键性突破。首台大功率氢能源动力调车机车可根据不同牵引运用需求，实现多种供电模式和不同能量输出策略，运行于“有网+无网”线路，更具广域环境适应能力，满足站内调车、小运转、环线装车、电厂取送车等作业要求。

中车株洲电机公司牵引电机研发团队秉承“市场导向，技术引领”的研发理念，运用成熟可靠技术平台，对牵引电机进行优化设计。该款 YQ-408 牵引电机满足设计时速 100 km，额定功率 408 kW、起动转矩超过 10 000 N·m、低速持续点效率 91.6%，可助力整车实现平直道牵引 10 000 t、4‰坡道牵引 5 000 t 的要求，同时可降低整车能耗、提升整车续航能力。

据悉，随着机车牵引装车任务的试验成功，我国首台大功率氢能源动力调车机车第二阶段试验已经全部完成。氢能源动力调车机车具有高效节能、绿色低碳的特点，中车株洲电机公司将加大力度持续开展氢能动力系统开发与研究，提升企业发展核心能力，为国家“双碳”战略目标达成、我国重载铁路加快实现生产方式绿色变革贡献科技力量。

思政案例　筑路难、护路更难的国防大漠铁路——清绿铁路

1958 年 3 月，经党中央、毛主席批准在额济纳青山头一带修建一座综合导弹试验靶场。然而西北荒漠，杳无人烟，要想在与世隔绝的地方为进军宇宙筑巢，亟须修建一条方便人员和物资进出的大运力铁路通道，根据周恩来总理的批示精神，中央军委决定由铁道兵承担这条专用线的勘察设计和施工。

随着中央军委发出的第一道调令，铁道兵第十师在师长李兴第和政委张少华的率领下，悄然挺进大漠，由于“上不告父母，下不告妻儿”的保密要求，这些从朝鲜战场回来的青年不知道他们接下来要铺设的铁路，将会奠定中国进入一个崭新的时代，中国人要自己造导弹、核弹。

清绿铁路由于国防的特殊性，不能对外公告，按照部队专用线建设。专用线接轨有三个备选方案，经过纸上设计、空中侦察、实地勘察，权衡地理位置、地质、工程量和造价，最后选定从甘肃酒泉清水堡接轨，终到内蒙古额济纳旗绿园的方案。

没有参照物，就用飞机扔下的汽油桶做目标，穿越数百千米，在漫漫戈壁蹚出了一条简易的施工便道，这条便道成为铁路专用线最原始的雏形。

1958 年 5 月 23 日这项“国家交办特别紧急工程”破土动工，绵延的施工线上，白天人声鼎沸，夜晚灯火辉煌。天上无飞鸟、地上不长草、千里无人烟、风吹石头跑的恶劣气候，让铁道兵吃尽了苦头。但“天气再冷，冻不了我们的热心，花岗岩再硬，硬不过我们的双手。”他们住扯皮帐篷，吃沙枣骆驼刺，党叫干啥就干啥的主旋律激励着铁道兵战天斗地，参与施工的人员最多时 6 300 人，80 台土方设备，人员出勤率高达 98.3%。

经过 500 多个日日夜夜，建设大军以团结奋斗、艰苦创业、不怕牺牲、开拓新路的精神，以伤残 70 人、亡 110 人的沉重代价，修建起正线长 240 km 的铁路，创造了边进军、边组建、边设计、边备料、边施工的中国铁路建筑史上的神话。

清绿铁路完工后，年运量高达 200 多万 t，成了比较繁忙的军队运输线路。从地方铁路局调来的职工和就地转业的志愿军老兵成了运输大军，吃住在机车上、线路旁，人员不够一个顶俩，设备不够自己动手制作。

这条铁路，后来因国防需要，经过大修、分岔，运输里程达到 300 余 km。1999 年，终于标注在中华人民共和国的地图上。

清绿铁路从清水站至绿园段共 331 km，1960 年通车，归属酒泉卫星发射中心铁路管理处。每 10 km 左右设一个点，共有 36 个点号，每个点号驻扎的官兵多则十几人，少则一人。他们长年坚守在荒凉的大漠，在日复一日的铁路巡护中，默默奉献着自己的青春。

巴丹吉林沙漠是世界第四大沙漠，也是我国沙尘暴频发的沙源地之一。通往酒泉卫星发射中心的铁路就铺设在沙漠边缘。早些年的巴丹吉林沙漠，沙暴刮起来声如滚雷、形似巨浪，气势排山倒海、白昼无光，有时线路埋道长达十几公里，点号门前淤沙高至一米多，不仅影响行车，还会危及人员安全。有一天，巡道兵姬和平正在巡查，沙暴突起，天昏地暗，飞沙走石，他立即按照要求侧卧于铁路逆风向一边的路基旁，然而一个沙旋儿卷走了他手中的工具包，他赶紧起身去追，却被风沙裹着摔了几个跟头，头昏眼花，他什么也看不见，姬和平意识到，绝不能趴下，否则就会被沙丘埋掉，于是他一路跌跌撞撞，顺风而下，直到第二天上午，被刮到一户牧民家门口的他才获救。彼时，姬和平的耳朵和嘴里堵满了沙子，人几近昏迷。

坚守戈壁滩，需要付出常人难以忍受的艰辛，尤其是沙尘暴一来，巡道工既要做好清沙工作，还要向火车司机打好旗语，而戈壁滩上毫无遮挡，沙尘暴的风力有时可以达到六七级，甚至十级，在这种环境下，眼睛睁不开，双腿站不稳，战士们为了坚守岗位，想了不少办法。

刘云龙，61 点号巡护工，每天往返 20 km 巡护铁路，是一名入伍 12 年的老兵。不过，当初刚刚从事这项工作时，他却很不适应。在点号工作，面临精神与身体的双重考验。戈壁滩上风沙大，当地有着“一年一场风，从春刮到冬”的说法，加之昼夜温差大，冬夏两季最为难熬。

除了恶劣的工作环境，生活条件的艰苦，也是对点号官兵的一大挑战。戈壁滩常年少雨，水资源匮乏。

如今，众多点号陆续有了饮水井，而 61 点号却是个例外。曾经有位打井人，连续在 61 点号打了四口井，都没有打出地下水。直到今天，这里还需要定期送水。

李健康是 61 点号的副连长，2004 年入伍，被分配到点号服役之后，一干就是 14 年。这 14 年中，给他最大的感受就是生活用水的匮乏。据他介绍，如何用好每一滴水，是 61 点号的一项重要任务。

面对水资源的匮乏，61 点号可以做到一水三用。晚上，他们打上小半盆水，集体到院里洗漱，用过的洗脸水还要用来洗脚、洗袜子，剩水再用来浇灌植物。夏天干燥闷热，洗个澡是很正常的事情，但在 61 点号，洗澡却显得极为奢侈。

对于水的使用，61 点号已经到了精打细算的程度。不过，每逢运水车到来时，官兵们仍然愿意把一些水贡献出来，与沙枣树分享。因为这个地方常年缺水，也只有沙枣树能活。

沙枣树耐寒、抗风沙，在酒泉卫星发射中心建造过程中，沙枣树不仅是陪伴战士们的朋友，也是唯一一种可以食用的果木植物。院里院外，战士们不仅栽种了很多沙枣树，还利用沙枣核制作出朴实无华的照片墙，形成了一道独特的文化景观。

学习笔记

模块 7

铁路车辆设备及运行安全监控

模块导入

铁路车辆是铁路运输的重要设备，是用来运送旅客、装运货物或作其他特殊用途的运载工具。它一般没有动力设备，必须把车辆连挂成列，由机车牵引才能沿线路运行。

铁路车辆属于铁路移动技术装备，技术性很强，关系到旅客、货物运输安全。为从技术手段保证列车安全运行，我国铁路采用了“地对车安全监控体系”，开发运用车辆轴温智能探测、货车故障轨旁图像检测、车辆运行品质轨旁动态监测、车辆滚动轴承故障轨旁声学诊断、客车运行安全监控系统，全方位对运行列车的车辆进行动态监控，并逐步实施客车故障轨旁图像检测及铁路车号自动识别系统。

通过对本模块的学习，同学们将走进中国铁路车辆，认识中国铁路车辆，热爱中国铁路车辆。

模块任务

任务 7.1　铁路车辆基本常识

任务 7.2　铁路车辆构造

任务 7.3　铁路车辆运行安全监控系统

任务 7.4　铁路车辆运用与检修

以上 4 项学习任务全部来自铁路车辆运维体系实际，情境客观，内容真实。

任务 7.1　铁路车辆基本常识

学习目标

1. 了解铁路车辆种类。
2. 掌握铁路车辆标记、主要技术参数。
3. 会识别普通客车、常用货车。

基础知识

7.1.1　铁路车辆类型

1. 客车

运送旅客且为旅客提供旅途座、卧、餐饮服务的车辆称为客车。

1）普通客车

（1）硬座车，旅客座位质地较硬，不可调整。硬座车中间有过道，一侧为 2 人座椅，一侧为 3 人座椅，两排座中间靠近车窗有固定茶几。硬座客车如图 7-1-1 所示。

（2）软座车，旅客座位及靠垫质地柔软，有的车辆软座椅背倾斜度可根据旅客喜好适当调整。软座车中间有过道，两侧均为 2 人座椅，座椅之间有扶手间隔。软座的茶桌平时收藏在扶手下。软座客车车厢如

图 7-1-2 所示。

图 7-1-1　硬座客车

图 7-1-2　软座客车车厢

（3）硬卧车，硬卧卧铺为三层，铺垫质地较硬，卧室为敞开式或半敞开式。硬卧客车车厢如图 7-1-3 所示。

（4）软卧车，普通软卧卧铺为二层，铺垫有弹簧装置，卧室为封闭式单间，单间定员不超过 4 人。

高级软卧是旅客列车席别中的一种，每个包厢拥有两名旅客（有部分包厢为单人间或四人间），一般来说高级软卧的型号都是 19 系列（如 19A、19K、19T），也有少数为 18 系列和 24 系列。包厢的另外一侧是一个沙发。配置相应的设施，干净舒适。高级软卧客车车厢如图 7-1-4 所示。

图 7-1-3　硬卧客车车厢

图 7-1-4　高级软卧客车车厢

（5）双层客车，是设有上、下两层客室的座车或卧车。双层硬座旅客列车如图 7-1-5 所示。

（6）餐车，是供旅客在旅行中饮食就餐用的车辆。车内设有厨房、餐室及储藏室（同时还有小卖部）等设备。旅客列车餐车如图 7-1-6 所示。

图 7-1-5　双层硬座旅客列车

图 7-1-6　旅客列车餐车

（7）行李车，是编挂在旅客列车上，运输旅客行李及物品的车辆。车内设有行李间及办公室等设备。

（8）邮政车，是编挂在旅客列车上，运输邮政物品的车辆。

2）空调发电车

空调发电车是专给集中供电的空调旅客列车供电的车辆，车内设有柴油发电机组。空调发电车如图 7-1-7 所示。

此外，还有公务车、维修车等。

2. 货车

货车是供运送货物的车辆，编组在货物列车中使用。

1）棚车

棚车车体设有车顶、侧墙、端墙和门窗，用以装运各种需防止湿损、日晒或散失的货物，如布匹、粮食等。除运货外，大部分棚车还可以临时代替客车运送旅客。棚车如图 7-1-8 所示。

图 7-1-7　空调发电车

图 7-1-8　棚车

2）敞车

敞车车体两侧及端部均设有固定墙板、无车顶，主要用以装运散粒货物，如煤、焦炭等；可装运木材、集装箱等无需严格防止湿损的货物；也可加盖篷布，运输怕湿损的货物；还可装运重量不大的机械设备，因此敞车具有很大的通用性。敞车如图 7-1-9 所示。

3）平车

平车底架承载面为一平面，通常两侧设有柱插，用来装运钢材、机器、设备、集装箱、汽车、拖拉机等。有的平车还设有可向下翻倒的活动矮侧墙和端墙，用来装运矿石、砂土等块粒状货物。平车如图 7-1-10 所示。

图 7-1-9　敞车

图 7-1-10　平车

4）罐车

罐车是专用于装载液体、液化气体或粉状货物的车辆，按货物品种可分为轻油罐车、粘油罐车、沥青罐车、食油罐车、水罐车、化工品罐车、粉状货物罐车、液化气罐车等。罐车如图 7-1-11 所示。

5）保温车

保温车也叫冷藏车，车体设有隔热材料，车内设有降温和加温设备，用以装运易腐货物，如鱼、肉、水果等；也可装运对温度有特殊要求的货物。冷藏车如图 7-1-12 所示。

6）长大货物车

长大货物车车体长度在 19 m 以上、无墙板、载重 70 t 以上，用以装运重量特大或长度特长的货物。有的车体中部凹下或设有落下孔，便于装载高大货物；有的将车辆分为两节，运货时将货物夹持和悬挂在两节之间或通过专门支架跨装于两节车上，称为钳夹车或双联平车，用以装运体积特别庞大的货物。长大货物车如图 7-1-13 所示。

图 7-1-11 罐车

图 7-1-12 冷藏车

7）家畜车

家畜车车体与棚车相似，设有通风设备、给水设备、押运人员乘坐空间及饲料堆放间，有的还装有饲料槽，用以运送牛、马、猪等活家畜。根据运送家畜大小的不同，车体内还可加装隔板分层。

8）煤车

煤车车体与敞车相似，有固定的端、侧墙和卸货用的特殊车门，如底开、横开或漏斗式车门等，专门用于运送煤炭。大秦铁路煤车如图 7-1-14 所示。

图 7-1-13 长大货物车

图 7-1-14 大秦铁路煤车

此外，还有集装箱车、汽车运输车、水泥车、粮食车、毒品车等。

7.1.2 铁路车辆标记

车辆标记一般分为车型车号标记、产权制造标记、运用标记、检修标记等。货车标记如图 7-1-15 所示。

图 7-1-15 货车标记

1. 车型车号标记

1）基本型号

将车辆的车种称号简化，用一个或两个大写汉语拼音字母来表示，将这些拼音字母称为车辆的基本型号。客车用两个字母表示；货车一般用一个字母表示，也有个别货车车种为便于区分而用两个字母表示。例如，C 表示敞车，P 表示棚车，YZ 表示硬座车等。常见车辆种类代号如表 7-1-1 所示。

表 7-1-1　常见车辆种类代号

客车			货车		
顺号	车种	代号	顺号	车种	代号
1	硬座车	YZ	1	棚车	P
2	软座车	RZ	2	敞车	C
3	硬卧车	YW	3	平车	N
4	软卧车	RW	4	罐车	G
5	餐车	CA	5	保温车	B
6	行李车	XL	6	长大货物车	D
7	邮政车	UZ	7	家畜车	J
8	空调发电车	KD	8	矿石车	K
9	公务车	GW	9	水泥车	U
10	维修车	EX	10	集装箱车	X

2）辅助型号

表示同一车种的客、货车的不同结构系列及内部有特殊设施或车体材质改变等辅助型号时，用 1～2 位小号阿拉伯数字及小号汉语拼音大写字母表示，附在基本型号的右下角。

如 C_{64K} 中“64k”均为辅助型号，“64”表示该车是载重 60 t 系列的车辆，“K”则表示车辆结构为改造型 K_2 转向架。

3）车辆制造顺序号码

每一辆车的车号都是独一无二的，就如同车辆的身份证，表示按预先规定的规则而编排的某一车种的顺序号码，用以区分同一类型的不同车辆，用阿拉伯数字表示，记在基本型号和辅助型号的右侧。常见车辆号码编排如表 7-1-2 所示。

表 7-1-2　常见车辆号码编排

客车			货车		
顺号	车种	车号范围	顺号	车种	车号范围
1	软座车	110000～199999	1	棚车	3000000～3499999
2	硬座车	300000～499999	2	敞车	4000000～4899999
3	软卧车	500000～599999	3	平车	5000000～5099999
4	硬卧车	600000～799999	4	罐车	6000000～6309999

4）客车车型车号

客车车型车号如图 7-1-16 所示。

2. 产权制造标记

1）国徽标记

凡参加国际联运的客车，须在车体侧墙中部悬挂特制的国徽，表示此车辆为中华人民共和国的车辆。国际联运列车上的国徽如图 7-1-17 所示。

2）路徽

凡产权归国铁集团的车辆，均应在侧墙或端墙适当部位涂打路徽标记“Ω”，如图 7-1-15 所示。

非国铁集团所属的铁路车辆也有各自的标志，如山西焦煤集团自备车。

图 7-1-16　客车车型车号

图 7-1-17　国际联运列车上的国徽

3）制造标记

新造客车、货车应安装金属的制造厂铭牌，其内容包括制造厂名和制造年份，式样由制造单位确定。

4）配属标记

凡配属给指定的铁路局集团公司、某车辆段和有关单位管理的客车，在车体两端外墙板左侧应涂打配属单位简称的配属标记，如配属给中国铁路北京局集团有限公司北京车辆段的客车应涂打“京局京段”，如图 7-1-18 所示。

对于货车，凡有指定使用区间和要求回送或指定配属的专用货车，在车体两侧中部应涂打配属标记。例如“某站——某站间专用”“运用后返回某站”“某单位专用车”等，如图 7-1-15 所示。

3. 运用标记

1）性能标记

（1）自重：车辆自身质量。以 t 为计量单位，保留一位小数。

（2）载重：车辆设计装载质量。以 t 为计量单位，客车保留一位小数。

（3）容积：以车体内部长、宽、高的乘积表示，以 m^3 为计量单位，保留一位小数。容积下面附括号，在括号内列出长、宽、高标记，以 m 为计量单位，保留一位小数。

（4）车辆长度（全长）：车辆不受纵向外力影响时，该车两端车钩在闭锁位置时两钩舌内侧面之间的距离称为车辆的全长，以 m 为单位，保留一位小数。

（5）换长：车辆长度除以标准长度所得之值称为车辆的换长。它是车辆长度换算标记，保留一位小数，尾数四舍五入。

换长也可以称为计算长度，说明该车折合成 11 m 长的车辆（以新中国成立初期 30 t 棚车两端钩舌内侧长度 11 米为一个换算单位）多少倍，方便运营中计算列车总长度。

（6）定员标记：每辆车上允许乘坐、睡眠的旅客人数称为定员。

客车的性能标记包括自重、载重、全长、换长、定员，涂打在客车车体外端墙板左侧，如图 7-1-18 所示。

货车的性能标记包括自重、载重、容积、换长，涂打在车体两侧外墙板右上角，如图 7-1-19 所示。

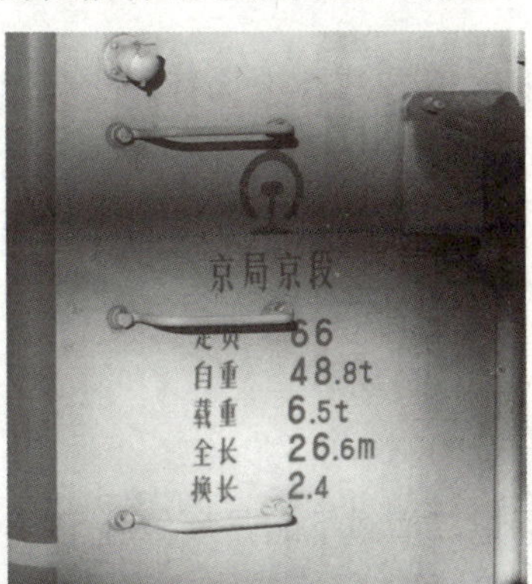

图 7-1-18　客车标记

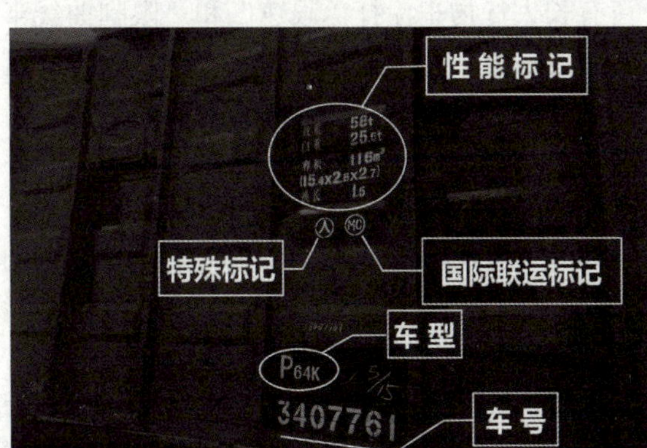

图 7-1-19　货车性能标记

2）特殊标记

（1）(人)：具有车窗和车顶烟囱的棚车及 P_{64}、P_{65} 型系列棚车，须将“(人)”字标记涂打在车体两侧性能标记的下方，如图 7-1-19 所示。

一个圆圈里面写有“人”字标记，表示设有床拖的棚车，必要时可以运送人员。如电影《长津湖》里，中国人民志愿军就是乘坐运送人员的棚车前往朝鲜战场的。

（2）(古)：凡有栏马杆座的棚车，必须涂打“(古)”形标记。

（3）(关)：货车活动墙板及其他活动部分翻下超过车辆限界者，必须关闭完好后才准运行，应在每扇门内侧及侧梁中部涂打“(关)”字标记。

（4）(特)：可以装运特殊货物的车辆应涂打“(特)”字标记，涂打在车体两侧性能标记的下方。

（5）：禁止通过机械化驼峰的车辆应涂打“禁止上驼峰”标记，涂打在车体两侧性能标记的下方，如长大货物车，压缩气体或液化气体的罐车，自翻车、底开门式车，无自动制动机的车辆。

（6）(MC)：符合参加国际联运技术条件的车辆应涂打联运标记。涂打在车体两侧性能标记下方，如图 7-1-17、图 7-1-19 所示。

一个圆圈里面写有“MC”字母，此即为国际联运标记。只有涂打了该标记的车辆才能够执行国际联运任务，如开行中欧班列的车辆就必须有国际联运标记。

（7）(卷)：表示车辆侧梁端部装有卷扬机的挂钩，可以卷扬倒车，如图 7-1—20 所示。

（8）(超)：列车车体局部超出车辆限界，须在其附近部位涂打“(超)”字标记。

（9）危险品标记。装运易燃、易爆、有毒等危险品的罐车或车辆，会涂打不同颜色的色带、红色“危险”字样，如图 7-1-21 所示。

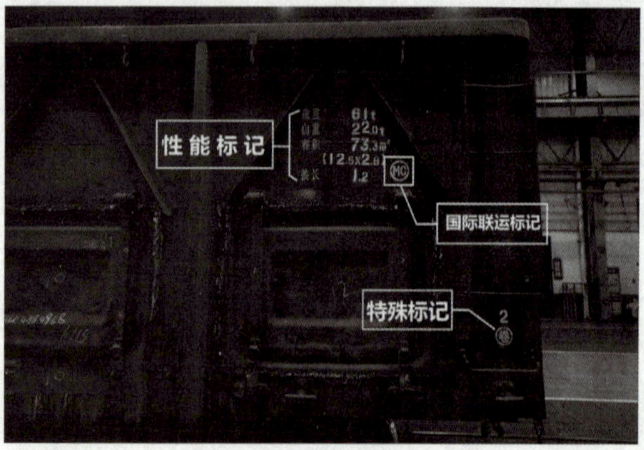

图 7-1-20　货车特殊标记

图 7-1-21　罐车运用特殊标记

（10）“货物品名”标记，表示罐车装载货物的品名或种类，常见的有轻油、食用油、沥青等，如图 7-1-20 所示。

此外，还有长大货物车涂打“限速”和“限制曲线半径”标记等。

罐车主要装运易燃、易爆、有毒的危险品，根据装运货物的不同，会在车体上涂打一圈环形色带，不同颜色的色带代表不同的货物特性，起着警示作用。

如罐车罐体为银灰色，环形色带为红色，代表易燃性；绿色色带代表氧化性；黄色色带代表毒性；黑色色带表示腐蚀性。

如罐车罐体为黄色，环形色带为黑色，则代表装运的是酸、碱类货物。

4. 车辆检修标记

1）厂修、段修标记

铁路车辆厂修、段修标记如图 7-1-22 所示，横线上边是段修标记，横线下边是厂修标记。

段修标记，左侧表示下次段修开始时间，右侧表示本次段修完成时间、段修单位的简写。

厂修标记，左侧表示下次检修时间，右侧表示本次检修时间、厂修单位的简称。

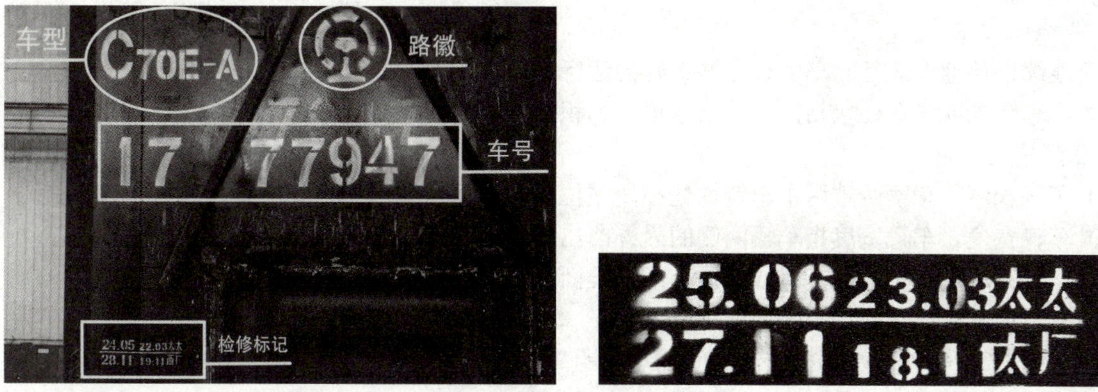

图 7-1-22　铁路车辆厂修、段修标记

2）快速客车的修理标记

最高运行速度大于 120 km/h 的客车按走行里程检修。快速客车的修理标记如图 7-1-23 所示。

A_4	06.4.10	长客
A_3	01.11	广广
A_2	99.12	广广
A_1	97.8	广广

图 7-1-23　快速客车的修理标记

7.1.3　车辆主要技术参数

车辆的主要技术参数，包括性能参数和主要尺寸。

1. 性能参数

1）轴重

轴重并不是指车轴本身的重量，而是车辆总重（自重+载重）与轴数之比，也就是车辆每一轮对加于轨道的重力。

$$\text{四轴车辆轴重计算公式：轴重} = \frac{\text{自重} + \text{载重}}{4}$$

轴重值一般不允许超过铁道线路及桥梁所容许的数值。线路容许轴重则与钢轨型号、每千米线路上铺设的枕木数量、线路上部结构的状态以及列车的运行速度有关。

2）自重系数

货车的自重系数为货车自重与额定载重之比值。自重系数是表明车辆技术经济合理性的一个重要指标。在保证车辆的强度、刚度和使用寿命的条件下，自重系数越小就越经济。

例如：C_{64} 型敞车载重 61 t，自重 22.5 t，则自重系数是 0.37。

$$\text{自重系数} = 22.5/61 \approx 0.37$$

3）每延米重

车辆总重（自重+载重）与车辆长度之比值，称为每延米重（即每延米线路载荷）。计算公式为

$$\text{每延米重} = \frac{\text{车辆总重}}{\text{车辆长度}}$$

每延米重是表示车辆通过桥梁的可能性。每延米重是根据设计桥梁载荷图来确定的，我国规定每延米重为 8 t/m。

4）最高试验速度

最高试验速度是指车辆设计时，按安全及结构强度等条件所允许的车辆最高行驶速度。

5）最高运行速度

车辆连续以该速度运行时车辆有足够良好的运行性能。

此外，车辆性能参数还包括：自重、载重、容积等。

2. 车辆主要尺寸

（1）车辆长度。车辆两端两个车钩均处在闭锁位置时，钩舌内侧面之间的距离称为车辆长度。

（2）车辆宽度。车辆宽度指车辆两侧的最外凸出部位之间的水平距离。

（3）车辆高度。空车时，车体或罐体上部外表面至轨面的垂直距离为车辆高度。

（4）车体内部主要参数。

① 车体内长：车体两端墙板内表面间的水平距离。

② 车体内宽：车体两侧墙板内表面间的水平距离。

③ 车体内侧面高：由地板上平面至侧墙上侧梁的上平面间的垂直距离。

④ 车体内中心高：由地板上平面至车顶中央部位内表面间的垂直距离。

知识测评

1. 简述铁路车辆种类。
2. 简述铁路车辆标记。
3. 简述铁路车辆主要技术参数。

学习作品

课后每名同学单独制作一个开放的、富有创造性的表现学习过程和学习成效的视频，时间为 5 min 以内，至少包括以下 4 项内容：

1. 铁路车辆种类；
2. 铁路车辆标记；
3. 铁路车辆主要技术参数；
4. 通过对本任务的学习，个人在知识增长、能力强化、素养提升方面的小结。

在课程结束后的 3 天内将作品提交任课教师，此作品作为教师评价学生学习效果的依据。

任务 7.2　铁路车辆构造

学习目标

1. 了解铁路车辆构造。
2. 掌握铁路车辆关键零部件的功能。
3. 会识别铁路车辆整体和关键零部件。

基础知识

为适应和满足旅客、货物运输的不同要求，铁路车辆虽有很多类型，构造也各有不同，但从基本结构来看，一般均由车体、车内设备、走行部（转向架）、车钩缓冲装置和制动装置组成。常用铁路车辆组成如图 7-2-1 所示。

(a) 敞车外部结构

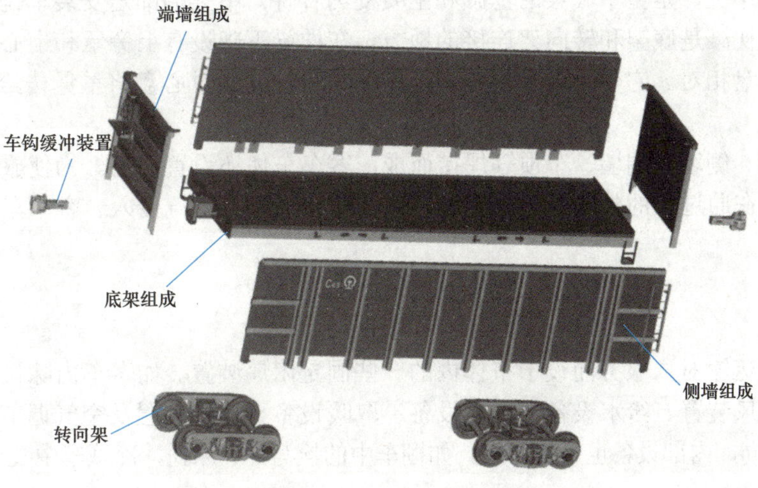

(b) 敞车组成

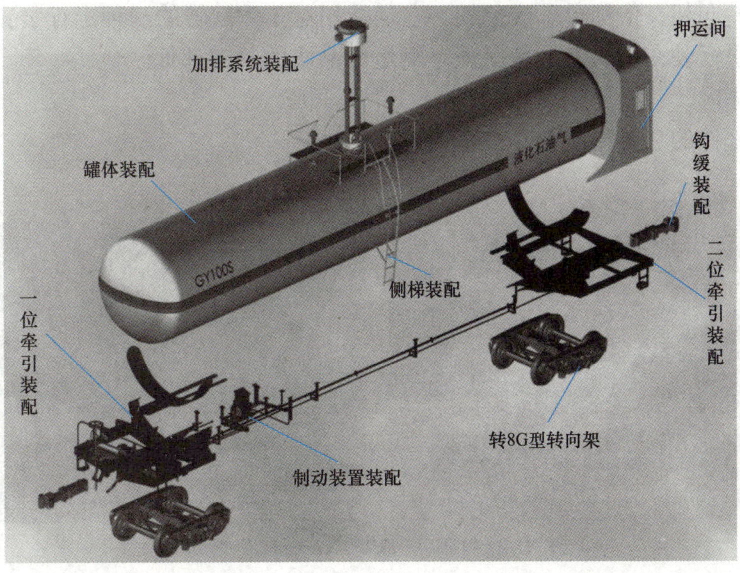

(c) 罐车组成

图 7-2-1　常用铁路车辆组成

7.2.1 车体

1. 货车车体

货车车体主要组成部分包括侧墙、端墙、车顶等。车体的钢结构由许多纵向梁和横向梁（柱）组成，车体底架通过心盘或旁承支承在转向架上。

货车车底架一般由中梁、侧梁、枕梁、横梁及端梁等组成，如图 7-2-2 所示。

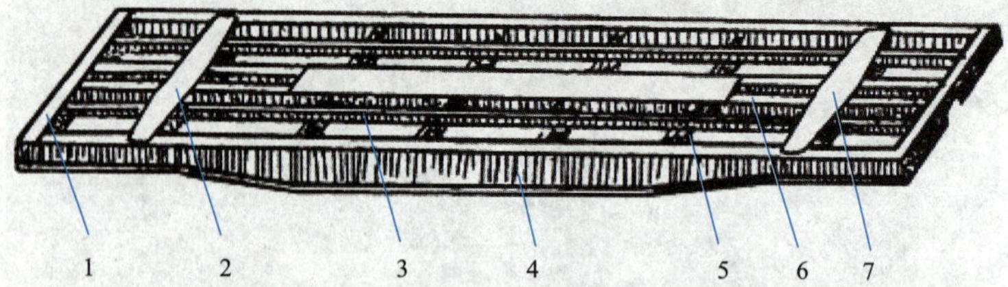

1—端梁；2、7—枕梁；3—纵梁；4—侧梁；5—横梁；6—中梁

图 7-2-2　货车车底架

中梁位于底架的中央，是整个底架的基础和主要受力杆件。中梁端部是安装车钩缓冲装置的地方，直接承受纵向作用力。枕梁是底架和转向架连接的地方，在枕梁下部设有上旁承和上心盘，分别和转向架摇枕上的下旁承和下心盘相对。它受力较大，负担全车的重量，并通过心盘将重量传给走行部。

2. 客车车体

客车车体由底架、侧墙、端墙、车顶等焊接而成，客车车体还设置门窗。为使旅客上下车方便，客车两端设有通过台，并在通过台的外端设置折棚和渡板，防止风雨及寒气侵入。客车车体必须具有良好的隔热性能。

7.2.2　车内设备

车内设备是指为运输对象服务而设于车体内的一些固定附属装置。如客车内除设置座椅及卧铺外，还需装设卫生设备、通风装置、给水设备、车电设备、取暖设备、播音装置及空气调节装置等。

货车由于类型不同，内部设备也千差万别。如棚车中的拴马环、床托，冷藏车中装设的制冷设备等。

7.2.3　走行部

走行部一般称为转向架，俗称台车或台架。它是能相对车体回转的一种走行装置。承受着车体的自重和载重，并由机车牵引行驶在钢轨上，是保证车辆运行品质的关键部件。

1. 货车转向架结构

货车转向架主要部件的名称如图 7-2-3 所示。

1—轮对；2—轴箱；3—摇枕弹簧；4—侧架；5—摇枕

图 7-2-3　货车转向架主要部件的名称

1）轮对

轮对是两个相同的车轮以过盈配合的方式压装在一根车轴上组成的。车轮与钢轨直接接触的部分主要是踏面和轮缘，如图 7-2-4 所示。

2）轴箱油润装置

目前，铁路货车转向架上大量采用的是无轴箱式圆锥滚动轴承轴箱。滚动轴承一般由外圈、内圈、滚子和保持架等组成，如图 7-2-5 所示。

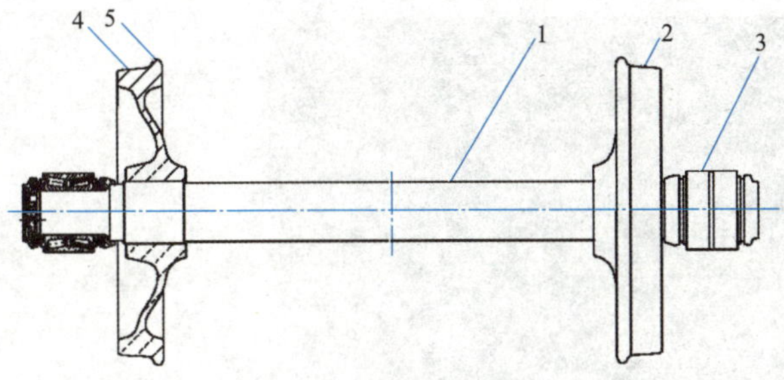

图 7-2-4　轮轴结构组成

图 7-2-5　轴箱油润装置

3）侧架

一般货车转向架的构架是左右两个独立的侧架，将前后两个轮对的轴箱和中央的摇枕联系在一起。摇枕和侧架可以有上下方向的相对移动。侧架中部的方形孔内安装摇枕和摇枕弹簧，如图 7-2-6 所示。

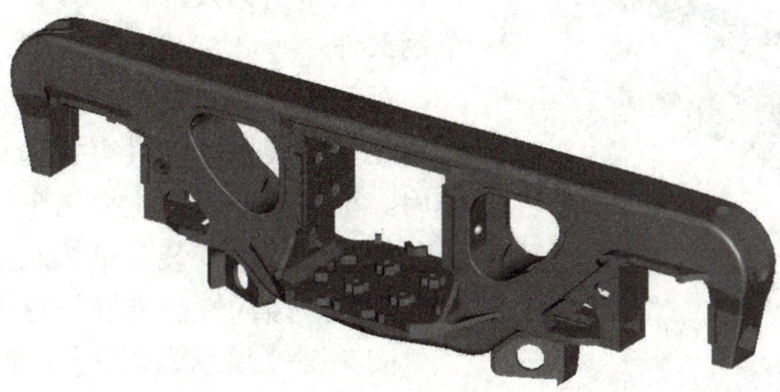

图 7-2-6　侧架

4）摇枕

摇枕具有箱形断面，并制成鱼腹形，以保证具有足够的强度，并节约材料，减轻自重。下心盘用螺栓固定在摇枕中央，和装在车体枕梁下面的上心盘互相配合，一方面承受车体重量，另一方面，当车辆通过曲线时，上、下心盘之间可以相对转动，以减少车辆通过曲线时的阻力。为避免上、下心盘脱开，两心盘之间垂直安装一根中心销，如图 7-2-7 所示。

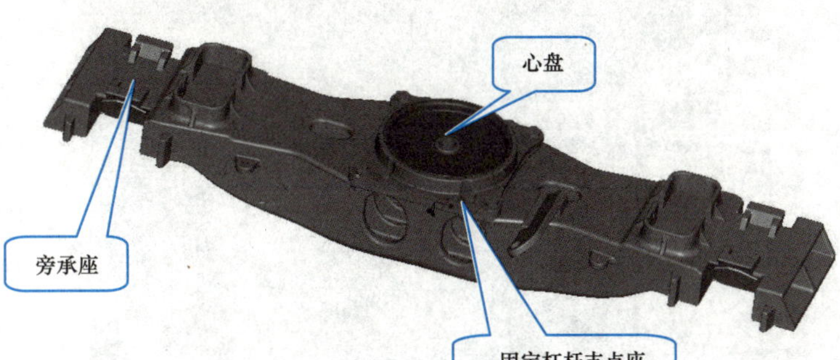

图 7-2-7　摇枕

车体底架及货物的重量通过转向架各部件传至钢轨的顺序是：上心盘—下心盘—摇枕—侧架—轴箱油润装置—车轴—车轮—钢轨。

2. 客车转向架

客车转向架通常比货车转向架有更好的运行平稳性和更高的运行速度，因此要求也更为严格。客车转向架，如图 7-2-8 所示。

图 7-2-8　客车转向架

7.2.4　车钩缓冲装置

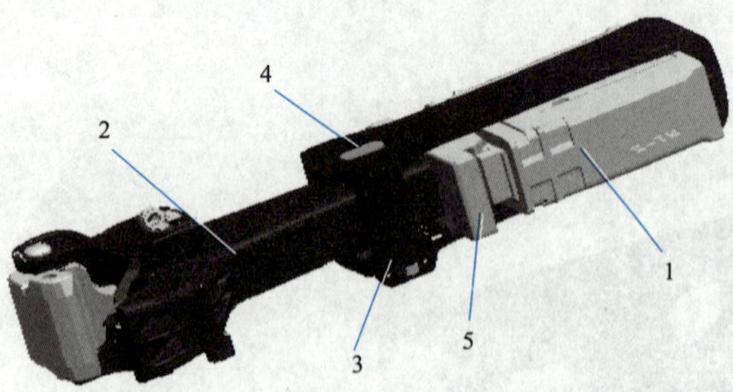

1—缓冲器；2—车钩；3—钩尾框；4—钩尾销；5—从板

图 7-2-9　13 号货车车钩缓冲装置

车钩是用来实现机车和车辆或车辆和车辆之间的连挂，传递牵引力及冲击力，并使车辆之间保持一定距离的车辆部件。

车钩缓冲装置是将机车与车辆或车辆与车辆之间进行互相连接的装置。它具有传递和缓和列车运行中纵向力的作用。车钩缓冲装置主要由车钩、缓冲器、解钩装置及附属配件等组成，安装在车体底架的两端。其具有强度大、摘挂方便、缓冲性能良好的特点。

图 7-2-9 所示为 13 号货车车钩缓冲装置。

由图 7-2-9 可知，车钩和钩尾框借助钩尾销连成一体，并在钩尾框内安装有前从板、缓冲器和后从板（有时不需后从板），组成车钩缓冲装置。

1. 车钩

车钩由钩头、钩身和钩尾三个部分组成。钩头里装有钩舌、钩舌销、钩提销、钩舌推铁和钩锁铁等零部件，如图 7-2-10 所示。

图 7-2-10　车钩

下面以 13 号车钩为例，说明车钩的闭锁、开锁和全开三态作用位置，如图 7-2-11 所示。

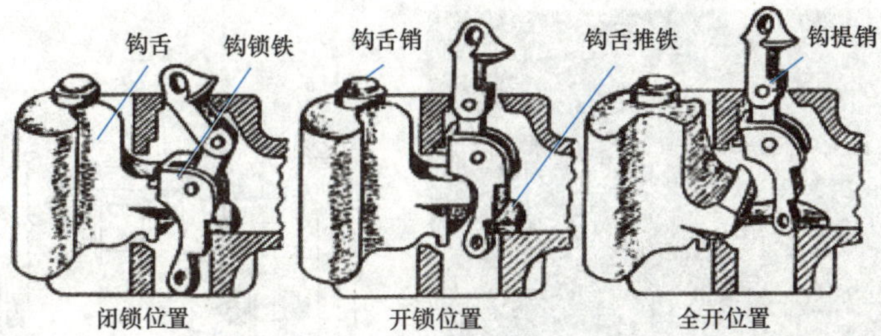

图 7-2-11　车钩三态作用位置示意图

闭锁位置——车钩的钩舌被钩锁铁挡住不能向外转开的位置。两个车辆连挂在一起时车钩就处在这种位置。

开锁位置——钩锁铁被提起，钩舌只要受到拉力就可以向外转开的位置。摘钩时，只要其中一个车钩处在开锁位置，就可以把两辆连挂在一起的车分开。

全开位置——钩舌已经完全向外转开的位置。当两车需要连挂时，只要其中一个车钩处在全开位置，与另一辆车钩碰撞后就可连挂。

2. 缓冲器

缓冲器用来缓和列车在运行中由于机车牵引力的变化或在起动、制动及调车作业时车辆相互碰撞而引起的纵向冲击和振动。

缓冲器的工作原理是借助压缩弹性元件来缓和冲击作用力。缓冲器如图 7-2-12 所示。

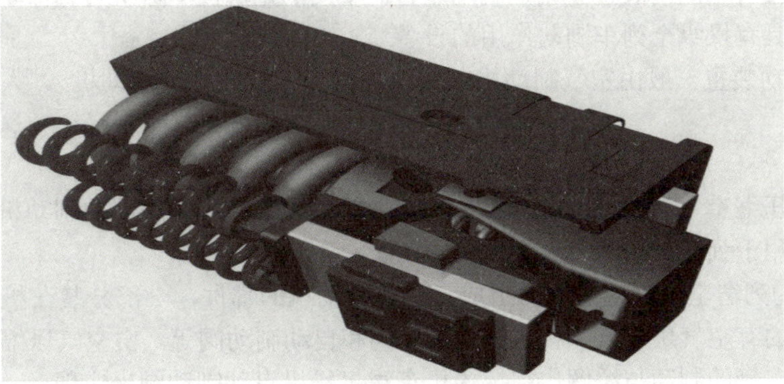

图 7-2-12　缓冲器

7.2.5　制动装置

制动装置是车辆上起制动作用的零部件所组成的一整套机构。它的主要作用是保证高速运行中的列车能按需要实现减速，在规定的距离内实现停车或防止静止的车辆溜走，以保证行车安全。

1. 车辆制动方式

我国车辆常用的制动方式有闸瓦摩擦式制动和盘形制动。

1）闸瓦摩擦式制动

图 7-2-13 所示为双侧闸瓦式基础制动装置示意图。

在制动时闸瓦压紧车轮踏面，从而将列车运动的动能转换为摩擦热能消散于大气，达到列车减速或停车的目的，但是，在摩擦过程中，闸瓦温度很高，可达到 400～450 ℃。这样就会产生踏面磨耗、裂纹或剥离，既影响使用寿命也影响行车安全。

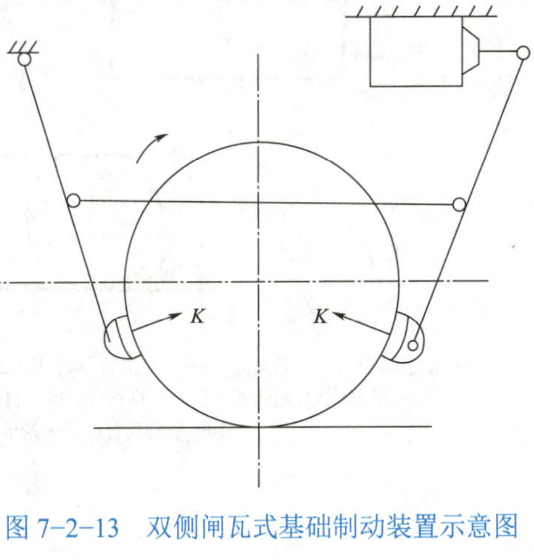

图 7-2-13　双侧闸瓦式基础制动装置示意图

2）盘形制动

传统的踏面闸瓦制动适应不了高速列车的需要，需要另外一种制动装置——盘形制动。盘形制动如图 7-2-14 所示。

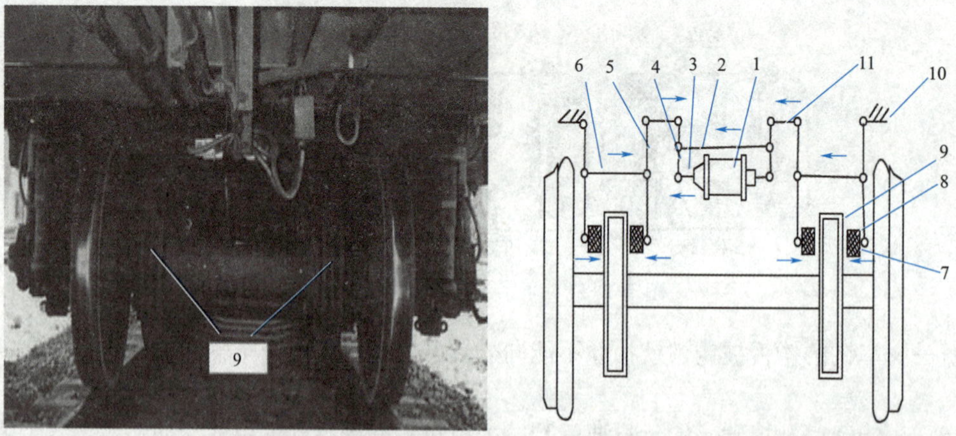

1—制动缸；2—连接拉杆；3—制动缸活塞杆；4—制动缸杠杆；5—钳形杠杆；6—钳形杠杆拉杆；7—闸片；8—闸片托；9—制动盘；10—固定支点；11—拉杆

图 7-2-14　盘形制动

盘形制动是在车轴上或在车轮辐板侧面安装制动盘，用制动夹钳使以合成材料制成的两个闸片紧压制动盘侧面，通过摩擦产生制动力，使列车停止前进。盘形制动可以大幅减轻车轮踏面的热负荷和机械磨耗。另外其制动平稳，几乎没有噪声，制动效果明显高于铸铁闸瓦，尤其适用于 120 km/h 以上的列车。

2. 车辆制动装置基本组成

列车制动装置包括机车制动装置和车辆制动装置。不同的是，机车除了具有像车辆一样使它自己制动和缓解的设备外，还具有操纵全列车制动作用的设备。

我国车辆上的制动装置一般由空气制动机（快速旅客列车配装电空制动机）、人力制动机和基础制动装置三部分组成。

1）空气制动机

空气制动机是以压缩空气为动力的制动机，也是目前世界各国广泛采用的制动机，我国机车车辆上装有自动空气制动机，用于列车制动。

图 7-2-15 所示为列车空气制动系统的组成。空气制动机的部件，一部分装在机车上，另一部分装在车辆上。装在机车上的有空气压缩机、总风缸、给风阀和自动制动阀等。由空气压缩机产生的压缩空气储在总风缸内。列车中车辆的制动与缓解作用，由机车司机操纵自动制动阀来实现。

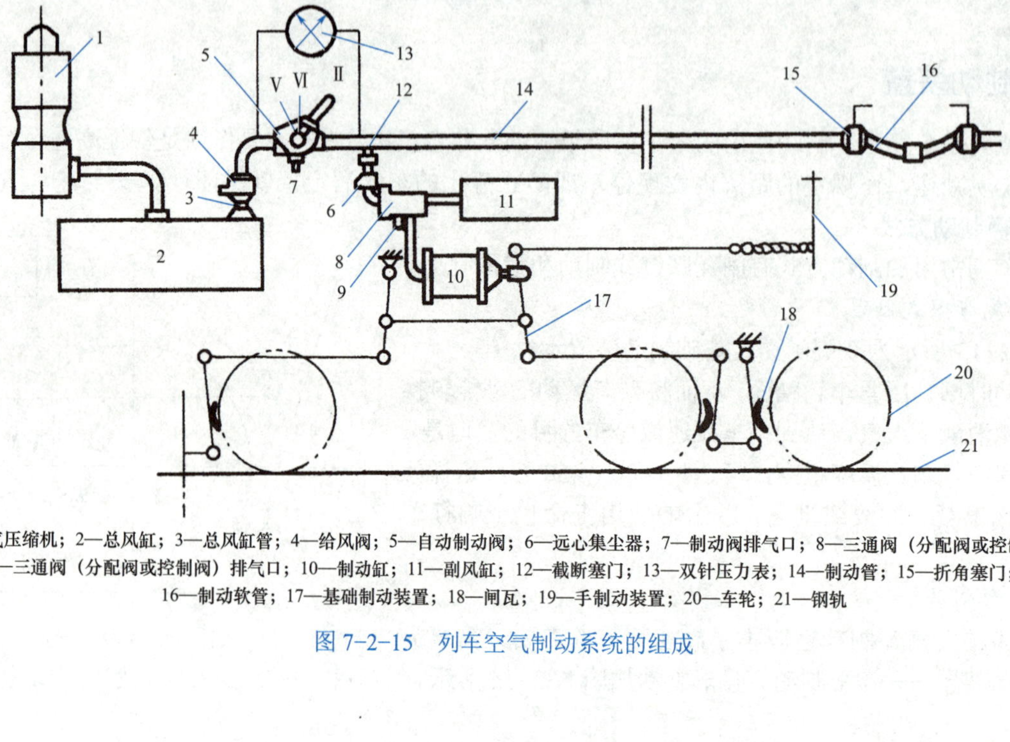

1—空气压缩机；2—总风缸；3—总风缸管；4—给风阀；5—自动制动阀；6—远心集尘器；7—制动阀排气口；8—三通阀（分配阀或控制阀）；9—三通阀（分配阀或控制阀）排气口；10—制动缸；11—副风缸；12—截断塞门；13—双针压力表；14—制动管；15—折角塞门；16—制动软管；17—基础制动装置；18—闸瓦；19—手制动装置；20—车轮；21—钢轨

图 7-2-15　列车空气制动系统的组成

装在车辆上的空气制动机的各主要部件及其作用如下。

（1）制动管，包括制动主管、制动支管和制动软管。制动主管安装在车底架下面，它贯通全车，是传送压缩空气的管路，同时也是一根传递列车制动、保压或缓解指令的控制管。司机通过机车上的自动制动阀（大阀）操纵此管中的空气压力变化，从而控制全列车各制动机产生应有的动作。它的两端装有折角塞门，塞门上装有制动软管，并用软管连接器与邻车的软管相连。制动软管能在列车通过曲线或各车辆间距变化时保证压缩空气的畅通。制动支管用 T 型接头连接于制动主管。

（2）折角塞门，安装在各车辆制动主管两端，用以开通或关闭制动主管与制动软管之间的压缩空气通路，以便安全摘挂机车和车辆。

（3）截断塞门，安装在制动支管上远心集尘器的前方，用以开通或关闭制动支管的空气通路。因空气制动机临时发生故障或装载货物的需要，将截断塞门关闭，停止制动机作用的车辆叫作“关门车”。

（4）远心集尘器，安装在制动支管上截断塞门和三通阀之间，用来清除制动主管压缩空气中带来的灰尘、水分、铁锈等杂质，保证清洁的压缩空气送入三通阀（分配阀或控制阀）等机件。

（5）三通阀（分配阀或控制阀），是车辆制动机中最重要且复杂的部件。它连接制动支管、副风缸和制动缸，根据制动管内空气压力的变化来控制压缩空气的通路，使制动机起制动、保压或缓解作用。

（6）副风缸，是储存压缩空气的容器。制动时，作为风源将压力空气经三通阀（分配阀或控制阀）充入制动缸，使制动机产生制动作用。

（7）制动缸，压缩空气进入其中，将活塞和活塞杆推出，把空气的压力转变为机械推力，然后通过基础制动装置使闸瓦紧抱车轮而起制动作用。缓解时，活塞杆缩回制动缸内。

2）电空制动机

电空制动机（电控空气制动机的简称）是在空气制动机的基础上加装电磁阀等电气控制部件而形成的。它是以压缩空气为动力、用电来操纵控制的制动机。在列车速度很高或编组很长，空气制动机难以满足要求时，采用电空制动机可以大大改善列车前后部制动和缓解作用的一致性，显著减轻列车纵向冲击，并缩短制动距离。为防止电控系统发生故障，列车失去制动控制，现今的电空制动机仍保留压缩空气操纵装置，以备在电控系统发生故障时，能自动地转为压缩空气操纵。我国目前使用在快速旅客列车上的电空制动机为 F8 型和 104 型电空制动机。

3）人力制动机

人力制动机也称为手制动机，在每节车辆的一位端，都装有一套人力制动机，可以用人力来使单节车辆或车组减速或停车。人力制动机应具有的功能为：调车作业时，用于调速；列车在途中运行产生坡停时，用以制动；当车辆停在站线上时，防止溜溢，如图 7-2-16 所示。

图 7-2-16　人力制动机

当进行人力制动时，可将手制动轮按顺时针方向转动，使制动链绕在轴上，拉动制动杠杆，就如同空气制动机中制动缸活塞杆向外推动一样，使闸瓦紧压车轮而产生制动作用。

4）基础制动装置

基础制动装置是指从制动缸活塞推杆到闸瓦之间所使用的一系列杠杆、拉杆、制动梁、吊杆等各种零部件所组成的机械装置，其中一部分设在转向架上。基础制动装置是利用杠杆原理，将空气制动机或手制动机产生的力量扩大适当倍数，再均衡地向各个闸瓦传力。

按设置在每个车轮上的闸瓦块数及其作用方式，基础制动装置可分为单闸瓦式、双闸瓦式、多闸瓦式等。客车多为双闸瓦式，即在车轮的两端都安装有闸瓦。货车多为单闸瓦式，即只在车轮一侧设有一块闸瓦。

3. 紧急制动阀

在铁路客车车厢的端部，有标明“危险！请勿动！”的红色手把，这就是“紧急制动阀”。如果拉下，制动管风表就会指示到 0 MPa（列车开动时，制动管风表和总风管风表的指示都为 600 MPa），列车将紧急停下。紧急制动阀的作用是当列车行驶中发生危及行车安全和危及旅客生命安全时迫使行驶中的列车采取紧急制动。铁路行车部门规定，列车行驶中，在一般情况下只有列车长、乘警、检车乘务员等才有权使用紧急制动阀，旅客随意拉阀的后果是不堪设想的。

知识测评

1. 简述铁路车辆基本构造。
2. 简述车底架主要构件。
3. 简述走行部主要构件。
4. 简述车钩三态及作用。
5. 简述车辆制动形式。

学习作品

课后每名同学单独制作一个开放的、富有创造性的表现学习过程和学习成效的视频，时间为 5 min 以内，至少包括以下 6 项内容：

1. 铁路车辆基本构造；
2. 车底架主要构件；
3. 走行部主要构件；
4. 车钩三态及作用；
5. 车辆制动形式；
6. 通过对本任务的学习，个人在知识增长、能力强化、素养提升方面的小结。

在课程结束后的 3 天内将作品提交任课教师，此作品作为教师评价学生学习效果的依据。

任务 7.3　铁路车辆运行安全监控系统

学习目标

1. 了解车辆轴温智能探测系统。
2. 了解货车故障轨旁图像检测系统。
3. 了解车辆运行品质轨旁动态监测系统。
4. 了解车辆滚动轴承故障轨旁声学诊断系统。
5. 了解客车运行安全监控系统。
6. 掌握铁路车辆运行安全监控“5T”系统的作用。

基础知识

为从技术手段上保证列车安全运行，我国铁路采用了“地对车安全监控体系”，开发运用车辆轴温智能探测、货车故障轨旁图像检测、车辆运行品质轨旁动态监测、车辆滚动轴承故障轨旁声学诊断、客车运行安全监控系统，全方位对运行列车的车辆进行动态监控，由于这 5 个系统的英文名称首字母都是 T，故称为“5T”系统。

7.3.1　车辆轴温智能探测系统（THDS）

1. THDS 作用

轴温是铁路机车车辆轴箱温度的简称。THDS 是铁路用来防止机车和客货车燃轴、切轴，保证行车安全的设施。

2. THDS 构成

THDS 由探测站、轴箱扫描器、控制部分、记录部分、信号传输部分及电源部分组成。设备全路联网运行，探测信息全路共享。

当列车通过时，用安装在线路两侧的轴箱扫描器来采集轴承所产生的红外线，并将红外线转变成电信号。然后传输到记录器，值班员可根据记录的脉冲波形进行分析、比较来监测运行的机车车辆的轴承状况。

3. THDS 探测站设置

目前，我国铁路线上建成了红外线轴温探测网，由地区轴温探测点和红外调度中心组成，并用微型计算机进行控制和监测。

THDS 探测站，沿铁路线路布点，平均距离为 30 km，特殊情况下不超过 35 km。列检作业场所在车站进站信号机外均须安装，且须具备内、外探功能。

7.3.2 货车故障轨旁图像检测系统（TFDS）

1. TFDS 作用

TFDS 利用轨旁高速摄像头，对运行货车进行动态检测，及时发现货车运行故障，重点检测货车走行部、制动梁、悬吊件、枕簧车钩缓冲装置等安全关键部位，重点防范制动梁脱落事故，防范摇枕、侧架、车钩缓冲器大部件裂损、折断，防范枕簧丢失和窜出等危及行车安全的隐患。

2. TFDS 构成

TFDS 由探测站、列检或动态检查作业场复示终端、通信网络等组成。

3. TFDS 探测站设置

TFDS 探测站，根据动态检查作业的需要设置，布点平均距离为 300 km，距列检作业场不小于 10 km。

7.3.3 车辆运行品质轨旁动态监测系统（TPDS）

1. TPDS 作用

TPDS 能对车轮滚动周期内车轮不同方向着地时轮轨动态进行有效监测，可识别运行状态不良的车辆，有效地防范货车脱轨特别是空载货车在直线段脱轨，并监测因车轮踏面擦伤、剥离以及货物超偏载等引起的危及行车安全的情况，保证车辆运行的安全。

2. TPDS 构成

TPDS 由探测站、复示终端、通信网络等组成，设备全路联网运行，探测信息全路共享。

3. TPDS 探测站设置

TPDS 探测站，在进入列检作业场的前方铁路线路设置，布点平均距离为 400 km。

7.3.4 车辆滚动轴承故障轨旁声学诊断系统（TADS）

1. TADS 作用

TADS 可以实时采集运动货车滚动轴承噪声，通过对资料进行分析，及时发现货车轴承早期故障，进行在线诊断预报，能够比红外线轴温探测系统更早地防范切轴事故。

2. TADS 构成

TADS 由探测站、复示终端、通信网络等组成，系统采用远程监测、数据集中、联网运行、信息共享的运行模式。

3. TADS 探测站设置

TADS 探测站，在进入列检作业场的前方铁路线路设置，布点平均距离为 500 km。

7.3.5 客车运行安全监控系统（TCDS）

1. TCDS 作用

随车 TCDS 系统对速度 160 km/h 及以上客车的轴温、制动系统、转向架安全指标、火灾报警、客车供电、电器及空调系统运行安全状况进行检测，重点防范相关事故、故障。

2. TCDS 构成

TCDS 由探测站、客列检 WLAN 联网设备、车载信息无线传输装置、数据转发工控机等组成。实行分散检测、集中报警、联网监测、信息共享，建立三级联网、三级应用管理模式。三级联网，指配属客车与车辆段监控中心联网、车辆段与铁路局集团公司监控中心联网、铁路局集团公司与国铁集团查询中心联网。三级应用，指车辆段应用、铁路局集团公司应用和国铁集团应用。

3. TCDS 设置

TCDS 设置为实时报送。

知识测评

1. 简述铁路车辆轴温智能探测系统。
2. 简述铁路货车故障轨旁图像检测系统。
3. 简述铁路车辆运行品质轨旁动态监测系统。
4. 简述滚动轴承故障轨旁声学诊断系统。
5. 简述客车运行安全监控系统。

学习作品

课后每名同学单独制作一个开放的、富有创造性的表现学习过程和学习成效的视频，时间为 5 min 以内，至少包括以下 6 项内容：

1. 铁路车辆轴温智能探测系统；
2. 铁路货车故障轨旁图像检测系统；
3. 铁路车辆运行品质轨旁动态监测系统；
4. 滚动轴承故障轨旁声学诊断系统；
5. 客车运行安全监控系统；
6. 通过对本任务的学习，个人在知识增长、能力强化、素养提升方面的小结。

在课程结束后的 3 天内将作品提交任课教师，此作品作为教师评价学生学习效果的依据。

任务 7.4　铁路车辆运用与检修

学习目标

1. 了解铁路车辆配属。
2. 掌握铁路车辆运用检修机构。
3. 掌握铁路车辆检修制度。

基础知识

7.4.1　铁路车辆配属

1. 固定配属

中国铁路对客车和特种专用货车实行固定配属制度。

1）特种专用货车固定配属

实行固定配属的货车包括机械冷藏车，标记载重 90 t 和 90 t 以上的长大货车，固定装卸地点循环使用的专列罐车、矿石车或煤车，以及少数专用货车。这些车辆由配属车辆段负责保管和检修。机械冷藏车组和有些固定地点循环使用的货物列车实行包乘制。有检车乘务员的货物列车除沿途列车检修所按规定进行检修外，行车调度员根据列车运行情况和检车乘务员的要求安排途中检修。

2）客车固定配属

旅客列车实行包乘包修负责制。每次列车均由配属车辆段派出检车乘务员和车电乘务员随车值乘进行乘检，即对运行中的客车施行技术检查和日常保养，排除一般故障，以确保列车运行安全和车内设备状态良好。

2. 非固定配属

通用货车由于货物装卸地点，所运的货物及运行方向一般都不固定，所以不能固定其使用区间，而需通行全路，因此，除部分特种货车外，大部分货车一般不固定配属，由各车辆段按区段负责对运行中以及在调车和装卸作业中发生的车辆故障进行检查和修理。

7.4.2 运用检修机构

铁路车辆运用管理的基层单位是车辆段。车辆段在负责管理的区段内设置客车技术整备所、列车检修所、站修所等。

1. 车辆段

车辆段按专业分工分为客车车辆段、货车车辆段、客货车混合车辆段和机械保温车辆段。车辆段除负责客货车的段修外，还负责管界内客车技术整备所、列车检修所、站修所等进行客货车辅修、轴检等检修工作。车辆段一般设在编组站、国境站和枢纽站、货车大量集散的地点和始发、终到客车较多的地点。车辆段内设有相应的检修车间和工班，并有必要的修理台位及其他设备。

2. 车辆检修所（站、厂）

1）技术整备所

技术整备所也称客车整备所，又称库列检，是客车日常维修保养的基地，通常设在旅客列车的始发和终到站。客车整备所对进库客车利用库停技检时间对客车通风、供水、供电等设备进行检查、试验和修理，消除在运行途中不易处理的故障，并进行属于本段的客车的辅修、库存客车的日常维修保养以及摘车临修等工作，以保证客车在运用中有良好的技术状态。配属客车较少的车辆段则仅设客车整备线。

2）列车检修所

列车检修所是对通过列车进行技术检查和维修的单位，分为旅客列车检修所（简称客列检）和货物列车检修所（简称列检所）。客列检设在旅客列车经过的各主要停车站。列检所设在编组站、区段站、路矿（厂）交接站、国境站以及运输上有特殊需要的地点。列检所又可分为主要列检所、区段列检所和一般列检所。主要列检所设在作业量大的编组站或大量装卸货物的车站，对车辆进行比较全面的检查和排除危及行车安全的故障。区段列检所设在编组作业量少而中转列车较多的车站，对车站编组始发的列车和加挂的车辆进行比较全面的检查，对中转列车进行重点检查。一般列检所设在铁路支线、厂矿专用线或为保证行车安全需要设置的车站，对车辆进行重点检查和修理。

3）站修所

站修所是对货车进行辅修、轴检和摘车临修的单位，设在有列检所的编组站、较大区段站和装卸量大的厂矿交接站。辅修是对车辆的制动装置、轴箱油润部分进行检修，对其他部分做辅助性修理，每 6 个月进行一次。轴检是对车辆的轴箱油润装置进行检修，每 3 个月进行一次。摘车临修是列检所在检查列车时发现较大的车辆故障，在列车停站时间内不能处理时，将该车从列车中摘出进行修理。

4）装卸检修所

装卸检修所是车辆段的派出单位，设在每昼夜装卸车辆数较大、车辆较易发生严重损坏的地点，其任务是检查和监督用车情况，并利用装卸时间检查和处理车辆在装卸作业中临时发生的故障。

5）制动检修所

制动检修所设在接近长大下坡道的车站，专门检查和处理车辆制动部分的故障。

6）轴温检查站

轴温检查站设在经常发生热轴的地点，以便及时发现高温轴箱并做应急处理，避免发生燃轴事故。这些检查站多设有红外线轴温探测系统。

7）车轮厂

车轮厂是负责客货车轮对的分解、组装、修理和全面检查的修理单位，通常设在铁路局集团公司所在地。有些车轮厂还修理和组装滚动轴承轴箱。

7.4.3 车辆检修制度

车辆检修工作旨在及时发现和消除车辆零部件在运用中产生的不良状态，以恢复其正常的运用性能，保证铁路客货运输工作不间断、安全进行。

1. 国际通行检修制度

1）计划预防修理制度

计划预防修理制度，首先摸清车辆主要零部件的损伤规律，然后根据损伤情况确定零部件的使用期限，再在此基础上确定合理的检修循环结构和检修周期，使车辆零部件在运用中产生的损伤尚未达到极限损伤时，就能有计划地加以修复。现在我国采用的是定期检修和日常维修相结合的车辆检修制度，属于计划、预防性的检修制度。

2）技术状态修理制度

车辆技术状态修理制度即在设备工作寿命期内，将运行设备按照规定的状态值来监察其运行参数，只要设备运行参数在规定的状态限界值以内，就一律不检修。当运行参数超出规定的状态限界值时，就按照规定工艺进行检修，使其恢复到规定的状态值后继续使用。设备达到有效使用寿命期，则予以更新。这种修理制度在保证设备安全的前提下，充分发挥运输设备的内在潜力，力图将检修工作量减少到最低限度。这就是先进的状态修，也是中国铁路车辆将逐步实施的检修制度。

实施状态修应广泛采用监测与检测手段，借以监视运用车的技术状态，及时排除故障，或进行必要的维修工作。

两种检修制度各有优缺点和适用条件，应根据车辆零部件的重要程度、故障和损伤的类型与后果，以及检查判断的难易程度等具体分析后，选择适宜的检修制度。

2. 我国现行车辆检修制度

目前我国车辆检修制度是以计划预防为主，状态修为辅的检修制度，即在计划预防修的前提下，逐步扩大实施状态修、换件修和主要零部件的专业化集中修。计划预防性检修制度分为定期检修和日常维修两大类。

1）定期检修任务

定期检修是车辆每运用一定时间（或里程）对车辆的全部和部分零件进行一定程度的检修。在车辆尚未发生故障之前就对车辆进行修理，消除车辆零部件的缺陷和隐患，预防故障的发生。由于检修是定期的，全年的任务量可以计算出来，能提前准备车辆检修需要的材料、零件、检修设备及人力。

定期检修的主要任务如下。

（1）厂修。厂修一般在车辆工厂施行。按规定应对车辆的各部装置进行全面的分解检查、彻底修理，并进行必要的技术改造工作。经过厂修，车辆各部装置得到全面恢复，状态与新造车基本接近。修竣后喷涂厂修标记。

（2）段修。段修在车辆段施行。段修的主要任务是分解检查车辆的转向架、车钩缓冲装置及制动装置等部件，检查并修理车辆（包括车体及其附属装置）的故障，保证各装置作用良好，防止行车事故发生，以提高车辆的使用效率，修竣后喷涂段修标记。

（3）辅修：辅修主要是对制动装置和轴箱油润部分施行检修，并对其他部分做辅助性修理。做到螺栓紧固、配件齐全、作用良好。货车辅修是在修车库或专用修车线（站修线）施行，客车辅修应利用库停时间不摘车修理，但无风管路及不入库的列车可摘车施修。修竣后喷涂辅修标记。

2）定期检修修程

（1）货车定期检修修程。铁路货车定检周期分为以时间确定和以里程结合时间确定两种。

以时间确定定检周期的铁路货车修程分为厂修、段修、辅修三级修程，取消辅修的铁路货车修程分为厂修、段修两级修程。

以里程结合时间确定定检周期的铁路货车分为大修（A 级，与厂修同级）、全面检查修（B 级，与段修同级）两级修程。

段修周期设置时间、运行里程两项指标的铁路货车，满足二者之一视为到期。各级修程同时到期时，须按高级修程施修，段修过期至距厂修到期不足 4 个月时，按厂修施修。

固定配属、固定编组、固定使用以及企业自备铁路货车单位须建立检修周期管理台账，根据定检到期情况制定送修计划，保证铁路货车及时修理。

（2）普通客车定期检修修程。我国客车的定期检修修程实行以走行公里为主、时间周期为辅的计划预防修制度。

（3）快速客车定期检修的修程。时速为 160 km 的 25 K 型及其他时速为 160 km 的客车按走行公里检修，修程分为四级：A_1、A_2、A_3、A_4。

A_1——安全检修：周期为运行 20 万 km（±2 万 km），或运行不足 20 万 km，但距上次 A_1 级以上修程时间超过 1 年者。

A_2——40 万 km 段修：周期为运行 40 万 km（±10 万 km），或运行不足 40 万 km，但距上次 A_2 级以上各修程时间超过 2 年者。

A_3——80 万 km 段修：周期为运行 80 万 km（±10 万 km），或运行不足 80 万 km，但已做过一次 A_2 修，距上次 A_2 级修程超过 2 年者。

A_4——大修：运行超过 240 万 km（±40 万 km），但距新造或上次 A_4 级修程超过 10 年者。

3）日常维修

日常维修又称运用维修（日常保养），其基本任务是保证在运用中的车辆具有良好的技术状态，及时发现和处理车辆中发生的一切故障，保证行车安全。

（1）货车日常维修。货车日常维修在铁路沿线的列车检修所进行，对到达、始发和中转的货物列车进行技术检查，发现故障时及时修复。

（2）客车日常维修。客车日常维修要充分运用客车在库内停留的时间，认真检查，彻底修理，消除故障，维护质量，以保证列车往返运行区间不因车辆故障发生晚点和事故。

在旅客列车途经的旅客列车检修所对客车进行重点检查修理，消除危及行车安全的故障，保证旅客列车的运行安全。在旅客列车上还实行固定人员、固定车组的包乘负责制度，随时随地地检修车辆，消除故障。

知识测评

1. 简述铁路车辆配属。
2. 简述铁路车辆运用检修机构。
3. 简述铁路车辆检修制度。

学习作品

课后每名同学单独制作一个开放的、富有创造性的表现学习过程和学习成效的视频，时间为 5 min 以内，至少包括以下 4 项内容：

1. 铁路车辆配属；
2. 铁路车辆运用检修机构；

3. 铁路车辆检修制度；
4. 通过对本任务的学习，个人在知识增长、能力强化、素养提升方面的小结。
在课程结束后的 3 天内将作品提交任课教师，此作品作为教师评价学生学习效果的依据。

拓展建议

（1）登录国家铁路局官网，学习《铁路机车车辆目录》《铁路货车车辆设备设计规范》《铁路客车车辆设备设计规范》。

（2）查阅铁路客车故障轨旁图像检测及铁路车号自动识别系统资料。

（3）拓展阅读。

"国能号"KM81/KM81（A）型智能化煤炭漏斗车

随着"3060"双碳目标的提出，铁路货车也在向智能化、环保化和轻量化方向发展。

2022 年 10 月，国家能源集团铁路装备公司联合中车集团历时四年打造的新一代绿色智能"国能号"KM81/KM81（A）型煤炭漏斗车在株洲正式下线，投入西煤东运的能源保障任务。

KM81（A）型煤炭漏斗车外形如图 7-4-1 所示。

图 7-4-1　KM81（A）型煤炭漏斗车外形

"国能号"KM81 型煤炭漏斗车主要技术创新如下。

① 首创轻量化铝合金车体，自重低、刚度强、容积大、风阻小，突破轻量化、低能耗瓶颈，自重系数达到世界领先，实现降自重、增载重、加容积协调统一。

轻量化铝合金车体如图 7-4-2 所示。

图 7-4-2　轻量化铝合金车体

② 抑尘防漏、绿色环保、自动开闭，抑尘成本降低。车辆首次搭载防尘活动顶盖，有效防治运输扬尘，实现煤炭绿色环保运输。

首次搭载复合材料环保顶盖如图 7-4-3 所示。

图 7-4-3　首次搭载复合材料环保顶盖

③ 底门系统适应车辆双向行驶，地面碰头自适应升降，卸货底门自动开闭，使得卸货效率提升五倍，卸车成本大幅降低。

双向行驶、自动卸货的底开门机构如图 7-4-4 所示。

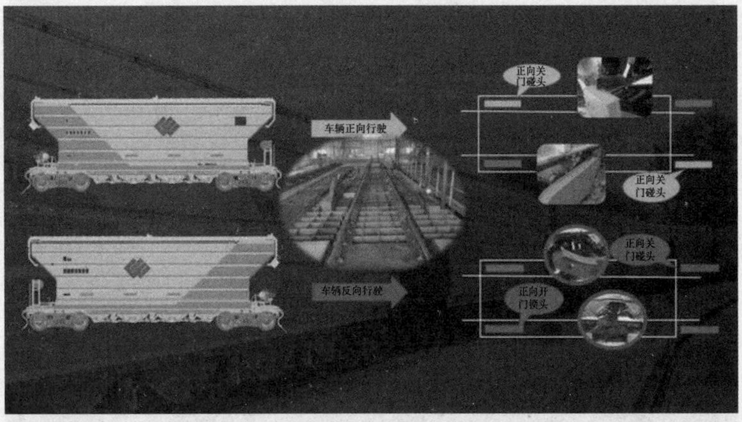

图 7-4-4　双向行驶、自动卸货的底开门机构

④ 优化一系悬挂系统纵横向刚度，轻量化摇枕侧架，走向装置具有轻动力、低自重、减磨耗、高可靠性的优点，车辆动力学性能更优。

轻量化高性能走行装置如图 7-4-5 所示。

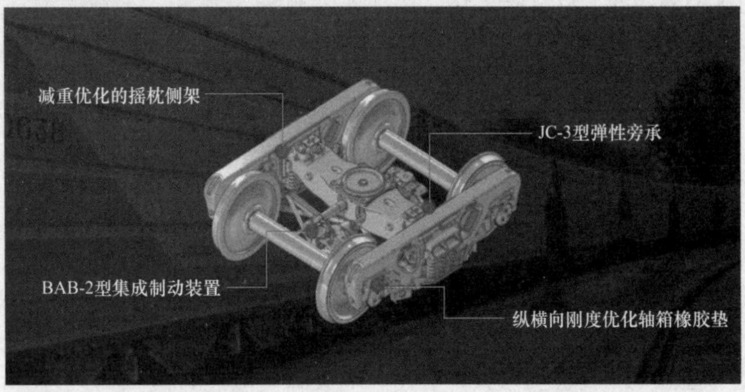

图 7-4-5　轻量化高性能走行装置

⑤ 采用集成式空气制动装置、BAB-2 型基础制动集成装置，制动系统高度集成，结构紧凑、传动效率高，泄漏环节少。

集成制动装置如图 7-4-6 所示。

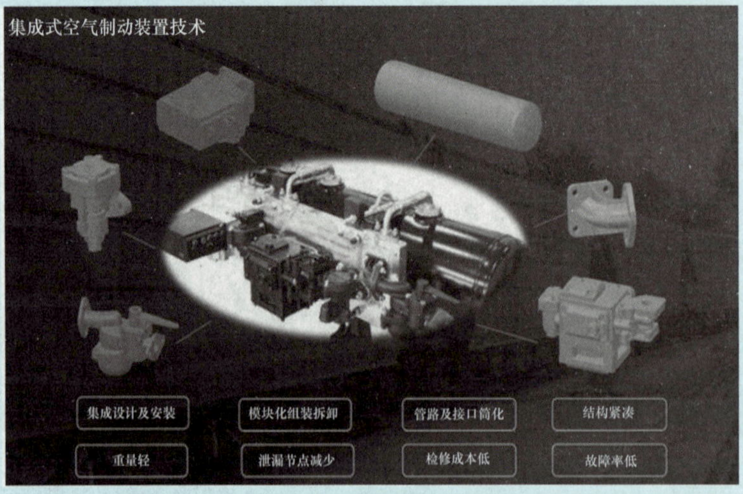

图 7-4-6　集成制动装置

⑥ 首创铁路货车健康管理平台，车载智能监测系统在线实时监测顶盖、底门、耩耩、压力、振动等 15 个监测点/特征，通过车列、车辆、监测点三级结构，可视化展示列车运用状态，实现列车状态监测、异常报警、统计分析、大数据处理、健康管理等功能。

首创车载健康管理平台如图 7-4-7 所示。

图 7-4-7　首创车载健康管理平台

“国能号”KM81/KM81（A）型智能化煤炭漏斗车实现监测技术、车辆技术与大数据技术的深度融合，开创了智慧货车的先河，经过 2 年、20 余万千米的运用验证，车辆整体技术达到国际先进水平。

思政案例　军民共建铁路的成功范例——襄渝铁路

1964 年，毛主席发出建设大西南的号召，经铁道部第二勘测设计院于 1965 年 12 月勘测设计，确定修建襄樊至成都的铁路，称襄成铁路。1968 年初，中央出于国防建设的需要，作出了先修渝（重庆）达（县）铁路、缓建成（都）达（县）段的决定。1969 年底，中央确定渝达、襄成两线合一，称襄渝铁路。

襄渝铁路是当时中国地图上，不做标记的秘密国防铁路线。

横贯鄂、陕、川 3 省的襄渝铁路，是联络我国中原和西南地区的交通大动脉，是西南三线铁路建设的重要组成部分。这条铁路东起湖北襄樊（现襄阳），西至重庆，全长 915.6 km。铁路横穿武当山、白云山、大巴山，三跨汉江，九跨东河，七跨将军河，33 次跨后河，在北碚跨嘉陵江。沿线山高谷深，水流湍急，地质复杂，通过深涧百余条，大断层 50 多处，隧道 405 座，桥梁 716 座，桥隧总延长 400 km，占线路总长度的 46%，特别是陕西境内占比高达 81.5%。沿线许多地段上傍悬崖，下临深渊，有 36 座车站不得不建在桥梁上或延伸至隧道内。

襄渝铁路施工采用先两头，后中间，一次部署，全面展开的方针，全线分为 10 段，部署第 1、第 2、第 6、第 7、第 8、第 10、第 11、第 13 师，独立汽车团、独立机械团等共 23.5 万人参建，其中，第 6 师和第 7 师于 1968 年先后开进重庆至达县段施工，第 1 师和第 13 师于 1969 年先后开进湖北施工，从 1970 年下半年起，襄渝铁路大会战逐步全面展开，加上三省动员的 59 万民工，施工高潮时军民筑路大军共达 83 万人，浩浩荡荡，威武雄壮。

中段陕西境内施工条件最差，这里“峰有千盘之险，路无百步之平”，修建临时工房要劈山垒石，或移土填壑；这里人烟稀少，物资短缺，据说当时紫阳县没有一条公路，没有一辆汽车，所有工程和生活物资主要靠肩挑背负；所有施工用水和生活用水都要用机械从汉江中引上来，扬程高达百米。这些问题都要在正式施工之前解决。

施工部队在这样极端困难的情况下，边安家，边准备，积极为正式施工创造条件。据统计，全线施工队伍共架设高压线 1 795 km，修建临时房屋、工棚等 652 万 m^2，铺设给水管道 1 061 km，仅修建的公路和运输便道就达 3 140 km，是铁路正线的 3 倍还多。

全线控制工期的关键工程是全长 5 333 m 的大巴山隧道，施工现场地处峡谷陡崖之上，根本没有立足容身之地。先遣分队好不容易找到一块不足 30 m^2 的深谷河滩安下家，每天跋山涉水，肩挑人扛，往返 40 多 km 把 1 000 多 t 的物资、装备运到工地。进洞以后，除了遇上日夜暴涌的地下水来袭，又有铁青钢硬的特坚石和不软不硬的“橡皮泥”轮番挑战，就这样，他们连续奋战 34 个月，闯过一道又一道难关，终于贯通了这条全线最长的隧道。

另一条全长 3 735 m 的白云山隧道施工也捷报频传，连续稳产高产，平均双口月成洞 306 m。然而，在大成隧道，突遭特大山洪袭击，洪水奔涌，迅速灌入隧道，受阻于隧道内的 226 名人员生命受到严重威胁，经多方努力抢救，有 194 人先后脱险，但仍有 32 名顽强奋战的战士为襄渝铁路建设献出了宝贵的生命。

1973 年 10 月 19 日襄渝铁路接轨通车。通车后，又突遭特大暴雨袭击，在山洪的强力冲击下，一些地段的巨大山体缓缓滑向汉江，造成路基坍塌，隧道开裂，钢轨变形。施工队伍及时制定了固山锁石的处置方案，展开了一场别开生面的“锚山”战斗。在 20 多处严重滑坡的地段，增筑大型钢筋混凝土锚固桩 228 根。最大的锚固桩断面长 7 m，宽 3.5 m，桩深达 48 m，从而把移动的大山稳稳“钉”在地球上，保证了行车安全。

襄渝铁路的建成，是以铁道兵部队为主体，沿线几十万人民群众积极参加，国家各有关部门和有关省市密切协作的胜利，是铁路建设史上一个成功的范例。

学习笔记

模块 8

铁路运输作业及营业线施工维修作业

模块导入

铁路旅客运输是最大限度地满足广大人民群众在旅行上的需要，安全、迅速、准确、便利地运送旅客、行李，保证旅客在旅途中舒适愉快并得到精神上、物质上的优质服务。

根据客户需求，铁路运输企业提供整车、集装箱、国际联运、零散快运、危险货物运输、铁路冷链物流、商品汽车物流等业务服务。

中铁快运是中铁快运股份有限公司依托高铁列车、客车行李车、特快货运班列、普速货运列车等运输资源，以及铁路货运场站、物流园区等仓储基地资源，整合公路、航空社会资源，打造差异化、特色化铁路快运产品，健全谱系化铁路快运服务，面向生产制造、商贸流通、快递物流、企事业单位和个人客户提供站到站、库到库、门到门全程运输，以铁路为骨干的多式联运服务和供应链解决方案。

通过对本模块的学习，同学们将走进中国铁路运输作业，认识中国铁路运输作业，热爱中国铁路运输作业。

模块任务

任务 8.1　铁路客运作业及客运票务系统

任务 8.2　铁路货运业务及铁路 95306

任务 8.3　中铁快运产品及作业

任务 8.4　铁路行车作业及中欧班列运输组织

任务 8.5　铁路营业线施工维修作业

以上 5 项任务全部来自铁路运输作业体系实际，情境客观，内容真实。

任务 8.1　铁路客运作业及客运票务系统

学习目标

1. 掌握铁路旅客运输一般规定。
2. 掌握铁路旅客运输工作流程。
3. 了解客运票务系统。
4. 了解行李运输。
5. 能正确描述旅客运输作业。
6. 会正确分析旅客运输事故。

基础知识

8.1.1　铁路旅客运输一般规定

铁路旅客运输即利用旅客列车把旅客及其凭客票托运的行李从出发站运送到票面规定的目的站。

1. 旅客运输用语含义

1）旅客

持有铁路有效乘车凭证的人。

2）儿童

在铁路运输各客运规章中，儿童是指符合购买铁路儿童优惠票条件和免费乘车条件的未成年人。

3）车票实名制管理

车票实名购买和车票实名查验统称为车票实名制管理。

（1）车票实名购买，是指购票人凭乘车人的有效身份证件购买车票，铁路运输企业凭乘车人的有效身份证件销售车票，并记录旅客身份信息和购票信息的行为。

（2）车票实名查验，是指铁路运输企业对实行车票实名购买的车票记载的身份信息与乘车人及其有效身份证件进行一致性核对，并记录旅客乘车信息的行为。

4）联程车票

旅客分段购买的，出发地至目的地间可联程接续的多段车票；前段车票到站与后段车票发站应为同一或同城铁路客运营业车站。

5）铁路车票销售代理人

与铁路运输企业签有代售合同，办理铁路车票销售经营业务的独立法人组织。

6）席位

车票载明的车厢，以及座位或铺位位置。

7）席别

旅客列车席位的类别，包括硬座、软座、二等座、一等座、特等座、商务座、硬卧、软卧、高级软卧、二等卧、一等卧等。

8）改签

旅客变更乘车日期、时间、车次、席位、席别和到站时需办理的签证手续。

9）客运记录

在旅客或行李运输过程中因特殊情况，铁路运输企业与旅客之间需记载某种事项或车站与列车之间办理业务交接的纸质或电子凭证。

10）时间

以北京时间为准，从零时起计算，实行 24 小时制。

以上、以下、以前、以后、以内、以外均含本数，超过、未满、不足均不含本数。

2. 铁路旅客运输合同

铁路旅客运输合同是明确铁路运输企业与旅客之间权利义务关系的协议。

1）铁路运输企业的义务

（1）制定旅客运输相关办法并向社会公布。

（2）提供方便快捷的票务服务，为旅客提供良好的旅行环境和服务设施。

（3）文明礼貌地为旅客服务，在约定期限或者合理期限内将旅客安全运输到车票载明的到站。

（4）公布车站运营时间、停止检票时间、服务项目及收费标准、旅客禁止或者限制携带物品目录等信息。

2）旅客的权利和义务

（1）旅客应当遵守法律、行政法规、规章和有关铁路运输安全规定，服从铁路工作人员的引导，爱护铁路设备设施，不得扰乱铁路运输秩序。

（2）旅客享有自主选择旅客运输服务和公平交易的权利。铁路运输企业不得限定、强制旅客使用某项服务或者搭售商品。

3）铁路旅客运输合同的履行

铁路旅客运输合同从售出车票时起成立，至按车票规定运输结束旅客出站时止，为合同履行完毕。旅客运输的运送期间自检票起至到站出站时止计算。旅客自行中途下车，出站时铁路旅客运输合同履行终止。

3. 车票

1）车票是铁路旅客运输合同的凭证

车票是铁路旅客运输合同的凭证，可以采用电子数据形式或者纸质形式。

2）车票信息

车票（特殊票种除外）包含的主要信息如下。

（1）发站和到站站名。

（2）车厢号、席位号、席别。

（3）票价。车票票价为旅客购票时的适用票价。铁路运输企业调整票价时，已售出的车票不再补收或退还票价差额。

（4）车次。

（5）乘车日期和开车时间。

（6）有效期。除有效期有其他规定的车票外，车票当日当次有效。旅客自行中途上车、下车的，未乘区间的票款不予退还。

（7）旅客身份证件信息。

8.1.2 铁路旅客运输作业

铁路旅客运输作业主要包括：售票、候车、检票、旅客上车（乘车）、列车服务、旅客下车（降车）、验票出站等。

1. 售票与购票

1）售票服务

车票应通过铁路运输企业提供的车站售票窗口、自动售票机、中国铁路 12306 网站（含铁路 12306 移动端）、订票电话或铁路车票销售代理人的售票处购买。

旅客应按约定支付运输费用，购票后应核对票、款，妥善保管车票信息及购票时所使用的有效身份证件。

铁路运输企业开办定期票、计次票、乘车卡等多种业务时，具体售票、改签、退票、检票和行李托运等业务规则由开办业务的铁路运输企业另行规定。

2）铁路车票种类

中国铁路车票上的种类，有以 C（城际动车组列车，念作“城”）打头的、以 D（动车组列车，念作“动”）打头的、以 G（高速铁路动车组，念作“高”）打头的、以 N（管内快速旅客列车，念作“内”）打头的、以 Z（直达特快旅客列车，念作“直”）打头的、以 T（特快旅客列车，念作“特”）打头的、以 K（快速旅客列车，念作“快”）打头的、以 L（临时旅客列车，念作“临”）打头的、以 Y（旅游列车，念作“游”）打头的、以 S（市郊专线列车，念作“市”）打头的和不带字母的等十余种。

3）车票丢失处理

旅客丢失实名制车票后，可以向铁路运输企业申请办理车票挂失补办手续，铁路运输企业不得重复收取票款和其他不合理费用。

旅客丢失非实名制车票应当另行购票乘车。

电子临时乘车身份证明

铁路 12306 App“临时身份证明”功能可快速解决出行忘带身份证的问题，输入姓名、证件类型和证件号按照提示进行人脸核验，等待系统审核，核验通过后，生成电子证件照。每人在一个自然月可申请 3 次电子临时乘车身份证明，每次申请成功有效期为 24 h。如果申请超过 3 次，请前往车站的公安制证窗口办理纸质临时乘车身份证明。电子临时乘车身份证明的动态二维码 60 s 自动更新一次，为了避免他人冒用，二维码生成后每 30 min 需要用户重新核验。

2. 候车

候车室是旅客休息和等候乘车的场所。铁路实行凭票候车。车站应为旅客提供及时的乘车信息，并做好饮水、购物、娱乐等相关延伸服务。

旅客进站候车须经安检。铁路运输企业应当按照《中华人民共和国反恐怖主义法》《铁路安全管理条例》《铁路旅客运输安全检查管理办法》等规定，对旅客及其随身携带物品进行安全检查。旅客随身携带物品应当遵守国家禁止或者限制运输的相关规定。

3. 检票

为维护站车秩序，保证旅客安全，防止旅客乘错车，车站对进站旅客和人员持有的车票、站台票要检验或加剪。检验或加剪表明铁路旅客运输合同开始履行，铁路旅客意外伤害强制保险开始生效。

4. 乘车

1）乘车凭证

旅客的乘车凭证是购票时使用的有效身份证件；随行免费乘车儿童的乘车凭证是其申明时所使用的儿童有效身份证件。

2）乘车日期和车次

旅客应当按有效车票载明的日期、时间、车次、车厢号、席位号和席别乘车。

3）低票价席别车票乘车

持低票价席别车票的旅客不能在高票价席别的车厢（区域）滞留。

4）残疾人乘车

视力残疾旅客可以携带取得导盲犬工作证（载有导盲犬使用者信息，盖有公安部门或残疾人联合会公章，或带有国际导盲犬联盟标识“IGDF”），用于辅助视力残疾人工作、生活的导盲犬进站乘车。旅客进站、乘车时，需主动出示残疾人证、导盲犬工作证、动物健康免疫证明等证件，携带的导盲犬要接受安全检查。

5. 列车服务

列车服务工作由列车乘务组工作人员担当。列车乘务组由客运人员（列车长、列车员、广播员、行李员、餐车服务员等）、公安乘警（乘警长、乘警等）和车辆乘务员（检车长、检车员、车电员等）三部分人员组成，由列车长统一领导，服务旅客。

6. 验票出站

旅客到达票面规定目的站或中途下车出站，通过车站指定的出站口验票出站。

8.1.3 铁路客运票务系统

铁路客运票务系统是为旅客提供相关票务服务的信息系统，我国现已建成覆盖全国的超大型售票网络。

1. 客票中心

1）统一的国铁集团客票中心

完成席位集中管理、交易实时处理、基础数据维护、销售策略实施、统计、收入和清算管理等票务系统核心功能。

2）18 个铁路局地区客票中心

在 18 个铁路局集团公司设立地区客票中心。

2. 旅客服务

铁路客运票务系统拥有网络、窗口、代售点、自动售票机、电话等多个售票渠道，包含车站服务、互联网/手机售票、电话订票、电子支付、列车服务、票务管理、客户关系管理、监控子系统、订餐服务，以及交易服务集成平台和数据共享集成平台，为旅客出行提供了方便。

3. 大数据技术

面向海量数据存储和超大规模并发交易的应用需求，新一代铁路客票系统广泛地采用了移动互联网、云计算平台、内存数据库及弹性计算架构等新技术，并在车票实名制、电子支付、票额预分、席位选择、通退通签等领域不断改进。

8.1.4 行李运输

1. 行李范围

行李是旅客凭车票托运的一定限度的旅行必需品。

1）行李中不得夹带的物品

（1）货币，含各币种的纸币和金属辅币。

（2）有价票证，银行卡、储值卡等。

（3）文物。

（4）金银珠宝。

（5）档案材料，指人事、技术档案，组织关系，户口簿或户籍关系，各种证件、证书、合同、契约等。

（6）易碎品、流质物品和骨灰。

（7）妨碍公共卫生和安全的物品。

（8）危险品，铁路运输企业不能判明理化性质的物品按危险品处理。

（9）国家禁止、限制运输物品。

2）行李质量、体积要求

行李每件的最大质量为 50 kg，外部尺寸长、宽、高之和最大不超过 200 cm，最小不小于 60 cm。行李一般随旅客所乘列车运送或提前运送。

3）轮椅可按行李托运

行动不便旅客在旅行中使用的轮椅可按行李托运。

2. 旅客凭有效车票托运行李

旅客凭有效车票、身份证件可以在行李办理站间托运行李，行李票和车票的发到城市应当保持一致。

行李分为保价运输和不保价运输，旅客可自主选择。

3. 行李运输合同

行李运输合同是指铁路运输企业与旅客之间明确行李运输权利义务关系的协议。行李运输合同的凭证是行李票。行李票可采用纸质票、电子票等形式。

行李票包含的主要信息如下。

（1）承运日期、发站、到站和经由。

（2）乘坐车次、人数、车票号。

（3）旅客姓名、电话、地址。

（4）包装种类、件数、重量。

（5）声明价格。

（6）运费。

（7）运到期限、承运站站名戳及经办人员名章。

（8）铁路运输企业名称。

行李运输合同自铁路运输企业接收行李并填发行李票时起成立，到行李运至到站交付给旅客止，履行完毕。

4. 行李安全检查

铁路运输企业应当按照《中华人民共和国反恐怖主义法》《铁路安全管理条例》《铁路旅客运输安全检查管理办法》等规定，对旅客托运的行李进行安全检查。

旅客托运行李应当遵守国家禁止运输或者限制运输的相关规定，不得夹带违反规定的物品。

铁路运输企业在承运行李时或者运输过程中，发现行李中装有不得作为行李运输的任何物品，应当拒绝承运或者终止运输，并通知旅客处理。

5. 行李运送

行李应当随旅客所乘列车或者就近列车运送，如遇特殊情况的，铁路运输企业应当向旅客作出说明。

行李的包装应当完整牢固、适合运输，包装材料和方式符合国家规定的包装标准和条件。

6. 行李领取

行李到达后，铁路运输企业应当及时通知旅客，最晚不得超过到达次日 12 点。旅客询问逾期行李是否到达时，铁路运输企业应及时予以查找。

行李运到后从通知之日起，铁路运输企业免费保管 3 日，逾期到达的行李免费保管 10 日。因铁路运输企业责任和不可抗力等原因导致旅客行李延迟到达时，按延迟日数增加免费保管日数。超过免费保管期限时，按日核收保管费。

对无法交付的行李，铁路运输企业应登记造册，妥善保管。国家法律、行政法规规定不能买卖的物品应及时交有关部门处理。

行李从运到日起，90 日以内仍无人领取时，铁路运输企业应进行公布。公布 90 日以后仍无人领取时，铁路运输企业可以变卖。

7. 行李运输变更

旅客在办理行李托运手续后，可按规定办理一次行李变更手续。

8. 行李损失处理

在行李运输过程中，行李发生损坏、丢失或者延误，旅客要求出具行李运输损失凭证的，铁路运输企业应当及时提供。

8.1.5 旅客运输安全

旅客运输安全是关系到人民生命财产和国际企业声誉的大事，因此安全是衡量旅客运输工作质量好坏的重要标志，是客运职工的首要职责。

旅客人身伤害事故划分如下。

（1）轻伤事故：只有轻伤没有重伤和死亡的事故。

（2）重伤事故：有重伤没有死亡的事故。

（3）一般伤亡事故：一次造成死亡 1 人至 2 人的事故。

（4）重大伤亡事故：一次死亡 3 人至 9 人的事故。

（5）特大伤亡事故：一次死亡 10 人至 29 人的事故。

（6）特别重大伤亡事故：一次死亡 30 人以上的事故。

发生旅客伤害事故时，车站、列车工作人员均应本着对人民生命健康高度负责的精神，采取有利于抢救的措施，尽力予以救助。事故发生单位和事故处理单位应当本着实事求是、依法办理的原则，积极负责地处理事故。

知识测评

1. 简述铁路旅客运输一般规定。
2. 简述铁路旅客运输工作流程。
3. 简述客运票务系统。
4. 简述行李运输。
5. 简述旅客运输安全。

学习作品

课后每名同学单独制作一个开放的、富有创造性的表现学习过程和学习成效的视频，时间为 5 min 以内，至少包括以下 6 项内容：

1. 铁路旅客运输一般规定；
2. 铁路旅客运输工作流程；
3. 客运票务系统；
4. 行李运输；
5. 旅客运输安全；
6. 通过对本任务的学习，个人在知识增长、能力强化、素养提升方面的小结。

在课程结束后的 3 天内将作品提交任课教师，此作品作为教师评价学生学习效果的依据。

任务 8.2　铁路货运业务及铁路 95306

学习目标

1. 掌握铁路货物运输业务类型及办理流程。
2. 了解按特殊条件运输的货物类型。
3. 掌握货物运输业务办理渠道。
4. 掌握铁路 95306 的功能。
5. 会正确分析货物运输损失种类、等级。

基础知识

8.2.1　货物运输业务

根据客户需求，中国国家铁路集团有限公司提供整车、集装箱、国际联运、零散快运、危险货物运输、铁路冷链物流、商品汽车等业务服务。

1. 整车运输

一批货物的重量、体积或形状需要以一辆以上货车运输的按照整车运输（托运）。整车运输主要用于煤炭、石油、矿石、钢铁、焦炭、粮食、化肥、化工、水泥等大宗品类物资运输。

一批重量在 40 t 以上或体积在 80 m^3 以上的部分塑料制品、金属制品、工业机械、日用电器、果蔬、饮食品、纺织品、纸制品、文教用品、医药品、瓷砖、板材等批量货物，也按整车组织运输。

整车运输是铁路的主要运输方式。国家铁路提供大宗货运直达班列、批量货物快运、专用线接轨服务等个性化服务产品。

整车运输办理流程如图 8-2-1 所示。

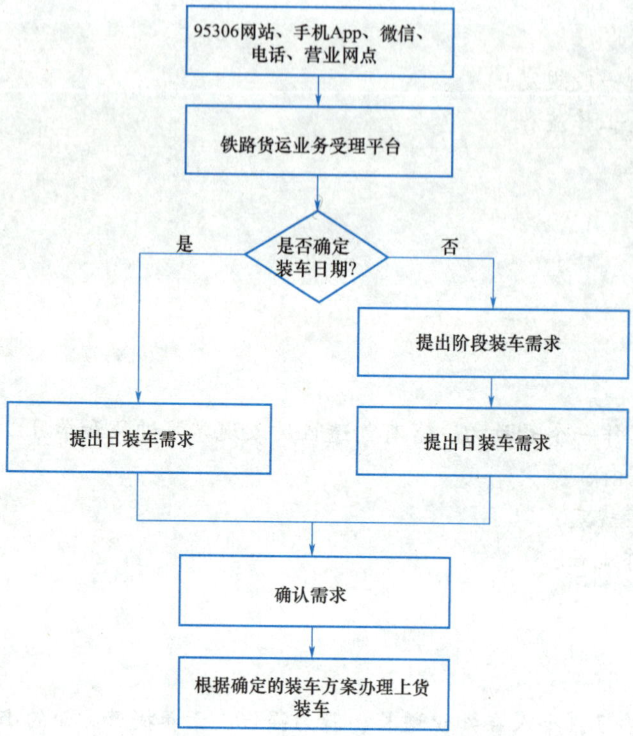

图 8-2-1　整车运输办理流程

2. 集装箱运输

集装箱运输具有标准化程度高、装卸作业快、货物安全性好、交接方便等技术优势，是铁水联运、国际联运、内陆铁公联运等多式联运的主要方式，也是中国铁路的重点业务发展方向。可为客户提供门到门运输和全程物流服务。

集装箱运输办理流程如图 8-2-2 所示。

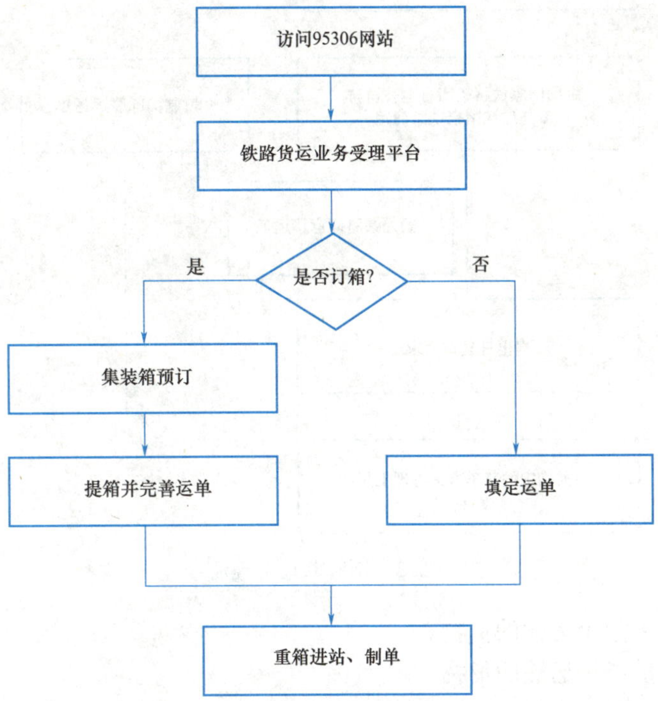

图 8-2-2　集装箱运输办理流程

3. 国际联运

国际铁路货物联运（国际联运）是指在跨国及两个以上国家铁路的货物运送中，由参加国家铁路共同使用一份运输票据，并以连带责任办理的全程铁路运送。办理国际联运的相关规定详见《国际铁路货物联运协定》及其《办事细则》。

与我国铁路办理国际联运较多的国家：蒙古、越南、朝鲜、俄罗斯、哈萨克斯坦、乌兹别克斯坦、吉尔吉斯斯坦、塔吉克斯坦、土库曼斯坦、白俄罗斯、乌克兰、立陶宛、波兰、德国、法国、比利时、西班牙、意大利、捷克、斯洛伐克、拉脱维亚、爱沙尼亚、摩尔多瓦、罗马尼亚、保加利亚、格鲁吉亚、亚美尼亚、匈牙利、塞尔维亚、阿塞拜疆、阿尔巴尼亚、阿富汗、伊朗、土耳其等。

为全面释放新丝绸之路经济带物流通道潜能，中国国家铁路集团有限公司全力打造“快捷准时、安全稳定、绿色环保”的中欧班列国际物流品牌。

国际联运办理流程如图 8-2-3 所示。

4. 零散快运

对于一批重量不足 40 t 且体积不足 80 m^3 的货物，可按零散货物快运办理；对于非批量零散货物快运品类的货物，不足整车时，可按零散货物快运办理，但以下情况除外。

（1）散堆装货物。

（2）危险货物、超限超重和超长货物。

（3）活动物及需冷藏、保温运输的易腐货物。

（4）易于污染其他货物的污秽货物。

（5）军运、国际联运、需在米轨与准轨换装运输的货物。

（6）在专用线（专用铁路）装卸车的货物。

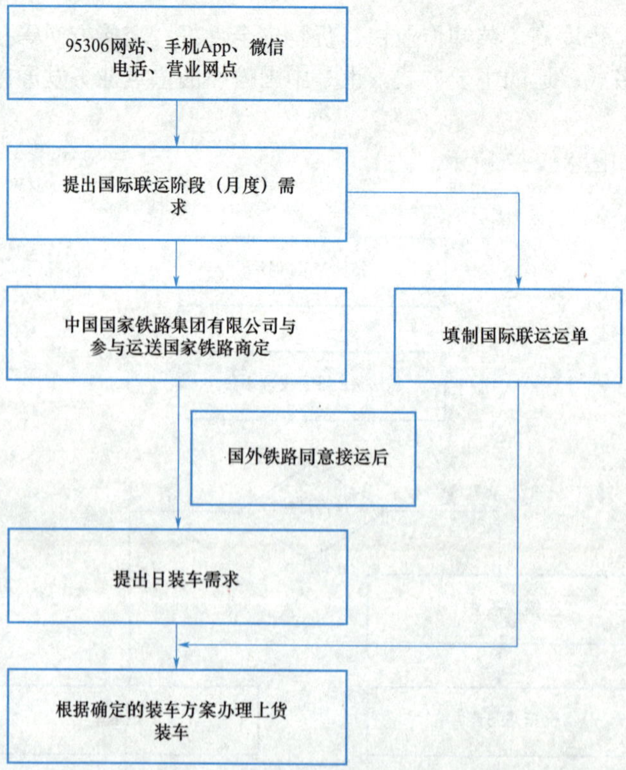

图 8-2-3　国际联运办理流程

（7）国家法律法规明令禁止运输的货物。

（8）其他不宜作为零散货物运输的货物。

零散货物按货物实际重量（体积）进行受理和承运。

5. 危险货物运输

在铁路运输中，凡具有爆炸、易燃、毒害、感染、腐蚀、放射性等危险特性，在铁路运输过程中，容易造成人身伤亡、财产损毁或者环境污染而需要特别防护的物质和物品，均属危险货物。

未列入铁路危险货物品名表，依据有关法律、行政法规、规章或《危险货物分类和品名编号》（GB 6944）等标准确定为危险货物的，也按照危险货物有关规定办理运输。

危险货物运输注意事项如下。

（1）运输危险货物应当在符合法律、行政法规和有关标准规定，具备相应品名办理条件并已经公布的车站、专用铁路、铁路专用线间发到。

（2）运输危险货物应当依照法律、行政法规和国家其他有关规定使用专用的设施设备。

（3）托运人必须与铁路运输企业签订托运危险货物安全协议。

① 托运人应当向铁路运输企业如实说明所托运危险货物的品名、数量（重量）、危险特性以及发生危险情况时的应急处置措施等。

② 对国家规定实行许可管理、需凭证运输或者采取特殊措施的危险货物，托运人应当向铁路运输企业如实提交相关证明。

③ 禁止运输法律、行政法规禁止生产和运输的危险物品，危险性质不明可能存在安全隐患的物品，未采取安全措施的过度敏感物品，或者未采取安全措施的能自发反应而产生危险的物品。

④ 不得将危险货物匿报或者谎报品名进行托运；不得在托运的普通货物中夹带危险货物，或者在危险货物中夹带禁止配装的货物。

⑤ 运输危险货物时，托运人应当配备必要的押运人员和应急处理器材、设备和防护用品，并使危险货物始终处于押运人员监管之下。押运人员应当遵守铁路运输安全规定，检查押运的货物及其装载加固状态，按操作规程使用押运备品和设施。

6. 铁路冷链物流

1）铁路冷链物流运输对象

铁路冷链物流主要运输肉、蛋、乳制品、速冻食品、冻水产品、鲜蔬菜、鲜水果、花卉植物等货物，按其热状态分为冻结货物、冷却货物和未冷却货物。

2）铁路冷链物流装备

铁路冷链物流装备主要包括机械冷藏车、隔热车、冷藏箱运输专用车、冷藏集装箱、隔热箱等，可为客户提供多样化的冷链物流服务。

3）铁路冷链物流服务

铁路部门建立了完善的冷链货物包装、装载、控温标准，实行严格的全程控温运输，提供高质量的冷链物流服务。

4）动物产品检疫证明

托运动物产品，以及需要检疫的植物和植物产品等货物，托运人应按国家有关规定提供检疫证明。

7. 铁路商品汽车物流

铁路商品汽车物流主要运输轿车、SUV、商务车、轻卡等不同类型乘用车和商用车。铁路商品汽车物流装备主要为 JSQ5、JSQ6 型商品汽车运输专用车和通用集装箱，为客户提供商品汽车国内运输、国际联运、过境运输和多式联运等多样化的商品汽车物流服务。

铁路部门依托完善的商品汽车物流基地，通过集中统一的调度指挥体系，为客户打造无缝衔接的整车物流服务，同时提供包括商品汽车两端配送、仓储、销售、维保等物流增值服务。

8.2.2 按特殊条件运输的货物

按特殊条件运输的货物包括阔大货物、危险货物和鲜活货物。其中阔大货物按照装载技术又可分为超长货物、集重货物和超限货物。

1. 超长货物

超长货物是指一车负重，突出车端、需要使用游车或跨装运输的货物，如图 8-2-4 所示。

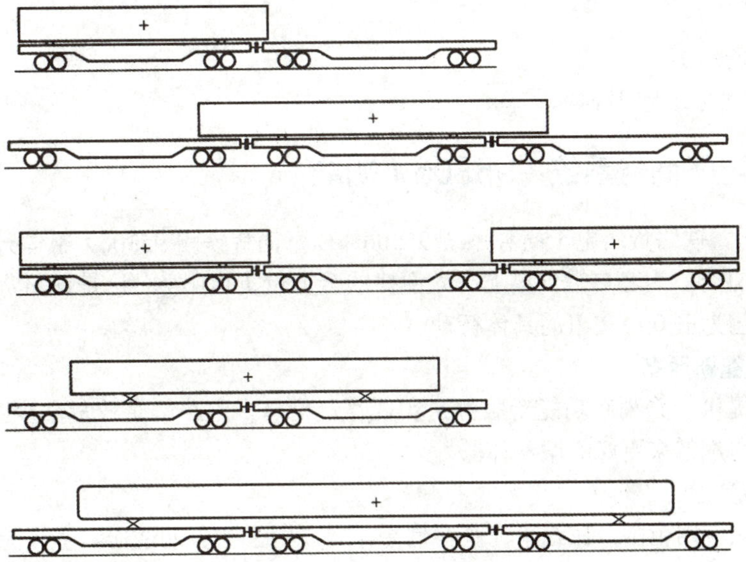

图 8-2-4　超长货物装载示意图

2. 集重货物

集重货物是指一件货物的重量大于所装车辆负重面长度的最大容许载重量的货物。支重面长度 $l_{支}$是指支撑货物重量的货物底面积的长度，负重面长度 K 是指货车地板承担货物重量的长度，如图 8-2-5 所示。

铁路部门在实际工作中，不容许集重装载。避免集重装载的方法主要有使用横垫木、使用纵横垫木等方法，如图 8-2-6 所示。

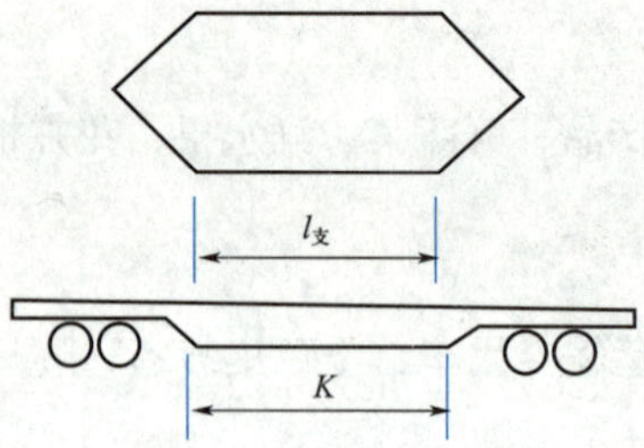

图 8-2-5　支重面长与负重面

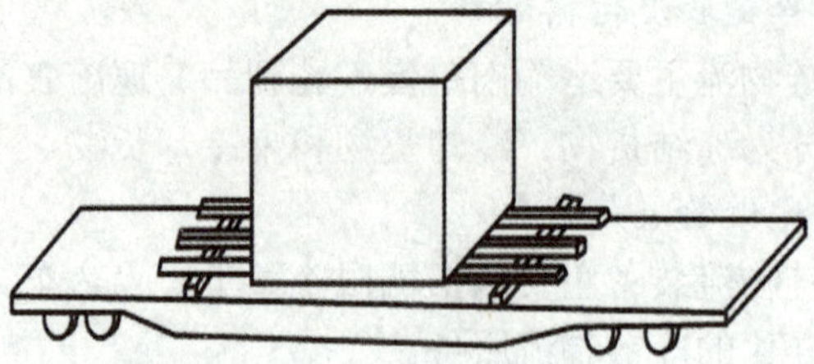

图 8-2-6　使用纵横垫木避免集重装载

3. 超限货物

超限货物是指货物装车后，车辆停留在水平直线上，货物的任何部位超出机车车辆限界基本轮廓或车辆行经半径为 300 m 的曲线时，货物的计算宽度超出机车车辆限界基本轮廓的货物。

8.2.3　货物运输业务办理渠道

铁路受理不同品类、体积、重量、批次、运到时限、装载要求的物流服务业务，法律法规明令禁止运输及特殊限制的货物除外。

铁路开辟有互联网、电话、人工等多种货物运输业务受理平台，客户可足不出户提出物流需求，随时随地、方便快捷办理物流业务。

1. 互联网渠道

（1）95306 网站。

（2）铁路 95306 App。

（3）铁路 95306 微信公众号。

2. 电话渠道

（1）95306 客服电话。

（2）货运营业站服务受理电话。

3. 人工渠道

（1）货运营业场所。

（2）铁路物流客服人员上门服务。

8.2.4　铁路货运电子商务系统（95306）功能

2021 年 12 月 8 日，铁路货运电子商务系统 95306（以下简称铁路 95306）整体升级后正式启用，实现 24 小时网上办理货运业务，为客户提供更加高效便捷的全方位货运服务。这是铁路货运服务改革取得的重大突破，也是国铁集团为群众办实事的具体行动。

1. 提供系列新功能新服务

新版铁路 95306 提供一系列新功能新服务，实现“让信息多跑路、企业货主少跑腿”，极大提升铁路货运便利化程度，为客户带来更好的服务体验。

1）网上注册自助化

扩大电子营业执照应用范围，在线验证企业信息，实现网上全自助注册，客户无需到营业厅提供纸质证明材料。

2）全面应用电子签名

向客户免费提供中铁 CA 数字证书，客户使用数字证书进行电子签名，运货无需提供传统的盖章纸质运单，收货无需提供纸质领货凭证。

3）精准追踪货物位置

整合铁路各类信息系统数据，建立全国统一的货车在途轨迹数据库，实现货物追踪和预测到达等功能，客户可合理安排取货和开展生产经营。

4）拓展电子支付功能

在 POS 机刷卡、预付款等既有支付方式的基础上，拓展了网银支付功能，客户能够在线完成运输费用电子支付。

5）实现移动办公

通过铁路 95306 App 和 95306 微信公众号，客户可随时随地网上办理货运业务，足不出户即可完成铁路发货、收货手续。

2. 为客户办理物流业务提供全过程支持

铁路 95306 作为铁路货运面向社会的统一互联网门户，为客户提供快捷查询、发送、到达、全程追踪、专用线、国际联运、投保理赔、信息查询及其他服务，实现铁路与客户的直接交互，为客户办理物流业务提供全过程支持。

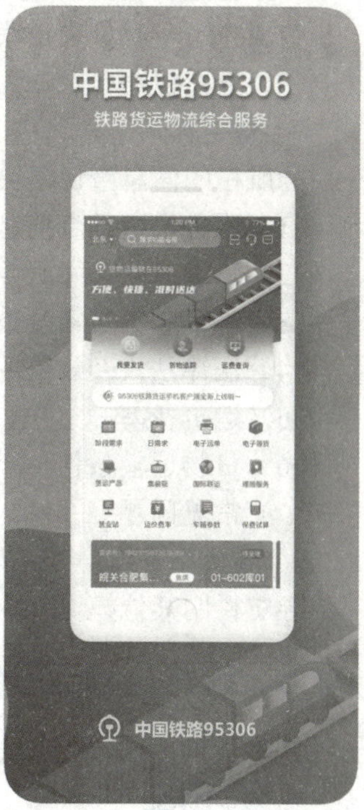

图 8-2-7　铁路 95306 导航

1）快捷查询

通过导航栏—首页，提供货物追踪、车站查询、运费查询服务。

（1）货物追踪。通过切换标签选择整车、集装箱、散货快运等运输方式，输入运单号、手机号等必要信息进行货物追踪查询。

（2）车站查询。通过输入省（自治区、直辖市）、市（区）和营业站等信息查看营业站的基本信息、联系方式、停限装公告、业务办理范围等信息，点击地图按钮可查看营业站地图定位和站点概览。

（3）运费查询。基于发站、到站、货物名称进行运输费用查询。

铁路 95306 导航如图 8-2-7 所示。

2）发送业务

导航栏的发送业务模块提供货运发送相关服务。

（1）阶段运输需求提报与查询；

（2）旬运输方案提报与查询；

（3）日运输需求提报与查询；

（4）车辆回送需求提报与查询；

（5）集装箱订箱提箱及运单填写；

（6）国联运单提报与查询；

（7）货运班列产品资源查询与预订等。

3）到达业务

导航栏的到达业务模块提供货运收货相关服务，主要包括领货通知查询、领货手续办理、到达信息、杂费支付等。

（1）领货手续办理。提供为电子运单授权领货人、维护长期领货委托、预约领货等服务。

（2）预约领货。可在线预约领货时间并支付杂费，预约后领货人可直接到货场领货。

（3）到达信息。提供到达运单相关信息查询、杂费支付、货物追踪轨迹查看、运单附件及电子版式文件查看、领货人信息查看等服务。

4）全程追踪

导航栏的全程追踪模块提供与货物运输物流轨迹追踪相关的业务功能。

（1）办理状态查询、国内货物追踪、国际联运货物追踪、货物到达预测等服务。

（2）获取货物从需求受理、装车作业、发车报告、在途轨迹、到达报告、卸车作业、货物交付、货损理赔全过程的作业信息。

（3）实时跟踪货物的在途状态。

5）专用线服务

导航栏的专用线服务模块提供专用线相关服务。

（1）专用线服务相关宣传介绍。

（2）专用线接轨。

（3）专用线车辆交接。

（4）装卸作业信息采集。

（5）运营条件维护。

（6）装卸能力维护。

6）国际联运

导航栏的国际联运模块提供国际联运相关介绍、信息查询及法律法规文件查询等服务。

7）投保理赔

导航栏的投保理赔模块提供查看投保理赔相关信息及办理赔偿业务服务。

（1）查看货物损失理赔和行包损失理赔流程。

（2）办理货物损失赔偿提报、行包损失赔偿提报服务。

（3）查看提赔记录、注意事项和理赔常见问题等服务。

8）信息查询

导航栏的信息查询模块可查看下列信息。

（1）服务场所综合信息。

（2）货运风险保障服务信息。

（3）车辆和集装箱参数。

（4）法律法规及规范性文件。

（5）运价费率。

（6）货物运输条件。

（7）常见问题。

9）其他服务

导航栏的其他模块，可以查看更多货运服务的相关业务信息，包括统计分析、口岸代理和客户反馈等。

8.2.5 铁路货物运输作业

铁路货物运输作业主要包括：发送作业、途中作业、到达作业。

1. 发送作业

货物的发送作业主要包括托运与受理、进货与验收、装车、制作电子运单、承运等环节。

2. 途中作业

货物的途中作业主要包括货运交接检查、货物的整理与换装、货物运输变更、运输阻碍的处理等。

3. 到达作业

货物的到达作业主要包括重车的交接、卸车作业、货物的到达通知与保管以及交付。

8.2.6 货物运输损失

货物在铁路运输过程中（自铁路运输企业接收货物时起，至将货物交付收货人时止）发生灭失、短少或者损坏属于货物损失。

1. 货物损失种类

（1）火灾。

（2）被盗（有被盗痕迹）。

（3）丢失（全批未到或部分短少，没有被盗痕迹的）。

（4）损坏（破裂、变形、磨伤、摔损、部件破损、湿损、腐烂、植物枯死、活动物死亡、污染、染毒等）。

（5）其他（办理差错及其他原因造成的货物损失）。

2. 货运损失等级

（1）一级损失。货物损失款额在 10 万元以上的。

（2）二级损失。货物损失款额在 1 万元以上未满 10 万元的。

（3）三级损失。货物损失款额在 1 000 元以上未满 1 万元的。

（4）轻微损失。货物损失款额未满 1 000 元的。

3. 货物损失定责

1）划分承运人与托运人或收货人间的责任

（1）依据《中华人民共和国民法典》《中华人民共和国铁路法》《铁路货物损失处理规则》等有关规定，划分承运人与托运人和收货人之间的责任。

（2）属于承运人责任时，应主动承担责任。

（3）涉及托运人、收货人责任和铁路局集团公司以外其他部门（包括社会物流企业）责任时，由到站（铁路局集团公司）处理，有关站（铁路局集团公司）积极配合。

2）划分承运人内部的责任

铁路内部各单位之间货物损失责任的划分，应以《铁路货物损失处理规则》的规定判定。

知识测评

1. 简述铁路货物运输业务的类型及办理流程。
2. 简述按特殊条件运输的货物类型。
3. 简述货物运输业务的办理渠道。
4. 简述铁路 95306 的功能。
5. 简述货物运输损失的种类、等级。

学习作品

课后每名同学单独制作一个开放的、富有创造性的表现学习过程和学习成效的视频，时间为 5 min 以内，至少包括以下 6 项内容：

1. 铁路货物运输业务的类型及办理流程；
2. 按特殊条件运输的货物类型；
3. 货物运输业务的办理渠道；
4. 铁路 95306 的功能；
5. 货物运输损失的种类、等级；
6. 通过对本任务的学习，个人在知识增长、能力强化、素养提升方面的小结。

在课程结束后的 3 天内将作品提交任课教师，此作品作为教师评价学生学习效果的依据。

任务 8.3　中铁快运产品及作业

学习目标

1. 掌握中铁快运运输产品类型。
2. 了解中铁快运非运输服务功能。

基础知识

8.3.1　中铁快运运输产品

中铁快运是依托高铁列车、客车行李车、特快货运班列、普速货运列车等运输资源，以及铁路货运场站、物流园区等仓储基地资源，整合公路、航空等社会资源，打造差异化、特色化铁路快运产品，健全谱系化铁路快运服务，面向生产制造、商贸流通、快递物流、企事业单位和个人客户提供站到站、库到库、门到门全程运输，以铁路为骨干的多式联运服务和供应链解决方案。

1. 高铁快运

利用高铁载客动车组、高铁确认列车等铁路运力资源，为生产制造企业、电商快递企业及个人客户提供商务函件、试剂样本、温控药品、生鲜食品、精密仪器、贵重物品、急用物品等物品的全程运送服务，具有时效性强、准点率高、安全稳定、绿色环保的优势。

1）时限产品

（1）当日达。当日收取，装运当日列车，承诺当日到站自提或到站后最快 2～3 h 送达。

（2）次日达。当日收取，承诺次日 18:00 前到站自提或送达。

（3）三日达。当日收取，承诺第三日 18:00 前到站自提或送达。

2）定制产品

（1）批量达。针对批量货物，根据客户需求，采取灵活定价，定制个性化运输方案的产品。

（2）特需达。针对贵重金属、保密物资等，两端采取自有人员或安保公司押运方式的产品。

2. 行包快运

行包快运是以铁路旅客列车行李车为主要运输工具，辅以公路和航空，在国内主要大中城市间提供的“门到门”快运服务。主要面向中高端快运快递市场，适合配件、电子、鞋服饰品、快消品、军工等货物品类。

1）普通快运产品

采用标准定价、标准操作流程，提供从承运当日起 4 日内送达“门到门”快运服务。运输距离在 3 500 km 以上或无法直达的城市间，从承运当日起 4～6 日送达。

2）时限快运产品

提供承诺交付日期（时间）的“门到门”快运服务，分为次日达、三日达、四日达。超出所承诺的运到时限，经确认不属于免责条款范围内的，退还全部运费。

（1）次日达。自承运当日算起，在次日 17 时前送达。

（2）三日达。自承运之日算起，在第三日 17 时前送达。

（3）四日达。自承运之日算起，在第四日 17 时前送达。

3）包量直达产品

单批货量在 100 kg 以上，运价按照重量给予优惠。

4）批量特惠产品

单批货量在 1 t 以上，签订固定重量、固定运费服务合同后，提供固定车次、固定发到站、运价按照重量给予优惠的“门到门”快运服务。

3. 冷链快运

利用高铁动车组、旅客列车行李车等铁路运力资源，使用主动制冷设施、设备及被动蓄冷包装，进行医药、生物样本、食品控温运输。

1）医药定温达

按照国家 GSP 标准，采用中铁快运自有知识产权蓄冷箱进行包装，对药品从受理、运输到交付全流程进行−25 ℃～−15 ℃冷冻、2 ℃～8 ℃冷藏及 15 ℃～25 ℃恒温等多温区精准控温，通过定时记录、远程监控、自动预警，实现全程全面信息化操作、可视化监控、智能化管理。

2）食品冷鲜达

利用高铁动车组，使用绿色环保、可循环利用的食品专用蓄冷箱，针对高端海鲜水产、果蔬鲜花、肉禽蛋奶等食品，提供冷藏、冷冻保温 48 h 的“产地到餐桌”的运输服务。

4. 班列快运

在北京和上海（X111/102）、北京和广州（X103/4）、上海和深圳（X107/8）、杭州和广州（X115/7）之间，每日对开时速 160 km 的特快班列，面向中高端电商快递企业，提供精准、快速、高效的库到库全程物流服务。

5. 国际快运

依托国际铁路整车和集装箱、中欧班列、中老货运列车、国际旅客列车行李车及高铁列车，辅以汽运、空运和海运，针对从全国各地至中亚、欧洲、俄罗斯、蒙古国、东南亚各国的进出口及过境货物，提供国际货物整车或集装箱国际联运、仓储、拆拼箱、集疏港、报关转关等国际快运服务。

6. 货运物流

以铁路零散、批量、整车、集装箱运输为核心，采取铁路运输代理、多种物流功能集成、运仓配一体化物流总包、供应链集成管理、产供销一条龙服务等方式，为生产制造企业及大型商贸、物流企业提供铁公、铁海、铁水、铁空联运服务。

7. 接取送达业务

班列快运作为铁路货运接取送达的主要力量，负责零散、批量、整车、集装箱“最后一公里”短驳服务。

8.3.2 中铁快运非运输服务

1. 仓储业务

整合全国铁路货运站、集装箱办理中心、铁路物流基地等仓储资源和社会优质仓储资源，构建全国性网络仓库，也被称为“火车轮上的仓储”。为企业大客户提供仓储租赁、“仓运配”一体化及货物进出库、分拣、包装等多样化仓储服务。

2. 高铁物流基地开发业务

发挥全国、全网、全程经营优势，精心打造路地合作平台，高质量开展高铁快运物流基地咨询、规划、建设、运营等综合服务，稳步构建覆盖全国、功能齐备的高铁快运物流基地运营网络，促进高铁快运物流基地与地方生产制造供应链有机融合，全面推动重要物流枢纽功能升级，努力服务经济社会发展。

3. 助力乡村振兴

充分发挥信息技术及铁路快运经营网络优势，建设运营中国铁路乡村振兴消费帮扶电商平台“快运商城”和“中国铁路消费帮扶柜”，推动脱贫地区产业“产运销”一体化经营，促进产品走向市场，助力产业振兴。

1）快运商城

“快运商城”服务近百家脱贫县区企业，展示销售数千种帮扶商品，提供消费帮扶商品集采服务。

2）中国铁路消费帮扶柜

“中国铁路消费帮扶柜”在全国主要铁路车站投入运营，服务网络已覆盖全国 30 个直辖市和省会城市、近百地级市和县级市，既让帮扶商品“进站上车”，更满足旅客对美好出行的需求。中国铁路消费帮扶“一网一柜”已经成为中国铁路消费帮扶的知名品牌。

4. 网络资源

中铁快运基本建立起满足发展和市场需求的经营网络、运输网络、仓储网络、配送网络、信息网络和客服网络。

8.3.3 中铁快运典型案例

案例 1：能“送快递”的高铁确认车

“DJ5873 次司机，我是高铁快运押运员，请开启站台侧车门。”2024 年 6 月 15 日凌晨 4 点左右，在铁路工作人员的检查和押运下，几百个形状不一的紧束袋登上 DJ5873 次高铁确认车。高铁快运紧束袋如图 8-3-1 所示。

这些外表看似平平无奇的紧束袋内，装着生鲜食品、生物医药、电子产品等时效性要求高、附加值大的货物。该趟列车从南昌东站出发，直达深圳站。

这是中国铁路南昌局集团有限公司联合中铁快运南昌分公司，首次将直通确认车投入省际高铁快运业务中，这标志着中国铁路在丰富高铁货物运输形式，创新推动现代物流发展过程中取得了新成绩。

(a) 装车前

(b) 装车后

图 8-3-1 高铁快运紧束袋

高铁确认车是在每日正班高铁运营前开行的检测列车，专门用于确认线路是否符合当天高铁开行条件。本次高铁快运所采用的确认车，最高运行时速为 300 km，全程 855 km，运行时间为 3 h 35 min，该趟列车有 8 节车厢可装运快件。

采用跨省、跨局的直通确认车开展高铁快运业务，是充分利用高铁动车组资源的新举措，能够充分发挥铁路运输高时效、大运能、全天候、绿色环保等优势。

业务开办前，中国铁路南昌局集团有限公司对确认车既有线路进行优化，对列车运输组织、运行安全保障、货物装载方式等进行了充分的研究和试验。

中铁快运南昌分公司面向市场开展经营，积极对接顺丰、京东、跨越等电商和快递企业；同时，积极向鹰潭、上饶等地的光学企业进行业务介绍并邀请其开办批量运输业务。

中国铁路南昌局集团有限公司和中铁快运南昌分公司不断增强运输服务质量，拓展高端快捷的物流市场，为省际货物运输增添了新动力。

该趟直通确认车将常态化开行，将稳定、高效的物流运输服务覆盖到赣粤两省 32 个城市，为江西革命老区融入粤港澳大湾区开辟了一条安全、快速、优质的铁路运输新通道。

案例 2：郑州重庆间高铁快运批量运输试点工作开始实施

2024 年 1 月 15 日凌晨，随着 DJ5811 次列车装载生鲜食品、商务函件等快递货物从郑州航空港站开出，驶向重庆北站，郑州重庆（以下简称郑渝）间利用高铁列车开展高铁快运批量运输试点工作开始实施。

郑渝间利用高铁列车开展高铁快运批量运输，由国铁集团所属的中铁快运股份有限公司面向市场开展经营，主要服务于生鲜食品、生物医药、商务函件、电子产品等次日达快递货物，装载重量可达 18 t。运输时效在 5 h 以内，与航空相当。高铁快运批量运输如图 8-3-2 所示。

图 8-3-2 高铁快运批量运输

2024 年 1 月 16 日起，铁路部门每日将安排 2 列高铁列车分别从郑州航空港站、重庆北站双向对开，运输里程达 1 028 km，沿途站不进行装卸作业，一站直达。DJ5811 次郑州航空港站 4 时 51 分始发，9 时 38 分到达重庆北站，全程运行时间 4 h 47 min；DJ5812 次重庆北站 4 时 40 分始发，9 时 10 分到达郑州航空港站，全程运行时间 4 h 30 min。

郑渝间利用高铁列车开展高铁快运批量运输，是铁路部门适应快件运输市场需求、提升两地间运输时效的最新举措，具有高时效、大运能、绿色环保等优势，能够有效释放高铁动车组资源边际效益，有力推动高铁货运能力建设和铁路现代物流体系建设，进一步增强铁路在综合交通运输中的骨干作用，对推动河南省和川渝两地快运物流链条向产业链、供应链延伸升级，服务区域经济社会发展，具有重要意义。

案例 3：整列高铁快运动车组列车，试点开行！

2023 年 7 月 12 日，随着 DJ882 次列车于 4 时 32 分从昆明洛羊镇站、DJ881 次列车于 4 时 40 分从成都双流西站双向始发对开，利用整列动车组开展高铁快运批量运输试点工作正式实施。此后，整列高铁快运动车组列车每日按 2 列对开安排。

开行高铁快运动车组列车，是铁路企业认真贯彻落实中央关于加强高铁货运能力建设部署、适应运输市场需求的具体举措，对于丰富高铁快运产品、助力现代物流发展，具有重要意义。

此次试点开行的高铁快运动车组列车由 CRH2A 型动车组改造而成，最高运行时速 250 km，最大装载重量可达 55 t 以上。试点列车开行前，铁路部门对始发终到装卸车站进行了适应性改造，对列车运输组织、运行安全保障、货物装载方式、两端装卸作业等进行了充分研究论证，并开展了多次试验，相关准备工作能够满足开行高铁快运动车组列车需要。

此次试点列车分别从昆明洛羊镇站、成都双流西站双向对开，经沪昆高铁、成贵高铁运行，全程 1 127 km，沿途站不进行货物装卸作业。DJ882 次列车在洛羊镇站于 4:32 始发，10:31 到达双流西站，全程运行时间 5 h 59 min；DJ881 次列车 4:40 在双流西站始发，于 10:31 到达洛羊镇站，全程运行时间为 5 h 51 min。

试点列车由中国国家铁路集团有限公司所属的中铁快运股份有限公司面向市场开展经营，主要服务于生鲜食品、商务急件、生物医药、电子产品等时效性要求比较高的高附加值货物。

高铁快运动车组列车具有高时效、大运能、全天候、绿色环保等优势，试点开行后，铁路部门将及时总结经验，广泛听取各方意见建议，不断优化组织，提升品质，为下一步高铁快运动车组列车扩大运营积累经验。

知识测评

1. 简述中铁快运运输产品类型。
2. 简述中铁快运非运输服务功能。

学习作品

课后每名同学单独制作一个开放的、富有创造性的表现学习过程和学习成效的视频，时间为 5 min 以内，至少包括以下 3 项内容：

1. 中铁快运运输产品类型；
2. 中铁快运非运输服务功能；
3. 通过对本任务的学习，个人在知识增长、能力强化、素养提升方面的小结。

在课程结束后的 3 天内将作品提交任课教师，此作品作为教师评价学生学习效果的依据。

任务 8.4　铁路行车作业及中欧班列运输组织

学习目标

1. 掌握列车、列车编组、车站行车作业工作的基本内容。
2. 会识读列车运行图。

3. 了解中欧班列运输组织。

4. 会正确分析行车事故种类。

基础知识

8.4.1 列车

按规定条件把车辆编组成车列，并挂有本务机车及规定的列车标志时，称为列车。

为适应旅客和货物运输的不同要求，按运输性质将列车划分如下。

1. 旅客列车

旅客列车包括：动车组、直达快车、特别快车、快车、普通列车、临客、回送客车车底、因故折返旅客列车等。

2. 货物列车

货物列车分类如表 8-4-1、图 8-4-1 所示。

表 8-4-1 货物列车分类

顺序	货物列车分类	性质或用途
1	始发直达列车	在一个车站或相邻几个车站装车后编组，通过一个及其以上编组站不进行改编作业的列车
2	技术直达列车	在技术站编组，通过一个及其以上编组站不进行改编作业的列车
3	直通列车	在技术站编组，通过一个及其以上区段站不进行改编作业的列车
4	区段列车	在技术站编组，到达相邻技术站，在区段内不进行摘挂作业的列车
5	摘挂列车	在技术站编组并在邻接区段内各中间站进行车辆摘挂作业的列车
6	小运转列车	在管内各站间开行的列车
7	五定班列	定点、定线、定车次、定时、定价的快运货物直达列车
8	重载列车	牵引重量达到 5 000 t 及其以上的列车
9	快运货物列车	快速运送鲜活货物及其他急运货物的列车

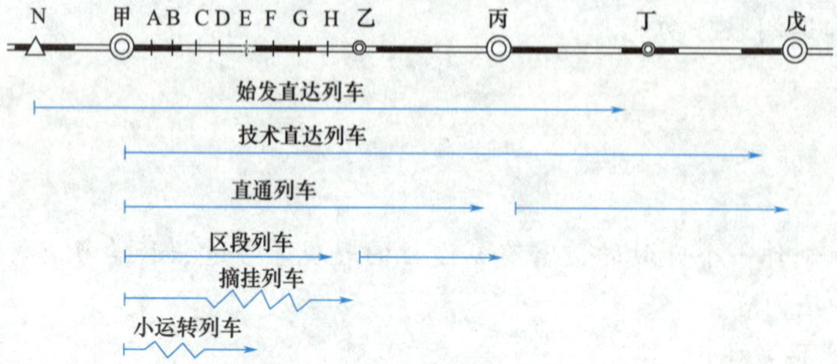

图 8-4-1 货物列车分类示意图

3. 行包快运专列

行包快运专列包括行邮特快专列和其他行李包裹快运专列。

4. 单机和路用列车

单机和路用列车包括救援列车、试运转列车等。

8.4.2 列车编组

1. 旅客列车编组

机车后第一位编挂一辆未搭载乘客的车辆作为隔离车，列车最后一辆的后端应有运转车长乘务室。行李车等非旅客乘坐车辆应分别挂于机车后第一位和列车尾部。在装设集中联锁区段，并且设置列控装置或超速防护系统时，可以不挂隔离车。

2. 货物列车编组

货物列车按照列车编组计划、列车运行图和《铁路技术管理规程》等有关规定进行编组。

（1）编入货物列车的车辆去向、车辆编挂方法应符合列车编组计划规定。

（2）货物列车的重量长度应符合列车运行图规定。

（3）编入货物列车中的车辆技术条件、装载危险货物车辆的隔离、关门车的编挂、机车编入列车的条件等均应符合《铁路技术管理规程》的规定。

8.4.3 列车运行图

列车运行图是列车运行的图解，它规定各次列车占用区间的顺序，列车在每个车站的到达和出发时刻，列车在区间的运行时间，列车在车站的停站时间以及机车交路、列车重量和长度等，是铁路组织列车运行的基础。

列车运行图是运用坐标原理表示列车运行的一种图解形式。以垂直线等分横轴表示时间，纵轴表示距离。其中横线表示车站中心线，纵线表示时刻，斜线表示列车运行线。

列车运行图有三种格式：二分格运行图、十分格运行图和小时格运行图。

1. 二分格运行图

二分格运行图在编制新运行图时作草图使用。小时格和十分格用粗线，二分格用细线，如图 8-4-2 所示。

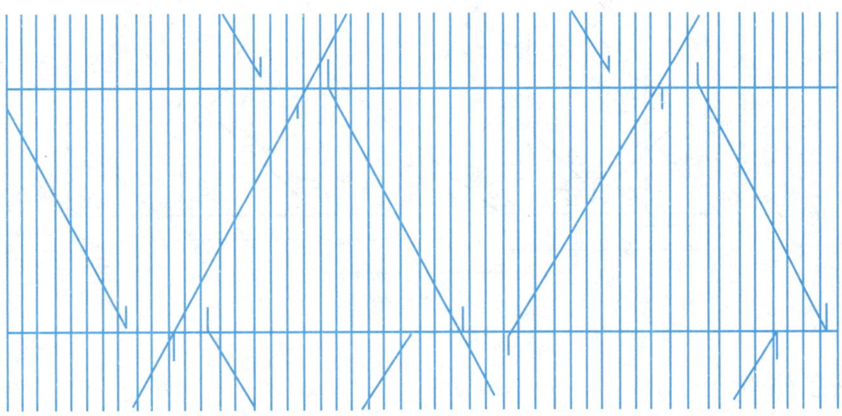

图 8-4-2　二分格运行图

2. 十分格运行图

十分格运行图在调度员绘制实际运行图时使用。小时格用粗线，半小时格用点线，如图 8-4-3、图 8-4-4 所示。

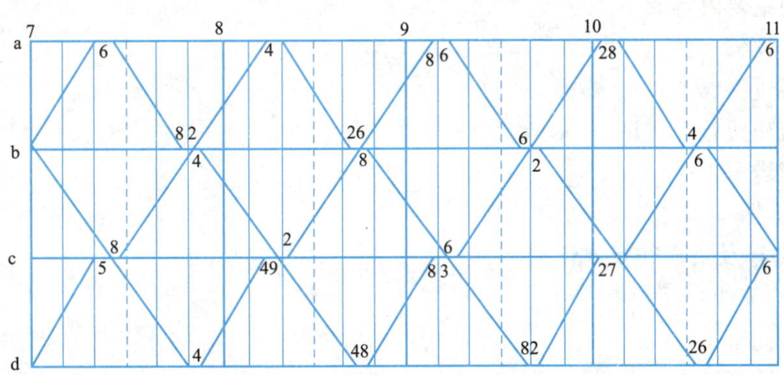

图 8-4-3　单线成对非追踪平行运行图

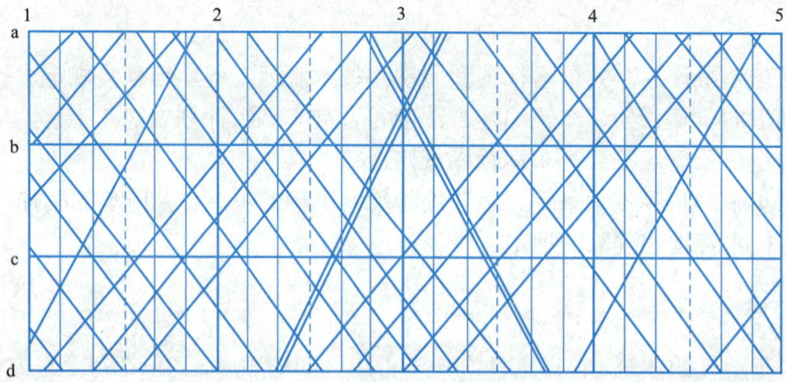

图 8-4-4　双线追踪非平行运行图

3. 小时格运行图

小时格运行图在编制旅客列车方案图和机车周转图时使用，如图 8-4-5 所示。

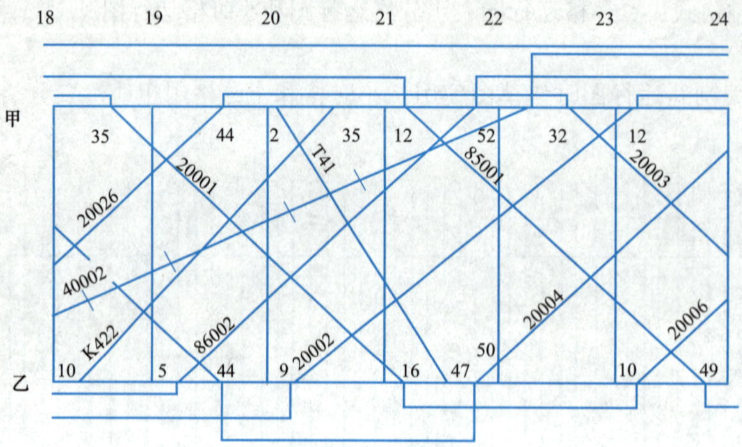

图 8-4-5　小时格运行图

8.4.4　车站行车作业

车站行车作业主要包括接发列车工作、技术站货物列车及货车的技术作业、调车工作等内容。

1. 接发列车工作

接发列车工作是车站根据行车闭塞方式及技术设备条件，按照规定的程序，办理列车接、发、通过作业的整个过程。

接发列车工作的主要内容如下。

（1）办理闭塞。

（2）布置与准备进路。

（3）开闭信号或交接行车凭证。

（4）指示发车或送车。

（5）接发列车。

2. 技术站货物列车及货车的技术作业

1）技术站办理的货物列车种类

（1）无改编中转列车。

（2）部分改编中转列车。

（3）到达解体列车。

（4）自编始发列车。

2）技术站办理的货车种类

（1）中转车，指在本站不进行货物作业的运用货车，分为无调中转车和有调中转车两种。

（2）货物作业车是随列车到达后，需在车站进行货物作业（装车或卸车）的车辆。分为一次货物作业车和双重货物作业车两种。

3. 调车工作

列车除了在车站到、发、通过及在区间内运行外，凡是机车车辆在站线或其他线路上进行的一切有目的的移动，统称为调车。

1）调车工作分类

（1）解体调车：将到达解体的车列或车组按其车辆的去向或其他需要分解到调车场各固定线路上的调车。

（2）编组调车：按列车编组计划、列车运行图及相关规章的规定和要求，将车辆选编成车列或车组的调车。

（3）摘挂调车：对部分改编中转列车进行补轴、减轴、换挂车组及摘挂列车在中间站进行摘挂车辆的调车。

（4）取送调车：为装卸、检修、洗刷消毒车辆等目的，向指定地点送车或取车的调车。

（5）其他调车：包括车列或车组进行转场、转线，整理车场，对货位、机车转线以及机车出入段等调车作业。

2）调车作业方法

调车作业方法按使用设备的不同可分为牵出线调车和驼峰调车，详见本书编组站认知模块。

8.4.5 铁路运输调度工作

铁路运输调度工作担负着铁路日常运输的组织、协调和指挥工作，实行分级管理、集中统一指挥的原则。我国铁路的各级运输部门都建立了相应的调度机构，中国国家铁路集团有限公司设运输调度指挥中心，铁路局集团公司设调度所，车站（主要是编组站、区段站和大货运站）设调度室。

铁路运输调度指挥系统，按照业务分工的不同设有不同职名的调度员。

（1）列车调度员：负责不间断地组织指挥和监督本区段内列车的运行。

（2）货运调度员：负责管区内货车装卸作业。

（3）机车调度员：负责机车运用的调度工作。

（4）计划调度员：负责编制管辖区段的列车工作计划并组织实施。

（5）客运调度员：负责旅客计划运输及客车运用工作。

此外，还设有集装箱调度员，预确报调度员，特种运输调度员，车辆检修调度员等。

为了协调、综合和统一各工种调度员的工作，设有值班主任负责指挥全班的运输生产，正确实现运输工作日班计划，全面完成各项运输任务。

8.4.6 中欧班列运输组织

中欧班列是指按照固定车次、线路、班期和全程运行时刻开行，往来于中国与欧洲以及“一带一路”沿线各国的集装箱等国际铁路联运班列。

近年来，在“一带一路”倡议推动下，中欧班列充分发挥其在时效、价格、运能、安全性等方面的比较优势，逐渐被广大客户所接受，成为中欧间除海运、空运外的第三种物流方式。

目前，中欧间已形成了西、中、东三大铁路运输通道。

1. 西通道

西通道主要吸引西南、西北、华中、华北、华东等地区进出口货源，经陇海、兰新线在新疆阿拉山口（霍尔果斯）铁路口岸与哈萨克斯坦、俄罗斯铁路相连，途经白俄罗斯、波兰等国铁路，通达欧洲其他国家。

2. 中通道

中通道主要吸引华中、华北等地区进出口货源，经京广、京包、集二线在内蒙古二连浩特铁路口岸与蒙古国、俄罗斯铁路相连，途经白俄罗斯、波兰等国铁路，通达欧洲其他国家。

3. 东通道

东通道主要吸引华东、华南、东北地区进出口货源，经京沪、京哈、滨洲线在内蒙古满洲里铁路口岸、黑龙江绥芬河铁路口岸与俄罗斯铁路相连，途经白俄罗斯、波兰等国铁路，通达欧洲其他国家。

随着我国经济持续回升向好和中欧贸易不断增长，中欧班列的运输需求将继续保持高位运行。下一步，铁路部门将推动中欧班列朝着更高质量、更好效益、更加安全的方向发展，为促进我国外贸发展、服务高水平对外开放提供有力运输服务保障。

8.4.7 行车安全

1. 行车事故的分类

按照事故的性质、损失及对行车造成的影响，行车事故分为特别重大事故、重大事故、较大事故和一般事故，如表 8-4-2 所示。

表 8-4-2 行车事故分类

行车事故分类	有以下情形之一
特别重大事故	1. 造成 30 人以上死亡； 2. 造成 100 人以上重伤（包括急性工业中毒，下同）； 3. 造成 1 亿元以上直接经济损失； 4. 繁忙干线客运列车脱轨 18 辆以上并中断铁路行车 48 小时以上； 5. 繁忙干线货运列车脱轨 60 辆以上并中断铁路行车 48 小时以上
重大事故	1. 造成 10 人以上 30 人以下死亡； 2. 造成 50 人以上 100 人以下重伤； 3. 造成 5 000 万元以上 1 亿元以下直接经济损失； 4. 客运列车脱轨 18 辆以上； 5. 货运列车脱轨 60 辆以上； 6. 客运列车脱轨 2 辆以上 18 辆以下，并中断繁忙干线铁路行车 24 小时以上或者中断其他线路铁路行车 48 小时以上； 7. 货运列车脱轨 6 辆以上 60 辆以下，并中断繁忙干线铁路行车 24 小时以上或者中断其他线路铁路行车 48 小时以上
较大事故	1. 造成 3 人以上 10 人以下死亡； 2. 造成 10 人以上 50 人以下重伤； 3. 造成 1 000 万元以上 5 000 万元以下直接经济损失； 4. 客运列车脱轨 2 辆以上 18 辆以下； 5. 货运列车脱轨 6 辆以上 60 辆以下； 6. 中断繁忙干线铁路行车 6 小时以上； 7. 中断其他线路铁路行车 10 小时以上
一般事故	1. 造成 3 人以下死亡； 2. 10 人以下重伤； 3. 1 000 万元以下直接经济损失

其中一般事故细分为一般 A 类事故、一般 B 类事故、一般 C 类事故、一般 D 类事故，具体如下。

1）一般 A 类事故

造成 2 人死亡；或造成 5 人以上 10 人以下重伤；或造成 500 万元以上 1 000 万元以下直接经济损失；或客运列车脱轨 1 辆；或货运列车脱轨 4 辆以上 6 辆以下等。

2）一般 B 类事故

造成 1 人死亡；或造成 5 人以下重伤；或造成 100 万元以上 500 万元以下直接经济损失；或货运列车脱轨 2 辆以上 4 辆以下；或繁忙干线行车中断 1 小时以上等。

3）一般 C 类

有下列之一情形：列车冲突、货运列车脱轨、列车火灾、列车爆炸、列车相撞、客运列车分离等。

4）一般 D 类事故

有下列之一情形：调车冲突、调车脱轨、挤道岔、调车相撞、货运列车分离等。

2. 行车作业人身安全基本要求

（1）班前禁止饮酒。班中按规定着装，佩戴防护用品。

（2）顺线路行走时，应走两线路中间，并注意邻线的机车、车辆和货物装载状态，严禁在道心、枕木头上行走。不准脚踏钢轨面、道岔连接杆、尖轨等。

（3）横越线路时；应一站、二看、三通过，注意左右机车、车辆的动态及脚下有无障碍物。

（4）横越停有机车、车辆的线路时，先确认机车、车辆暂不移动，然后在该机车、车辆较远处通过。严禁在运行中的机车、车辆前面抢越。

（5）必须横越列车、车列时，应先确认列车、车列暂不移动，然后由通过台或两车车钩上越过，勿碰开钩销，要注意邻线有无机车、车辆运行，严禁钻车。

（6）不准在钢轨上、车底下、枕木头、道心里坐卧或站立。

（7）严禁扒乘运行中的机车、车辆，严禁以车代步。

8.4.8 铁路运输事故案例

（1）成昆铁路利子依达铁路大桥，泥石流断桥，130 人失踪和死亡，146 人受伤。

1981 年 7 月 9 日，成昆线尼日至乌斯河间的利子依达铁路大桥被泥石流冲塌，正在通过的 442 次列车 2 台机车、1 辆行李车和 1 辆客车坠入大渡河内，造成 130 人失踪和死亡，146 人受伤，线路中断 15 天。

1981 年夏，四川全境遭遇百年不遇的特大暴雨。成昆铁路上大渡河的一条支流突发大型泥石流，这条支流上的两孔桥梁连同桥墩一道被折断。深夜，一辆列车向前飞驰。列车驶进隧道后曲线运行，在接近洞口 20 m，离断桥 70 m 时，司机在泼洒的暴雨中突然发现险情，立即采取紧急制动措施，用生命中最后的几秒拉下了关键的死闸和汽笛。

英勇的司机随机车一起滑坠到断桥下面汹涌奔腾的泥石流里，壮烈牺牲。第二台机车、行李邮政车、11 号硬座车厢也随着惯性相继坠入河中。后面的 10 号和 9 号车厢翻落在桥下的护坡上，8 号车厢在隧道内出轨，7 号至 1 号车厢安然停下。事故造成车上 130 人死亡，这是中国铁路史上空前惨烈的事故。

（2）陇海铁路杨庄事故，火车相撞，死亡 106 人，重伤 47 人，轻伤 171 人。

1978 年 12 月 16 日南京开往西宁的 87 次在陇海线杨庄车站与西安开往徐州的 368 次拦腰相撞，造成旅客死亡 106 人，重伤 47 人，轻伤 171 人，客车报废 3 辆，中断行车 9 小时 30 分，此事故即震惊中外的“杨庄事故”。

（3）京广铁路荣家湾，火车相撞，死亡 126 人，重伤 45 人，轻伤 185 人。

1997 年 4 月 29 日，昆明开往郑州的 324 次旅客列车，运行到京广线荣家湾时，与停在该站长沙开往茶岭的 818 次旅客列车相撞，造成乘务员和旅客死亡 126 人，重伤 45 人，轻伤 185 人，这是继杨庄事故以来最大的一次旅客伤亡事故。

（4）贵昆铁路列车颠覆，死亡 88 人，重伤 62 人，轻伤 140 人。

1988 年 1 月 24 日，昆明开往上海的 80 次特快列车，运行至贵昆线且午至邓家村间，由于列车颠覆，造成旅客及铁路职工死亡 88 人，重伤 62 人，轻伤 140 人。

（5）胶济铁路 428 特大事故，死亡 72 人，416 人受伤。

2008 年 4 月 28 日，共和国历史上一个悲痛的日子，2008 年 4 月 28 日 4 时 41 分，北京开往青岛的 T195 次旅客列车运行至山东境内胶济铁路周村至王村间脱线，第 9 节至 17 节车厢在铁路弯道处脱轨，冲向上行线路基外侧。

此时，正常运行的烟台至徐州的 5034 次旅客列车刹车不及、最终以每小时 70 公里的速度与脱轨车辆发生撞击，机车（内燃机车编号 DF11-0400）和第 1 至第 5 节车厢脱轨。胶济铁路列车相撞事故造成 72 人死亡，416 人受伤，被认定是一起人为责任事故。

（6）甬温铁路动车事故，40 人死亡、172 人受伤。

2011 年 7 月 23 日 20 时 30 分 05 秒，甬温线浙江省温州市境内，由北京南站开往福州站的 D301 次列车与杭州站开往福州南站的 D3115 次列车发生动车组列车追尾事故。此次事故已确认共有六节车厢脱轨，即 D301 次列车第 1 至 4 位，D3115 次列车第 15、16 位。事故造成 40 人死亡、172 人受伤，中断行车 32 h 35min，直接经济损失 19 371.65 万元。

7·23 甬温线特别重大铁路交通事故是一起因列控中心设备存在严重设计缺陷、上道使用审查把关不严、雷击导致设备故障后应急处置不力等因素造成的责任事故。

（7）京广铁路新乡南场至七里营间，40 人死亡，9 人重伤，39 人轻伤。

1993 年 7 月 10 日，北京开往成都（洛阳列车段担当）的 163 次旅客列车，运行至京广线新乡南场至七里营间，与前行的 2011 次货车发生尾追冲突，造成乘务员 32 人死亡，7 人重伤，4 人轻伤。旅客 8 人死亡，2 人重伤，35 人轻伤。中断京广线正线行车 11 h 15 min。

（8）京广铁路马田墟，火灾，34 人死亡，30 人受伤。

1988 年 1 月 7 日，广州开往西安的 272 次旅客列车，运行在京广线马田墟车站时，6 号硬座车厢由于旅客携带油漆发生火灾，造成旅客 34 人死亡，30 人受伤。

（9）沪杭铁路火车相撞，死亡 28 人，重伤 20 人，轻伤 79 人。

1988 年 3 月 24 日，南京开往杭州的 311 次旅客列车，运行到沪杭外环线匡巷车站，由于列车冒进信号，与正要进站的长沙开往上海的 208 次旅客列车发生正面冲突，造成旅客及路内职工死亡 28 人，重伤 20 人，轻伤 79 人，其中日本旅客死亡 27 人，重伤 9 人，轻伤 28 人。该事故是外籍旅客伤亡最多的一次严重事故，日本旅客除教师 1 人外，其余都是 16 岁以下的中学生。

（10）沪杭铁路列车爆炸，死亡 24 人，重伤 11 人，轻伤 28 人。

1989 年 6 月 26 日，杭州开往上海的 364 次列车运行至松江和协兴间时发生爆炸，造成旅客死亡 24 人，重伤 11 人，轻伤 28 人，中断正线行车 4 小时 7 分。

拓展建议

1. 登录国家铁路局官网，学习《铁路技术管理规程》。
2. 阅读有关铁路行车安全案例。

知识测评

1. 简述铁路列车、列车运行图、车站行车作业。
2. 简述列车运行图格式。
3. 简述车站行车作业。
4. 简述中欧班列运输组织。
5. 简述行车事故类型。

学习作品

课后每名同学单独制作一个开放的、富有创造性的表现学习过程和学习成效的视频，时间为 5 min 以内，至少包括以下 5 项内容：

1. 铁路列车、列车运行图、车站行车作业；
2. 列车运行图格式；
3. 中欧班列运输组织；
4. 铁路行车事故类型；
5. 通过对本任务的学习，个人在知识增长、能力强化、素养提升方面的小结。

在课程结束后的 3 天内将作品提交任课教师，此作品作为教师评价学生学习效果的依据。

任务 8.5 铁路营业线施工维修作业

学习目标

1. 掌握天窗设置。
2. 掌握营业线施工维修作业。
3. 了解营业线施工管理责任。

基础知识

8.5.1 天窗设置

1. 天窗是营业线施工和维修作业预留的时间

天窗是指列车运行图中不铺画列车运行线或调整、抽减列车运行线为施工和维修作业预留的时间，按用途分为施工天窗和维修天窗。

各条线路天窗时间和位置在编制列车运行图时确定，施工维修时应按照列车运行图预留的天窗条件，满足安全生产、作业标准和质量要求的前提下进行安排。

铁路局集团公司因施工维修需临时调整高速铁路、繁忙干线和影响跨局运输的干线天窗时，须报国铁集团运输调度指挥中心（以下简称调度中心）批准，其中涉及调整跨局施工维修天窗和编制施工分号列车运行图时，由国铁集团运输部负责协调。

2. 天窗分类

1）天窗按用途分为施工天窗、维修天窗

（1）施工天窗是指列车运行图预留的、在运营线上进行施工作业的时间。

（2）维修天窗是指列车运行图预留的、对运营线行车设备进行维修作业的时间。

2）按影响范围分为“V”形天窗、垂直天窗、同步天窗

（1）“V”形天窗。“V”形天窗是指列车运行图预留的、对运营线单方向行车设备进行维修作业的时间。

（2）垂直天窗。垂直天窗是指需同时影响上、下行正线行车设备正常使用而安排的作业时间。

（3）同步天窗。同步天窗是指两条及以上干线在同一车站相连时，需同时影响同一车站两条干线行车设备正常使用而安排的作业时间。

3）临时天窗

临时天窗是图定天窗时间外给点的天窗，是指对严重危及行车安全的设备隐患及严重线路病害需临时封锁要点施工而安排的作业时间。

3. 天窗安排原则

1）高速铁路天窗安排原则

高速铁路天窗原则上应不少于 240 min。

2）普速铁路天窗安排原则

（1）普速铁路施工天窗。技术改造工程、线路大中修、桥隧涵大修、大型养路机械作业、接触网大修及改造时，应不少于 180 min。

（2）普速铁路维修天窗。双线应不少于 120 min，单线宜不少于 120 min，能力紧张区段不满足天窗条件时在列车运行图文件中公布。

4. 天窗安排规定

1）施工天窗安排

（1）高速铁路施工时可连续安排施工天窗。

（2）繁忙干线和干线集中修、图定货物列车对数小于 12 对的普速铁路施工时可连续安排施工天窗。

（3）其余各线周六、周日不安排施工天窗。

2）维修天窗安排

（1）高速铁路，每日安排维修天窗。

（2）普速铁路，国铁集团组织集中修的区段集中修时间外，周一至周四安排维修天窗，周五、周六、周日不安排维修天窗；其他区段周一至周五安排维修天窗，周六、周日不安排维修天窗。

春运、节假日停止天窗期间，可根据旅客列车开行方案和设备检修需求适当安排维修天窗，具体在春运文件和月度施工计划中明确。

3）普速铁路双线车站设备检修天窗安排

普速铁路双线车站同时影响上下行正线的渡线道岔或影响全站信号设备正常使用的以电务为主、工务综合利用的设备检修，每月应保证 2 次垂直天窗，每次不少于 40 min（可结合供电垂直天窗安排）。

编组、区段站可按接发列车方向划分联锁区，按联锁区每月应保证 1 次不少于 40 min 天窗。

4）电气化区段双线车站接触网设备检修天窗安排

电气化区段双线车站，不具备 V 形停电作业条件的接触网设备检修，每月应保证不少于 1 次垂直封锁停电天窗，每次不少于 40 min。

电气化区段编组、区段站每个供电臂每月应保证 1 次不少于 60 min 封锁停电天窗。需要两个及以上供电臂同时停电作业的电分相等接触网设备检修，每半年应保证不少于 1 次，每次不少于 60 min 的封锁停电天窗。

5）天窗增加与调整

不影响跨局运输的干线和其他线路，根据施工和维修需要，铁路局集团公司可适当增加天窗时间和次数或对天窗时段进行调整。

8.5.2 铁路营业线施工作业

1. 营业线施工等级

铁路营业线施工是指影响营业线设备稳定、使用和行车安全的各种作业，按组织方式、影响程度分为施工和维修两类。

高速铁路、普速铁路营业线施工作业等级分别分为Ⅰ级施工项目、Ⅱ级施工项目和Ⅲ级施工项目。

2. 营业线施工管理责任

1）责任主体

铁路局集团公司是营业线施工管理的责任主体。

2）安全生产第一责任人

参与营业线施工的各单位主要负责人是本单位营业线施工安全生产第一责任人，对本单位的安全生产工作全面负责，其他负责人对职责范围内的安全生产工作负责。

3）安全方针

铁路营业线施工必须把确保安全放在首位，坚持安全第一、预防为主、综合治理的方针，建设、设计、施工、监理、行车组织、设备管理等单位和部门应严格执行营业线施工管理办法。

4）组织原则

铁路营业线施工是运输组织的重要组成部分，应坚持运输、施工兼顾的原则，规范施工计划管理，加强施工组织和施工期间的运输组织，按计划、有组织地进行各项施工，积极推广使用技术先进的施工机具和施工方法，提高施工作业效率和质量。

8.5.3 铁路营业线维修作业

1. 营业线维修等级

铁路营业线维修项目是指作业开始前不需对行车条件进行限制，结束后须达到正常放行列车条件并且在维修天窗时间内能完成的项目。按照作业复杂程度和设备影响范围，高速铁路、普速铁路维修项目分别分为Ⅰ级维修项目和Ⅱ级维修项目。

2. 高速铁路维修组织实施

（1）高速铁路维修作业应实施工电供综合维修生产一体化作业模式。

（2）高速铁路维修作业原则上按车站和区间上、下行分别划分基本作业单元。

① 接触网检修作业按供电臂划分停电单元。

② 站内维修作业可根据需要划分不同作业区域。

③ 具体划分由铁路局集团公司规定。

（3）高速铁路固定设备上线检查、检测、维修工作应在天窗时间内进行，天窗时间外不得进入桥面、隧道和路基地段栅栏范围内以及车站站台安全线股道一侧。其他地段的检修作业，由铁路局集团公司规定。

3. 普速铁路维修组织实施

（1）普速铁路维修作业应探索一体化作业组织，实施集中化、专业化维修作业，综合利用天窗。

（2）普速铁路维修作业，双线 V 形天窗区段一线作业时不得影响另一线行车设备的正常使用，涉及上下行渡线时由铁路局集团公司施工办安排。同一区间或站内当日安排有施工天窗时，维修作业应在施工天窗内等时长套用，不再单独安排维修天窗。

（3）普速铁路车站到发线及编组站、区段站的维修天窗可根据车站性质、线路功能等特点，按运输影响分级管理，根据需要划分不同作业区域或作业单元，维修天窗时长和时段可适当调整。具体由铁路局集团公司规定。

（4）车站不办理接发列车（含到达场、出发场不办理接发列车一端）的行车设备，在确保安全的前提下，维修作业由车站负责安排。车站驼峰设备检修实行“停轮修”，应利用交接班、调车作业间休等时间进行，原则上每次不少于 40 min。

（5）凡可在天窗点外进行的维修作业，严禁利用速度 160 km/h 及以上的列车与前一趟列车之间的间隔时间作业。

8.5.4　减少慢行

为了减少列车慢行次数，各项施工、维修作业应采用平行作业的方式，综合利用天窗，提高天窗利用率。

8.5.5　邻近营业线施工

邻近营业线施工是指在营业线两侧一定范围内、营业线设备安全限界外影响或可能影响铁路营业线设备稳定、使用和行车安全的各种作业。

知识测评

1. 简述铁路天窗设置。
2. 简述铁路营业线施工和维修作业。
3. 简述铁路营业线施工管理责任。

学习作品

课后每名同学单独制作一个开放的、富有创造性的表现学习过程和学习成效的视频，时间为 5 min 以内，至少包括以下 4 项内容：

1. 铁路天窗设置；
2. 铁路营业线施工和维修作业；
3. 铁路营业线施工管理责任；
4. 通过对本任务的学习，个人在知识增长、能力强化、素养提升方面的小结。

在课程结束后的 3 天内将作品提交任课教师，此作品作为教师评价学生学习效果的依据。

拓展建议

1. 登录国家铁路局官网，学习《铁路旅客运输规程》《铁路技术管理规程》。
2. 系统学习铁路 95306 的相关知识，学会基本功能的实际操作。
3. 深入中铁快运运输基层单位，调研中铁快运运输组织结构。
4. 扩展阅读。

中欧班列累计开行突破 9 万列

2024 年 5 月 25 日 8 时 40 分，随着 X8157 次中欧班列（西安—马拉舍维奇）从西安国际港站开出，中欧班列累计开行 9 万列。截至目前，中欧班列共发送货物超 870 万标箱、货值超 3 800 亿美元，通达欧洲 25 个国家 223 个城市，连接 11 个亚洲国家超过 100 个城市，服务网络基本覆盖欧亚全境。X8157 次中欧班列（西安—马拉舍维奇）从西安国际港站开出如图 8-5-1 所示。

图 8-5-1　X8157 次中欧班列（西安—马拉舍维奇）从西安国际港站开出

近年来，中欧班列运行品质和效率持续提升，辐射力、带动力和影响力不断增强，有力保障了国际产业链供应链稳定，为高质量共建“一带一路”、促进中欧经贸往来注入新动能。

（1）开行规模不断扩大。2016 年至 2023 年，中欧班列年开行数量由 1702 列增加到超 1.7 万列；年运输货值由 80 亿美元提升至 567 亿美元；运输货物品类扩大到服装鞋帽、汽车及配件、日用百货等 5 万余种。2023 年以来，电动汽车、锂电池、光伏产品“新三样”成为中欧班列运量新的增长点。

通道能力持续扩充。在国内，一批铁路口岸站、发运站扩能改造及铁路通道补短板项目先后实施，经六大口岸出境的三条运输主通道运输能力大幅提升，时速 120 km 图定中欧班列运行线已达 87 条。在境外，义乌、乌鲁木齐等地至土耳其伊斯坦布尔、意大利萨莱诺等地的跨里海、黑海中欧班列陆续开行，“畅通高效、多向延伸、海陆互联”的境外通道网络格局日益成熟。

（2）运行品质稳步提升。时速 120 km 中欧班列最大编组辆数和牵引质量分别提高到 55 辆、3 000 t，单列平均运量较开行之初提升 34%，中国与欧洲间铁路运输时间较开行之初普遍压缩 5 天以上。西安至德国杜伊斯堡、成都至波兰罗兹等全程时刻表中欧班列稳定开行，全程运输时效较普通班列大幅压缩。

随着我国经济持续回升向好和中欧贸易不断增长，中欧班列的运输需求将继续保持高位运行。下一步，铁路部门将推动中欧班列朝着更高质量、更好效益、更加安全的方向发展，为促进我国外贸发展、服务高水平对外开放提供有力运输服务保障。

思政案例　吃冰疙瘩、烤火焰山修筑的铁路——南疆铁路

南疆铁路吐库段（吐鲁番—库尔勒）于 1974 年 4 月开工修建。当时，施工机械化配置低，桥基挖掘基本上依靠人工。铁道兵冬战严寒，夏战酷暑，凭借手握最原始的铁锹、铁锤挖坑凿路，挖出了一个又一个深达 20 余 m 的桥梁基础。部队的施工任务十分紧张，每年施工达到 240 天，为了完成上级下达的任务，有时竟连续奋战在工地长达 40 多 h。由于体力严重透支，加之高原、高寒地区施工缺氧，有的战友昏倒在工地，其他战友将他搀扶到避风处稍事休息后，苏醒过来又投入了战斗。在–30 ℃的环境下施工，送到工地的面疙瘩常常成了冰疙瘩，战友们那一双双冻得紫红的手捧着那碗没有多少油水的“冰疙瘩”时，常常两手打战。然而，军令如山，为了完成上级下达的任务，铁道兵快速吞下那碗面疙瘩，为国家的铁路建设继续挥起手里的劳动工具。那刀割似的风沙抽打，那寒彻骨髓的情形是常人难以想象的，只有亲身经历过的铁道兵才能懂得。每一个铁道兵战士将自己的美好青春奉献给了国家的铁路建设事业。

有人说，那低矮破旧的帐篷已经变成铁道兵之家的代称，也是铁道兵独特的富有诗意的象征。一代又一代铁道兵，扛着他们的“家”，走遍了祖国的山山水水，把智慧和汗水洒遍了祖国的四野八荒！

南疆铁路的开山炮声伴随着帐篷城的兴起爆响了。这里将要修建的是一条横贯天山、沟通南疆地区与内地联系的一级铁路干线——南疆铁路第一期工程吐鲁番至库尔勒段，这条铁路，从兰新铁路吐鲁番车站起，经托克逊、鱼儿沟、越天山奎先达坂分水岭，过巴伦台、和静、焉耆，到巴音郭楞蒙古自治州库尔勒市，全长 477 km，沿线两头平坦，中间陡峻，自然和地质条件较差，气温变化大，即使是夏天，从各个施工地点去一趟乌鲁木齐，须经滚烫的戈壁和寒冷的冰雪达坂，一天就能体验春夏秋冬的不同滋味。铁道兵第 5 师、第 6 师，第 4 师的第 19、第 20 团，独立机械团，直属通信工程营以及部分地方施工队伍，共同担负施工任务，由铁道兵统一归口。为加强施工领导，铁道兵于 1974 年 2 月在阿拉沟设立了南疆铁路建设指挥所，1975 年 10 月，中央军委批准铁道兵东北指挥部进疆，改称铁道兵第 2 指挥部，统一指挥南疆铁路施工。同时撤销了南疆铁路建设指挥所。

施工部队首先闯过了素有“火洲”之称的吐鲁番盆地。这里是全国陆地的最低点，其底部低于海平面 150 多 m，也是全国几大著名“火炉”中热度最高的一个，当年唐僧西天取经难以逾越的“火焰山”说的就是这里。这里年降雨量只有 5 mm，蒸发量却高达 2 000 mm，春季常有 12 级大风光顾，夏天地表温度可达 60 ℃～70 ℃，而且昼夜温差极大，“早穿皮袄午穿纱，怀抱火炉吃西瓜”的说法毫不夸张。施工部队在这“天上无飞鸟，地面不长草，风吹石头跑”的“火洲”上筑路架桥，胶鞋烤变了形，脸部晒脱了皮，嘴唇干裂出血，食欲和体重急剧下降，但铁路依然迅速向前延伸。

如果说吐鲁番的“火焰山”像一团燃烧不尽的大火球，那么天山奎先达坂垭口就是永不开化的大冰窖。奎先隧道就坐落在这个大“冰窖”上，海拔 3 000 m，全长 6 152 m，是全线的“卡脖子”工程。这里四季飘雪，严重缺氧，年平均气温在零摄氏度以下。担负开凿任务的是一支常年在南方钻深山、攻长隧的“尖刀部队”，开凿雪山隧道的战斗，着实让他们领略了不一样的天山风采。这里水不到 70 ℃就开锅，饭菜煮不熟，氧气供应极为苛刻，使人头发脱落，指甲凹陷，胸闷无力。更严重的是，开工就遇上 730 多 m 的冻土地带，炮眼里流出的泥浆很快就变成冰疙瘩卡住风枪的钻头，让你动弹不得。导坑里到处挂满了千姿百态的冰凌，棉作业服被汗水和冰水打湿，一出洞口就会变成“冰盔银甲”。但困难再多也挡不住这把不卷刃的“尖刀”，仅用 3 年时间，他们就凿通了这座天山隧道。

线路穿过奎先隧道后，沿乌拉斯台沟迂回展线，走出了巍峨险峻的天山山区，进入野旷天低的焉耆盆地。也许大家还记得《西游记》中“猪八戒大战流沙河”的惊险情节吧，这个神话故事至今依然在这里流传，这应该不完全是作者的杜撰。据说，古称的流沙河就是南疆焉耆盆地的开都河，一到汛期，借着肆虐的洪水，开都河会像脱缰的野马，浊浪滚滚。施工部队依靠集体智慧和顽强的奋斗精神，克服了一个又一个技术难关，制服了数不清的狂风恶浪，终于在宽阔的河面上，打下 72 根 30 多 m 深的钻孔桩（每个桥墩钻 6 个直径 1.1 m 的钻孔桩），12 个高大威武的桥墩托起了这座全长 438 m 的开都河大桥。

1979 年 11 月，南疆铁路穿越巍巍天山，铺轨到南疆重镇库尔勒，为亘古沉寂的戈壁大漠带来了无限生机和活力。南疆铁路第一期工程经国家组织初验，认为全线选线合理，设计适当，施工质量好，完全符合国民经济发展和战备需要。

模块 9

高速铁路装备及动车组技术

模块导入

高铁是交通运输现代化的重要标志，也是一个国家工业化水平的重要体现。我国成功建成了世界上规模最大、现代化水平最高的高速铁路网，形成了具有自主知识产权的世界先进高铁技术体系，打造了具有世界一流运营品质的中国高铁品牌。

世界高铁看中国。复兴号以 420 km/h 交会和重联运行，是世界首次；智能型动车组实现 350 km/h 自动驾驶，是全球首个；400 km/h 可变轨距高速动车组下线，可实现跨国互联互通；CR450 动车组样车正式发布，运营速度可达 400 km/h……。一个个高铁之最唱响自主创新的“中国好声音”，成为享誉世界的“中国名片”。

交通强国，铁路先行。未来，中国高铁必将以更稳健的发展步伐，更强大的经济贡献，不断擦亮“中国名片”，继续展现国家魅力，让中国人民和世界人民拥有更多获得感、幸福感和安全感，让“中国名片”的底色更加亮丽。

通过对本模块的学习，同学们将走进中国高速铁路，认识中国高速铁路，热爱中国高速铁路。

模块任务

任务 9.1　高速铁路技术装备

任务 9.2　铁路无砟轨道技术装备

任务 9.3　铁路动车组技术

以上 3 项任务全部来自我国高速铁路、动车组运维体系实际，情境客观，内容真实。

任务 9.1　高速铁路技术装备

学习目标

1. 掌握高速铁路的内涵。
2. 掌握我国高速铁路技术体系。
3. 了解高速铁路线路平面和纵断面。
4. 掌握高速铁路轨道结构。
5. 掌握高速铁路钢轨、道岔及扣件装备。

基础知识

9.1.1　高速铁路内涵

2015 年 2 月 1 日起实施的《高速铁路设计规范》（TB 10621—2014）第二条规定：本规范适用于新建

设计速度为 250～350 km/h、运行动车组列车的标准轨距客运专线铁路，设计速度分为 250 km/h、300 km/h、350 km/h 三级。

1. 新建设计速度为 250～350 km/h

针对我国区域经济社会发展和自然环境特征，以及促进城市化和适应客运市场需求，我国已形成速度范围为 250～350 km/h，涵盖 250 km/h、300 km/h、350 km/h 三级不同速度等级、不同速度列车共线运行、适应不同自然环境（冻土、黄土等）的高速铁路。

2. 运行动车组列车

高速铁路运行动车组列车，主要是因为动车组通过采用牵引动力分散系统能够显著提高列车加减速性能、满足列车即使在较大坡道等不利条件下仍能维持高速运行的技术要求，与此同时还能有效降低车体重量从而减小对轨道及其下部结构物的影响、提高线下结构物设计的技术经济性。

3. 客运专线

普通列车不能上高铁线路，主要存在行车速度和设计荷载两方面的制约：动车组列车能够以不低于 200 km/h 的速度运行，普速（货物）列车最高只能达到 160 km/h，如果动车组与普速列车共线运行，由于速差很大，将显著降低线路的运输能力；另一方面，动车组的轴重最大仅为 17 t，而普速列车（客运机车）轴重接近 23 t，普速列车上线运行对轨道的平顺性影响较大，会加大线路的养护工作量，影响动车组运行的舒适性。

4. 标准轨距

标准轨距客运专线铁路，是适应中国的标准。

根据 UIC（国际铁路联盟）的定义，高速铁路是指通过改造原有线路（直线化、轨距标准化），使营运速度达到 200 km/h 以上，或者专门修建新的“高速新线”，使营运速度达到 250 km/h 以上的铁路系统。

9.1.2 我国高速铁路技术体系

我国具有自主知识产权的世界先进高铁技术体系是涵盖高铁工程建设、装备制造、运营管理三大领域的成套高铁技术体系。

1. 高铁工程建造技术

1）系统掌握建造高铁的成套技术

我国铁路基于原始创新，在高铁路基、轨道、长大桥梁、长大隧道、大型客站和系统集成等方面攻克了世界性技术难题，系统掌握了不同气候环境、不同地质条件下建造高铁的成套技术。

2）高铁工程建造技术走出国门

（1）雅万高速铁路，是一条连接印度尼西亚雅加达和万隆的高速铁路，是东南亚首条高速铁路，是“一带一路”倡议的标志性工程和印度尼西亚国家战略项目，也是中国高铁全系统、全要素、全生产链走出国门的“第一单”。

雅万高速铁路项目线路正线全长 142.3 km。2023 年 6 月 22 日，雅万高速铁路联调联试综合检测列车运行速度首次达到 350 km/h，中国高铁首次全系统、全要素、全产业链在海外建设项目达到设计速度标准，实现了联调联试阶段性任务目标。2023 年 9 月 7 日，雅万高速铁路开通运行。

（2）匈塞铁路，是一条连接匈牙利共和国首都布达佩斯和塞尔维亚共和国首都贝尔格莱德的双线电气化客货共线快速铁路，为中国与中东欧国家共建“一带一路”的重点项目。

匈塞铁路是中国与中东欧国家合作的旗舰项目。线路全长 342 km，设计速度 200 km/h，改造既有线并增建二线，形成双线电气化客货共线快速铁路。2022 年 3 月 19 日，塞尔维亚贝诺段（贝尔格莱德至诺维萨德段）开通运营。2023 年 5 月 30 日，匈塞铁路项目匈牙利段中方段正式启动轨道铺设工作，标志着匈塞铁路匈牙利段全面进入铺轨施工阶段。2024 年 3 月 19 日，匈塞铁路塞尔维亚贝诺段安全平稳运营满两周年，累计发送旅客超 683 万人次，极大便利了沿线民众出行，诺苏段（诺维萨德至苏博蒂察至匈塞两国边境）工程建设加快推进。

2. 高铁技术装备

1）复兴号系列产品全覆盖

中国铁路形成涵盖 160～350 km/h 不同速度等级，能够适应高原、高寒、风沙等各种运营环境的复兴号系列产品，实现了复兴号对 31 个省（自治区、直辖市）的全覆盖。

2）自主研发 CTCS-3 级列控系统、SCADA

为适应我国高铁成网运营对通信信号和牵引供电技术的特殊要求，中国铁路自主研发了 CTCS-3 级列车控制系统，建成了高铁供电调度控制系统——SCADA，使高铁网具有功能强大、安全可靠的中枢神经系统和电力供应系统。

3）先进技术在高铁的应用

北斗导航、5G、大数据等先进技术在高铁上得到成功应用。

3. 高铁运营管理技术

我国已全面掌握了复杂路网条件下高铁运营管理成套技术。

（1）复杂路网条件下不同速度等级高速列车高密度跨线运输调度技术。

（2）不同动车组、不同速度、长大距离和跨线运行等运输组织技术。

（3）繁忙高铁干线和城际铁路列车高密度、公交化开行技术，高峰期发车间隔仅有 4～5 min。

4. 高铁安全生产技术

1）列车运行全方位实时监测

科研人员在智能型复兴号动车组上部署了 2 700 余项监测点，开发了自我感知、健康管理、故障诊断等列车运行在途监测技术，实现了对列车运行的全方位实时监测。

2）高铁基础设施运行状态精准掌握

中国铁路建立了由高速综合检测车、沿线监测传感装置等设备组成的高铁线路设备在线监测系统，运用大数据分析，实现了对高铁基础设施运行状态的精准掌握。

3）自然灾害和治安风险立体防控

中国铁路研发了风雨雪等自然灾害监测、异物侵限报警和地震监测预警系统，实现了对自然灾害和治安风险的立体防控。

9.1.3 高速铁路线路平面和纵断面

1. 线路平面

（1）正线平面曲线半径。

① 与设计速度匹配的平面曲线半径应符合表 9-1-1 的规定。

表 9-1-1 平面曲线半径表

单位：m

设计速度/（km/h）			350	300	250
最小值	有砟轨道	一般	7 000	5 000	3 500
		困难	6 000	4 500	3 000
	无砟轨道	一般	7 000	5 000	3 200
		困难	5 500	4 000	2 800
最大值			12 000		

注：1. 困难最小值应进行技术经济比选后选用。

2. 车站两端减、加速地段的最小曲线半径应结合行车速度曲线合理选用。

② 限速地段曲线半径应符合表 9-1-2 的规定。

表 9-1-2　限速地段曲线半径表/m

行车速度/（km/h）	200	160	120	80
一般最小值	2 200	7 000	5 000	3 500
困难最小值	2 000	6 000	4 500	3 000

注：困难最小值应进行技术经济比选后选用。

（2）正线不应设计复曲线。

（3）区间正线宜按线间距不变的并行双线设计，并设计为以线路左线中心线为基准的同心圆。

（4）线间距。

① 区间正线线间距应符合表 9-1-3 的规定，曲线地段可不加宽。

表 9-1-3　区间正线线间距

设计速度/（km/h）	350	300	250
最小线间距/m	5.0	4.8	4.6

② 正线与联络线、动车组走行线并行地段线间距不应小于 5.0 m。

③ 正线与既有铁路并行地段线间距不应小于 5.3 m。

（5）直线与圆曲线间应采用三次抛物线型缓和曲线连接。

（6）两相邻曲线间的夹直线和两缓和曲线间的圆曲线最小长度应根据下列公式计算确定，并符合表 9-1-4 的规定。

一般条件下：　　$L \geqslant 0.8v$

困难条件下：　　$L \geqslant 0.6v$

式中：L——夹直线或缓和曲线长度，m；

v——设计速度，km/h。

表 9-1-4　圆曲线或夹直线最小长度

设计速度/（km/h）	350	300	250
圆曲线或夹直线最小长度/m	280（210）	240（180）	200（150）

注：括号内为困难条件下的最小值。

（7）连续梁、钢梁及较大跨度的桥梁宜设在直线上，困难条件下经技术经济比选可设在曲线上。

（8）隧道宜设在直线上。困难条件下，隧道可设在曲线上但不宜设在反向曲线上。

（9）车站平面设计。

① 始发站宜设在直线上。困难条件下设在曲线上时，曲线半径不应小于相应路段设计速度的最小曲线半径，且不得小于 600 m。

② 中间站、越行站应设在直线上。

③ 咽喉区正线应设在直线上。

2. 线路纵断面

（1）区间正线的最大坡度不宜大于 20‰，困难条件下经技术经济比较后不应大于 30‰。动车组走行线（动车组出入动车段、所、场专用的走行线路）的最大坡度不宜大于 30‰，困难条件下不应大于 35‰。动车组走行线的最大坡度大于 30‰时，宜铺设无砟轨道。

（2）最小坡段。

① 正线宜设计较长的坡段。最小坡段长度一般条件下不应小于 900 m，困难条件下不应小于 600 m，列车全部停站的车站两端不应小于 400 m。

② 最小坡段长度不宜连续采用，困难条件下不应连续采用。

③ 动车组走行线最小坡段长度不宜小于 200 m，且竖曲线不应重叠。

（3）坡度与坡段长度。

① 最大设计坡度采用 15‰时，坡段长度不宜大于 10 km；

② 最大设计坡度采用 20‰时，坡段长度不宜大于 6 km；

③ 最大设计坡度采用 25‰时，坡段长度不宜大于 4 km；

④ 最大设计坡度采用 30‰时，坡段长度不宜大于 3 km。

最大设计坡度的坡段长度应进行行车检算。

（4）正线两线并行时，两线轨面高程按等高设计。

（5）连续梁、钢梁及较大跨度的桥梁的纵断面设计应符合桥梁设计的技术要求。

（6）隧道内坡道可设置为单面坡道或人字坡道。地下水发育的长隧道宜采用人字坡，坡度不应小于 3‰。路堑地段线路坡度不宜小于 2‰。

（7）站坪范围的正线坡度。

① 到发线有效长度范围内的正线应设在平道上，当设在坡道上时坡度不应大于 1‰。

② 越行站的正线坡度不宜大于 6‰。

③ 车站咽喉区的正线坡度宜与到发线有效长度范围内的坡度一致，困难条件下始发站不宜大于 2.5‰、中间站不宜大于 6‰。

④ 到发线有效长度范围内的正线应采用一个坡段。

9.1.4 高速铁路轨道结构

1. 高速铁路轨道结构类型

1）有砟轨道

有砟轨道是以碎石道床、轨枕为基础的轨道。随着列车速度的不断提高，有砟轨道线路道砟粉化及道床累积变形速率随之加快，须通过采用特级道砟、优化道床尺寸、铺设砟下胶垫、枕下胶垫等强化措施，来满足高速铁路对轨道高稳定性、高平顺性、少维修的要求。

2）无砟轨道

无砟轨道是以混凝土或沥青混合料为基础的轨道。世界上很多国家在强化有砟轨道的同时，相继研发以“高稳定性、高平顺性、少维修”为主要目标的多种形式无砟轨道结构。后期修建的高速线路，无砟轨道所占比例均在 90%以上。

3）试验速度

国内外运营实践表明，有砟轨道、无砟轨道均可保证高速列车高速运营和安全运营。目前，有砟轨道线路上试验速度的世界纪录是 574.8 km/h，无砟轨道线路上试验速度的世界纪录是 486.1 km/h。

2. 高速铁路轨道结构应用

基于桥隧比例较高的线下工程条件、环境条件，以及高速行车对轨道结构稳定性、平顺性和耐久性等要求，经技术经济论证，确定了无砟轨道的应用范围。

（1）300 km/h 及以上高速铁路主要采用无砟轨道，如京沪、京广、哈大等高速铁路。

（2）250 km/h 高速铁路主要采用有砟轨道，其长大隧道及隧道群采用无砟轨道，如合武、杭深、南广等高速铁路。

3. 适宜铺设无砟轨道的范围

（1）基础变形相对较小、维修作业困难的隧道、桥梁地段。

（2）地质条件好、沉降易有效控制的路基地段。

（3）优质道砟资源短缺、维修人工费用高的地区。

9.1.5 高速铁路钢轨、道岔及扣件装备

1. 高速铁路钢轨

高速铁路不宜选用强度等级/硬度过高、耐磨性能太好的钢轨。目前我国 200 km/h 以上的铁路选用

U71MnG 钢轨，200～250 km/h 兼顾货运铁路选用 U75VG 钢轨。U 代表钢轨钢，75 代表化学成分中碳平均含量为 0.75%；V 代表钒元素；Mn 代表锰元素；G 代表高速铁路。

高速铁路常用 60 kg/m 百米定尺钢轨。百米定尺钢轨生产线如图 9-1-1 所示。

图 9-1-1　百米定尺钢轨生产线

高速铁路的百米定尺钢轨（U71MnG 钢轨）在焊接基地采用固定式闪光焊焊接成 500 m 的长钢轨，运到现场后在线路上再将 500 m 焊接长钢轨采用移动式闪光焊焊接成 1 500～2 000 m 的单元轨节；单元轨节之间锁定焊接。道岔轨采用铝热焊。

2. 高速铁路钢轨伸缩调节器

钢轨伸缩调节器的功能是协调因温度引起的长大桥梁梁端伸缩位移和长钢轨伸缩位移之间的位移差，使桥上长钢轨自动调整温度力，从而减小轨道及桥梁所承受的荷载。

调节器左右股对称，按伸缩方向分单向伸缩调节器和双向伸缩调节器，如图 9-1-2 所示。

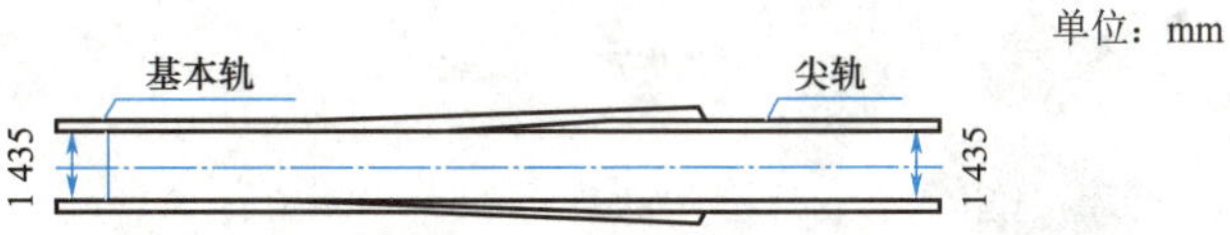

(a) 单向伸缩调节器

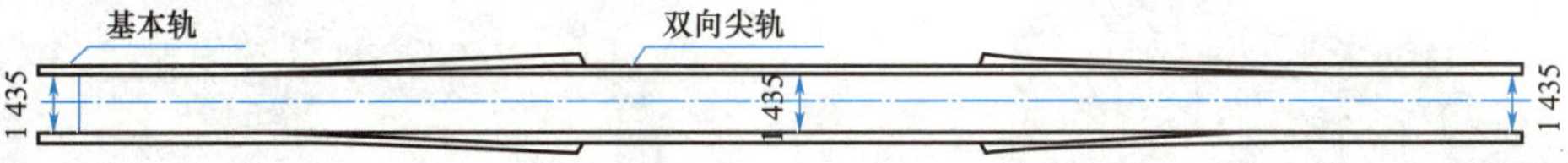

(b) 双向伸缩调节器

图 9-1-2　钢轨伸缩调节器

3. 高速铁路道岔

高速铁路道岔均为单开道岔。按技术类型分为客运专线系列（我国自主研发）、CN 系列、CZ 系列道岔。

1）客运专线系列道岔

客运专线系列道岔分为 18 号、42 号和 62 号，对应侧向容许速度分别是 80 km/h、160 km/h 和 220 km/h。

2）CN 系列道岔

CN 系列道岔分为 18 号、39 号、42 号、50 号，对应侧向容许速度分别是 80 km/h、160 km/h、160 km/h 和 220 km/h。

3）CZ 系列道岔

CZ 系列道岔分为 18 号、41 号，对应侧向容许速度分别是 80 km/h、160 km/h。

4. 高速铁路扣件

我国高速铁路扣件分无砟轨道扣件和有砟轨道扣件。

1）无砟轨道扣件

无砟轨道扣件有以下几种。

（1）WJ-7 型扣件（无挡肩），如图 9-1-3 所示。

（2）WJ-8 型扣件（有挡肩），如图 9-1-4 所示。

（3）W300-1 型扣件（有挡肩），如图 9-1-5 所示。

（4）SFC 型扣件（无挡肩），如图 9-1-6 所示。

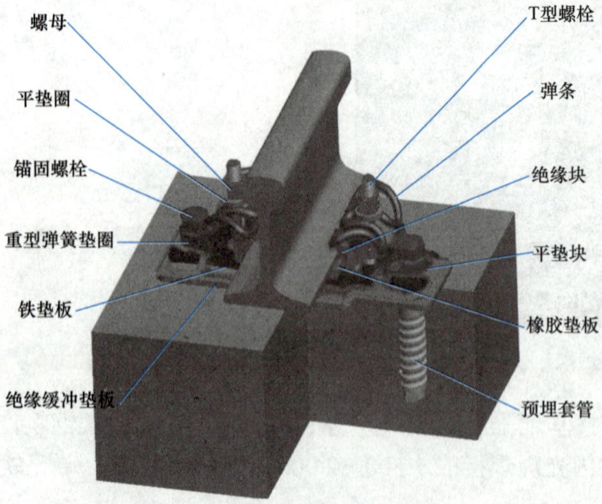

图 9-1-3　WJ-7 型扣件（无挡肩）

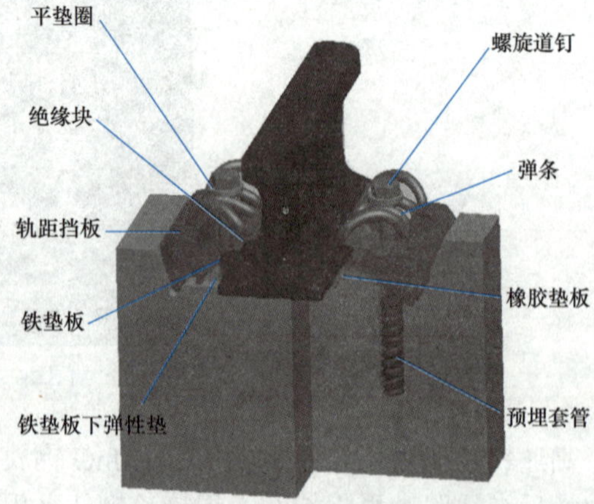

图 9-1-4　WJ-8 型扣件（有挡肩）

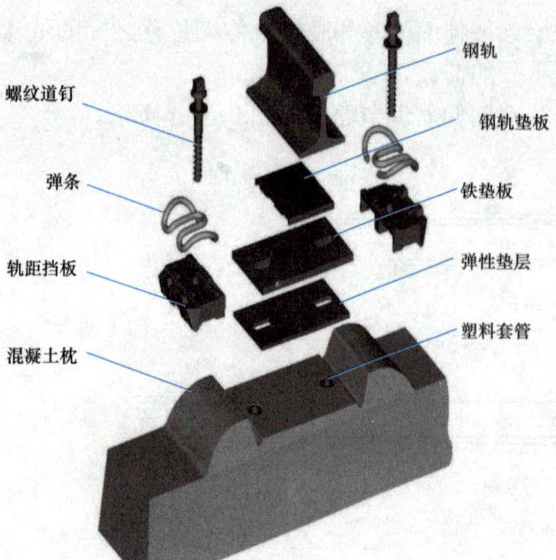

图 9-1-5　W300-1 型扣件（有挡肩）

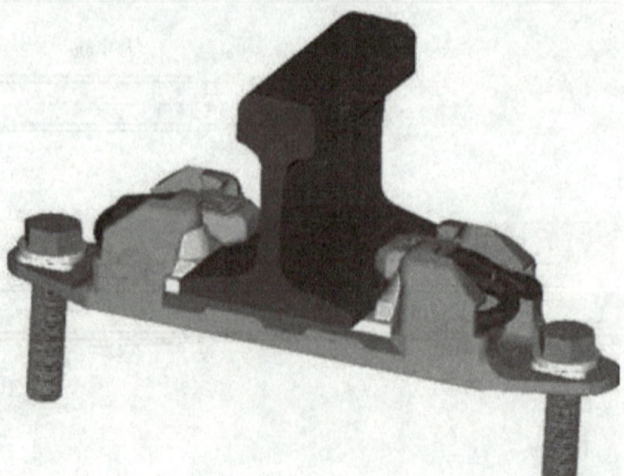

图 9-1-6　SFC 型扣件（无挡肩）

2）有砟轨道扣件

有砟轨道扣件有以下几种。

（1）弹条Ⅳ型扣件，如图 9-1-7 所示。

（2）弹条Ⅴ型扣件，如图 9-1-8 所示。

图 9-1-7　弹条Ⅳ型扣件

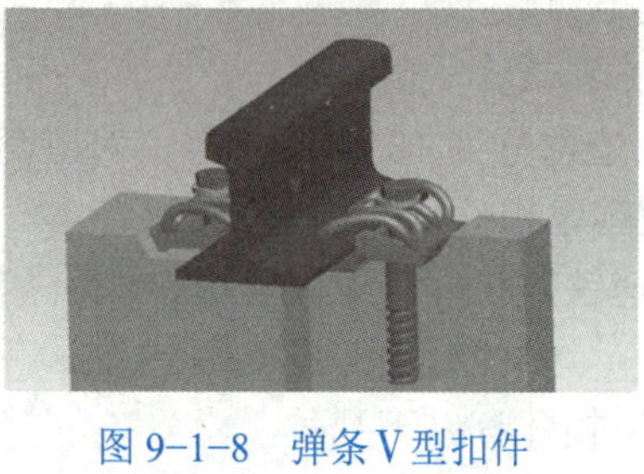

图 9-1-8　弹条Ⅴ型扣件

（3）FC 型扣件，如图 9-1-9 所示。

图 9-1-9　FC 型扣件

知识测评

1. 简述高速铁路的内涵。
2. 简述我国高速铁路技术体系。
3. 简述高速铁路轨道结构。
4. 简述高速铁路钢轨、道岔及扣件装备。

学习作品

课后每名同学单独制作一个开放的、富有创造性的表现学习过程和学习成效的视频，时间为 5 min 以内，至少包括以下 5 项内容：

1. 高速铁路的内涵；
2. 我国高速铁路技术体系；
3. 高速铁路轨道结构；
4. 高速铁路钢轨、道岔及扣件装备；
5. 通过对本任务的学习，个人在知识增长、能力强化、素养提升方面的小结。

在课程结束后的 3 天内将作品提交任课教师，此作品作为教师评价学生学习效果的依据。

任务 9.2　铁路无砟轨道技术装备

学习目标

1. 掌握预制板式无砟轨道技术特点。
2. 掌握预制板式无砟轨道类型及结构。
3. 掌握现浇混凝土式无砟轨道技术特点。
4. 掌握现浇混凝土式无砟轨道类型及结构。

基础知识

9.2.1　预制板式无砟轨道技术特点

1. 基本组成

预制板式无砟轨道由预制轨道板、砂浆充填层、现浇支承基础、钢轨、扣件等组成。

道床主体结构（轨道板）工厂化预制，耐久性好（设计使用年限为 60 年），施工工效高，道床结构可修复性较强，道床整洁美观，建成成本高。

2. 施工方法

“自下至上”施工，对轨道板的制造和铺设精度、扣件调整能力要求高。

3. 钢轨定位及调整方式

采用扣件调整或轨道板打磨方式。

4. 曲线外轨超高

在下部支承基础上设置。

5. 与轨道电路和综合接地的接口

在预制轨道板上实现。

6. 专业性强

涉及多种高分子材料，施工、养修的专业性较强。

9.2.2 预制板式无砟轨道结构

1. CRTS Ⅰ 型板式无砟轨道

CRTS Ⅰ 型板式无砟轨道如图 9-2-1 所示，其已在沪宁、哈大、广珠、广深港、宁安、石太、哈齐、成绵乐等高速铁路上应用。

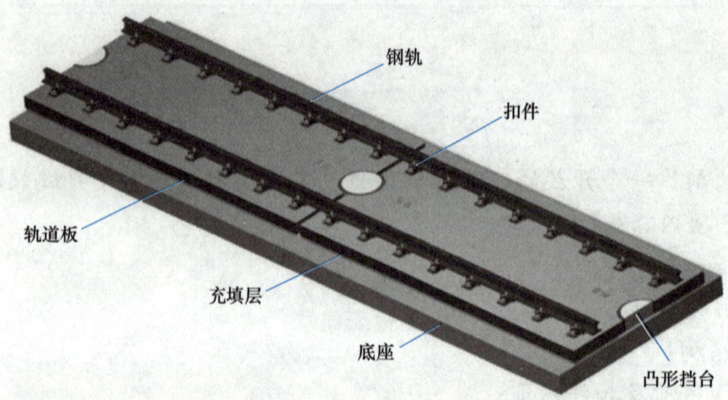

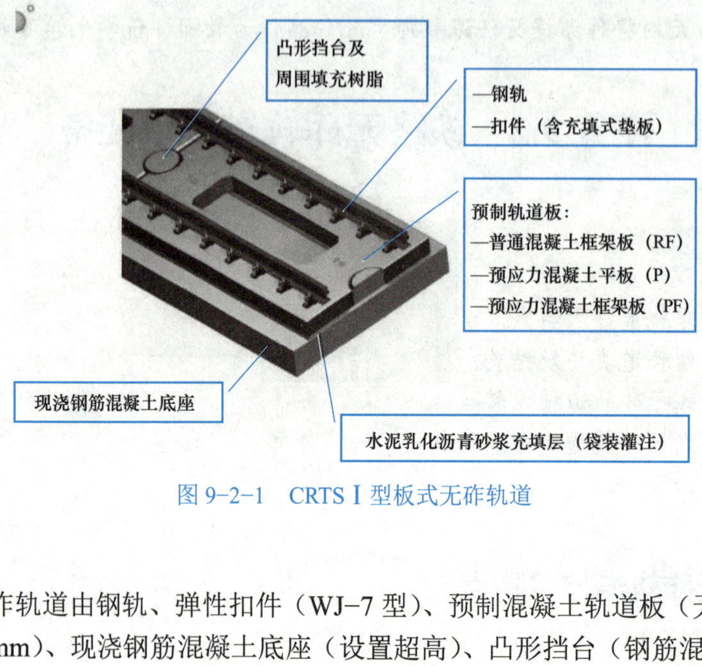

图 9-2-1　CRTS Ⅰ 型板式无砟轨道

1）组成

CRTS Ⅰ 型板式无砟轨道由钢轨、弹性扣件（WJ-7 型）、预制混凝土轨道板（无挡肩）、水泥乳化沥青砂浆充填层（厚度 50 mm）、现浇钢筋混凝土底座（设置超高）、凸形挡台（钢筋混凝土结构）及树脂（厚度 40 mm）等组成。

2）主要技术特点

（1）在路基、隧道、桥梁等不同结构物上，轨道结构组成相同，标准化程度高。

（2）轨道板与砂浆层可分离，可修复性强。

（3）配套采用无挡肩扣件。

（4）在温度跨度较大的桥梁地段，梁端半圆形凸台受力较大。

（5）受日温差引起的温度梯度影响，轨道板易翘曲变形。

3）轨道板结构

预制混凝土轨道板有双向预应力混凝土平板（P）、普通混凝土框架板（RF）、双向预应力混凝土框架板（PF）等三种类型，轨道板类型应根据环境条件和下部基础合理选用。

标准板外形尺寸为 4 962 mm×2 400 mm×190 mm，每块板上布置 8 个节点，间距 629 mm，板端缺口半径 300 mm；32 m 梁上轨道板长度有 4 962 mm 和 3 685 mm 两种，其中梁端为 3 685 mm，板上布置了 6 个节点；24 m 梁采用 4 856 mm 轨道板长度。

4）凸形挡台

凸形挡台分圆形、半圆形，半径为 260 mm，高度为 250 mm。凸形挡台钢筋与底座预埋钢筋相连。凸形挡台周围需要填充树脂。

5）水泥乳化沥青砂浆充填层

水泥乳化沥青砂浆充填层由水泥、乳化沥青、细骨料（砂）、混合料、水、铝粉、各种外加剂等多种原材料组成。其主要功能是施工调整（40～100 mm），协调轨道板温度变形，缓冲列车对轨道的冲击，阻断底座混凝土的反射裂纹，提供纵向阻力。

6）钢筋混凝土底座

底座是轨道板的支承基础，承受列车荷载、温度荷载、混凝土收缩等效荷载、基础变形荷载，传递、分散荷载至线下基础，设置曲线超高（基床表层），固定轨道限位结构（凸形挡台）。

底座分段设置，底座间一般设置宽度 20 mm 的伸缩缝。

2. CRTS Ⅱ 型板式无砟轨道

CRTS Ⅱ 型板式无砟轨道，其已在京津、京沪、沪杭、宁杭、杭长、京石、石武、合蚌、津秦、合福等高速铁路上应用。

1）组成

CRTS Ⅱ 型板式无砟轨道由钢轨、弹性扣件、预制混凝土轨道板、水泥乳化沥青砂浆充填层、支承层（路基和隧道地段）、底座板（桥梁地段）、侧向挡块等组成。

2）技术特点

（1）路基和隧道采用同一种轨道结构，桥梁采用另一种轨道结构，不同结构物上轨道结构纵向连续，受温度荷载影响大。

（2）采用常阻力的弹性不分开式扣件，轨道板设挡肩。

（3）轨道板承轨部位打磨，铺设于指定位置。

（4）桥梁地段的轨道结构组成与路基与隧道地段不同。

（5）轨道板、支承层、底座板等均为容许开裂结构。

3）轨道板结构

（1）CRTS Ⅱ 型板式无砟轨道路基和隧道地段轨道板结构如图 9-2-2 所示。

CRTS Ⅱ 型板式无砟轨道路基和隧道地段轨道板结构由轨道板（200 mm）、水泥乳化沥青砂浆充填层（30 mm）、支承层（300 mm）等组成。

标准板外形尺寸 6 450 mm×2 550 mm×200 mm，每块轨道板设 10 对扣件，节点间距 650 mm，相邻承轨台间横向设深度为 38 mm 的 V 形预裂缝，轨道板纵向设 6 根精轧螺纹钢筋，用于板间纵向连接，板面设 0.5%的横向排水坡。

（2）CRTS Ⅱ 型板式无砟轨道桥梁地段轨道板结构如图 9-2-3 所示。

CRTS Ⅱ 型板式无砟轨道桥梁地段轨道板结构由轨道板、砂浆层、基床表层、支承层等组成。

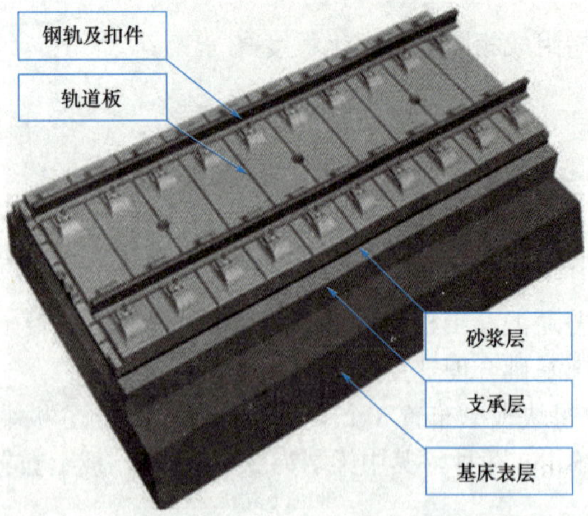

图 9-2-2　CRTS Ⅱ型板式无砟轨道路基和隧道地段轨道板结构

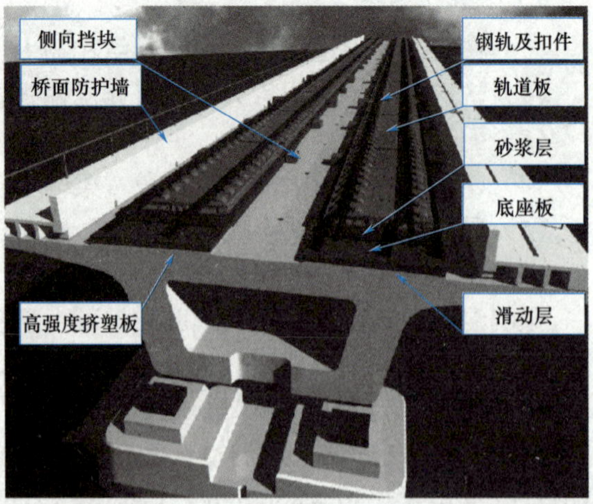

图 9-2-3　CRTS Ⅱ型板式无砟轨道桥梁地段轨道板结构

梁缝附近的梁面上设置高强度挤塑板，吸收桥梁挠曲引起的梁端垂向变形，以减小梁端转角和竖向错位对轨道结构的影响。

梁跨间设“两布一膜”滑动层，形成底座板与梁面之间相对滑动的状态。

桥台后路基设置锚固结构，由端刺、摩擦板及过渡板构成。摩擦板与底座板间铺设 2 层土工布。过渡板下铺设 5 mm、10 mm、15 mm 厚度渐变的高强度挤塑板。

4）板间接缝

相邻轨道板之间通过 6 根直径 20 mm 精轧螺纹钢筋纵向连接，如图 9-2-4 所示。

5）侧向挡块

侧向挡块与弹性限位板是桥上轨道结构（底座板）的横向、垂向限位结构，侧向挡块与底座板（设置超高）、轨道板间设置由橡胶垫层、不锈钢板等组成的弹性限位板，如图 9-2-5 所示。

图 9-2-4　CRTS　Ⅱ型板式无砟轨道板间接缝

图 9-2-5　CRTS　Ⅱ型板式无砟轨道侧向挡块

3. CRTSⅢ型板式无砟轨道

CRTSⅢ型板式无砟轨道如图 9-2-6 所示，其已在郑徐、成灌、盘营、沈丹、武汉城际、成绵乐、京沈等高速铁路上应用。2015 年 4 月，第一条采用 CRTSⅢ轨道板的郑徐客运专线开始铺设。

1）组成

CRTSⅢ型板式无砟轨道由钢轨、弹性扣件、预制混凝土轨道板、自密实混凝土充填层、土工布隔离层、现浇钢筋混凝土底座（设置超高）等组成。

2）主要技术特点

（1）轨道板底设门型连接钢筋，与自密实混凝土充填层连接，形成复合结构。

（2）配套 WJ-8 型扣件，设挡肩。在温度跨度较大的桥梁地段需配套采用小阻力扣件。

（3）自密实混凝土充填层设计厚度容许偏差±10 mm，与轨道板底密贴。

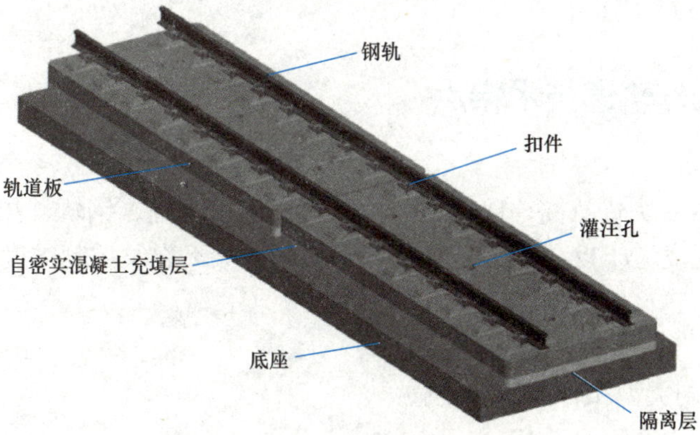

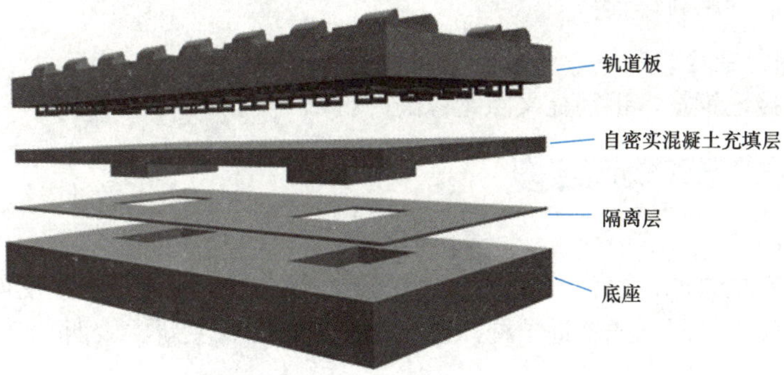

图 9-2-6　CRTS Ⅲ型板式无砟轨道

（4）轨道板、底座沿线路纵向单元设置，路桥隧轨道结构组成基本相同。

（5）自密实混凝土充填层下设置隔离层，上部复合结构和底座可分离，具有可修复性。环境适应性、耐久性较好。

（6）底座：长度 5～20 m 分段设置，底座设置限位凹槽，底座间设宽 20 mm 的伸缩缝。

3）轨道板结构

轨道板可采用预应力或普通混凝土结构，预应力结构不得有裂缝。

轨道板外形尺寸有 5 350 mm×2 500 mm×190 mm（如武广高铁）、5 600 mm×2 500 mm×210 mm（如盘营高铁）等几种结构。

4）自密实混凝土充填层

自密实混凝土充填层主要有以下几种。

（1）厚 100 mm、两侧较轨道板宽 100 mm。

（3）厚 100 mm、四周与轨道板平齐。

（2）厚 90 mm、四周与轨道板平齐。

5）底座

路基地段底座宽度为 3 100 mm，厚度为 240 mm、280 mm；桥梁、隧道地段底座宽度为 2 900 mm，厚度为 190 mm、180 mm。

4. 道岔区板式无砟轨道

道岔区板式无砟轨道已在武广、京沪、沪杭等高速铁路上应用。

1）路基地段

路基地段由道岔钢轨件、预制道岔板（厚度为 240 mm）、自密实混凝土充填层（厚度为 180 mm）、找平层（厚度为 130 mm）、底座等组成。

道岔板为普通混凝土结构，分块设置，预设连接筋；在制板场预钻扣件螺栓孔、测量棱镜孔（精度为 0.5 mm）；板底充填自密实混凝土砂浆。

2）桥梁地段

由道岔钢轨件、预制道岔板（厚度为 240 mm）、水泥乳化沥青砂浆充填层（厚度为 30 mm）、底座、滑动层、侧向挡块等组成。

9.2.3 现浇混凝土式无砟轨道技术特点

1. 基本组成

现浇混凝土式无砟轨道由双块式轨枕、现浇道床板、现浇支承基础、钢轨、扣件等组成。

制造、施工较为简便，现浇道床板结构受多种因素影响，混凝土裂纹控制难度较大，施工工效相对较低，道床结构可修复性不强，建设成本相对较低。

2. 施工方法

“自上至下”施工，与不同类型扣件的适应性强。

3. 轨道定位方式

浇筑混凝土前，精确调整轨排形位。

4. 与轨道电路和综合接地的接口

现浇道床板内设置接地钢筋，钢筋交叉点绝缘隔离。

9.2.4 现浇混凝土式无砟轨道结构

1. 双块式无砟轨道

用钢筋桁架组成的双块式轨枕取代整体轨枕，提高结构整体性，轨道结构高度降低，可降低工程造价。双块式无砟轨道是一种现浇混凝土式轨道结构，已在武广、郑西、兰新、大西、合福等高速铁路上应用。

1）双块式无砟轨道施工形式

（1）埋入式无砟轨道。预先组装、铺设轨排，然后浇筑道床板，如图 9-2-7 所示。

（2）振动压入式无砟轨道。采用专用施工设备，用固定架将双块式轨枕振动压入预先浇筑的道床板混凝土中。施工不需组装轨排，受环境影响小，固定架如图 9-2-8 所示。

图 9-2-7 双块式无砟轨道轨排

图 9-2-8 固定架

2）轨道结构

（1）路基地段。路基地段由道床板（含双块式轨枕）、支承层（300 mm）等组成，如图 9-2-9 所示。道床板沿线路纵向连续。纵向连续结构的始、终端设有限位端梁。

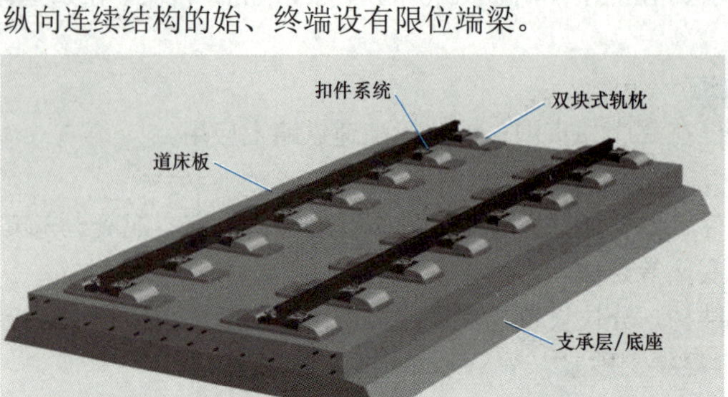

图 9-2-9 双块式无砟轨道路基地段结构

（2）桥梁地段。桥梁地段由道床板（含双块式轨枕）、隔离层（土工布）、混凝土底座、凹槽周围弹性垫层等组成。道床板和底座分块设置，梁缝处断开。

隔离层隔离道床板与桥面保护层或底座，协调道床板在温度梯度荷载作用下的伸缩和滑动变形。

（3）隧道地段。道床板（含双块式轨枕）在仰拱回填层上构筑，纵向连续。

3）主要技术特点

（1）双块式轨枕。采用与 WJ-7 型（无挡肩，见图 9-2-10）、WJ-8 扣件（有挡肩，见图 9-2-11）、300-1 型扣件（有挡肩）相匹配的双块式轨枕。

图 9-2-10　双块式轨枕与 WJ-7 型扣件

图 9-2-11　双块式轨枕与 WJ-8 型扣件

（2）混凝土道床板。

功能：为主要承载体，承受列车荷载、温度荷载等；传递荷载，将荷载传递至下部支承层/底座。

结构设计：路基、隧道内纵向连续，下设支承层（连续），桥上分块设置（5～7 m），下设隔离层、底座（分块）。

（3）支承层、底座。

路基地段支承层：不得有竖向贯通裂缝，支承层与道床板、路基基床表层间应密贴，桥梁地段底座裂缝宽度限值为 0.2 mm。

2. 道岔区轨枕埋入式无砟轨道

道岔区轨枕埋入式无砟轨道，已在武广、郑西、哈大等高速铁路上应用。

路基地段，由道岔钢轨件、道床板（含桁架式预应力岔枕）、支承层或底座等组成。

桥梁地段，由道岔钢轨件、道床板（含桁架式预应力岔枕）、隔离层、底座（设纵、横向限位凹槽）等组成。

知识测评

1. 简述预制板式无砟轨道技术特点。
2. 简述预制板式无砟轨道类型及结构。
3. 简述现浇混凝土式无砟轨道技术特点。
4. 简述现浇混凝土式无砟轨道类型及结构。

学习作品

课后每名同学单独制作一个开放的、富有创造性的表现学习过程和学习成效的视频，时间为 5 min 以内，至少包括以下 5 项内容：

1. 预制板式无砟轨道技术特点；
2. 预制板式无砟轨道类型及结构；
3. 现浇混凝土式无砟轨道技术特点；
4. 现浇混凝土式无砟轨道类型及结构；
5. 通过对本任务的学习，个人在知识增长、能力强化、素养提升方面的小结。

在课程结束后的 3 天内将作品提交任课教师，此作品作为教师评价学生学习效果的依据。

任务 9.3　铁路动车组技术

学习目标

1. 掌握动车组组成。
2. 掌握和谐号动车组技术特点。
3. 掌握复兴号动车组技术特点。
4. 了解高速综合检测列车。
5. 掌握动车组运维管理规定。

基础知识

9.3.1　动车组组成

动车组是具有牵引动力，固定编组，在日常运用维修中不解编的车组。

动车组中有自带牵引动力的车辆和不带动力的车辆。按动力方式分为电力动车组和内燃动车组。

1. 动车和拖车

1）动车

带牵引动力的车辆叫动车。牵引动力装置分散安装在车厢上，使其既具有牵引动力，又可以载客，这样的客车车辆称为动车。

2）拖车

不带牵引动力的车辆称为拖车。

2. 动车组单元

动车组单元指若干车辆以特定方式连挂以实现特定功能的编组，而当这样的编组中一辆车也不能再缩减时，称为“最小单元”。最小单元一旦被拆散，该单元用以实现的功能将消失，或者不再完整。因此，动车组亦为单元式组合列车，单元是动车组列车最突出和最核心的概念。

1）制动单元

若干车辆按照一定的组合或顺序连挂，连挂后的编组具备完整的制动能力。最小制动单元被打破后，编组失去制动能力。

2）自走单元

若干车辆按照一定的组合或顺序连挂，连挂后的编组具有若干个司机室，在本编组司机室控制下具备完整的运行能力。多数情况下，一个自走单元即为一个制动单元。最小自走单元被打破后，编组失去自走运行能力，并可能因制动单元被破坏而丧失制动能力。

CRH1 型动车组的自走单元为 3 辆，编组为动车+拖车+动车；CRH2 型动车组的自走单元为 4 辆，编组为拖车+动车+动车+拖车。

3）随走单元

若干车辆按照一定的组合或顺序连挂，连挂后的编组在其他编组中司机室控制下具备完整的运行与制动能力。多数情况下，一个随走单元即为一个制动单元。随走单元可以不包含司机室，而自走单元在很多情况下也具备随走功能。

4）运营单元

若干车辆按照一定的组合或顺序连挂，连挂后的编组能用来执行运营任务。不同的运营组织方式对运营单元有不同的要求，但运营单元一般包含若干完整的自行/制动单元，有时也包含随走单元。

3. 动车组特点

1）动力分散

我国和谐号、复兴号动车组最大的优点是：动力分散。动力装置分布在列车不同的位置上，能够实现较大的牵引力，编组灵活。

由于采用动力制动的轮对多，制动效率高，且调速性能好，制动减速度大，适合用于限速区段较多的线路。另外，列车中一辆动车的牵引动力发生故障对全列车的牵引指标影响不大。

2）动拖比较大

动车组动拖比较大，带来以下两大好处。

（1）加速能力强。动拖比越大，列车可发挥的牵引力越大。列车出站或通过限速缓行区段后能在短时间内恢复到正常运营速度。

（2）爬坡能力强。强动力分散列车在功率充足的情况下在 20‰的连续坡道上仍能保持准高速甚至高速运行的能力。

中国高速列车都是强动力分散动车组，强悍的爬坡能力和坡道保速能力为高速铁路的选线提供了极大便利，能有效降低线路修建与维护成本。

3）换向便利

动车组列车至少有两个司机室，一般分布于列车两端，在列车终到换向或中途换向时无须调头。有些列车具有四个司机室，可以在中途停站时轻易分解成独立而完整的若干列车。

4）编组完整、风格统一

同一系列的列车，无法轻易与本系列之外的车辆连挂，这个特征在高速列车中尤为明显。

5）高速、运输能力强

动车组列车的核心价值是用更快的速度和更高的舒适度运送大量乘客。

9.3.2 和谐号动车组技术

原铁道部将引进国外技术、联合设计生产的 CRH 动车组车辆命名为“和谐号”。和谐号动车组通常指 2007 年 4 月 18 日起在中国铁路第六次提速后开行的 CRH 动车组列车。CRH 为英文缩写，全名为 China railways high-speed，中文意为“中国高速铁路”，是原铁道部对中国高速铁路系统建立的品牌名称。

1. CRH1 系列动车组

1）CRH1A 型动车组

（1）8 辆编组：Mc+Tp+M+M+T+M+Tp+Mc。

M——动车；

T——拖车；

Mc——带控制室车；

Tp——带受电弓车车。

（2）3 个单元：Mc+Tp+M，M+T，M+Tp+Mc。

（3）动力配置：5M+3T。

（4）不锈钢车体。

（5）转向架轴重≤16 t。

（6）最高运行速度为 250 km/h。

（7）车辆配置：2 辆一等座车，5 辆二等座车，1 辆二等座车/餐车合造车。

2）CRH1B 型动车组

CRH1B 型动车组是在 CRH1A 型动车组基础上扩编成的大编组动车组，采用 16 辆编组，10 动 6 拖，设 3 辆一等座车、12 辆二等座车和 1 辆餐车，最高运行速度为 250 km/h。

3）CRH1E 型动车组

CRH1E 型动车组是长大编组卧铺动车组，采用 16 辆编组，10 动 6 拖，设 2 辆二等座车、12 辆硬卧车、1 辆软卧车和 1 辆餐车，最高运行速度为 250 km/h。

2. CRH2 系列动车组

1）CRH2A 动车组

（1）8 辆编组：Tc+M+M+Tp+T+Mp+M+Tc。

（2）3 个单元：Tc+M+M，Tp+T，Mp+M+Tc。

（3）动力配置：4M+4T。

（4）大型中空型材铝合金车体。

（5）转向架轴重≤14 t。

（6）最高运行速度为 250 km/h。

（7）车辆配置：1 辆一等座车，6 辆二等座车，1 辆二等座车/餐车合造车。

2）CRH2B 型动车组

CRH2B 型动车组是 16 辆长大编组动车组，8 动 8 拖，设 3 辆一等座车、12 辆二等座车和 1 辆餐车，最高运行速度为 250 km/h。

3）CRH2C 型动车组

CRH2C 型动车组是在 CRH2A 型动车组基础上改造的，采用 8 辆编组，6 动 2 拖，设 1 辆一等座车、6 辆二等座车和 1 辆餐车，最高运行速度为 300 km/h。

4）CRH2E 型动车组

CRH1E 型动车组是 16 辆长大编组卧铺动车组，8 动 8 拖，设 2 辆二等座车、13 辆软卧车、1 辆餐车，最高运行速度为 250 km/h。

3. CRH3C 型动车组

（1）8 辆编组：Tc+M+M+Tp+T+Mp+M+Tc。

（2）3 个单元：Tc+M+M，Tp+T，Mp+M+Tc。

（3）动力配置：4M+4T。

（4）车体采用大型挤压中空铝型材焊接而成，司机室采用弯曲铝型材梁和板状铝型材作蒙皮的焊接结构。

（5）转向架轴重≤15 t。

（6）最高运行速度为 350 km/h。

（7）车辆配置：1 辆一等座车，6 辆二等座车，1 辆二等座车/餐车合造车。

4. CRH5A 型动车组

（1）8 辆编组：Mc+M+Tp+M+T+Tp+M+Mc。

（2）2 个单元：Mc+M+Tp+M，T+Tp+M+Mc。

（3）动力配置：5M+3T。

（4）大型中空型材铝合金车体。

（5）转向架轴重≤17 t/16 t。

（6）最高运行速度为 250 km/h。

（7）车辆配置：1 辆一等座车，6 辆二等座车，1 辆二等座车/餐车合造车。

5. CRH6A 型动车组

CRH6A 型动车组主要用于中短途城际、市域运输，以公交化的运营模式为主，采用 8 辆编组，4 动 4 拖，最大载客量约为 2 000 人，最高运行速度为 200 km/h。

6. CRH380 系列动车组

1）CRH380A 动车组

CRH380A 型动车组是在 CRH2C 型动车组基础上研发的高速动车组，采用 8 辆编组，6 动 2 拖，最高运行速度为 350 km/h。

2）CRH380B 型动车组

CRH380B 型动车组（或称 CRH3-380 型），是在 CRH3C 型动车组基础上研发的高速动车组，采用 8 辆编组，4 动 4 拖，最高运行速度为 350 km/h。

3）CRH380CL 型动车组

CRH380CL 型动车组采用 16 辆编组，8 动 8 拖，最高运行速度为 350 km/h。

4）CRH380D 型动车组

CRH380D 型动车组采用 8 辆编组，4 动 4 拖，最高运行速度为 350 km/h。

9.3.3　复兴号动车组技术

复兴号动车组列车，即中国标准动车组，由原中国铁路总公司牵头组织研制，是具有完全自主知识产权，达到世界先进水平的动车组列车。复兴号动车组英文代号为 CR。

中国标准动车组采用 CR450/400/300/200 命名，分别对应 350 km/h、250 km/h 和 160 km/h 三种速度等级，适应于高速铁路（高铁）、快速铁路（快铁）、城际铁路（城铁）。

1. CR450 系列动车组

2024 年 12 月 29 日，CR450 动车组样车在北京发布。

“CR450 科技创新工程”是国家“十四五”规划确定的重大科研项目，旨在研发更安全、更环保、更节能、更智能的复兴号新产品。CR450 高速动车组实现了 450 公里试验运行时速和 400 公里的商业运行时速。它的发布标志着“CR450 科技创新工程”取得重大突破，将极大提升中国铁路科技创新水平和科技自立自强能力，进一步巩固扩大中国高铁技术世界领跑优势。CR450 动车组如图 9-3-1 所示。

图 9-3-1　CR450 动车组

2. CR400 系列动车组

1）CR400AF 型动车组

（1）CR400AF 型动车组为动力分散动车组，采用 8 辆编组，4 动 4 拖，最高运行速度为 350 km/h。

（2）该系列长编组型号为 CR400AF-A，采用 16 辆编组，8 动 8 拖。

（3）该系列超长编组型号为 CR400AF-B，采用 17 辆编组，8 动 9 拖。

2）CR400BF 型动车组

（1）CR400BF 型动车组为动力分散动车组，采用 8 辆编组，4 动 4 拖，最高运行速度为 350 km/h。

（2）该系列长编组型号为 CR400BF-A，采用 16 辆编组，8 动 8 拖。

（3）该系列超长编组型号为 CR400BF-B，采用 17 辆编组，8 动 9 拖。

3. CR300 系列动车组

1）CR300AF 型动车组

CR300AF 型动车组为动力分散动车组，采用 8 辆编组，4 动 4 拖，最高运行速度为 250 km/h。

2）CR300BF 型动车组

CR300BF 型动车组为动力分散动车组，采用 8 辆编组，4 动 4 拖，最高运行速度为 250 km/h。

4. CR200 系列动车组

1）CR200J 型动车组

CR200J 型动车组是中国首款动力集中动车组，最高运行速度为 160 km/h。

（1）短编组的 CR200J 型动车组为单端推拉式的动力集中动车组，最大编组为 1 动 8 拖。

（2）长编组的 CR200J 型动车组为双端牵引的动力集中动车组，最大编组为 2 动 18 拖。

2）CR200JS-G 型动车组

CR200JS-G 型动车组是针对高原铁路运营条件，专门研制生产的复兴号高原双源动力集中动车组。该型动车组采用整列一体化设计，动车组两端分别编挂电力动力车和内燃动力车，中间编挂拖车，采用 12 辆编组，最高运行速度为 160 km/h，最高运行海拔为 5 100 m，能适应高海拔、连续长大隧道环境，可跨电气化和非电气化线路贯通运用。

9.3.4 高速综合检测列车

高速综合检测列车（图 9-3-2）主要承担全路既有高速铁路基础设施周期性检测、新竣工高速铁路联调联试动态检测试验和重大科学综合试验工作，可对线路的工务专业（轨道几何、车辆响应、轮轨动力学）、接触网专业（弓网）、电务专业（通信、信号）等基础设施状态项目进行检测。现役高速综合检测列车共 14 列，可适应 250 km/h、300 km/h、350 km/h 速度等级线路检测。

图 9-3-2 高速综合检测列车

9.3.5 动车组运维

1. 动车组修程修制

我国坚持动车组运营和设备修程修制同步规划，自主构建了以动车组走行公里为主、时间周期为辅的一至五级修程。

1）运用修

一、二级修属于运用修，以设备维护保养为主，主要任务是保持动车组处于良好运用状态。

2）高级修

三、四、五级修属于高级修，对关键系统、部件实施分解检修和整车全面检查、试验，主要任务是恢复动车组基本性能。

一至五级修程涵盖动车组的日常检查、维护保养、功能检测、系统和部件分解检修、整车全面分解检修，确保了动车组安全可靠高效运行。

2. 动车组维修策略

我国高铁已大规模成网运营，动车组车型种类多、保有量大，运行速度高、走行里程长，运营场景非常复杂，动车组高级修的维修策略主要包括分散修和集中修。

1）分散修

分散修是将各级修程的维修内容化整为零，分解重组成若干小的工作包，在停运期间分散而均衡地完成维修。

2）集中修

集中修是在一段时间内集中开展修程内的所有维修内容。

通过分散修和集中修有机组合，不仅提高了维修效率，还有效确保了维修质量，使动车组始终处于良好运用状态。

3. 动车组运维布局

动车段（所）布局的原则如下。

（1）集中检修。动车组高级修实行集中检修，在全路统一布局检修基地。

目前，全路建成北京、上海、武汉、广州、沈阳、成都、西安等动车组检修基地，分别辐射华北、华东、华中、华南、东北、西南、西北地区，主要进行四级、五级检修。按照区域和检修车型分工，根据辐射区域配属车型情况和全路各车型保有量，每个检修基地分别确定了主修车型和次修车型，确保动车组可以就近检修，大大缩短了回送距离、减少了回送时间、提高了检修效率。

另外，全路建成北京、上海、南京、福州、武汉、郑州、广州、沈阳、哈尔滨、青岛、成都、西安等动车段，三级检修基本实现在段检修。

（2）属地运用。动车组运用维修实行属地化，在始发终到相对集中的省会城市及 300 万以上人口大城市规划建设动车所。

（3）分散存库。动车组存车场实行分散设置，在有始发终到需求的中小城市统筹规划建设动车组存车场。

4. 动车组智能化检修技术

1）车载诊断

全面加强车载信息远程传输、受电弓视频监控、机械传动温度监控等系统运用，扩大动车组车载监测系统的监测范围，提升故障诊断、故障预测、健康管理及运维支持水平，实现对动车组运行状态的实时监控。

2）地面监测

在高铁线路旁安装力学检测、声学诊断、图像识别等检测设备，对动车组运行通过检测设备时的轮轨力、轴承声学特征、图像等进行定点检测，实现对动车组运行状态的监控。

利用车载和地面检测监测设备进行动车组状态检查，完成一级修机检作业，实现人机配合交替作业，逐步延长动车组人工技检一级修的时间周期，将 300～350 km/h 动车组由 48 h 延长至 72 h，200～250 km/h 动车组由 72 h 延长至 96 h。

3）动车组健康管理技术

通过合理布置各类传感器，多维度采集动车组的各种检修运用数据信息，借助智能推理算法来诊断动车组的健康状态。不断完善动车组设计、制造、运用、维修的全寿命周期管理，着力提高动车组精准维修水平。

目前，已搭建了基于大数据技术架构的开放性动车组健康管理系统，实现了状态监测、故障预测、健康评估、运维分析、模型验证、决策支持等多项功能。正在完善造修单位关键部件数据采集和传输范围，实现动车组新造、运用、检修和车载安全监控及检测设备数据贯通，全面提升动车组运维的智能化、数据化水平。

知识测评

1. 简述动车组组成。
2. 简述和谐号动车组技术特点。
3. 简述复兴号动车组技术特点。
4. 简述动车组运维管理规定。

学习作品

课后每名同学单独制作一个开放的、富有创造性的表现学习过程和学习成效的视频，时间为 5 min 以内，至少包括以下 5 项内容：

1. 动车组组成；
2. 和谐号动车组技术特点；
3. 复兴号动车组技术特点；
4. 动车组运维管理规定；
5. 通过对本任务的学习，个人在知识增长、能力强化、素养提升方面的小结。

在课程结束后的 3 天内将作品提交任课教师，此作品作为教师评价学生学习效果的依据。

拓展建议

1. 登录国家铁路局官网，学习《高速铁路设计规范》《铁路轨道设计规范》《铁路动车组运用维修规则》。
2. 查阅有关中国人修建高速铁路的事迹。
3. 查阅有关中国标准动车组的资料。
4. 拓展阅读。

复兴号——中国自主研发的标准动车组

复兴号动车组列车，由中国铁路总公司（现国铁集团）牵头组织研制，是具有完全自主知识产权、达到世界先进水平的动车组列车，是目前世界上运营时速最高的高铁列车。

一、研制背景

为全面提升中国高速铁路动车组设计、软件开发、制造技术水平，打造适合中国国情、路情的高速动车组设计制造平台，实现中国高速铁路动车组自主化、标准化和系列化，促进动车组由中国制造到中国创造的跨越，2012 年以来，在中国铁路总公司的主导下，由中国铁道科学研究院牵头，集合中车集团及相关企业的力量，开展中国标准动车组设计研制工作。

二、发展历程

2012 年，中国标准动车组——“复兴号”正式启动研发。

2016 年 7 月 15 日，“复兴号”以超过 420 km/h 的时速在郑徐高铁上交会，创造了高铁列车交会速度的世界新纪录。

图 9-3-3　中国标准动车组首发

2017 年 6 月 26 日 11 时 05 分，在京沪高铁两端的北京南站和上海虹桥站双向首发，一个形似“飞龙”，一个神似“金凤”，分别担当 G123 次和 G124 次高速列车。它们共同迎来了一个时代：中国标准动车组时代。中国标准动车组首发如图 9-3-3 所示。

2017 年 8 月 21 日起，京津冀地区开行 22.5 对“复兴号”动车组列车，2017 年 9 月 21 日，铁路实行新的列车运行图，在部分线路增开客货列车。“复兴号”动车组在京沪高铁率先实现 350 km/h 运营，我国再次成为世界上高铁商业运营速度最高的国家。

2018 年 4 月 10 日起，铁路实行新的列车运行图。运行图调整后，“复兴号”动车组开行数量增加，货运能力进一步提升。北京始发新增复兴号列车 39 对，其中，京沪高铁新增 8 对，京津城际新增 31 对，调整 2 对，北京复兴号列车共计达到 81.5 对。至此，京津城际也成为全国开行复兴号列车最密集的高铁线路。新图实施后，北京南站京津城际方向复兴号列车达到 64.5 对，约占京津城际图定列车 90.5 对的 71%，更多的旅客能够享受“复兴号”高速列车的优质服务。

2018 年 6 月 26 日，“复兴号”动车组上线运营满 1 周年，累计发送旅客 4 130 万人次。

2018 年 7 月 1 日起，全国铁路实行新的列车运行图。中国自行研制的全球最长高铁列车——16 辆长编组“复兴号”动车组正式上线运营。16 辆长编组“复兴号”全长 414.26 米，长编组“复兴号”列车总定员达 1 193 人，是此前 8 辆编组列车的 2 倍多，其中商务座 22 个，一等座 148 个，二等座 1 023 个，进一步提升了列车的综合运力。

调图后，全国铁路“复兴号”动车组日开行数量将由 114.5 对增加到 170.5 对，可通达 23 个直辖市、省会城市和自治区首府。

2018 年 8 月 1 日，京津城际铁路上运行的动车组列车已全部更换为“复兴号”。

2018 年 8 月 8 日，京津城际铁路实施新运行图，所属京津城际铁路“复兴号”动车组列车恢复 350 km/h 运营。

2018 年 10 月，17 辆编组超长版“复兴号”亮相，车身长 439.8 m，可乘坐 1 283 人。2019 年投入京沪高铁运营。

2018 年 11 月 10 日至 11 月 20 日期间，北京铁路局首次在北京至长沙间 G83、G506 次复兴号动车组设置快递专用车厢，一列高铁快件的运输能力从此前的 500 kg 提高至 5 t。

2018 年 12 月，中国标准动车组获得第五届中国工业大奖。

2019 年 1 月 2 日，中国铁道科学研究院在高速列车上采用 ATO，这是高速铁路智能化的重要标志，对保持中国高速铁路列控技术的国际先进水平有重要的意义。复兴号在世界上首次实现 350 km/h 自动驾驶功能，成为中国高铁自主创新的又一重大标志性成果。

2019 年 1 月 5 日 0 时起，160 km/h 动力集中型电动车组——CR200J 型复兴号列车上线运营，逐步替代传统普速列车在京沪线上运营。

2022 年 12 月 23 日，第三代 C 型 CR200J“复兴号”动车组值乘，这也是该车型首次正式亮相。第三代 C 型 CR200J“复兴号”动车组为 9 节车厢，整车长 232.5 米，较第二代“绿巨人”增加了商务座、旋转座椅等，车型涂装由“中国红”“中国白”“长城灰”“国槐绿”4 种主色调构成。

三、全新命名

2017 年 1 月 3 日，中国铁路总公司正式向四方和长客颁发了中国标准动车组“型号合格证”和“制造许可证”。中国标准动车组也正式获得型号命名。

其中四方生产的“红神龙”命名为 CR400AF，长客生产的“金凤凰”被命名为 CR400BF，正式摒弃 CRH 的命名序列。CR 是 China railway 的缩写，即中国铁路；A 和 B 为企业标识代码，代表生产厂家，A 代表红神龙配色、B 代表金凤凰配色；F 代表技术类型代码，表示动力分散式机车，J 代表动力集中电动车组，N 代表动力集中内燃动车组。

新命名规则在 2016 年 11 月底由中国铁路总公司党组会议确定，中国动车组已采用 CR200/300/400 命名，分别对应 160 km/h、250 km/h 和 350 km/h 三种持续时速等级，数字代表最高时速。例如，400 代表最高速度可达 400 km/h 及以上，持续运行速度为 350 km/h。

三种时速满足不同的市场需求，中国高速铁路采用 350 km/h、250 km/h 两种速度等级，中国快速铁路采用 200 km/h 和 160 km/h 两种速度等级。三种速度列车可以满足这四种速度等级需求，CR200 可以兼容快速铁路两种速度等级。

2017 年 6 月 25 日，中国标准动车组有了一个响亮的名号——复兴号动车组。

“复兴号”中国标准动车组围绕安全、经济、舒适、节能、人性化等方面持续开展科技创新，研制不同速度等级、适应不同环境需求的自主化、标准化动车组系列产品，以更好地满足市场需求，为人民群众出行提供更多的选择。

四、技术优势

（一）创新成果

“复兴号”中国标准动车组构建了体系完整、结构合理、先进科学的技术标准体系，在车体、走行装置、司机室布置及设备、牵引电气、制动及供风、列车网络标准、运用维修等 10 多个方面均达到国际先进水平。

“复兴号”中国标准动车组大量采用中国国家标准、行业标准、中国铁路总公司企业标准等技术标准，同时采用了一批国际标准和国外先进标准，具有良好的兼容性能，在 254 项重要标准中，中国标准占 84%。最重要的是中国标准动车组整体设计以及车体、转向架、牵引、制动、网络等关键技术都是我国自主研发的，具有完全自主知识产权。其技术创新及成果主要体现如下。

1. 安全保障技术更先进

“复兴号”中国标准动车组设有智能化感知系统，并建有强大的安全监测系统，全车部署了 2 500 余项监测点，能够对走行部状态、轴承温度、冷却系统温度、制动系统状态、客室环境进行全方位实时监测。“复兴号”中国标准动车组还增设碰撞吸能装置，以提高动车组被动防护能力。为适应中国地域广阔、环境复杂、长距离、高强度运行的需求，“复兴号”中国标准动车组按最高等级（设计寿命 30 年或 1 500 万 km）考核动车组主要结构部件，整车进行 60 万 km 运用考核（欧洲一般为 40 万 km）。

2. 乘坐体验更好，不但能充电而且有 Wi-Fi

“复兴号”中国标准动车组车厢内实现了 Wi-Fi 网络全覆盖，设置不间断的旅客用 220 V 电源插座；空调系统充分考虑减小车外压力波的影响，通过隧道或交会时减小耳部不适感；列车设有多种照明控制模式，可根据旅客需求提供不同的光线环境。“复兴号”中国标准动车组还采取了多种减振降噪措施，改进了洗漱设施，设置有无障碍设施等，能够为旅客提供更良好的乘坐体验。

3. 感知系统更智能化，出现异常自动限速或停车

“复兴号”中国标准动车组采集各种车辆状态信息多达 1 500 余项，能够全面监测列车运行状况，实时感知列车状态，包括安全性能、环境信息（如温度）等，并记录各部件运用工况，为全方位、多维度故障诊断、维修提供支持。列车出现异常时，可自动报警或预警，并能根据安全策略自动采取限速或停车措施。此外，“复兴号”中国标准动车组还采用远程数据传输，可在地面实时获取车辆状态信息，提升地面同步监测、远程维护能力。

4. 车体低阻力流线型、平顺化设计，不仅能耗大大降低，车内噪声也明显下降

“复兴号”中国标准动车组列车阻力比既有 CRH380 系列降低 7.5%～12.3%，350 km/h 速度级人均百千米能耗下降 17%左右，有效减少了持续运行能量消耗。在车体断面增加、空间增大的情况下，“复兴号”中国标准动车组按 350 km/h 试验运行时，列车运行阻力、人均百千米能耗和车内噪声明显下降，表现出良好的节能环保性能。

（二）优于 CRH

与“和谐号”CRH 系列相比，“复兴号”高速动车组具有以下五大升级点。

1. 寿命更长

中国标准动车组在降低全寿命周期成本、进一步提高安全冗余等方面加大了创新力度。为适应中国地域广阔、大温差、长距离、高强度等运行需求，“复兴号”进行了 60 万 km 运用考核，比欧洲标准还多了 20 万 km。最终，整车性能指标实现较大提升，“复兴号”的设计寿命达到了 30 年，而“和谐号”是 20 年。

2. 身材更好

采用全新低阻力流线型头型和车体平顺化设计，车型看起来线条更优雅，跑起来也更节能。坐过“和

谐号”的旅客会发现，动车组车顶有个“鼓包”，那其实是受电弓和空调系统。“复兴号”把这个“鼓包”下沉到了车顶下的风道系统中，使列车不仅看起来更美，列车阻力比既有 CRH380 系列降低 7.5%～12.3%，列车在 350 km/h 下运行，人均百千米能耗下降 17%左右。

3. 容量更大

从外面看“复兴号”身材更好了，登车后，旅客还会惊异于空间更大，因为列车高度从 3 700 mm 增高到了 4 050 mm。在断面增加、空间增大的情况下，按 350 km/h 试验运行，列车运行阻力、人均百千米能耗和车内噪声却明显下降，而且有心的乘客还会发现，座位间距更宽敞。

4. 舒适度更高

“复兴号”空调系统充分考虑减小车外压力波的影响，通过隧道或交会时减小耳部不适感；列车设有多种照明控制模式，可根据旅客需求提供不同的光线环境。当然更值得“喜大普奔”的是，车厢内实现了 Wi-Fi 网络全覆盖。

5. 安全性更高

“复兴号”设置智能化感知系统，建立强大的安全监测系统，全车部署了 2 500 余项监测点，比以往监测点最多的车型还多出约 500 个，能够对走行部状态、轴承温度、冷却系统温度、制动系统状态、客室环境进行全方位实时监测。它可以采集各种车辆状态信息 1 500 余项，为全方位、多维度故障诊断、维修提供支持。此外，列车出现异常时，可自动报警或预警，并能根据安全策略自动采取限速或停车措施。在车头部和车厢连接处，还增设碰撞吸能装置，在低速运行中出现意外碰撞时，可通过装置变形，提高动车组被动防护能力。

（三）能耗降低

在 350 km/h 运营情况下复兴号与和谐号 CRH380 相比，总能耗下降了 10%。复兴号从 300 km/h 提高到 350 km/h，能耗大约增加 20%～30%。

（四）互联互通

“复兴号”中国标准动车组最具特色的亮点是它的互联互通性能。所谓互联互通，就是要把两个不同生产厂家，按不同技术规范和图纸生产的动车组，进行重联运行，并且能够进行完全一致地控制操作，例如能够控制同时开关门，控制空调等。此外，中国标准动车组还统一了零部件标准，实现了零部件互换，能够节省大量的费用，这些在国际上都是首创。

思政案例　纵贯京津沪三大直辖市的高速铁路——京沪高速铁路

京沪高速铁路（北京南—上海虹桥），全长 1 318 km，纵贯北京、天津、上海三大直辖市和冀鲁皖苏四省，连接京津冀城市群和长江三角洲城市群。总投资约 2 209 亿元，设 23 个车站。基础设施设计速度为 380 km/h。2008 年 4 月 18 日全线开工，2011 年 6 月 30 日开通运营。

京沪高速铁路从 1990 年开始论证到 2008 年 4 月 18 日全线开工，历经 18 个春夏秋冬，其中原因很多。修建一条 2 000 多亿的铁路工程，当时国民经济水平不高，引起各界争论。争论分成两派，一派叫缓建派，认为没有那么多钱，国人承受不了，希望晚一点建设；一派叫急建派，认为国家急需铁路发展，越早建设越好。当时还有一种意见是建高速公路，争论不休，后来又建议修磁悬浮，争论又持续几年，集思广益中 8 年过去了。

一、京沪高速铁路项目组织

2007 年 10 月国务院成立京沪高铁建设领导小组，国务院副总理任组长，16 个国家部委和北京、天津、河北、山东、安徽、江苏（含南京）、上海为成员单位，统筹指导京沪高铁建设工作，协调解决建设中的重大问题，以及铁路沿线征地拆迁等铁路部门自身难以解决的问题。

项目法人为京沪高速铁路股份有限公司，负责高铁的建设组织和管理工作。原铁道部成立京沪高速铁路建设总指挥部，铁道部副部长兼任指挥长，与京沪高速铁路股份有限公司一个机构、两块牌子，以调动全路各部门资源，开展建设管理工作。

京沪高速铁路股份有限公司设置综合部、计划财务部、工程管理部、安全质量部和物资设备部，严格实行招投标制度、工程监理制度和合同管理制度；另设置天津（土建一标）、济南（土建二标和三标）、蚌埠（土建四标）、南京（大胜关大桥和南京枢纽）和苏州（土建五标和六标）5 个指挥部，坚持在第一线组织管理建设。

图 9-3-4　京沪高速铁路上海虹桥站

二、京沪高速铁路项目标志性特征

目前京沪高速铁路是世界上一次建成里程最长（1 318 km）、技术标准最高的高速铁路，也是新中国成立以来一次投资规模最大（2 023 亿，不包括动车组购置）的建设项目。

京沪高速铁路上海虹桥站如图 9-3-4 所示。

三、京沪高速铁路项目规划

京沪高速铁路规划为双线，设计速度 350 km/h（修建时达到 380 km/h），初期 300 km/h，规划输送能力单向 8 000 万人/年，桥梁设计寿命 100 年，无砟轨道 60 年。建设总工期 60 个月（施工 48 个月，联合调试 6 个月，试运行 6 个月）。

四、京沪高速铁路项目组成

京沪高速铁路由本线、南京大胜关长江大桥及南京枢纽相关工程、北京南站改扩建工程三部分组成。

项目桥梁长度约 1 140 km，占正线长度 86.5%；隧道长度约 16 km，占正线长度 1.2%；路基长度 162 km，占正线长度 12.3%。全线铺设无砟正线约 1 268 km，占线路长度的 96.2%。有砟轨道正线约 50 km，占线路长度的 3.8%。全线用地总计 5 000 km^2（不包括北京南站、北京动车段、大胜关桥及相关工程）。

京沪高速铁路全线铺设无缝线路和无砟轨道。铁路线路、牵引供电、通信信号等基础设施，采取多种减振降噪、低能耗、少电磁干扰的环保措施。全线实行防灾安全实时监控，运用动力分散式电力动车组，由集行车控制、调度指挥、信息管理和设备监测于一体的综合自动化系统统一指挥，以确保实现高速度、高密度、高舒适性、大能力、强兼容、高正点率、高安全性的现代化旅客运输。

五、京沪高速铁路标志工程

1. 南京大胜关长江大桥工程

南京大胜关长江大桥如图 9-3-5 所示。

南京大胜关长江大桥是京沪高速铁路控制性工程之一，是世界首座六线铁路大桥，是世界上跨度最大的高速铁路桥，也是世界上设计荷载最大的高速铁路桥。

南京大胜关长江大桥为六跨连续钢桁梁拱桥，全长 9 273 m，主桥长 1 615 m，跨度布置为 108 m+192 m+336 m+336 m+192 m+108 m，其中，主跨为 2×336 m。

大桥通航净空 32 m，可通航万吨级船舶，大桥支座最大承重达 18 000 t，可承受 8 级地震和大风。大桥设计速度最大值为 300 km/h，可同时行驶 3 种速度完全不同的列车。其中包括：

图 9-3-5　南京大胜关长江大桥

京沪高速铁路旅客列车（300 km/h）；客货共线的沪汉蓉快速客运通道旅客列车（160～200 km/h）；南京地铁 S3 号线地铁列车（80 km/h）。

2. 南京南站工程

南京南站位于南京市雨花台区玉兰路 98 号，是中国铁路客运特等站、华东地区最大的交通枢纽，连接八条高等级铁路的国家铁道枢纽站，南京南站占地近 70 万 m^2，总建筑面积约 45.8 万 m^2，总投资超过 300 亿元人民币，其中主站房面积达 28.15 万 m^2，是亚洲第一大火车站和亚洲第一大高铁站。南京南站如图 9-3-6 所示。

图 9-3-6 南京南站

南京南站的高铁线路有京沪高速铁路、沪汉蓉高速铁路、宁杭城际铁路、宁安城际铁路、宁合城际铁路、宁启城际铁路、沿江高铁、宁通高铁。旅客可乘坐南京地铁 1 号线、南京地铁 3 号线、南京地铁 S1 号线、南京地铁 S3 号线到达南京南站，南京南站紧靠南京汽车客运南站，10 分钟之内步行可实现普铁、动车、高铁、长途汽车与公交车、出租车、地铁、机场大巴的无缝换乘。

3. 北京南站工程

北京南站位于北京市丰台区，为直属特等站，隶属北京铁路局管辖，是一座高度现代化的中国铁路客运车站。

北京南站建筑面积 32 万 m^2，有 24 股道、13 座站台，是京沪高速铁路的扩建工程。

北京南站东端接京津城际铁路和北京站，西端接京沪高速铁路、京哈线和北京动车客车段，北京 4 号、14 号地铁线由地下穿站而过，成为集高速铁路、普通铁路、城市轨道交通与公交出租等交通设施于一体的大型综合交通枢纽站。

六、京沪高速铁路成果

京沪高速铁路荣获行业学会（协会）科学技术成果奖 50 余项：中国铁道学会科技进步特等奖 3 项、一等奖 4 项，中国施工企业管理协会科技成果一等奖 4 项，中国钢结构协会科技一等奖 1 项。中国土木工程詹天佑奖 5 项。铁道部优秀工程设计特等奖 1 项。FIDIC 百年优秀工程奖 1 项。国际桥梁协会乔治・理查德森大奖 1 项，中国建筑业协会鲁班奖 4 项，铁道部优质工程一等奖 18 项。中国施工企业管理协会国家优质工程奖 3 项。

“京沪高速铁路工程”获 2015 年国家科技进步特等奖，主要有五大创新成果：一是创新了复杂工程环境下高铁工程建造技术；二是研制了 CRH380 系列高速动车组；三是构建了时速 350 km 的 CTCS-3 级列车运行控制系统；四是构建了高铁运行检测验证成套技术；五是创新了我国高铁技术发展和建设管理模式，构建了我国高铁技术体系，打造了技术先进、安全可靠、性价比高的中国高铁品牌。

京沪高速连接京津冀城市群、山东半岛城市群和长三角城市群，对于加强北京、天津、河北、山东、江苏、上海之间的经济联系与合作、促进沿线地区乃至中国的经济发展具有重要意义。

学习笔记

模块 10

区域铁路技术装备

模块导入

区域铁路是指城际铁路、市域（郊）铁路和铁路专用线，是构筑一体衔接顺畅现代综合交通运输体系的重要设施。

城际铁路主要服务于城市群，侧重于服务城市群范围内城市与城市之间的长距离商务、探亲、旅游等客流，服务范围一般在 100～300 km。

市域（郊）铁路主要服务于都市圈、城市市域范围，从服务都市圈中心城市城区与周边城镇组团及组团内部的通勤客流为主，服务范围一般在 50～100 km。

铁路专用线主要服务于港口、大型工矿企业和物流园区等区域经济体，是打通货运“最后一公里”的重要设施，其长度一般不超过 30 km。

通过对本模块的学习，同学们将走进中国城际铁路、市域（郊）铁路和铁路专用线，认识中国城际铁路、市域（郊）铁路和铁路专用线，热爱中国城际铁路、市域（郊）铁路和铁路专用线。

模块任务

任务 10.1　城际铁路

任务 10.2　市域（郊）铁路

任务 10.3　铁路专用线

以上 3 项任务全部来自我国铁路网运维体系实际，情境客观，内容真实。

任务 10.1　城际铁路

学习目标

1. 掌握城际铁路内涵。
2. 掌握城际铁路主要技术特征。
3. 掌握城际铁路运营特征。

基础知识

10.1.1　城际铁路内涵

1. 城际铁路的概念

城际铁路是指专门服务于相邻城市间或城市群，旅客列车设计速度 200 km/h 及以下的快速、便捷、高密度客运专线铁路。

2. 城际铁路概述

1）区域性特点

城际铁路是指连接相邻城市或城市群的客运专线铁路，其线路长度一般介于 100～300 km 之间。在此距离范围以外的铁路，短距离的一般属于市域或市郊铁路，长距离的则一般属于干线铁路。

2）速度目标值范围

城际铁路是城市综合交通运输系统的重要组成部分，主要承担区域内相邻城市间或城市群内的通勤客流，车站间距一般为 5～20 km。从列车最高运行速度与站间距的匹配关系分析，其合理速度目标值不宜高于 200 km/h。设计速度为 200 km/h、160 km/h、120 km/h 三级。

3）运输组织模式要求

由于城际铁路的服务对象以中短途旅客为主，客流具有明显的时段高峰特点，且单程旅行时间通常较短，特别强调旅客出行的快速和便捷。城际铁路采用“高密度、小编组、公交化”的运输组织模式，其最大编组为 8 辆，也可采用 6 辆、4 辆等其他编组方式，并据此优化了车站到发线有效长度、站台长度等技术标准。

10.1.2 城际铁路主要技术特征

根据《城际铁路设计规范》，在保证安全且铁路等级、设计速度、输送能力、运输效率相同的条件下，合理确定适用性技术标准，并充分体现经济性特点。

1. 建筑限界缩小

城际铁路建筑限界的最大半宽采用 2 200 mm，而普速铁路、高速铁路建筑限界的最大半宽均采用 2 440 mm，有效改善工程条件的同时，节约了用地。

2. 设计活载降低

城际铁路仅运行动车组列车，列车设计荷载采用 ZC 活载（相当于 0.6UIC），而高速铁路采用 ZK 活载（相当于 0.8UIC），普速铁路采用“中活载”（相当于 1.0UIC）。设计活载降低可有效减少线下工程量。

3. 线路的平纵断面优化

设计速度 200 km/h、160 km/h 等级的最小线间距分别采用 4.2 m、4.0 m，相应缩减 0.2 m；纵断面坡段长度由 800 m 减小到 400 m。较小曲线半径及较短坡段长度有利于绕避或跨越居民点、环境敏感点、地面构筑物等，大大增加了线路选线的经济性。

4. 路基面宽度和基床厚度减小

以设计速度 200 km/h 的铁路为例，城际铁路与以往客运专线铁路相比：路基面宽度单线有砟轨道减小 0.4 m、无砟轨道减小 1.6 m；双线有砟轨道减小 0.4 m、无砟轨道减小 1.2 m。基床厚度有砟轨道减小 0.5 m、无砟轨道减小 0.7 m。城际铁路路基工程的用地数量和工程数量明显降低，其中无砟轨道路基面的用地减少 11.9%。

5. 根据桥梁结构选择适用的梁型

根据设计荷载、不同速度目标值等条件，对桥梁结构进行了全面优化，设计速度 200 km/h 的城际铁路常用跨度简支梁可采用箱梁，设计速度 160 km/h 及以下时宜采用 T 梁。对多为高架的城际铁路而言，桥梁工程的投资可大幅下降。

6. 隧道断面优化

设计速度 200 km/h 城际铁路的双洞单线隧道断面采用 48 m^2（250 km/h 高速铁路为 58 m^2，200 km/h 客货共线铁路为 52 m^2），设计速度 160 km/h 采用 35 m^2（160 km/h 客货共线铁路为 42 m^2）。设计速度 200 km/h 城际铁路的单洞双线隧道断面采用 72 m^2（250 km/h 高速铁路为 90 m^2，200 km/h 客货共线铁路为 80 m^2），设计速度 160 km/h 采用 64 m^2（160 km/h 客货共线铁路为 76 m^2 线）。

7. 站场和车站建筑设计优化

城际铁路最多采用 8 辆列车编组，采用 CTCS-2 级列控系统且停靠 8 辆编组的动车组时，贯通式车站到发线有效长度一般不应小于 400 m，比高速铁路缩减 250 m，且部分中间站可不设置到发线；站台长度采用 220 m，比高速铁路缩减 230 m，且可采用站台候车的模式，城际铁路的站场和车站规模大幅降低，对于人员密集地区的城际铁路，可有效减少征拆工程，工程实施性显著提高。

8. 供电电压等级降低

城际铁路采用直接供电方式，供电电压等级为 110 kV 及以上；高速铁路采用 AT 供电方式，电压等级采用 220 kV 及以上，在满足技术要求的前提下，城际铁路的投资显著降低。

9. 采用双线电气化铁路及 CTCS-2 级列控系统

城际铁路应按双线电气化铁路、左侧行车设计，应具备反向行车条件。

设计速度 200 km/h 的城际铁路应采用 CTCS-2 级列控系统；设计速度 160 km/h 及以下的城际铁路应根据行车间隔（最小行车间隔 3 min）、站间距、停车精度等因素，采用 CTCS-0 级或 CTCS-2 级列控系统。

10. 安全隐患降低

城际铁路按全封闭、全立交进行设计，避免平交道口，以及人、畜误入线路带来的行车安全隐患。

10.1.3 城际铁路运营特征

1. 相对独立

城际铁路服务于区域性城市群内部，具有相对独立性，可采用独立运营的运输组织模式。

2. 与高速铁路网互联互通

城际铁路运行列车与高速铁路一样，均采用 CRH 系列、CR 系列动车组，轨距、限界、活载和站后设施的主要技术标准均与高速铁路相协调，与高速铁路具备互联互通的基础条件。在大型车站、枢纽等重要节点均应考虑与铁路网的互联互通或换乘条件。

3. 与城市轨道交通衔接

始发站和中间站应与城市轨道交通等公共交通系统顺畅衔接、便捷换乘。

10.1.4 城际铁路典型案例

广珠城际铁路，是一条连接广州市与珠海市的城际铁路。线路呈南北走向，是珠三角城际轨道交通的主干线路之一，也是我国“八纵八横”高速铁路网京港澳通道的南端部分。

广珠城际铁路于 2005 年 12 月 18 日动工建设，2012 年 12 月 31 日，广珠城际铁路全线通车。

广珠城际铁路广州南站至珠海站段全长 115.6 km，小榄站至新会站段全长 26.6 km，共设 22 座车站，列车运营速度为 200 km/h。

广珠城际铁路沿线设有广州南站、顺德站、容桂站、小榄站、中山北站、中山站、珠海站等 22 座车站。

支线车站由西向东依次为新会站、礼乐站、江门东站、江海站、古镇站和小榄站。

目前，广珠城际铁路广州南站至珠海站段每日开行动车组列车 204 趟。

知识测评

1. 简述城际铁路内涵。
2. 简述城际铁路主要技术特征。
3. 简述城际铁路运营特征。

学习作品

课后每名同学单独制作一个开放的、富有创造性的表现学习过程和学习成效的视频，时间为 5 min 以内，至少包括以下 4 项内容：

1. 城际铁路内涵；
2. 城际铁路主要技术特征；
3. 城际铁路运营特征；
4. 通过对本任务的学习，个人在知识增长、能力强化、素养提升方面的小结。

在课程结束后的 3 天内将作品提交任课教师，此作品作为教师评价学生学习效果的依据。

任务 10.2　市域（郊）铁路

学习目标

1. 掌握市域（郊）铁路内涵。
2. 会分析市域（郊）铁路与城际铁路、地铁的主要区别。
3. 能客观评价市域（郊）铁路技术经济特征。
4. 能客观评价市域（郊）铁路的服务品质。

基础知识

10.2.1　市域（郊）铁路内涵

1. 市域（郊）铁路

市域（郊）铁路是为都市圈中心城市城区连接周边城镇组团及其组团之间提供公交化、大运量、快速便捷位移服务的轨道交通系统，是城市综合交通体系的重要组成部分。

2. 方便快捷

满足都市圈内 1 h 通勤，打造世界上最便捷的市域（郊）铁路出行圈。

3. 设计速度

新建设计速度 100～160 km/h 的标准轨距、交/直流电力牵引的市域（郊）铁路设计速度有 160 km/h、140 km/h、120 km/h、100 km/h 四个等级。

4. 优化城市功能布局

发展市域（郊）铁路，对优化城市功能布局、促进大中小城市和小城镇协调发展、扩大有效投资等具有一举多得之效，有利于发挥中心城市辐射带动作用，有利于扩大公共交通服务供给，能有效缓解城市交通拥堵，推进新型城镇化发展。

10.2.2　市域（郊）铁路与城际铁路、地铁的主要区别

市域（郊）铁路、城际铁路、地铁属于三种不同功能定位的轨道交通系统，解决的问题有所不同。

1. 服务范围不同

（1）市域（郊）铁路主要服务都市圈、城市市域范围，以服务都市圈中心城市城区与周边城镇组团及组团内部的通勤客流为主，服务范围一般在 50～100 km。

（2）城际铁路主要服务于城市群，侧重于服务城市群范围内城市与城市之间的长距离商务、探亲、旅游等客流，服务范围一般在 100～300 km。

（3）地铁主要是服务中心城市城区内部的短距离通勤客流，解决城市内部交通问题，服务范围在

50 km 以内，一般多为 30 km 左右。

2. 市域（郊）铁路主要运营特征

相对于城际铁路、地铁，市域（郊）铁路具有以下运营特征。

（1）与城际铁路相比，市域（郊）铁路客流具有潮汐现象，早晚高峰更加明显；采用公交化运输组织方式、行车密度更大、站间距较小（平均站间距在 3 km 左右），设计速度在 100～160 km/h 之间。

（2）与地铁相比，市域（郊）铁路站间距更大，设计速度及运营速度更高，运输组织模式更为灵活，舒适性、经济性更高，既可组织“站站停”，也可组织“快慢车”运行，满足乘客不同距离快速通勤需要。

10.2.3 市域（郊）铁路技术经济特征

1. 区间正线最小线间距因车型而定

区间正线最小线间距按 A、B、C、D 四种车型分别作出了规定，避免了单一线间距，正线间距更加经济合理，有利于节约建设用地。区间直线地段最小线间距如表 10-2-1 所示。

表 10-2-1 区间直线地段最小线间距　　单位：m

车辆类型	市域 A 型车	市域 B 型车	市域 C 型车	市域 D 型车
最小线间距	3.8	3.6～3.8	4.0	4.0

注：1. 本表适用于新建市域（郊）铁路，利用既有铁路开行市域（郊）列车时，线路区间直线地段最小线间距还应满足既有铁路的技术要求。

2. 市域A型车，车体基本宽度为3 000 mm；市域B型车，车体基本宽度为2 800 mm；市域C型车、D型车，车体基本宽度为3 300 mm。

3. 对于鼓形 A 型车、B 型车，其最大宽度分别不宜大于 3 100 mm、2 900 mm。

2. 降低正线基床底层高度

相对于城际铁路，无砟轨道正线基床底层高由 1.5 m 调整至 1.4 m，优化了无砟轨道工程沉降控制标准，节约了工程投资。

3. 降低桥梁建设成本

桥梁设计采用的 ZS 荷载，相当于城际铁路设计荷载的 67%，并依据桥址温差设计桥梁墩顶水平线刚度限值。当温差≤65 ℃时，常用简支梁刚度限值相当于城际铁路的 72%，显著降低了桥梁建设成本，优化了桥梁景观效果。

4. 缩短了正线缓和曲线长度

缩短正线缓和曲线长度，可更好地适应市区内工程环境，减少征拆工程。

5. 减少车站用地

根据我国不同地域气候特点，寒冷及温暖地区道岔始端、终端至梁缝的距离不同，减少了道岔连续梁长度、车站岔区长度及车站用地规模，降低了工程造价。

6. 体现了技术合理性和工程经济性

根据市域（郊）铁路运行速度较地铁高的技术特点，将救援速度适当提高，从而将全线设置停车线的间距扩大至“不宜小于 20 km”，体现了技术合理性和工程经济性。

10.2.4 市域（郊）铁路服务品质

1. 互联互通

从“四网融合”的角度出发，市域（郊）铁路根据其功能定位，既可独立运行，也可以根据需求与干线铁路、城际铁路、城市轨道交通跨线运行，减少换乘。

2. 便捷换乘

要考虑市域（郊）铁路与干线铁路、城际铁路、城市轨道交通、机场、枢纽、公路客站等多种交通的便捷换乘要求，并注重车站的一体化设计，为无缝衔接、高效换乘创造条件。车站配套建设步行、自行车和停车场等服务设施。

3. 运输组织

为改善服务效果，方便乘客出行，新建线路初期高峰时段列车运行间隔不宜大于 10 min，平峰时段不宜大于 15 min；利用既有铁路开行市域（郊）列车，高峰时段列车运行间隔不宜大于 15 min，平峰时段不宜大于 30 min。市域（郊）铁路既可组织“站站停”，也可组织“快慢车”运行，满足多种乘客的出行需求。

4. 乘客站立密度

考虑市域（郊）铁路客流出行特征，在规定定员工况下，车厢内有效空余地板面积站立人数不宜大于 4 人/m^2。相比地铁设计规范的要求（5～6 人/m^2），改善了乘客出行体验。

5. 线路基础条件

考虑市域（郊）铁路的特征及客流出行的平均乘距，在乘客舒适度方面，市域（郊）铁路的超高时变率介于城际铁路和地铁之间，在科学合理的同时，也保证了乘客的舒适度。

6. 客票服务

市域（郊）铁路乘车凭证可选用电子客票（如二维码、身份证）、生物特征票（如人脸识别、指纹识别）等，乘客出行更加智能便捷。

知识测评

1. 简述市域（郊）铁路内涵。
2. 简述市域（郊）铁路与城际铁路、地铁的主要区别。
3. 简述市域（郊）铁路技术经济特征。
4. 简述市域（郊）铁路的服务品质。

学习作品

课后每名同学单独制作一个开放的、富有创造性的表现学习过程和学习成效的视频，时间为 5 min 以内，至少包括以下 5 项内容：

1. 市域（郊）铁路内涵；
2. 市域（郊）铁路与城际铁路、地铁的主要区别；
3. 市域（郊）铁路技术经济特征；
4. 市域（郊）铁路的服务品质；
5. 通过对本任务的学习，个人在知识增长、能力强化、素养提升方面的小结。

在课程结束后的 3 天内将作品提交任课教师，此作品作为教师评价学生学习效果的依据。

任务 10.3　铁路专用线

学习目标

1. 掌握铁路专用线的内涵。
2. 掌握铁路专用线施工组织。
3. 客观评价铁路专用线运维模式。

基础知识

发展低碳物流，降低全社会物流成本，推进煤炭、矿石等大宗货物运输“公转铁”，须加快铁路专用线建设，完善铁路集疏运系统。

10.3.1 铁路专用线的内涵

1. 铁路专用线

铁路专用线是指与国家铁路或其他铁路接轨、仅办理货运作业、设计速度不大于 80 km/h 的新建及改建标准轨距铁路岔线。

2. 主要技术标准

1）设计速度

铁路专用线设计速度分 80 km/h、60 km/h、40 km/h 三档。

2）最小曲线半径

铁路专用线最小曲线半径如表 10-3-1 所示。

表 10-3-1 铁路专用线最小曲线半径

设计速度/（km/h）		80	60	40
最小曲线半径/m	一般	600	500	400
	困难	500	300	250
	个别	400	250	200

3）限制坡度

铁路专用线限制坡度不大于表 10-3-2 规定的数值。

表 10-3-2 铁路专用线限制坡度

牵引种类	内燃	电力
限制坡度	25‰	30‰

4）设计轴重

铁路专用线设计轴重≤25 t。

3. 实现铁路干线运输与重要港口、大型工矿、物流园区无缝衔接

为进一步增加铁路货运量，迫切需要加快铁路专用线建设进度，实现铁路干线运输与重要港口、大型工矿企业、物流园区等的高效联通和无缝衔接。

4. 发挥骨干作用和绿色低碳优势

为优化调整运输结构、打赢蓝天保卫战，更好发挥铁路在综合交通运输体系中的骨干作用和绿色低碳优势，畅通“微循环”。

10.3.2 铁路专用线施工组织

1. 铁路专用线审批办理

1）铁路企业受理审批

按照“最多跑一趟”的目标，精简手续、提高效率。铁路企业在受理专用线接轨申请后，原则上应在 20 个工作日内出具同意接轨意见，因技术原因不能接轨的需做出书面答复并提出有关建议。

2）地方有关部门受理核准

地方有关部门在受理专用线核准申请后，应在规定时限内核准完毕，同时对专用线企业是否符合国家相关产业政策进行审核，不符合规定的企业不允许建设铁路专用线。

除工程地质复杂、技术难度大的项目外，原则上在可行性研究后可直接开展施工图设计，简化设计阶段，进一步压缩前期工作周期。

2. 铁路专用线设计与施工

铁路专用线应与规划新建客货共线、货运专用线铁路同步规划设计、同步实施，暂不具备同步实施条件的，规划新建铁路要做好接轨条件预留。避免因规划不同步造成接轨改造的重复建设、重复投资。

3. 铁路专用线设备选用

优化、合理确定专用线建设等级和技术标准，轨道优先采用再用轨、再用枕，牵引供电可采用单路外部电源或单台牵引变压器等，从源头上降低专用线造价，切实减轻企业投资压力。

4. 铁路专用线接轨条件

1）无条件受理

铁路专用线与既有铁路在车站接轨。有关企业提出铁路专用线接轨需求时，接轨站所属铁路企业应无条件受理，严禁设置门槛或拒绝受理。

2）接轨站改造投资

接轨站应按照顺畅衔接的原则进行适应性改造，原则上以接轨点为界，由铁路企业根据需要改造接轨站及相关设施设备并承担其投资。

3）疏解线工程

铁路专用线与繁忙干线、设计 200 km/h 客货共线铁路车站接轨时，应综合运输安全、咽喉通过能力、工程造价等因素，充分论证设置疏解线的必要性和建设时机。

与其他线路车站接轨时，原则上不设置疏解线，进一步降低企业投资压力。

10.3.3 铁路专用线运维模式

铁路专用线产权单位自主决策、按市场化原则开展运营维护，可采取自营、委托运营等方式。

1. 自营

专用线由产权单位自己运营维护的，铁路企业要加强指导，确保满足国家相关标准和规定，保障运输安全。

2. 委托运营

专用线委托铁路企业运营维护的，铁路企业应积极采用车、工、电、供一体化生产组织模式，集中集约设置生产生活设施，统筹检修工装设备运用，尽可能降低运营支出，同时参照自身运营相关作业的内部成本控制定额，在平等协商基础上，合理确定收费标准。

3. 建立区域性、专业化铁路专用线运营维护机制

进一步开放专用线代运营代维护市场，允许工程施工、装备制造、社会物流企业等参与并提供相关服务，鼓励建立区域性、专业化铁路专用线运营维护机制和企业。

知识测评

1. 简述铁路专用线内涵。
2. 简述铁路专用线施工组织。
3. 简述铁路专用线运维模式。

学习作品

课后每名同学单独制作一个开放的、富有创造性的表现学习过程和学习成效的视频，时间为 5 min 以内，至少包括以下 4 项内容：

1. 铁路专用线内涵；
2. 铁路专用线施工组织；
3. 铁路专用线运维模式；

4. 通过对本任务的学习，个人在知识增长、能力强化、素养提升方面的小结。

在课程结束后的 3 天内将作品提交任课教师，此作品作为教师评价学生学习效果的依据。

拓展建议

1. 登录国家铁路局官网，学习《城际铁路设计规范》《市域（郊）铁路设计规范》《铁路专用线设计规范》。

2. 学习国家发展改革委、自然资源部、交通运输部、国家铁路局、国铁集团联合印发的《关于加快推进铁路专用线建设的指导意见》，并写一篇学习体会。

3. 阅读材料。

“四网融合”之城市轨道交通

2020 年 8 月，中国国家铁路集团有限公司出台《新时代交通强国铁路先行规划纲要》，提出了中国铁路 2035 年、2050 年发展目标和主要任务，在“构筑一体衔接顺畅的现代综合枢纽”部分中指出：推进干线铁路、城际铁路、市域（郊）铁路和城市轨道交通“四网融合”及与机场高效衔接，实现方便快捷换乘。

城市轨道交通是城市公共交通的骨干，具有节能、省地、运量大、全天候、无污染（或少污染）、安全等特点，属绿色环保交通体系，符合可持续发展的原则。

城市轨道交通为采用轨道结构进行承重和导向的车辆运输系统，是依据城市交通总体规划的要求，设置全封闭或部分封闭的专用轨道线路，以列车或单车形式，运送相当规模客流量的公共交通方式。

城市轨道交通包括：地铁系统、轻轨系统、单轨系统、有轨电车、磁浮系统、自动导向轨道系统。此外，随着交通系统的发展已出现其他一些新交通系统。

一、地铁系统

地铁即地下铁道的简称，是城市快速轨道交通的先驱。在实际建设、运营中，地铁并非单纯指行驶在地下的钢轮钢轨系统，在适当位置也可采用地面或高架形式。

1. 服务区间

主要在市区，也可延伸到市郊。

2. 地铁优点

（1）运量大。地铁的运能，单向在 3 万人次/h，最高可达 6 万～8 万人次/h。最高速度可达 90 km/h，旅行速度可达 40 km/h 以上，可 4～10 辆编组，车辆运行最小间隔可低于 1.5 min。驱动方式有直流电机、交流电机、直线电机等。

（2）准时性和速达性强。

（3）与其他交通方式无相互干扰。

（4）噪声小，污染少。

（5）节约城市土地资源。

3. 地铁缺点

（1）建设成本高。地铁每千米投资在 3 亿～6 亿元人民币。地铁适用于出行距离较长、客运量需求大的城市中心区域。一般认为，人口超过百万的大城市就应该考虑修建地铁。人口超过 300 万的特大城市修建地铁较为合适。

（2）建设周期长。在目前的生产力水平条件下，地铁建设周期一般不少于 5 年。

（3）一旦发生火灾等自然灾害，乘客疏散较困难。

4. 设计及运营特征

（1）电力牵引、轮轨导向、轴重相对较重；

（2）具有一定规模运量、按运行图行车；

（3）车辆编组运行在地下隧道内，或根据城市的具体条件，运行在地面或高架线路上的快速轨道交通系统。

（4）站间距较密。

北京地铁八通线车辆如图 10–3–1 所示，北京地铁八通线采用电力驱动，线路全封闭，信号自动化控制。

二、轻轨系统

轻轨是在有轨电车的基础上改造发展起来的城市轨道交通系统。轻轨是一种使用电力牵引、介于标准有轨电车和快运交通系统（包括地铁和城市铁路），用于城市旅客运输的轨道交通系统。

1. 服务区间

城乡接合部。

2. 发展前景

（1）投资少。每千米造价在 0.6 亿～1.8 亿元人民币。

（2）建设周期短。在目前的生产力水平条件下，轻轨建设周期一般不超过 4 年。

（3）中运量。每小时单向客流量为 0.6 万～3 万人次，属于中运量轨道交通。

轻轨，既免除了地铁的昂贵投资，又具有中运量的特点，在我国具有较大的发展前景。

3. 设计及运营特征

（1）采用与地铁相同质量的钢轨。

（2）车辆轴重稍小于地铁。

（3）一般采用地面和高架相结合的方法建设，路线可以从市区通往近郊。

（4）列车编组采用 2～6 辆，铰接式车体。

（5）采用线路隔离、自动化信号、调度指挥系统和高新技术车辆等措施，最高速度可达 60 km/h，克服了有轨电车运能低、噪声大等问题。

长春轻轨交通如图 10–3–2 所示。

图 10–3–1 北京地铁八通线车辆

图 10–3–2 长春轻轨交通

4. 轻轨与地铁的主要区别

轻轨与地铁的主要区别如表 10–3–3 所示。

表 10–3–3 轻轨与地铁的主要区别

区分内容	轻轨	地铁
线路走向	城乡接合部	穿越市区
客流量	0.6 万～3 万人次/h 单向	>3 万人次/h 单向
列车编组	2～6 辆/列	4～10 辆/列

5. 轻轨发展模式

纵观各国情况，轻轨大致有以下三类发展模式。

（1）改造旧式有轨电车为现代化的轻轨。这种模式以德国、俄罗斯及东欧各国为典型代表。

（2）利用废弃铁路线路改建成轻轨路线。这种方式以美国圣迭戈轻轨为代表，欧洲也有类似的情况，如瑞典的哥德堡、德国的卡尔·马克思州也都采用这一方式。上海轨道交通 1 号线、武汉轨道交通 1 号线一期工程也属于这种方式。

（3）建设轻轨新线路的方式。对有些城市而言，修建轻轨比修建地铁更经济实惠，因此，诸如菲律宾马尼拉、荷兰鹿特丹等城市都相继新修了轻轨线路。

三、有轨电车

有轨电车是使用电车牵引、轻轨导向、1～3 辆编组，运行在城市路面线路上的低运量轨道交通系统。

有轨电车是最早发展的城市轨道交通之一，其设计及运营特征如下。

（1）一般设在城市中心，穿街走巷运行，上下车方便。

（2）通常为 1 辆或 2 辆编组，特殊地段 3 辆编组。运送能力较低，为 5 000～10 000 人/h。

图 10-3-3　大连低地板有轨电车

（3）运行速度较低，通常为 15～20 km/h，甚至更低。

（4）一般采用直流电机驱动。

（5）与其他车辆混行，受路口红绿灯的控制，正点率低，噪声大，加减速性能较差。

大连低地板有轨电车如图 10-3-3 所示。

四、单轨系统

单轨也称作独轨，是指通过单一轨道梁支撑车厢并提供导引作用而运行的轨道交通系统，其最大特点是车体比承载轨道要宽。

1. 支撑方式

根据支撑方式的不同，单轨通常分为跨座式和悬挂式两种。

（1）跨座式，车辆骑跨在轨道梁上行驶。

重庆跨座式单轨如图 10-3-4 所示。

图 10-3-4　重庆跨座式单轨

（2）悬挂式，车辆悬挂在轨道梁下方行驶。

日本千叶都市悬挂式单轨如图 10-3-5 所示。

2. 设计及运营特征

（1）采用一条大断面轨道并全部为高架线路的轨道交通。

跨座式轨道由预应力混凝土制作，车辆运行时走行轮在轨道上平面滚动，导向轮在轨道侧面滚动导向。

悬挂式轨道大多由箱形断面钢梁制作，车辆运行时走行轮沿轨道走行面滚动，导向轮沿轨道导向面滚动导向。

图 10-3-5　日本千叶都市悬挂式单轨

（2）单轨的车辆采用橡胶轮，电气牵引。

（3）最高速度可达 80 km/h，旅行速度达 30～35 km/h。

（4）列车可 4～6 辆编组，单向运送能力为 1 万～2.5 万人次/h。

五、磁悬浮列车

磁悬浮列车是依靠磁悬浮技术将列车悬浮起来并利用直线电机驱动列车行驶的交通工具。

1. 磁悬浮列车设计及运营特征

（1）磁悬浮列车是一种非轮轨黏着传动，悬浮于地面的交通运输工具。

（2）磁悬浮列车利用常导磁铁或超导磁铁产生的吸力或斥力使车辆浮起，用吸力和斥力的复合技术产生导向力，用直线电机产生牵引动力。

（3）磁悬浮列车分常速、中速、高速和超高速等几种形式，最高时速可达 500 km 以上。

（4）安全、舒适、节能、环保、维护简单、占地少。

2. 我国商业运营的磁悬浮列车线路

（1）上海磁悬浮列车专线，是全世界第一条投入商业运营的线路，西起上海轨道交通 2 号线的龙阳路站，东至上海浦东国际机场，专线全长 29.863 km，由中德两国合作开发，2003 年 1 月 4 日正式开始商业运营。

上海磁悬浮列车运营速度 430 km/h，部分时段运营速度 300 km/h，转弯处曲线半径达 8 000 m，肉眼观察几乎是一条直线，最小的曲线半径也达 1 500 m。乘客不会有不适感。轨道全线两边 50 m 范围内装有目前国际上最先进的隔离装置。磁悬浮列车的车窗是透光率较高的高质量玻璃，保证乘客的乘坐体验与安全。

（2）长沙磁浮快线，2015 年 5 月 6 日，中国首条具有完全自主知识产权的中低速磁悬浮商业运营示范线——长沙磁浮快线开通试运营。该线路也是世界上最长的中低速磁浮运营线。我国成为世界上第二个拥有这种先进轨道交通运营技术的国家。乘客从长沙火车南站至长沙黄花机场 T2 航站楼，全程 18.55 km，仅需约 10 min，最高运营速度 100 km/h。

（3）北京磁浮示范线，即北京地铁 S1 线。S1 线是门头沟地区与中心城市联系的快速联系通道，西起门头沟区石厂站，东至石景山区苹果园站，线路全长 10.21 km，共设置车站 8 座。同时，S1 线也是北京市第一条采用磁浮制式的轨道交通线。于 2017 年 12 月 30 日正式运营。

上海磁悬浮列车如图 10-3-6 所示。

北京磁浮列车如图 10-3-7 所示。

图 10-3-6　上海磁悬浮列车

图 10-3-7　北京磁浮列车

S1 号线是我国北方第一条中低速磁浮线路，以 120 km/h 的速度行驶通过道岔时硬币不倒。S1 号线是我国第二条中低速磁浮交通商业运营线。与我国第一条中低速磁浮运营线——长沙磁浮快线相比，北京磁悬浮道岔实现了道岔结构形式创新，避开了车辆共振频率，确保车辆能平稳通过；采用新型的角平分装置，确保磁力线均衡，从而保证车辆平稳；采用了新型的锁定装置，在确保道岔稳固定位的同时，道岔抑振能力大大增强；新型的驱动装置，使结构更加简化，故障点大大降低，提高了道岔的可靠性。

道岔是整个磁浮线路的核心设备之一，与铁路道岔相比，磁悬浮道岔为动梁式的，是一个比较复杂的机械产品。磁悬浮道岔对温度变化、日照比较敏感。此外，磁悬浮存在铁路道岔不存在的共振问题，一旦共振，车辆无法通过，甚至可能造成道岔、车辆的损害，造成重大事故。

从20世纪90年代开始，中铁宝桥集团就开始了高中低磁浮技术的研发工作，先后研制出高速磁浮道岔、中低速磁浮道岔、磁浮轨道梁、定子铁、F轨等，打破了德国、日本等发达国家在这一领域的技术垄断。

北京S1线磁浮列车采用六辆编组，全长89.6 m、宽3 m、高3.7 m，定员载客量1 032人。设计最高速度100 km/h，实际运营最高速度80 km/h。初期最小行车间隔时间为5 min，日客运量16万人次，是迄今为止世界上运能最大的中低速磁浮交通运营线。

（4）广深磁悬浮线路（规划建设），从位于广州市天河区的广州东站引出，向南进入南沙区，在广深港高铁庆盛站以南设立“南沙站”；从南沙站出来后，线路折向珠江口龙穴岛，一路向东进入深圳宝安和前海；经过前海后，线路继续向南，在大致与深圳湾通道平行的方向，进入香港，最终以香港西九龙为线路终点。

广深磁悬浮列车速度约600 km/h，未来从广州中心城区，只要不到10 min就可抵达南沙，而广州到香港，亦在20 min之内可到达。

六、自动导向系统

自动导向系统泛指以无人驾驶的车厢在专用路权及自动化控制条件下运行的新型运输系统。

自动导向系统设计及运营特征如下。

（1）车辆采用橡胶轮胎在专用轨道上运行，可实现全自动化和无人驾驶。

自动导向系统车辆的橡胶轮胎如图10-3-8所示。

图10-3-8　自动导向系统车辆的橡胶轮胎

（2）线路形态，市区为地下隧道，郊外采用高架结构。

（3）占地面积小，自动化程度高，既节省人力又节省费用。

（4）适用于城市机场专用线或城市中客流相对集中的点对点运送需求，必要时，中间可设少量停车站。

（5）车辆较地铁和轻轨小，编组2～6辆，适用于单向小时1万人次客运量及以下的情况。

思政案例　生态化施工组织设计的铁路——青藏铁路

青藏铁路（西宁—拉萨）起于青海西宁，途经格尔木、昆仑山口、沱沱河沿，翻越唐古拉山口，进入西藏安多、那曲、当雄、羊八井、拉萨，全长1 956 km。

青藏铁路分两期建成，一期工程西格段，东起西宁市，西至格尔木市，1958年开工建设，1984年5月建成通车；二期工程格拉段，东起格尔木市，西至拉萨市，2001年6月29日开工，2006年7月1日全线通车。

青藏铁路是重要的进藏路线，被誉为天路，是世界上海拔最高、在冻土区路程最长的高原铁路，是中国新世纪四大工程之一，2013 年 9 月入选“全球百年工程”，是世界铁路建设史上的一座丰碑。

青藏铁路沿线的环境具有“原始、独特、高寒、脆弱”的显著特点，为了全面系统保护生态环境，在青藏铁路格拉段建设中，环保投资达 15.4 亿元，占工程总投资的 4.6%，大大高出当时国家规定的大型工程环保投入应达到 3%的标准。

青藏铁路格拉段从立项开始，就对沿线自然保护区、生物多样性和多年冻土环境状况进行了 8 次大规模现场调研、踏勘和采样。用获得的试验成果指导青藏铁路建设的环保设计和施工，在攻克“生态脆弱”难题中起到了重要作用。

青藏铁路的设计工作，充分考虑了环境保护、野生动物迁徙等因素。设计中对穿过可可西里等自然保护区的线路区段进行了多方案比选，采用了对保护区扰动最小、对自然景观影响最小的线位；在西藏自治区境内，避开了纳木错湖及其保护区；为保护林周彭波黑颈鹤自然保护区，选择了绕避黑颈鹤栖息地林周改经由羊八井通过，延长线路 30 km，为此增加投资 3 亿元。在野生动物活动地段设置通道 33 处，其中缓坡通道 13 处，桥梁通道 18 处，隧道上方通道 2 处，以保障沿线野生动物迁徙活动不受影响。进入具体施工过程后，根据实际需要，进一步强化和扩大了这种力度。如为稳定冻土层和便于野生动物的穿行，在原设计的基础上，新增修了大量的桥梁和隧道。2003 年 8 月，国家青藏铁路建设领导小组对青藏铁路设计方案进行了部分调整，并将以桥代路工程从原设计的 70 多 km 增加到 150 多 km，增加以桥代路的目的之一，是保证野生动物迁徙路线不受影响。

1. 保护“天湖”

海拔 4 650 m 的错那湖，地处西藏安多色林错自然保护区。青藏铁路与它贴身而过，最近处只有几十米。最初进行环保论证时，专家担心这可能对错那湖的环境产生影响，提出线路设计应该离得远一些。但后来的调查发现，这个地区除了错那湖周边是平原外，都是丘陵地段，如果改线避让，需要打很长的隧道，比昆仑山和羊八井的隧道还要长得多，在劳动保障、技术、设备方面难以实现。

改线不行，施工时就要采取更严格的保护措施。为防止施工污染湖水，青藏铁路建设者们用 24 万多条装满沙石的沙袋沿错那湖一侧堆码起一条长近 20 km 的防护“长城”，把湖与热火朝天的施工工地隔开。

为了保护生态，建设单位在湖边施工的工地全用铁网围了起来，封闭施工，爆破区周围用彩条布覆盖，防止灰尘落入草皮。在靠近错那湖的营区，投资 70 万元，安装了污水处理设备。在施工便道每隔 1.5 km 设置一个垃圾箱，定期清走。

2. 动物通道

为了不影响野生动物种群的栖息和繁殖，青藏铁路在设计时尽可能避开保护区，在施工中减少噪声，避免惊扰野生动物，在沿线野生动物经常通过的地方，设置了 33 处野生动物通道。为动物建通道，这在我国铁路工程建设史上尚属首次。位于可可西里东缘的索南达杰自然保护站南面就是青藏铁路著名的清水河特大桥，这座桥的动物通道从最初设计的 19 个增加到了 25 个。尽管受气候影响，每年青藏铁路的施工时间不到 6 个月，但为了保护藏羚羊，筑路人员牺牲有效的施工时间，换来的是成千上万只迁徙藏羚羊安全、顺利地通过青藏铁路野生动物通道。

3. 移植草皮

在高原生态脆弱区域内，铁路线遵循“能避绕就避绕”的原则，施工场地、便道、砂石料场的选址都经反复踏勘确定，尽量避免破坏植被。为了恢复铁路用地上的植被，科研人员开展了高原冻土区植被恢复与再造研究，采用先进技术，使植物试种成活率达 70%以上，比自然成活率高一倍多。在铁路修建过程中，施工人员在取土前就把表层的植被和表土铲除，铲除以后集中堆放、养护，取完土后回铺，仅沿线草皮移植的花费就高达 2 亿多元，回铺的草皮达数千万平方米。

模块 11

重载铁路技术装备及智能控制

模块导入

重载铁路运输因其运能大、效率高、能耗及运输成本低而受到世界各国的广泛重视，已被国际公认为铁路大宗货物运输发展的方向，特别是对于我国这样幅员辽阔、资源分布不均衡的大陆型国家，发展重载铁路运输对于快速提升运输能力、缓解运能瓶颈制约、提高运输综合经济效益具有广阔的市场空间和重要的战略意义。

通过对本模块的学习，同学们将走进中国重载铁路，认识中国重载铁路，热爱中国重载铁路。

模块任务

任务 11.1　重载铁路主要技术标准

任务 11.2　重载铁路移动装备及智能控制技术

任务 11.3　重载铁路车站技术装备

以上 3 项任务全部来自我国重载铁路运营体系实际，情境客观，内容真实。

任务 11.1　重载铁路主要技术标准

学习目标

1. 掌握重载铁路界定。
2. 掌握重载铁路技术标准。
3. 掌握重载铁路基础设施规范。

基础知识

11.1.1　重载铁路界定

重载铁路是指满足牵引质量 8 000 t 及以上、轴重为 270 kN 及以上、在至少 150 km 线路区段上年运量大于 40 Mt 三项条件中两项的铁路。

11.1.2　重载铁路技术标准

1. 重载铁路采用分级技术标准

重载铁路分级技术标准的划分，满足了不同等级重载铁路设计需要，提高了标准的经济适用性。根据不同牵引质量和运量水平，分别确定相关标准。

（1）设计轴重按 250 kN、270 kN、300 kN 三级划分。

（2）设计速度划分为 80 km/h、100 km/h 两个等级。

2. 重载铁路按轻重车流分方向确定技术标准

重载铁路往往重轻车方向明显，由于重车方向较轻车方向对线下工程和平纵断面标准要求更高，轻车方向采用相对重车方向较低的技术标准，既能满足运输需要，又能节省大量工程投资。

（1）轻、重车方向货流显著不平衡，远期也不致发生巨大变化，且分方向采用不同限制坡度有显著经济价值时，可分方向选择限制坡度。

（2）双线铁路轻、重车方向的年通过总质量有显著差别时，轻、重车线应按年通过总质量及设计轴重分别确定轨道技术标准。

3. 重载铁路主要技术标准

重载铁路主要技术标准应根据其在铁路网中的作用、输送能力和运输需求、沿线地形、地质条件等，经综合比选确定。

1）铁路等级

目前，我国重载铁路等级全部是 I 级。

2）货物列车设计速度

结合机车及车辆构造速度、上坡道上重载列车能够实现的速度、下坡制动限速等因素以及《铁路主要技术政策》规定，确定重载货物列车设计速度不大于 100 km/h。设计速度划分为 80 km/h、100 km/h 两个等级，设计中根据项目功能定位、运输需求、工程条件等因素研究确定。

3）正线数目

重载铁路正线数目应根据项目功能定位、运输需求、工程条件等因素，结合牵引质量、限制坡度、机车类型等技术标准的选择，经技术经济比选确定。

4）设计轴重

重载铁路设计轴重应根据大宗货物品类和流向、运输组织方案、相邻线条件、工程经济性等因素，经技术经济比选确定。结合国内外重载铁路轴重现状及我国《铁路主要技术政策》相关内容，设计轴重按 250 kN、270 kN、300 kN 三档划分，可满足不同轴重标准的设计需要。

5）最小平面曲线半径

线路平面的圆曲线半径应结合工程条件、维修工作量等因素确定。最小平面曲线半径不应小于 800 m，困难条件下不应小于 600 m，特殊困难条件下经技术经济比选确定。

6）限制坡度

线路的限制坡度应根据地形条件、牵引质量、机车类型和运输需求比选确定，并应与邻接铁路的限制坡度相协调。

7）机车类型

重载铁路机车类型应根据牵引质量、限制坡度、设计速度等因素，经技术经济比选确定。我国重载铁路一般采用电力机车牵引，个别路段采用内燃机车牵引。

8）牵引质量

重载铁路列车牵引质量应根据运输需求、限制坡度等因素，经技术经济比选确定，并宜与相邻线牵引质量相协调。考虑到目前我国大秦线、大准线，朔黄线、准朔线、北同蒲线、山西中南部铁路、张唐线等既有重载铁路列车牵引质量现状，确定牵引质量为 10 000 t 及以上。

9）到发线有效长度

重载铁路到发线有效长度应根据牵引质量、机车车辆类型、安全停车附加距离等因素计算确定。开行万吨列车的到发线有效长一般在 1 700 m 以上，2 万 t 列车到发线有效长一般在 2 800 m 以上。

10）闭塞类型

双线重载铁路应采用自动闭塞。单线重载铁路宜采用自动站间闭塞，也可根据需要采用双方向自动闭塞。

11.1.3 重载铁路设计规范

1. 我国重载铁路设计规范

我国重载运输货物主要为煤炭，一般利用路网集、疏运，货流的来源与去向多样、车流组织复杂。为适应重载货物的运输需求和路网条件，我国重载铁路轴重既有线为 250 kN，远期发展为 270 kN，新建线为 300 kN；牵引质量达到 20 000 t，并成功进行了 30 000 t 列车试验；运行速度高，既有线重车 80 km/h、空车 90 km/h，设计速度不超过 100 km/h；行车密度大，运量大，例如大秦线开行列车近 90 对/天，已经实现了年运量 450 Mt。大秦线的运量、运行速度、运输密度等居世界首位，体现了投资少，效益高，安全性好的特点。

2. 国外重载铁路设计标准

国外重载铁路运输组织比较简单，一般都是专线运输，没有其他路网衔接，采用固定车底循环的运输模式，根据运输的矿石、煤炭等货物的品类特征确定轴重，轴重达到 250～300 kN，最大达到 375 kN；牵引质量达到 10 000～30 000 t；运行速度大部分在 50～70 km/h；行车密度低，一般不超过 20 对/天；年运量较小，基本在 150 Mt 以内。

11.1.4 重载铁路基础设施规范

1. 路基

轴重 300 kN 的基床表层厚度为 0.7 m，基床深度为 3.0 m；轴重为 270 kN 的基床表层厚度为 0.6 m，基床深度为 2.5 m；基床表层材料可采用级配碎石或级配砂砾石或 A 组填料。

轴重为 300 kN 的基床表层材料可采用 A 组填料，沉降控制、过渡段标准可采用现行客货共线铁路标准。

2. 桥梁结构

重载铁路轴重大，设计速度低，对桥梁的刚度及动力性能要求比高速铁路低，重载铁路常用跨度简支梁可采用 T 梁，以节省工程投资。重载铁路桥梁足够的强度、刚度、稳定性和耐久性，确保了重载铁路运行的安全可靠。

3. 隧道内轮廓、衬砌

为满足重载列车运行，隧道内铺设有砟轨道时，内轮廓应满足大型机械养护维修作业要求，以改善重载铁路隧道线路养护维修条件。

长度为 1 km 及以上的隧道内和隧道群地段经技术经济比选后可采用无砟轨道，以减少维修工作量，节省全生命周期成本。

4. 轨道结构

（1）重车线采用与设计轴重匹配的混凝土轨枕、扣件。

（2）年通过总质量小于 250 Mt 时，重车线可采用 60 kg/m 及以上钢轨，其中年通过总质量大于 100 Mt 小于 250 Mt 且设计轴重大于等于 300 kN 时，重车线宜采用 75 kg/m 钢轨。

（3）年通过总质量大于等于 250 Mt 时，重车线宜采用 75 kg/m 钢轨。

（4）重车线热轧钢轨强度等级不应低于 980 MPa，小半径曲线地段宜采用更高强度等级的热处理钢轨。

5. 组合分解站、装卸车站等图型布置及设备配备

根据重载列车的作业特点，车站的分类增加了组合分解站，组合分解站股道宜采用在两条重车线或两条空车线的中间夹一条机走线的布置形式，重车线或空车线与机走线之间设置渡线的位置根据组合分解列车的长度确定。

装车站装车方式及设备配置应根据作业量及地形、地物条件确定；卸车站宜设翻车机，处于港口的卸车站宜采用重空车场横列、咽喉区环线连接的布置形式，专为电厂等企业服务的卸车站宜采用重车线及空车线中间夹机走线的布置形式。组合分解站、装卸车站等图型布置有利于提高作业效率。

6. 牵引供电

新建牵引变电所宜采用 220 kV 及以上电压等级供电，以增大电网对谐波、负序的承受力，减小对其他负荷的谐波、负序影响，减小牵引变电所母线电压的波动，降低输电线路损耗，保证输电线路的动态、静态稳定，降低运营成本。

牵引变电所外部电压等级宜采用 220 kV 及以上电压等级，困难情况下可采用 110 kv 电压等级。

7. 通信技术

当重载铁路通信系统需要传送机车同步操控信息时，GSM-R 系统无线覆盖应采用冗余设计，长途光

缆应采用双光缆设计，以避免传输通道出现问题时，造成前后 2 台机车不能同步操控，危及行车安全。

8. 信号技术

双线重载铁路应采用自动闭塞，单线重载铁路宜采用自动站间闭塞，以提高运输效率。自动闭塞应采用 ZPW—2000 系列无绝缘轨道电路四显示移频自动闭塞；自动站间闭塞进站信号机应设置第一接近和第二接近两段接近区段，并在第一接近区段和第二接近区段分界处设置。进站接近信号机采用 3 灯位机构，确保重载列车安全降速和停车。

知识测评

1. 简述重载铁路的界定。
2. 简述重载铁路技术标准。
3. 简述重载铁路基础设施规范。

学习作品

课后每名同学单独制作一个开放的、富有创造性的表现学习过程和学习成效的视频，时间为 5 min 以内，至少包括以下 4 项内容：

1. 重载铁路的界定；
2. 重载铁路技术标准；
3. 重载铁路基础设施规范；
4. 通过对本任务的学习，个人在知识增长、能力强化、素养提升方面的小结。

在课程结束后的 3 天内将作品提交任课教师，此作品作为教师评价学生学习效果的依据。

任务 11.2 重载铁路移动装备及智能控制技术

学习目标

1. 掌握重载铁路车辆主要类型。
2. 掌握煤炭运输重载货车车钩技术。
3. 掌握重载铁路主型机车类型。
4. 了解重载列车重联控制技术。
5. 掌握重载列车列尾装置技术。

基础知识

11.2.1 重载铁路车辆装备

1. 重载铁路煤炭漏斗车

目前，我国煤炭漏斗车主要有载重 60 t 的 K_{18} 系列煤炭漏斗车，载重 70 t 的 KM_{70} 系列煤炭漏斗车，载重 80 t 的 $KM_{80(H)}$ 型煤炭漏斗车以及 30 t 轴重的 KM_{98}、KM_{100} 系列铝合金煤炭漏斗车。

煤炭漏斗因轴重不同，主要有以下系列。

1）21 t 轴重系列煤炭漏斗车

21 t 轴重系列煤炭漏斗车主要包含 K_{18}、K_{18F}、K_{18D}、K_{18DG}、K_{18DA}、K_{18AT}、K_{18AK} 和 K_{18DK} 等车型。21 t 轴重 K_{18DK} 型煤炭漏斗车如图 11-2-1 所示。

2）23 t 轴重系列煤炭漏斗车

23 t 轴重系列煤炭漏斗车主要包含 $KM_{70\,(H)}$、KM_{70A} 和 KM_{70B} 等车型。23 t 轴重 KM_{70} 型煤炭漏斗车如图 11-2-2 所示。

图 11-2-1　21 t 轴重 K_{18DK} 型煤炭漏斗车

图 11-2-2　23 t 轴重 KM_{70} 型煤炭漏斗车

3）27 t 轴重 KM_{80} 型煤炭漏斗车

27 t 轴重 KM_{80} 型煤炭漏斗车如图 11-2-3 所示。

4）30 t 轴重系列煤炭漏斗车

30 t 轴重系列煤炭漏斗车主要包含 KM_{98}、KM_{98AF}、KM_{98AH} 型铝合金煤炭漏斗车和 KM_{100}、KM_{100AH}、KM_{100AF} 型铝合金煤炭漏斗车。

30 t 轴重 KM_{100AH} 型铝合金煤炭漏斗车如图 11-2-4 所示。

图 11-2-3　27 t 轴重 KM_{80} 型煤炭漏斗车

图 11-2-4　30 t 轴重 KM_{100AH} 型铝合金煤炭漏斗车

5）"国能号" KM_{81}/KM_{81A} 型智能化煤炭漏斗车

随着"3060"双碳目标的提出，铁路货车也在向智能化、环保化和轻量化方向发展。

2022 年 10 月，国家能源集团铁路装备公司联合中车集团历时 4 年打造的新一代绿色智能"国能号" KM_{81}/KM_{81A} 型煤炭漏斗车在株洲正式下线。KM_{81A} 型煤炭漏斗车车辆如图 11-2-5 所示。

2. 重载铁路煤炭装运系列敞车

目前，我国重载铁路煤炭运输的敞车主要有：C_{80} 系列运煤敞车、C_{70} 系列敞车、C_{64} 系列敞车。

1）C_{80} 系列敞车

（1）C_{80} 型铝合金运煤敞车如图 11-2-6 所示。

图 11-2-5　KM_{81A} 型煤炭漏斗车车辆

图 11-2-6　C_{80} 型铝合金运煤敞车

在 C_{80} 型铝合金运煤敞车基础上，我国相继研发并投入运营了 C_{80A} 型、C_{80H} 型铝合金运煤敞车，C_{80AH} 型全钢运煤敞车。

（2）C_{80B} 型不锈钢运煤敞车。C_{80B} 型敞车是为开行 2 万 t 重载煤炭运输专列而开发研制的专用车辆，能与秦皇岛三期、四期煤码头的拨车机、列车定位机和三车翻车机相匹配，可实现不摘钩连续翻卸作业，能适应环行装车、直进直出装车和解体装车作业。C_{80B} 型敞车在采用牵引杆装置时将三辆车设为一组，两端部车辆分别采用旋转车钩及固定车钩，中部车辆间采用牵引杆装置连接。

我国还研发了 C_{80BH} 型、C_{80BF} 型不锈钢运煤敞车。

（3）C_{80C} 型全钢运煤敞车。C_{80C} 型全钢运煤专用敞车适用于 2 万 t 重载列车运输煤炭之用，能与煤炭码头的三车翻车机及其附属设备相匹配，实现不摘钩连续翻卸作业，并能适应环形装车、直进直出装车和解体装车作业，还能适应解冻库的要求。

（4）C_{80} 系通用敞车。C_{80} 系通用敞车，除装运煤炭外，还可装运矿石、钢材、木材、机械设备、集装箱等货物。常见的有：C_{80D}、C_{80DH}、C_{80E}、C_{80EH}、C_{80EF}、C_{80EFZ} 型通用敞车。

2）C_{70} 系列敞车

（1）C_{70} 型敞车。C_{70} 型敞车装运煤炭、矿石、钢材、木材、机械设备、集装箱等货物。C_{70} 型敞车如图 11-2-7 所示。

在 C_{70} 型敞车的基础上，我国研发了 C_{70E} 型、C_{70H} 型、C_{70EH} 型、C_{70C} 型敞车。C_{70C} 型敞车是装运焦炭专用型敞车，在 C_{70E} 型敞车的基础上，我国又研发 C_{70E-A} 型通用敞车、C_{70EH-A} 型通用敞车。

（2）C_{70A} 型运煤敞车。C_{70A} 是为满足国能集团煤炭运输量逐年增长的需求而研制的。

3）C_{64} 系列敞车

C_{64} 系敞车包括 C_{64} 型、C_{64K} 型、C_{64H} 型、C_{64T} 型、C_{64A} 型等型号。C_{64} 型敞车如图 11-2-8 所示。

图 11-2-7　C_{70} 型敞车

图 11-2-8　C_{64} 型敞车

3. 重载铁路非煤货物车辆设备

重载铁路非煤货车类型有敞车、棚车、平车、罐车、冷藏车、长大货物车等。

4. 煤炭运输重载货车车钩

1）通常车钩

我国重载铁路煤炭运输专用的 C_{80} 和 C_{80B} 型敞车，以三辆为一组，每组两端部车辆分别采用 16 号（转动车钩）、17 号（固定车钩）车钩相联接，如图 11-2-9 所示。

2）联接杆

一组三辆车之间用联接杆联接，如图 11-2-10 所示。也就是说，在运用状态下，这三辆车始终在一起，不会摘挂拆分。

3）可转动车钩端

当列车到达卸车站时，一组三辆车同时进入翻车机，将煤炭倾倒进下面的煤仓，如图 11-2-11 所示。

图 11-2-9　端部车辆分别采用 16 号、17 号车钩相联接

图 11-2-10　一组三辆之间用联接杆联接

上翻车机时，这一组车并不与全列其他车辆摘钩，因为一辆车总有一端是可转动车钩端，如图 11-2-12 所示。

图 11-2-11　一组三辆车同时进入翻车机

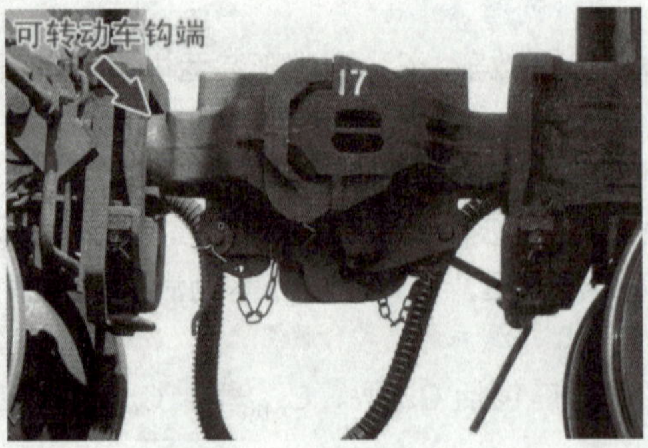

图 11-2-12　可转动车钩端

4）漆成黄色

车厢可转动车钩端都有一段被漆成黄色，可转动车钩在车辆中的位置如图 11-2-13 所示。重载列车编组时，涂有黄标的车辆朝向，在单元小列内须保持一致。

5. 万吨重载列车共 34 组车辆

单元式万吨重载列车共 34 组，由 102 节 C_{80} 或 C_{80B} 型敞车组成，如图 11-2-14 所示。

图 11-2-13　可转动车钩端在车辆中的位置

图 11-2-14　单元式万吨重载列车

我国大秦铁路常见的编组是将两列万 t 大列组合在一起，中间加一台机车（称为补机），组合成 2 万 t 重载列车，如图 11-2-15 所示。

11.2.2　重载铁路机车及控制技术

1. 我国主型重载机车

目前，我国重载铁路牵引机车以 HXD_1、HXD_2、HXD_3、HXN_3、SS_4 为主型机车。国家能源集团重载铁路牵引机车类型主要以 $CEA1_{A1}$、HXD_1、HXD_{3C}、SS_{4B}、SS_4 改为主型机车。CE 是国家能源集团 CHN

ENERGY 的前两个字母。

2. 和谐型重载机车及控制技术

1）HXD_1 型电力机车

HXD_1 型电力机车是由两节完全相同的 4 轴电力机车通过内重联环节连接组成的 8 轴重载货运机车，持续功率为 9 600 kW，最高速度为 120 km/h。每节车设有一个司机室，为一完整系统。

2）HXD_1 型 1000 系机车

株洲电力机车有限公司在首批 HXD_1 型电力机车基础上，研制了“深度国产化”的 HXD_1 型电力机车，机车编号由 1001 起排序，机车采用自主开发的牵引逆变器和微机控制系统，替代了原来使用的西门子公司产品，有效降低了机车生产成本；司机室外观也有所改变。

3）HXD_2 型电力机车

HXD_2 型电力机车是单轴功率为 1 200 kW、八轴、大功率交流传动干线货运机车。机车持续功率 10 000/9 600 kW，最高速度 120 km/h，持续牵引力 554 kN（轴重 25 t）/514 kN（轴重 23 t），轴式 2（B_0—B_0），轴重可 23 t、25 t 转换（机车交付时轴重为 25 t），机车最大再生制动力 510 kN（轴重 25 t）/470 kN（轴重 23 t）。HXD_2 型机车如图 11–2–16 所示。

图 11–2–15　组合式 2 万 t 重载列车

图 11–2–16　HXD_2 型电力机车

4）HXD_3 型电力机车

HXD_3 型电力机车是单轴功率 1 200 kW、六轴、交流传动干线货运机车。该型机车持续功率 7 200 kW，轴式 C_0—C_0，轴重 23 t（或 25 t），最高速度为 120 km/h，持续速度 65 km/h（25 t）/70 km/h（23 t），起动牵引力 520 kN（23 t）/570 kN（25 t），持续牵引力 370 kN（23 t）/400 kN（25 t），最大再生制动力（车钩处）370 kN（23 t）/400 kN（25 t），通过最小曲线半径 125 m。机车采用 IGBT 水冷牵引变流器，交流电机矢量控制，采用单轴独立控制驱动方式、网络控制技术、CCB Ⅱ 制动系统。

5）HXN_3 型内燃机车

HXN_3 型内燃机车，详见本书模块 6 中的介绍。

3. 神华号、国能号重载机车及控制技术

1）神华号重载机车

神华号重载机车属于“深度国产化”HXD_1 型电力机车。

（1）HXD_1 型神华八轴机车。2011 年 9 月，株洲电力机车有限公司与神华集团（现国家能源集团）合作，在深度国产化的 HXD_1 型电力机车基础上研制了两种大功率交流传动电力机车，分别为 9 600 kW 的双节八轴电力机车（机车编号由 7001 起排序）、14 400 kW 的三节十二轴电力机车，机车采用国产牵引逆变器、微机控制系统和 DK–2 型制动系统。2013 年 1 月 15 日，神华八轴大功率交流电力机车在朔黄铁路上投入试运行，2013 年 2 月 4 日，正式投入使用。

神华八轴大功率交流机车是专门为神华铁路设计的重载车型，随着朔黄重载铁路的不断发展，神华八轴大功率交流机车逐步成为重载铁路运用的主流机车，原有 SS_4 改型电力机车将逐步转入支线进行小运转作业。

（2）HXD_1 型神华十二轴机车。神华十二轴大功率交流电力机车是神华集团与株洲电力机车有限公司共同研制的，单机功率 14 400 kW、起动牵引力达 1 140 kN 的交流传动电力机车。该机车由 3 节 B_0—B_0

机车组成，采用以动力单元为基础，可形成八轴和十二轴编组形式，于 2014 年 5 月正式运用于朔黄铁路。

神华十二轴大功率交流电力机车是在神华八轴大功率交流电力机车的基础上增加一节不带司机室的 B_0—B_0 机车，通过机械和电气重联的形式组成。

神华十二轴大功率交流电力机车编组为 A 车+C 车+B 车，持续牵引力为 798 kN，持续速度为 65 km/h，最高速度为 120 km/h。

案例：2023 年 12 月 21 日，新朔铁路卧厂站至朔黄铁路黄骅港站间首次开行 2 万 t 列车，如图 11-2-17 所示。这对缓解国能集团公司运输板块枢纽神池南站编组压力，提升“西煤东运”能源运输大通道效率具有积极意义。

这次 2 万 t 重载组合列车开行采用“1+1”组合模式，牵引机车使用目前国内领先大功率机车——国能号十二轴和八轴交流电力机车担任主控和从控任务，牵引 C_{80} 型车辆 216 辆，总重 21 600 t，载重 17 280 t，全长约 2.7 km。通信方式采取基于集团公司 LTE 网络的机车无线重联方式，保证主、从控机车“同步行动”、平稳操纵。

（3）神 24 型机车。2020 年 7 月 29 日晚，株洲电力机车有限公司与国家能源集团自主研发、联合研制的全球最大功率神 24 电力机车在株洲下线。刷新轨道交通装备动力的世界纪录，填补了世界 20 轴、24 轴大功率交流传动电力机车产品的空白，成为国之重器。

2021 年 6 月 25 日 11 时 32 分，全球首台最大功率电力机车——神 24 电力机车在包神铁路神木北站一声长鸣，牵引着万吨运煤列车徐徐出发，开启了拥有 16 项技术创新、12‰的坡道上单机可牵引万吨货物列车，被誉为全球重载铁路“动力之王”的运煤之旅，推动我国铁路装备重载化、智慧化、国际化发展迈入新阶段。神 24 型机车上线运行如图 11-2-18 所示。

图 11-2-17　2 万 t 重载列车行驶在新朔铁路准池线上

图 11-2-18　神 24 型机车上线运行

2）国能号重载机车

2023 年 1 月，株洲电力机车有限公司与国家能源集团联合研制的新一代绿色智能国能号十二轴电力机车在包神铁路上线，如图 11-2-19 所示。

图 11-2-19　国能号十二轴电力机车在包神铁路上线

（1）高实力。“国能号”十二轴电力机车，最高时速为 120 km，轴重为 25 t，牵引功率为 14 400 kW，牵引力为 1 140 kN，智能驾驶、智能运维、智能诊断，智能化水平更高。其优势如下。

① 灵活开行“2+0”“1+1”万吨牵引模式，匹配货车更新换代，起到高效协同作用。

② 智能驾驶带来整体安全性能提升。

③ 节能减排。

（2）高颜值。机车外观采用仿生形态，形似猛虎，威武雄壮，大块头也有大智慧，智慧“大脑”+“神经系统”，妥妥的颜值与实力并存。国能号十二轴电力机车如图 11-2-20 所示。

（3）高智慧。牵引变流器“主变+辅变+冷却”一体式结构设计，攻克小型化、轻量化、电磁兼容等关键工程化难题。由集成电容式转变为电容分离式，实现了脉宽调制（PWM），信号干扰峰值下降 50%。

“天眼”定位，进一步增强机车安全性能，采用北斗卫星定位，多数据融合关键技术，实现高精度定位与地面数据的互联互通。

4. 韶山型重载机车及控制技术

1）SS_4 改型电力机车

SS_4 改是在 SS_4、SS_5 和 SS_6 型电力机车的基础上，吸收了 8K 机车一些先进技术设计的。SS_4 改型电力机车如图 11-2-21 所示。

图 11-2-20　国能号十二轴电力机车

图 11-2-21　SS_4 改型电力机车

2）SS_{4B} 型电力机车

SS_{4B} 型 8 轴重载货运电力机车是中国第三代（无级调压、交直传动）相控电力机车，其遵循中国电力机车标准化、系列化、简统化的设计原则，继承 SS_4 型、SS_4 改型电力机车的成熟技术，大量吸收消化国外 8K、6K、8G、6G 型等机车的先进技术。SS_{4B} 型电力机车如图 11-2-22 所示。

图 11-2-22　SS_{4B} 型电力机车

11.2.3 重载列车重联控制技术

由于重载列车采用远程控制，主车到从车之间的通信距离一般达到 700～1 500 m，且由于牵引质量大，如果多台机车不能同步协调工作，将会带来安全隐患，因此要想让一列重载列车中的多台机车同步运行，就需要采取技术手段让其工作步调一致，做到同时起动，同时制动，同时停车，只有这样，才能保证重载列车的运输安全。

1. 多机集中重联控制技术

传统的多机集中重联控制技术就是将牵引机车全部放置在列车的最前端，通过提高牵引功率来提高列车的牵引能力，以此达到重载运输的目的，这种技术最简单，也最原始。

这种模式也存在很大的缺点，由于列车的制动采用压缩空气，空气的压力波传播速度大约是 210 m/s，传播需要一定时间，当前车开始制动的时候，后车不能同时接到制动指令，前后车辆的制动无法做到一致，循环制动周期时间长，对司机的操作提出了更严苛的要求，车钩受力状况没有改善，随着牵引质量的提高，车钩受力更加恶化。因此采用这种控制手段的列车编组不能太长，牵引质量通常不超过 1 万 t。多机集中重联控制技术如图 11-2-23 所示。

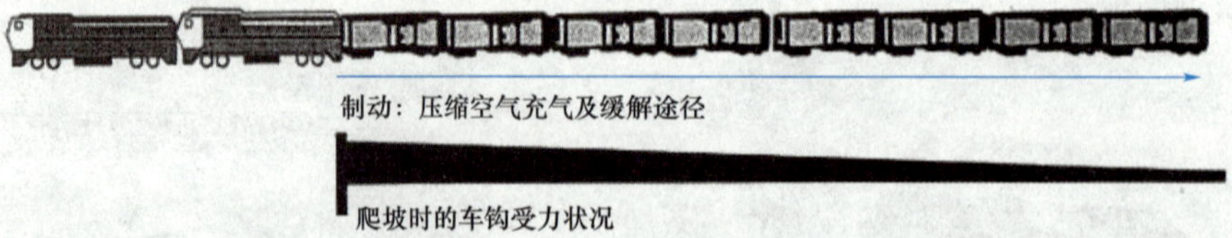

图 11-2-23　多机集中重联控制技术

2. 动力分布多机有线重联同步控制技术（ECP）

动力分布多机有线重联同步控制技术（ECP）是将机车分别放置在列车的不同位置，通过车辆间的有线通信网进行机车间的协同牵引控制和车辆制动。该技术由于采用机车分布动力，有利于车钩受力状况的改善。ECP 控制技术如图 11-2-24 所示。

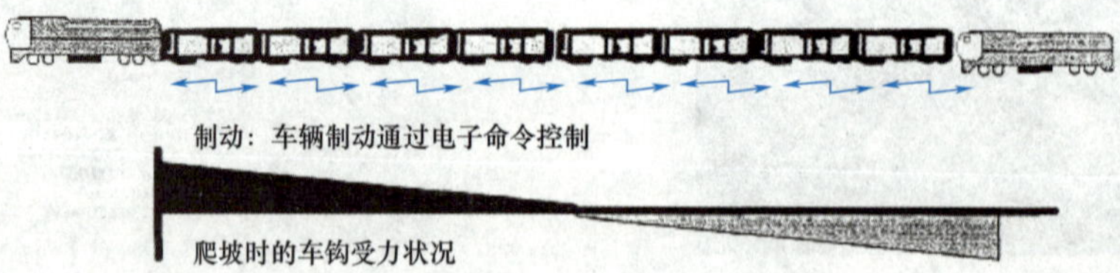

图 11-2-24　ECP 控制技术

车辆上安装电子制动控制单元，通过列车通信网同步进行车辆的空气制动，空气制动及缓解的速度大大提高，前后车辆的制动一致性很好，循环制动周期时间短，有利于重载列车的安全运行。这种控制技术优点很明显，但是存在车辆改造成本高的缺点。

3. 动力分布多机无线重联同步控制技术（LOCOTROL）

动力分布多机无线重联同步控制技术（LOCOTROL）是通过无线方式构筑通信的桥梁，主车通过机车同步控制系统发出控制命令，经无线传输系统控制其他的从车，从车根据主车的控制及本车的情况实时控制运行，从而达到各从车与主车之间协调同步运行。

采用这项技术，牵引机车分别放置在列车中的不同位置，通过无线通信方式进行机车间的协同牵引及制动控制。该技术由于采用机车分布动力方式，有利于车钩受力状况的改善，同时在列车中不同位置进行充风排风，空气的压力波速提高到大约 280 m/s，改善了前后车辆的制动一致性，缩短了循环制动周期，机车同步牵引性能好，制动距离减少，有利于重载列车的安全运行。LOCOTROL 控制技术如图 11-2-25 所示。

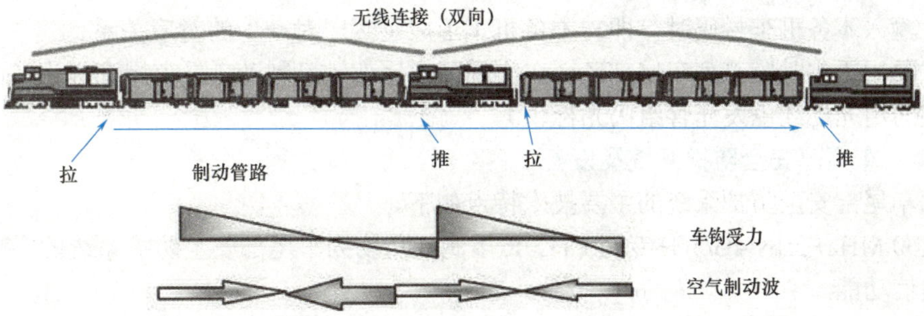

图 11-2-25　LOCOTROL 控制技术

虽然采用机车分布动力无线重联技术更具有优势，易于实现，但是价格昂贵，实现的技术难度也更大。选择何种控制模式，还需要通过经济技术比较并结合铁路的运营实际情况才能确定。

我国重载铁路万吨重载组合列车采用的是“动力分布多机无线重联同步控制技术”，起初引进美国 GE 公司的 LOCOTROL 技术，但是我们不掌握美国的核心技术。由于 LOCOTROL 核心技术被美国公司垄断，为此我国科技人员自力更生，开拓创新，研发成功“动力分布机车无线重联同步控制系统装置”，于 2010 年通过了科技成果鉴定，并应用到了我国的重载铁路运输之中。

11.2.4　重载列车列尾装置技术

《重载铁路设计规范》要求牵引质量大于 10 000 t 的重载列车应配备可控列尾装置。

1. 货车列尾装置

货物列车尾部安全防护装置简称“货列尾装置”，是用于货物列车取消守车后，在尾部无人值守情况下为提高铁路运输的安全性而研制的专用运输安全装置，设备采用计算机编码、无线遥控、语音合成、计算机处理技术，是保证列车运行安全而设计生产的安全防护设备，也是重要的铁路行车设备。

货车尾部安全防护装置主要由以下两部分构成。

（1）列车机车部分：列尾装置司机控制盒（简称司机控制盒）、列尾机车台。

（2）列车尾部部分：列尾装置尾部主机（简称列尾主机）。列尾主机如图 11-2-26 所示。

图 11-2-26　列尾主机

列尾主机的附属设备包括列尾主机检测台、机车号确认仪、列尾主机电池、列尾主机电池充电器、简易场强计、屏蔽室、列车尾部安全防护装置数据处理系统等。

列尾主机内设有本机出厂 ID 编号，安装于列车尾部车钩或提钩杆上，与列车尾部制动软管连接。列尾主机安装如图 11-2-27 所示。

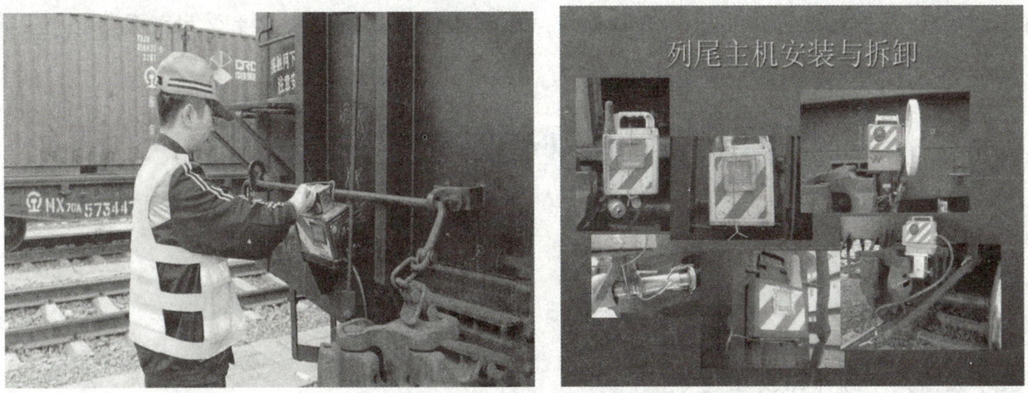

图 11-2-27　列尾主机安装

当列尾主机输入本务机车号码时，即与本务机车形成了“一对一”的对应关系。

列尾设置主要用于实时监测列车尾部风压、实现列车尾部排风制动、昼夜尾部标识（白天用红白相间斜彩条标识，夜间用光控红色发光管组闪光标识）。

2. 多模货物列车尾部安全防护系统及设备

多模货物列车尾部安全防护系统的主要技术特点如下。

（1）数字 400 MHz+公网 4G/5G+专网 LTE-R 多制式货物列车尾部安全防护系统的多种通信方式同时工作实现列尾通信功能。

（2）同时在多种通信模式条件下，实现列尾风压查询、辅助排风制动、风压报警、电压报警等列尾功能。

（3）在山区、隧道等区段列尾通信不畅情况下，提高列尾通信的可靠性和稳定性。

（4）多模列尾设备样机，包括列尾机车台、列尾主机、机车车号确认仪和列尾主机检测台等。

（5）列尾设备追踪系统。实现实时定位列尾设备位置，对在途运行的列尾设备进行实时、有效的追踪监测，对在途运行的列尾设备的技术状态实时掌握，并将设备实时运行数据上传至列尾设备追踪系统地面服务器上。

知识测评

1. 简述重载铁路车辆主要类型。
2. 简述煤炭运输重载货车车钩技术。
3. 简述重载铁路主型机车类型。
4. 简述重载列车重联控制技术。
5. 简述重载列车列尾装置技术。

学习作品

课后每名同学单独制作一个开放的、富有创造性的表现学习过程和学习成效的视频，时间为 5 min 以内，至少包括以下 6 项内容：

1. 重载铁路车辆主要类型；
2. 煤炭运输重载货车车钩技术；
3. 重载铁路主型机车类型；
4. 重载列车重联控制技术；
5. 重载列车列尾装置技术；
6. 通过对本任务的学习，个人在知识增长、能力强化、素养提升方面的小结。

在课程结束后的 3 天内将作品提交任课教师，此作品作为教师评价学生学习效果的依据。

任务 11.3　重载铁路车站技术装备

学习目标

1. 掌握单元式列车装车站技术装备。
2. 掌握单元式列车卸车站技术装备。
3. 掌握组合分解站技术装备。
4. 了解开行整列式重载列车的站场技术改建。

基础知识

11.3.1 单元式列车装车站技术装备

重载铁路装车站是办理重载列车装车作业的车站。重载运煤专线车站装车作业如图 11-3-1 所示。

单元式重载列车的最大特点就是固定机车、固定车辆、固定货物品类、固定装车站和卸车站、固定运行路线。这就决定了单元式重载列车既有装车站负责装运货物，又有卸车站负责卸货，形成一条龙服务，除了在中间车站因为技术作业的需要临时进站停车之外，基本上无其他作业。这种列车的主要作业流程如下。

单元式列车首先从技术作业站进入装车站，通过设置在环线或者直通线路的装煤仓装车之后，再返回技术作业站进行技术检查，然后驶往卸车站，到达卸车站的技术作业站之后，进行列车检查，然后进入卸车点不摘机车进行卸车作业，随后空车返回始发的技术作业站，一个运输循环就算完成了。

重载铁路的装车站一般设在矿山里面，卸车点一般位于港口码头、电厂和钢铁厂里面。重载列车在装车站的装车方式有两种：一种是环线装车，另一种是贯通式装车。

装车站除了设置装车环线或者贯通式装车线之外，还要根据每天到达车站的列车对数，设置到达线和出发线，用来接发列车之用。必要时，还要设置牵出线和站修线，用来将损坏的列车牵引拉出，放到站修线上临时检查修理。车站所处的地面要平坦，纵坡也不能超过规定的限值。采用环线装车时，在环线上的合适位置装设漏斗仓或者高架溜槽，煤炭或者矿石就通过皮带输送机输送到漏斗仓或高架溜槽里面，通过计算机自动控制，定量装进下面的敞车里，在装车过程中，列车不停，而是匀速通过。这样，在装车过程中列车不用解体和编组，大大提高了装车效率，采用环线装车方式，每小时可装车 7 000～10 000 t。

大秦铁路的装车站主要有大同铁路枢纽中的韩家岭站、云岗站、口泉站等，技术作业站是湖东编组站。

11.3.2 单元式列车卸车站技术装备

重载铁路卸车站是办理重载列车卸车作业的车站。重载运煤专线车站卸车作业如图 11-3-2 所示。

图 11-3-1 重载运煤专线车站装车作业

图 11-3-2 重载运煤专线车站卸车作业

卸车站的布置方式与装车站大同小异，只不过将装货的漏斗仓变成了卸车机或者翻车机。为了提高卸车效率，在卸车站一般也是采用环线卸车，利用翻车机每次将一节或者几节车厢不摘钩直接翻转，货物卸进货仓里。在普速铁路上，货运量不大的时候，在卸车站可采用人工卸车或者抓斗铲车卸车。

不管是装车站还是卸车站，除了装载机和卸车机之外，还需要配备电子动态汽车衡、储货坑、皮带输送机、中转站、储货场、储货筒仓等附属设备，为重载列车提供周到的服务。

大秦铁路的卸车站有秦皇岛港、唐山曹妃甸港和京唐港等。

11.3.3 组合分解站技术装备

组合分解站是为满足重载铁路列车组合、分解作业需要而设置的车站。受装车条件、站线条件等的影响，我国开行的重载组合列车一般都是由普通货物列车组合而成的，而重载组合列车的组合作业和分解作业一般都是在专业的重载列车组合分解站的到发线上完成的。

1. 组合分解站的布置

重载列车组合分解站站型布置与编组站相比，车站作业过程相对简单，没有大量的解编作业，主要负责重载列车的组合分解作业，因而到发线有效长较长。

组合分解站股道布置宜采用在两条组合或分解到发线中间夹一条机走线的布置形式。机走线具备两种作用：一是满足机车走行需要，二是作为后续列车接入时的隔开进路。

按组合分解列车的长度，在到发线与机走线之间设置腰岔（股道中部设置的连接邻线的道岔）。组合分解站一般应采用横列式图型，可按图 11-3-3、图 11-3-4 布置。

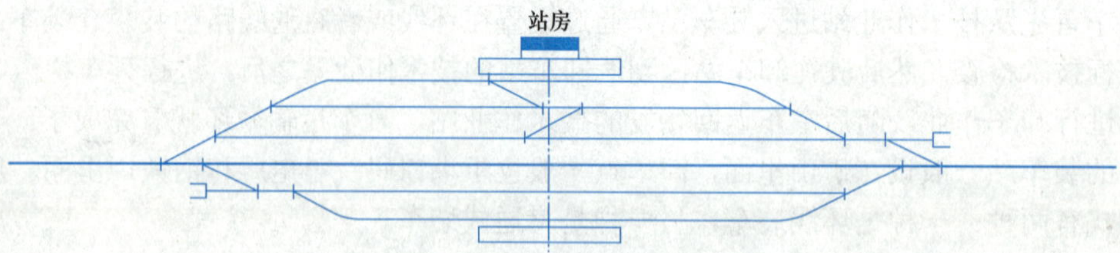

图 11-3-3　单线铁路组合分解站图型

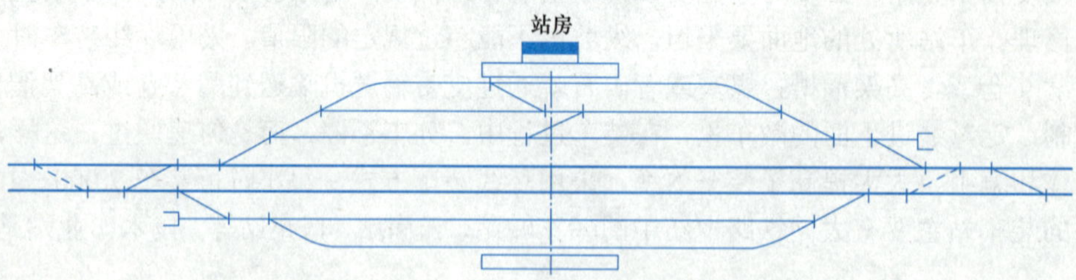

图 11-3-4　双线铁路组合分解站图型

2. 重载组合列车作业方法

根据作业设备、作业地点的不同，重载列车的组合方法分为到发线直接组合法和通过腰岔转线组合两种。

3. 列车在站作业

重载列车组合站接发的列车主要有单元列车和组合列车。

11.3.4　开行整列式重载列车的站场技术改建

1. 中间站改建

由于整列式重载列车牵引质量达到 5 000 t 及以上，因此，在开行整列式重载列车的既有繁忙干线上，必须将该干线中间站的到发线有效长延长至 1 050 m，以满足重载列车待避旅客列车的需要。

改建时，根据计算期牵引区段开行的重载列车的数量和旅客列车的对数，确定改建车站的数量，尽可能选择没有货场或专用线接轨的中间站，以节省工程费用。当上、下行都开行重载列车时，尽量在一个车站设置上、下行重载列车待避线，以便管理。改建后的中间站布置图，应尽量选择向车站一端延长的横列式布置图，并应满足重车方向停车的重载列车的起动条件。

图 11-3-5 所示为开行重载列车的双线横列式中间站布置图，在该图中站坪与区间纵断面的配合形式为凸形，站线向车站一端延长改建而成，保证重车方向重载列车的起动。当站坪与区间纵断面的配合形式为凹形时，则到发线应向 A 端延长，才能保证重车方向重载列车的顺利起动。

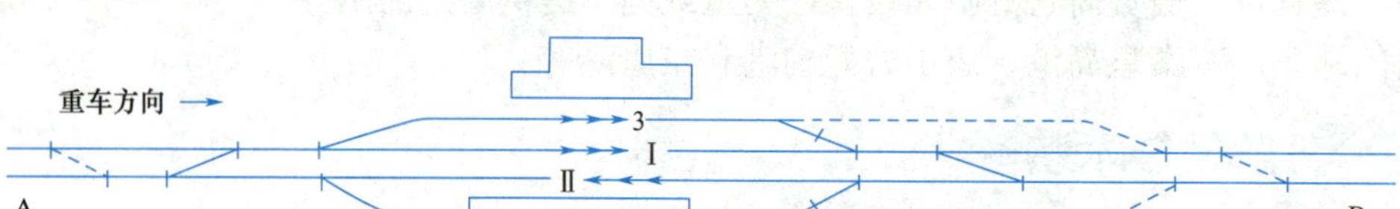

图 11-3-5　开行重载列车的双线横列式中间站布置图

2. 技术站改建

在开行整列式重载列车的既有繁忙干线上，必须对既有技术站进行改建。主要是延长到发线，使站线有效长达到 1 050 m。

改建时，要充分利用既有设备，不变更站型结构，少改动车站咽喉，特别是驼峰线路，以减少工程费用。延长站线的数量和范围应满足该站最大可能开行的重载列车的需要，并使延长后的站线有利于重载列车的起动。

3. 单元式重载列车装卸车地车站布置图

1）始发技术站布置图

图 11-3-6 为单元式重载列车装车地始发技术站布置图。该布置图所示为一级三场编组站，A 方向衔接干线，B、C 方向衔接装车地。上、下行到发场布置在调车场两侧，接发重载列车的到发线紧靠正线。站修所设在调车场尾部，机务段按预留二级四场规划位置设置。重载列车车辆检修基地规模较大，设在一个方向的正线外侧，与正线立交引入上、下行到发场。

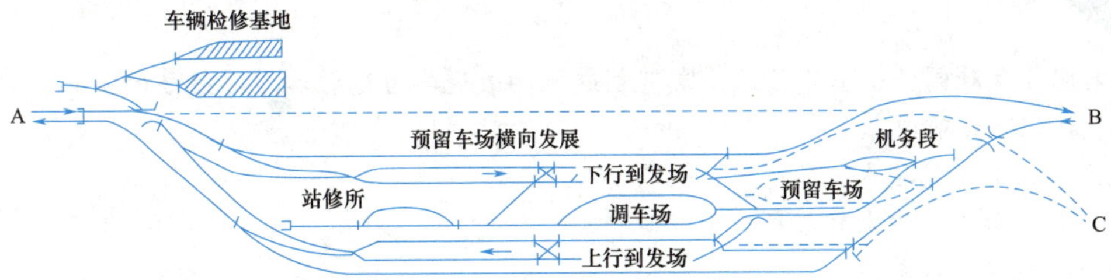

图 11-3-6　重载列车装车地始发技术站布置图

2）终点技术站布置图

图 11-3-7 为单元式重载列车卸车地终到技术站布置图。站内设有到发线、调车线、存车线、牵出线、机车走行线、机待线，另根据需要设轨道车停留线及大型养路机械停留线等。

车站到发线有效长与开行的重载单元列车相适应，站内设有机务设备（折返段）及车辆站修所各一处。

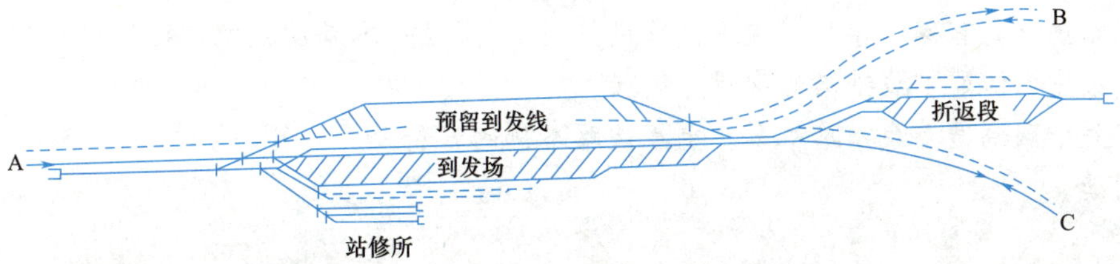

图 11-3-7　单元式重载列车卸车地终到技术站布置图

4. 终点卸车站布置图

图 11-3-8 为开行单元式重载列车的铁路卸车地终点卸车站（港口站），也是路、港交接的煤炭转运站。

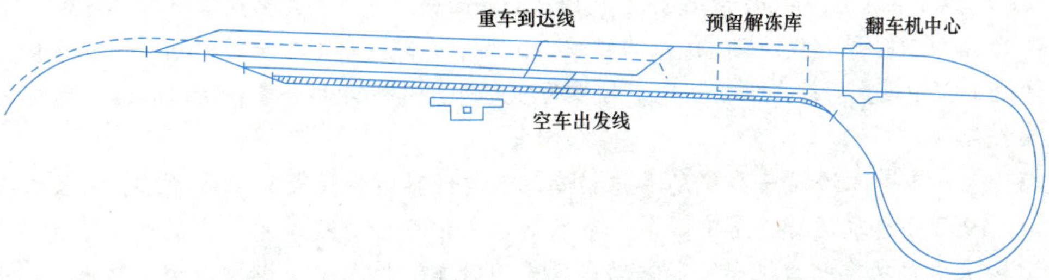

图 11-3-8　开行单元式重载列车的铁路卸车地终点卸车站（港口站）

车站设有重车到达线、翻车机卸煤线与空车出发线，其到发线有效长可满足 10 000 t 重载单元列车的需要。重车到达线与空车出发线呈纵列环形布置，中部以两条卸煤线连接。两条卸煤线各设一台翻车机，在翻车机入口处设拨车机及预留解冻库。空车线 4 条分成两组，每组 2 条，两组呈纵列布置。其中一组与卸煤线衔接，另一组与重车到达场横列布置。重载单元列车卸车采用不摘机车连续流水作业方法。卸后的空车列经空车出发线返回铁路技术站。

知识测评

1. 简述单元式列车装车站技术装备。
2. 简述单元式列车卸车站技术装备。
3. 简述组合分解站技术装备。
4. 简述开行整列式重载列车的站场技术改建。

学习作品

课后每名同学单独制作一个开放的、富有创造性的表现学习过程和学习成效的视频，时间为 5 min 以内，至少包括以下 4 项内容：

1. 单元式列车装车站技术装备；
2. 单元式列车卸车站技术装备；
3. 组合分解站技术装备；
4. 开行整列式重载列车的站场技术改建；
5. 通过对本任务的学习，个人在知识增长、能力强化、素养提升方面的小结。

在课程结束后的 3 天内将作品提交任课教师，此作品作为教师评价学生学习效果的依据。

拓展建议

1. 登录国家铁路局官网，学习《重载铁路设计规范》《铁路车站及枢纽设计规范》。
2. 查阅有关中国修建重载铁路的资料。
3. 查阅有关中国制造重载铁路机车、重载铁路车辆的资料。
4. 拓展阅读。

我国重载铁路典型线路

我国重载铁路主要通过新建重载运输专线和有计划地改造旧线两种途径来实现。为了促进煤炭能源基地的开发和建设，增加外运通道，自 20 世纪 80 年代以来，我国相继建成了大秦铁路、朔黄铁路、山西中南部铁路（瓦日铁路）、浩吉铁路等重载铁路。除浩吉铁路、山西中南部铁路（在长子南站—平顺站 91.8 km 的 30 t 轴重试验段开展了 30 t 轴重的综合试验研究）轴重为 30 t 外，其他大部分重载铁路的轴重均在 25 t 及以下。

一、大秦铁路

大秦铁路（大同市韩家岭站—秦皇岛港柳村南站）是世界运量最大的重载铁路，全长 653 km，线路设计轴重 25 t，1992 年开通运营，是中国第一条双线电气化开行重载单元列车的运煤专用重载铁路。大秦铁路重载运输采用大功率电力机车、带转动车钩专用敞车、机车同步操控系统等技术，综合技术水平和运输能力达到了国际水平。2014 年，大秦铁路 3 万 t 重载组合列车运行试验取得成功，使我国成为世界上仅有几个掌握该技术的国家之一。大秦铁路大幅度提升了我国铁路重载运输的技术水平及设计、制造能力，推动我国铁路重载运输技术整体迈上了一个新台阶。大秦铁路如图 11-3-9 所示。

图 11-3-9　大秦铁路

大秦铁路平均每 12 min 就会开出一趟重载列车，2021 年日均开行 2 万 t 列车 64.3 列。2021 年全国铁路煤炭发送量 25.8 亿 t，同比增长 8.8%，大秦线完成煤炭发送量 5.82 亿 t，占全国铁路煤炭发送总量的 22.56%，从这一点就可以看出大秦线的重要性。

二、朔黄铁路

朔黄铁路是神黄铁路的重要组成部分，西起山西省朔州站，西与神朔铁路相联，东至河北省沧州市黄骅港口货场。正线总长近 598 km，设计为国家 Ⅰ 级干线、双线电气化铁路，设计年运输能力为近期 3.5 亿 t（2013），远期 4.5 亿 t。1997 年 11 月 25 日正式开工，1999 年 11 月 1 日全线建成，总投资 150 亿元，是我国投资与建设规模最大的并一次性建成的一条双线电气化合资铁路，也是我国西煤东运第二大通道和国家能源集团矿、路、港、电、航、油一体化工程的重要组成部分，在全国路网中占有重要地位。特别是对加快沿线地方经济发展，保证华东、东南沿海地区能源供应，扩大中国煤炭出口能力具有极其重要的战略意义。截至 2021 年 7 月 27 日，国家能源集团朔黄铁路煤炭运量年累计完成 20 027.9 万 t，同比增长 2 105.3 万 t，较 2020 年提前 22 天突破 2 亿 t 大关，为全年运输任务的完成提供强劲动力。截至 2022 年 7 月 12 日，朔黄铁路两万 t 重载列车历史累计安全开行 75 102 列，完成煤炭运输 8.57 亿 t，持续为能源运输提供坚强保障。

三、瓦日铁路

进入 21 世纪，我国研制了 30 t 轴重的机车、车辆，修建了我国第一条 30 t 轴重重载线路山西中南部铁路（瓦日铁路），并开展了 30 t 轴重重载运输的综合试验，逐步形成 30 t 轴重条件下的成套重载运输技术体系。

瓦日铁路是我国第一条自主设计和建设的 30 t 轴重重载铁路，也是世界上首条一次建成 1 000 km 以上的重载铁路，西起山西省兴县瓦塘镇，东至山东省日照港，横贯晋豫鲁三省，全长 1 260 km，是连接我国东西部地区的重要煤炭运输通道。瓦日铁路 2014 年 12 月全线开通运营，2018 年 1 月 16 日正式开行万 t 重载列车。

2023 年 11 月 28 日 11 时 25 分，由新乡机务段司机负责牵引的 71503 次万 t 煤炭重载列车，从瓦日铁路长子南站缓缓驶出，开往山东梁山北站。截至当日，瓦日铁路安全开行万 t 重载列车突破 20 000 列，累计发送煤炭等货物达 2.4 亿 t。

四、准朔铁路

准朔铁路，即准格尔至朔州铁路，位于山西省朔州市、忻州市和内蒙古自治区鄂尔多斯市准格尔旗境内，通过陕西省府谷县北部边缘，地处蒙、晋、陕毗邻接壤之地。线路自北同蒲铁路大新车站引出，向西经山西省朔州市朔城区、平鲁区，忻州市偏关县，跨黄河后进入鄂尔多斯市准格尔旗，跨越十里长川后，穿越陕西省府谷县北部边缘，再次回到准格尔旗的红进塔站，正线全长 215 km，其中新建铁路 205 km，改造既有线路 10 km，鄂尔多斯市境内 63 km，项目总投资 79 亿元（后投资增加到 120 亿元）。2019 年 1 月 2 日山西省重要煤运通道准朔铁路正式运营。

五、北同蒲四线

北同蒲四线是 2014 年 2 月 25 日开通的铁路运输线，同年 3 月 29 日开通客运，使大同太原间旅行时间缩短至 3 小时 40 分。新建北同蒲韩家岭至原平四线铁路工程（分为新建北同蒲韩家岭至应县段增建四线及应县至原平段新建取直线），北起大同市韩家岭站，经怀仁市、应县、山阴县，经雁门关隧道穿越恒山余脉后至原平站，正线线路全长 153 km，总投资 46.87 亿元，建设工期 3 年，线路远期运输能力分别为 11 596 万 t/年、14 022 万 t/年。

新建韩家岭至原平铁路是国家铁路网规划“八纵八横”主要通道大（同）湛（江）铁路的重要组成部分，承担我国“三西”地区能源输出及煤炭外运和客运的任务，在国家铁路网建设中具有非常重要的作用，根据中长期铁路规划（2008 调整）将大同至原平段（即在建北同蒲第三、四线）作为大同至西安铁路客运专线北段。

六、张唐铁路

张唐铁路自京包铁路、张集铁路孔家庄站引出，途经张家口市境内的万全区、宣化区、赤城县，承德市境内的丰宁满族自治县、滦平县、兴隆县，唐山市境内的遵化市、丰润区、丰南区、滦南县，止于曹妃甸境内。张唐铁路规划全长 528 km，工程总投资 400.01 亿元。2015 年 12 月 30 日，张唐铁路开通运营，以货运为主，兼顾客运。

全线共设车站 17 座，桥梁 174 座共计 137 km，隧道 85 座共计 230 km，桥隧比达 65%。张唐铁路，为我国第四条能源大通道（鄂尔多斯—唐山曹妃甸港，全长约 1 000 km）的一期工程。

七、浩吉铁路

浩吉铁路，又称“蒙华铁路”，是一条连接内蒙古浩勒报吉南站至江西吉安站的国铁Ⅰ级电气化铁路。该铁路是世界上一次性建成并投入运营里程最长的重载铁路之一，也是中国“北煤南运”战略大通道中最长的煤炭运输线路。

2019 年 9 月 28 日，浩吉铁路开通运营。该线路设计轴重 30 t，全长约 1 814 km，设计时速 120 km（荆州至岳阳时速为 200 km），规划年运输能力 2 亿 t 以上。

浩吉铁路横跨内蒙古、陕西、山西、河南、湖北、湖南、江西等七个省区，穿越 229 座隧道、770 座桥梁。沿线设有 77 个车站，包括浩勒报吉南、延安东、三门峡西、吉安等站点。工程总投资约为 1 930.4 亿元，历时 5 年完成建设。

截至 2023 年 6 月，浩吉铁路作为中国北煤南运大通道，每天通过 80 余对列车，运送电煤 28 万 t。

思政案例　中国重载第一路——大秦铁路

全长 653 km 的大秦铁路，西出煤都大同，飞跃桑干峡谷，横贯燕山山脉，直抵渤海之滨，承担着全国铁路煤运总量的近 1/5，被誉为“中国重载第一路”，是我国名副其实的能源运输“大动脉”。

回首来路，大秦铁路在党的坚强领导下，经历了从技术引进到领跑全球的华丽蝶变。进入新时代，它继续以“听党话、跟党走”的自信之基与振兴之本，赓续共产党人的精神血脉，传承铁路的红色基因，以交通强国、铁路先行为使命担当，攻坚克难、奋勇前行。

大秦铁路赓续着自强不息的开拓精神。万吨巨龙与和谐机车的铿锵韵律，是披荆斩棘、砥砺前行的生动诉说；高效装运、多拉快跑的繁忙景象，是中国重载扩能改造、提质增效的成功典范。从年运量 5 000 万 t 到 4.5 亿 t……中国重载技术实现了从跟跑到并跑再到领跑的完美超越。这一中国铁路史上气势恢宏、大气磅礴的“美妙华章”，正是一代代“大秦人”敢为人先的开拓进取，也是传承红色基因的生动写照。正如习近平总书记强调的“光荣传统不能丢，丢了就丢了魂；红色基因不能变，变了就变了质”。大秦铁路从红色基因中汲取强大的信仰力量，自觉做中国特色社会主义建设的实践者与先行军，把革命先烈为之奋斗的伟大事业不断推向前进。

大秦铁路赓续着锐意进取的挑战精神。全世界钦羡目光的背后，是“重载人”敢创能拼、日夜抢运的艰苦鏖战，是“重载人”紧盯目标、挑战自我的使命践行。习近平总书记强调“要始终保持锐意进取、永不懈怠的精神状态和敢闯敢干、一往无前的奋斗姿态”。一路走来，大秦铁路从精神血脉中汲取强大的前行力量，几经挫折仍不断奋起，勇担重任而淬火成钢，并在实践中不断赋予其新的时代内涵。这是我们党筚路蓝缕奠基立业的宝贵财富，也是大秦铁路创造辉煌开辟未来的成功密码。新征程上，坚持依靠科技创新和管理创新双轮驱动的大秦铁路正持续破解“卡脖子”的技术难题，抢占重载技术制高点，不断擦亮中国特色的重载品牌。

大秦铁路赓续着继往开来的“三牛”精神。线路上认真巡视的敏锐目光，隧道中寒来暑往的坚毅身影，以及手握闸把全神贯注的火车司机……平凡铸就伟大，英雄来自人民，“重载人”始终坚持做“为民服务孺子牛、创新发展拓荒牛、艰苦奋斗老黄牛”。正是无数“螺丝钉”式的人物，才使得中国重载技术能够在世界铁路技术史上留下浓墨重彩的一笔。习近平总书记强调“我们要一棒接着一棒跑下去，每一代人都要为下一代人跑出一个好成绩”。大秦铁路的发展之路正承载着每一代铁路人对发展责任的勇毅担当，对家国利益的执着坚守，对世界一流的不懈追求，以及对中国复兴梦的炽热情怀，不断从使命担当中汲取强大的奋进力量。

百年征程波澜壮阔，百年初心历久弥坚。站在“两个一百年”奋斗目标的历史交汇点，肩负重大使命的大秦铁路，要不断从共产党人精神血脉的赓续中汲取前行力量，践行对国家与人民的赤子之心，攻坚克难、奋勇前行。

学习笔记

模块 12

铁路信息系统

模块导入

铁路信息系统是铁路运输生产的重要组成部分，通过建立全路的计算机网络，将全路（国铁集团、铁路局集团公司和站段）联成一个整体，实现信息的交换和共享，为全路的战略决策、经营开发、运输生产、资源管理、建设管理、综合协同六个方面提供数据支撑。

通过对本模块的学习，同学们将走进中国铁路信息系统，认识中国铁路信息系统，致力于研发中国铁路信息系统。

模块任务

任务 12.1　铁路业务信息系统

任务 12.2　信息基础设施

以上 2 项任务全部来自我国铁路信息系统运行实际，情境客观，内容真实。

任务 12.1　铁路业务信息系统

学习目标

1. 掌握铁路业务信息系统布局涉及的业务领域。
2. 了解铁路战略决策领域信息系统架构。
3. 了解铁路运输生产领域信息系统架构。
4. 了解铁路资源管理领域信息系统架构。
5. 了解铁路建设管理领域信息系统架构。

基础知识

12.1.1　铁路业务信息系统总体布局

铁路业务信息系统总体布局分为“战略决策、经营开发、运输生产、资源管理、建设管理、综合协同”六大业务领域，如图 12-1-1 所示。

12.1.2　战略决策领域

建设战略管理、决策支持、计划统计系统，构建战略管理与决策支持模型，发掘释放企业数据资源潜在价值，加强企业数据统计分析和智能展现，全面反映国铁集团经营和运行状况，提高安全生产、经营管理、市场营销等方面科学决策水平。战略决策领域应用架构如图 12-1-2 所示。

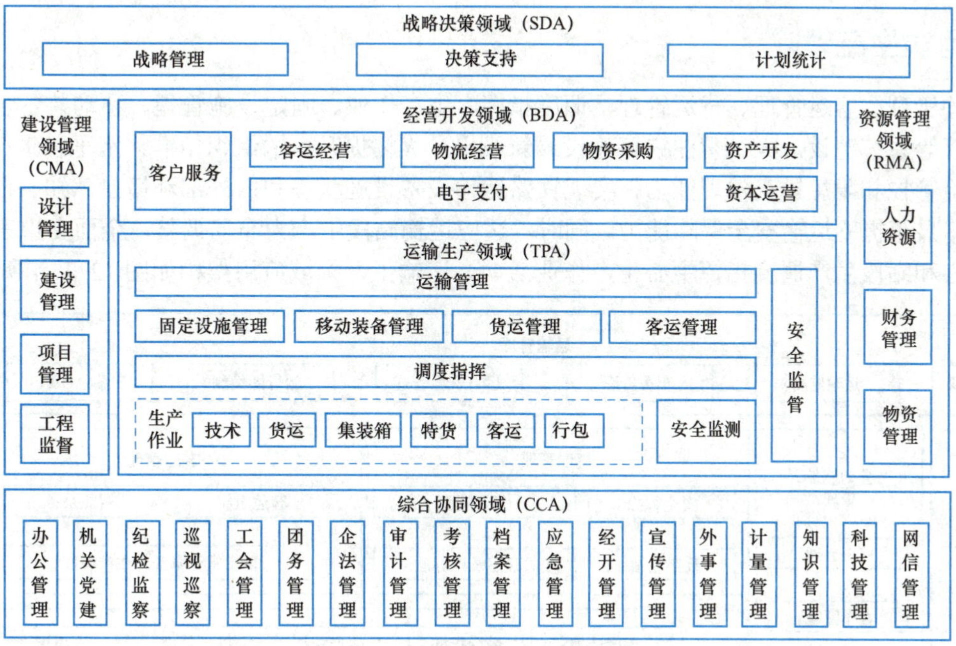

图 12-1-1　铁路业务信息系统总体布局

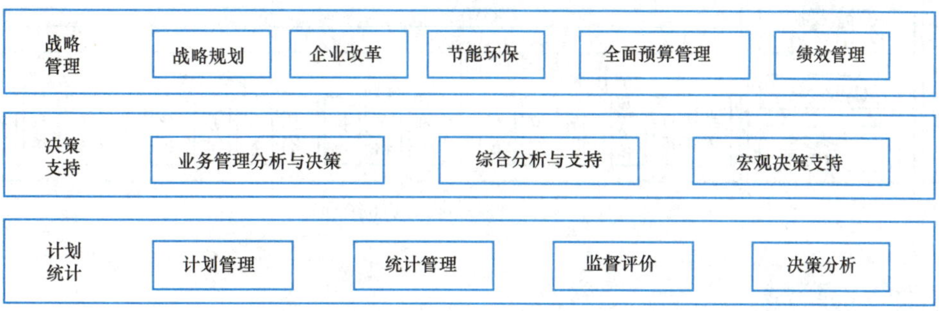

图 12-1-2　战略决策领域应用架构

12.1.3　经营开发领域

完善客运经营、物流经营、物资采购、资产开发、资本运营、客户服务平台、电子支付平台等系统，依托 12306、95306 等网站建设，大力发展铁路电子商务，把推进"互联网+铁路"作为促进铁路从传统企业向现代企业转型、传统经营模式向电子商务模式转变、传统物流向数字化供应链转型的重大举措，增强铁路作为产业链关键环节的竞争力。经营开发领域应用架构如图 12-1-3 所示。

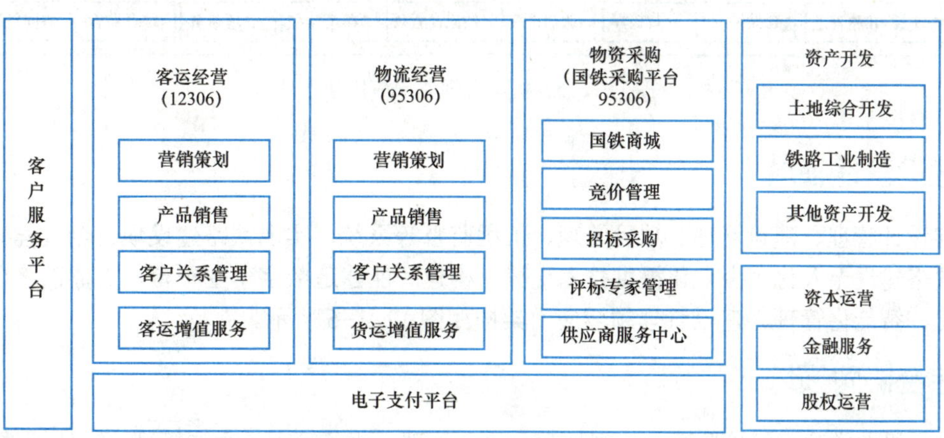

图 12-1-3　经营开发领域应用架构

12.1.4 运输生产领域

强化运输管理、客运管理、货运管理、调度指挥、生产作业、固定设施管理、移动装备管理、安全监测、安全监管等系统建设，吸纳智能铁路建设最新成果，大幅提升运输组织精准化水平和生产作业效率，提高安全风险管控和隐患排查治理能力，实现铁路运输设备设施状态和内外部环境自感知、自诊断、自预警、自决策，显著提高运输安全保障能力。同时，适应运输站段生产力布局调整，全面支撑三级安全生产应急指挥中心和站段生产调度指挥中心生产作业活动。运输生产领域应用架构如图 12–1–4 所示。

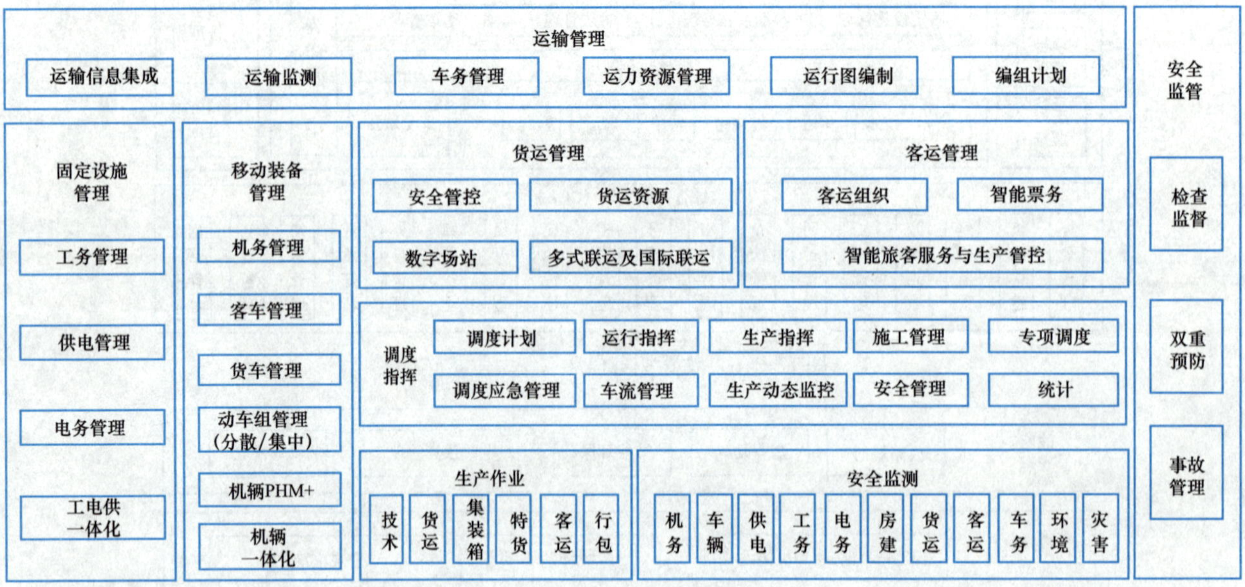

图 12–1–4　运输生产领域应用架构

12.1.5 资源管理领域

优化人力资源、财务管理、物资管理等系统，推动国铁集团资源合理配置和高效利用，对企业业务流、资金流、信息流实行一体化协同管理。资源管理领域应用架构如图 12–1–5 所示。

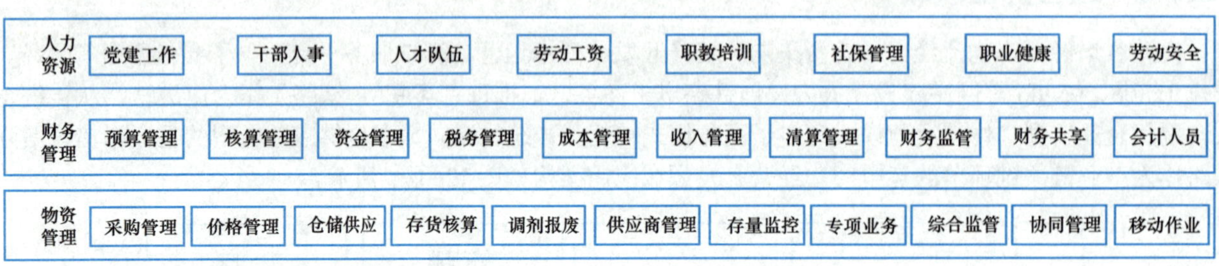

图 12–1–5　资源管理领域应用架构

12.1.6 建设管理领域

优化完善设计管理、建设管理、项目管理、工程监督等系统，实现铁路建设项目全过程数字化、标准化管理，为铁路建设无人化、少人化提供技术支撑。构建智能建造数字孪生平台，支撑铁路全生命周期一体化、精细化、智能化管理。建设管理领域应用架构如图 12–1–6 所示。

12.1.7 综合协同领域

健全办公、机关党建、纪检监察、巡视巡察、工会管理、团务管理、企法管理、审计管理、考核管理、档案管理、应急管理、经开管理、宣传管理、外事管理、计量管理、知识管理、科技管理、网信管理等系统，完善统一交互与展示平台，梳理、规范业务流程，有效提升业务协同水平和管理工作效率。综合协同领域应用架构如图 12-1-7 所示。

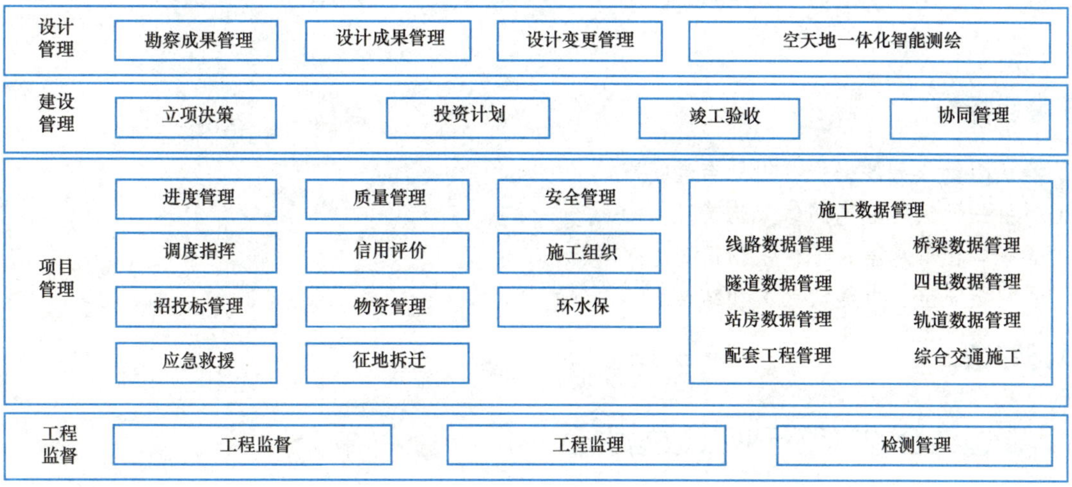

图 12-1-6 建设管理领域应用架构

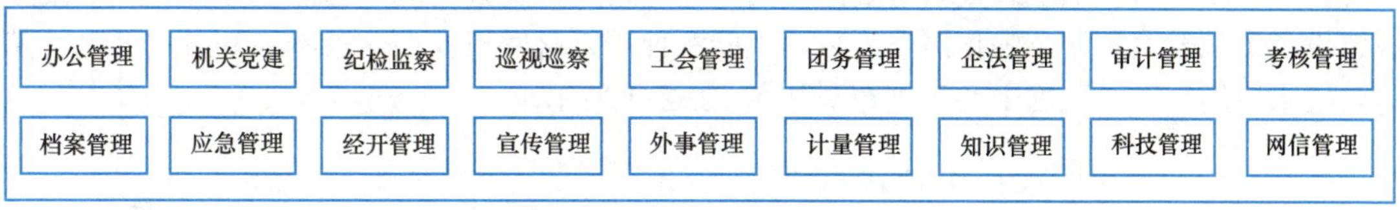

图 12-1-7 综合协同领域应用架构

知识测评

1. 简述铁路业务信息布局系统涉及的业务领域。
2. 简述铁路战略决策领域信息系统架构。
3. 简述铁路运输生产领域信息系统架构。
4. 简述铁路资源管理领域信息系统架构。
5. 简述铁路建设管理领域信息系统架构。

学习作品

课后每名同学单独制作一个开放的、富有创造性的表现学习过程和学习成效的视频，时间为 5 min 以内，至少包括以下 6 项内容：

1. 铁路业务信息系统布局涉及的业务领域；
2. 铁路战略决策领域信息系统架构；
3. 铁路运输生产领域信息系统架构；
4. 铁路资源管理领域信息系统架构；
5. 铁路建设管理领域信息系统架构；
6. 通过对本任务的学习，个人在知识增长、能力强化、素养提升方面的小结。

在课程结束后的 3 天内将作品提交任课教师，此作品作为教师评价学生学习效果的依据。

任务 12.2　信息基础设施

学习目标

1. 了解铁路行业云数据中心规划布局情况。
2. 了解新一代铁路信息网络架构情况。
3. 了解一体化信息集成平台架构情况。
4. 了解网络安全能力建设层次和结构。

基础知识

12.2.1　云边结合的铁路行业云数据中心

铁路行业云数据中心采用多地多中心总体布局，先行建成由主数据中心、同城双活数据中心、异地数据中心（灾备）构成的国铁集团级数据中心，优化调整铁路局集团公司既有信息基础设施，积极推进绿色数据中心建设和资源合理利用，强化清洁、可再生能源使用，鼓励氢能源、液冷、分布式供电、模块化机房等高能效技术应用。铁路数据中心规划布局如图 12-2-1 所示。

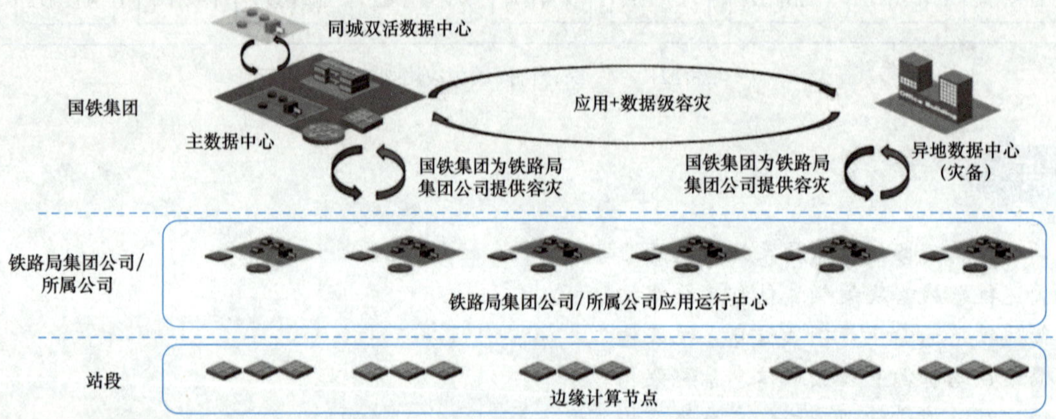

图 12-2-1　铁路数据中心规划布局

采用统一的技术架构和标准构建基于云边结合的铁路行业云，分布式部署在国铁集团、铁路局集团公司两级。同时根据需要在具备条件的站段建设边缘计算节点，作为铁路行业云的延伸与补充，提供低延时、快响应、高可用的应用服务。铁路行业云总体架构如图 12-2-2 所示。

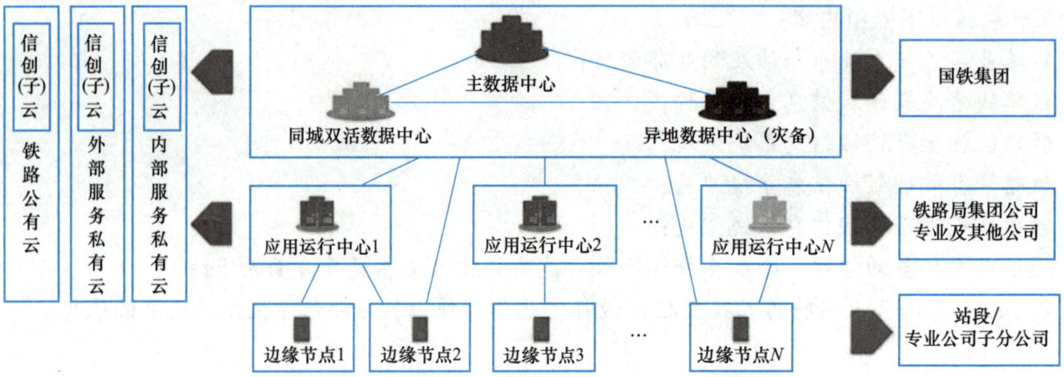

图 12-2-2　铁路行业云总体架构

12.2.2 新一代铁路信息网络

铁路信息网络及相关资源横向划分为网络空间安全相互隔离的铁路外部服务网、铁路内部服务网和铁路安全生产网三个网络；各网络纵向分别贯通覆盖国铁集团、铁路局集团公司和站段三级。新一代铁路信息网络架构如图 12-2-3 所示。

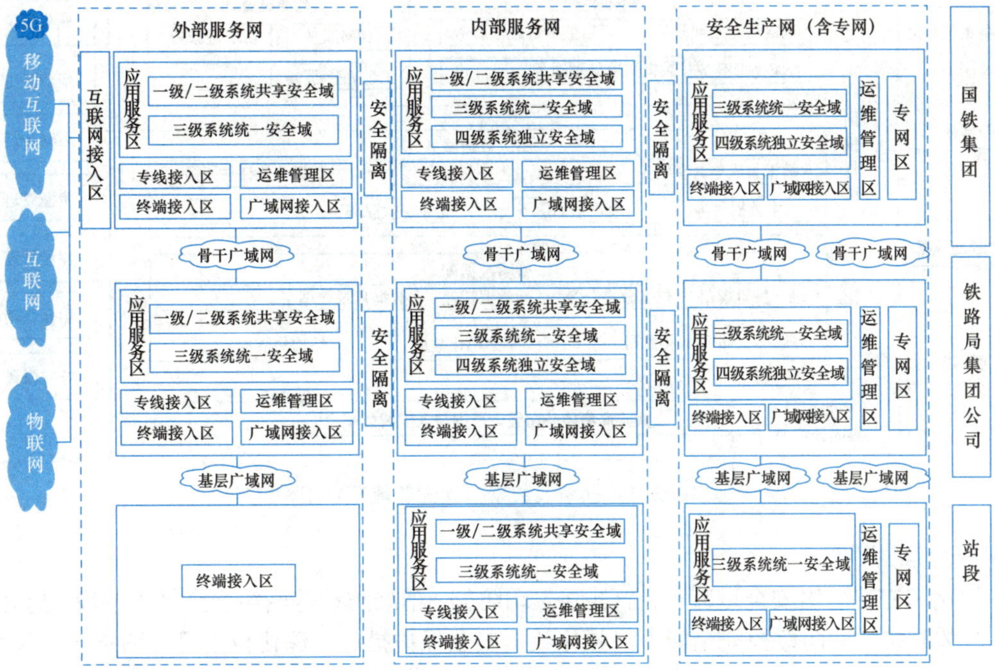

图 12-2-3 新一代铁路信息网络架构

12.2.3 一体化信息集成平台

1. 集成服务平台

提供业务和技术中台，集成提供共性业务类服务、应用门户入口、统一身份认证、移动应用接入、图表分析展示等公共服务，提升应用开发效率和管控水平。业务系统间互联互通应规范使用集成服务平台实现，与外部单位开展应用集成和数据交换统一通过国铁集团外部协作平台实现。集成服务平台架构如图 12-2-4 所示。

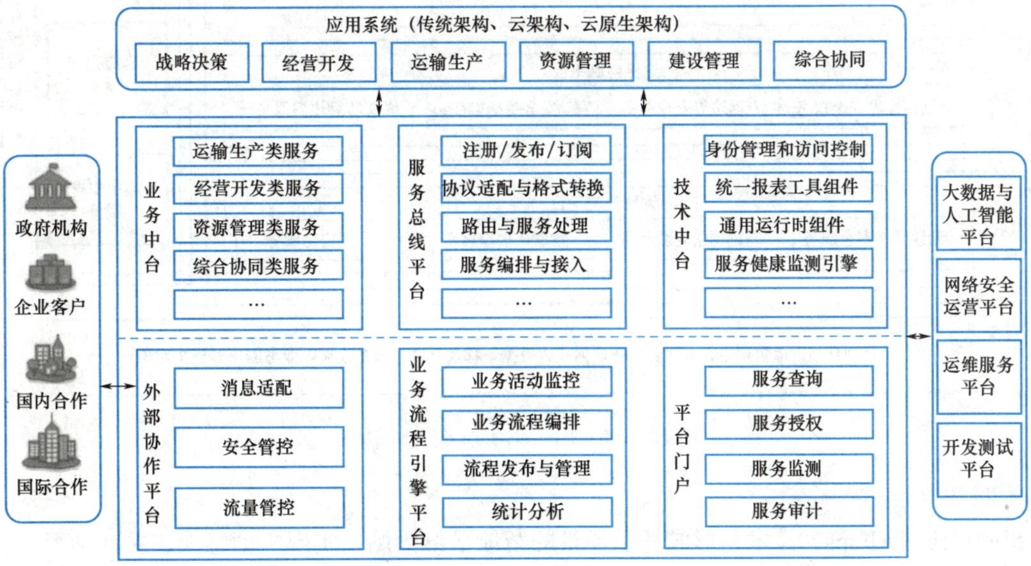

图 12-2-4 集成服务平台架构

2. 大数据与人工智能平台

在铁路数据服务平台的基础上，综合北斗导航、BIM、人工智能、区块链等先进技术，统一为各业务系统提供大数据及人工智能服务。铁路大数据与人工智能平台架构如图 12-2-5 所示。

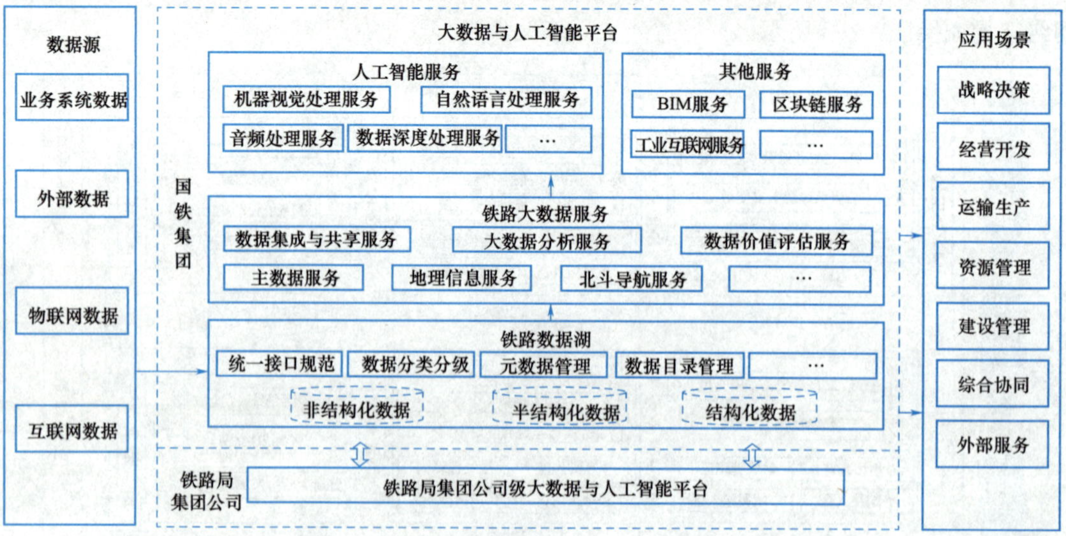

图 12-2-5　铁路大数据与人工智能平台架构

3. 网络安全运营平台

进一步优化和完善网络安全运营平台，补强主动防御、精准防护等网络安全技术手段，提升动态防御、纵深防御、整体防护、联防联控安全能力，强化数据安全保护措施，深化自主可控网络安全技术研究与创新，构建信创安全生态，全面提高网络安全综合防御水平，保障铁路信息系统安全稳定运行。网络安全运营平台架构如图 12-2-6 所示。

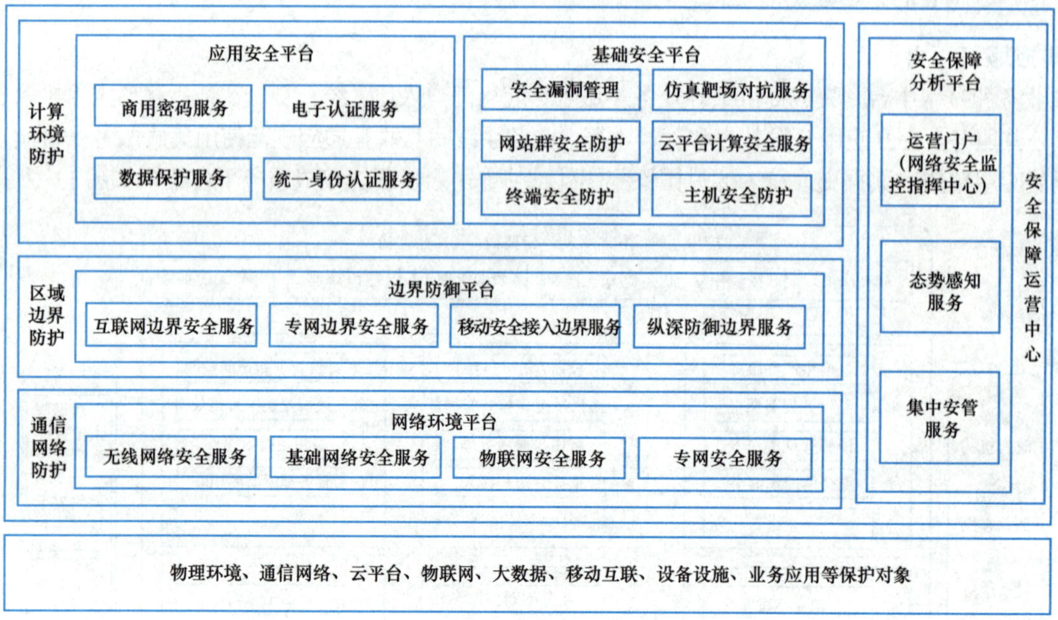

图 12-2-6　网络安全运营平台架构

4. 运维服务平台

应用智能运维（AIOps）技术，形成基于场景的智能运维大脑，实现主动感知、主动学习、智能执行，满足铁路内、外部运维需求，提高运维效率，降低运维成本，有力支撑全路信息系统运维调度和应急指挥中心（网络安全监控指挥中心）运行。运维服务平台架构如图 12-2-7 所示。

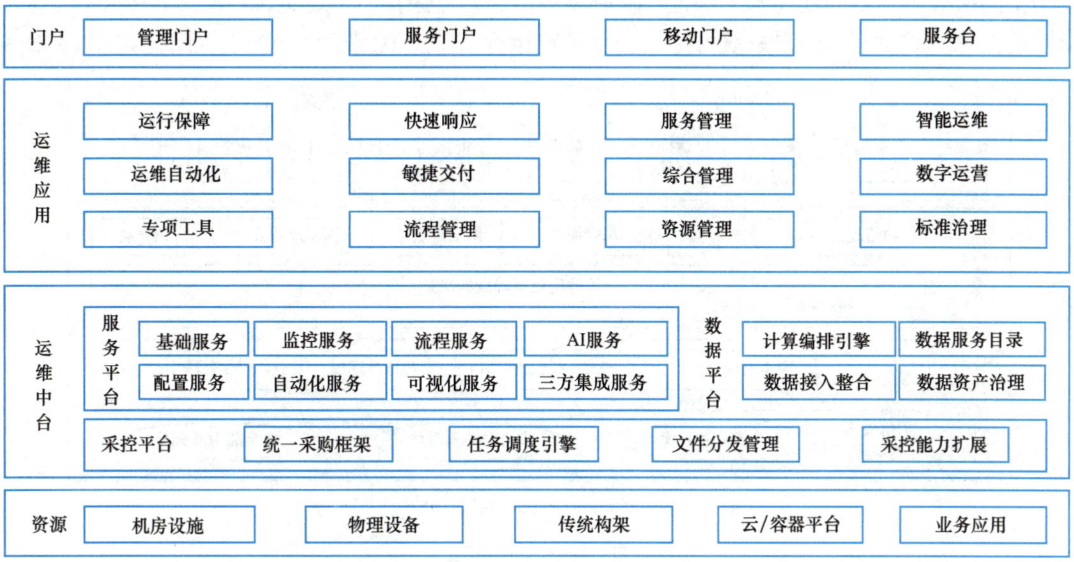

图 12-2-7　运维服务平台架构

12.2.4　开发测试平台

面向软件开发测试过程进行技术规范化管理，在铁路行业云上构建统一的铁路软件开发测试环境，提供开发、测试、仿真、灰度验证功能，满足应用开发测试、安全合规验证、上线生产前验证的需求，建立软件开发、测试测评技术标准体系和生产交付规范，提高开发测试标准化、规范化水平，促进软件研发质量、集成和交付能力的提高，提升业务应用系统开发测试效率，提高集成服务应用能力、运行维护保障能力。铁路开发测试平台架构如图 12-2-8 所示。

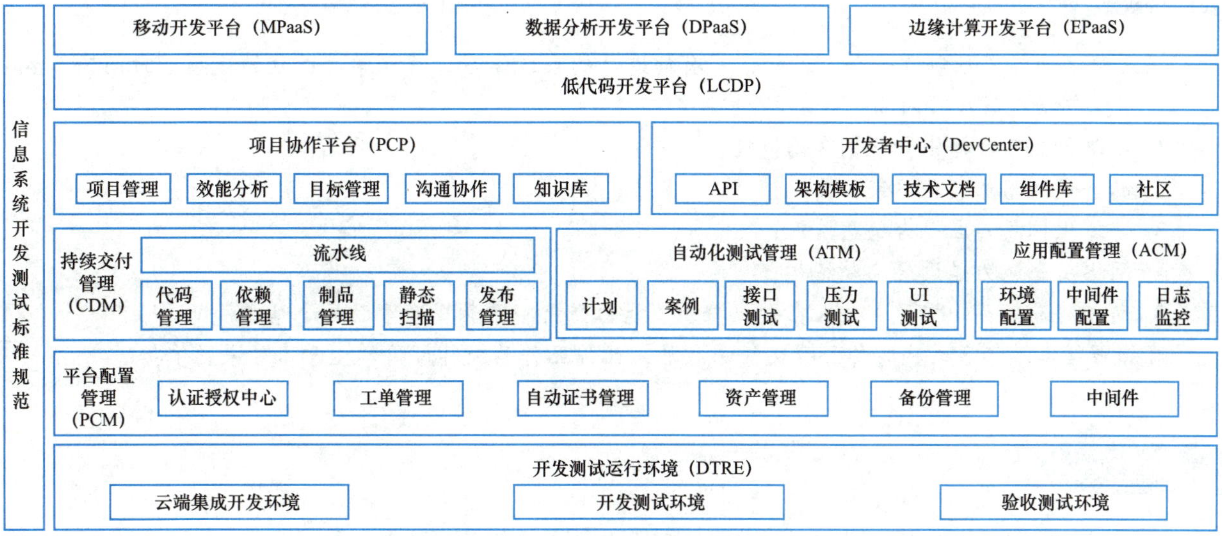

图 12-2-8　铁路开发测试平台架构

12.2.5　网络安全能力建设

铁路网络安全能力建设采用“基础保护—强化保护—协同保护”分层保护架构，基础保护以贯彻落实网络安全等级保护制度为目标，按照“一中心三重防护”要求，深入推进网络安全等级保护定级备案、等级测评、安全建设和检查等基础工作，建立网络安全资产、风险、能力基础资源库，明晰保护对象、识别安全风险；在基础保护之上，落实关键信息基础设施重点防护措施，加强网络攻防、数据安全、风险评估、供应链安全、控制系统安全、国产密码应用和国产化等技术研究与创新应用；健全网络安全信息共享机制，在国铁集团不同层级单位之间建立安全事件、漏洞库等信息共享渠道，推进资源、能力、应急和生态等协同建设，保障铁路信息基础设施和信息系统可持续安全稳定运行。铁路网络安全保护层次结构如图 12-2-9 所示。

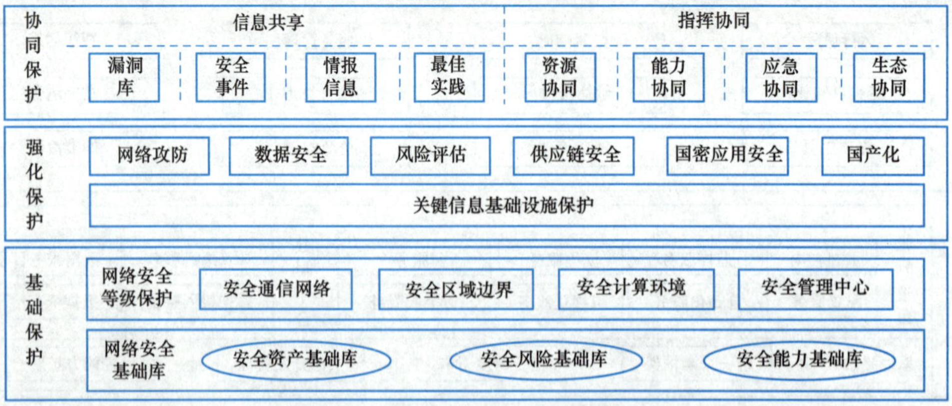

图 12-2-9　铁路网络安全保护层次结构

知识测评

1. 简述铁路行业云数据中心规划布局情况。
2. 简述新一代铁路信息网络架构情况。
3. 简述一体化信息集成平台架构情况。
4. 简述网络安全能力建设层次和结构。

学习作品

课后每名同学单独制作一个开放的、富有创造性的表现学习过程和学习成效的视频，时间为 5 min 以内，至少包括以下 6 项内容：

1. 铁路行业云数据中心规划布局情况；
2. 新一代铁路信息网络架构情况；
3. 一体化信息集成平台架构情况；
4. 网络安全能力建设层次和结构；
5. 通过对本任务的学习，个人在知识增长、能力强化、素养提升方面的小结。

在课程结束后的 3 天内将作品提交任课教师，此作品作为教师评价学生学习效果的依据。

拓展建议

1. 登录国家铁路局官网，学习《铁路客运服务信息系统设计规范》。
2. 阅读材料。

数字铁路规划——到 2035 年铁路数字化转型全面完成

2023 年 9 月，中国国家铁路集团有限公司印发《数字铁路规划》，力求实现铁路业务全面数字化、数据充分共享共用、智能化水平不断提升，为实现铁路现代化、勇当服务和支撑中国式现代化建设的“火车头”提供数字化新动力。

《数字铁路规划》共六章，分析铁路数字化面临的新形势新要求和发展现状，提出数字铁路建设工作的指导思想、基本原则和发展目标，系统谋划数字铁路建设的主要任务和推进数字铁路发展的实施路径、示范工程、保障措施。

《数字铁路规划》提出，以支撑铁路“六个现代化体系”构建为目标，加强数字铁路建设整体布局，即夯实铁路数字基础设施和数据资源体系“两大基础”，推进数字技术与工程建设、运输生产、经营开发、资源管理、综合协同、战略决策六大业务领域深度融合，强化自立自强的铁路数字技术创新体系、安全可信的铁路数字安全屏障“两大能力”，优化数字铁路治理体系、数字领域国际合作“两个环境”，形成数字铁路“2622”的整体框架。以此为基础，《规划》提出了建设中国铁路运输调度指挥平台、货运生产作业与管控平台等 23 个示范项目。

按照《规划》，到 2027 年，铁路数字化水平大幅提升，重点领域实现智能化，基本形成纵向贯通各层级业务场景，横向联通各专业系统的推进格局，数字铁路建设取得重要进展。到 2035 年，数字铁路建设取得重大成就，铁路数字化转型全面完成，铁路各业务领域智能化程度全面提高，铁路信息安全保障能力全面增强，铁路信息技术创新应用实现全面覆盖，铁路数据要素价值全面释放，铁路数字技术、应用创新和人才队伍领先全球同行业，有力支撑铁路率先实现现代化。

思政案例 “一带一路”廉洁之路——中老铁路

中老铁路是中国和老挝两党两国最高领导人亲自决策和推动的重大战略合作旗舰项目，是深化中老两国全面战略合作伙伴关系的重要内容，是“一带一路”建设的标志性成果。为贯彻落实习近平总书记提出的让“一带一路”成为廉洁之路的重要倡议，中老两国开展了中老铁路“廉洁之路”建设。

中老铁路自开工建设，始终把廉洁建设与工程建设同谋划、同部署、同实施、同检查，既努力打造“一带一路”标志性工程、又努力打造“廉洁之路”示范性工程。

中老铁路廉洁建设，是落实两国领导人加强反腐败合作、建设廉洁之路共识的具体行动，对于增进中老两国在政治上高度互信、经济上全面合作，建设高度互信互助互惠的全面战略合作伙伴关系，具有重要实践意义。同时，中老铁路是第一个以中方为主投资建设、采用中国铁路技术标准、双方共同运营并与中国铁路网直接连通的境外铁路项目。加强中老铁路廉洁建设，对于推动“一带一路”合作高质量发展具有重要示范作用。

依法合规建设是中国铁路企业走出去参与“一带一路”建设的竞争力、生命力所在。中国铁路总公司先后制定了《中老铁路精品工程建设指导意见》《中老铁路项目廉洁建设工作方案》等制度办法，成立工作机构，把“廉洁工程”作为“精品工程”建设的八大目标之一，一体推进，互保互促。

中国铁路总公司全面梳理排查工程建设的廉洁风险，制定《中老铁路项目廉洁风险防控手册》，细化廉洁风险防控点 648 个，制定防控措施 430 条，完善管理制度 154 项，协调参建各方建立严明精准高效的廉洁风险防控体系，把风险防控措施嵌入工程项目管理过程。制定《中老铁路廉洁建设十条行为准则》，严格廉洁教育监督，组织全员自觉规范履职行为。

压实工作责任，一方面，坚持优中选优，推荐优秀管理人员作为老中铁路公司董事长、总经理人选，履行好工程建设和廉洁建设主体责任；牵头组织各参建单位成立专门的反腐败联合协调机构，统筹组织反腐败工作，并增派人员专职负责协调和检查廉洁建设、合规经营情况。明确反腐败联合协调机构的职能职责、工作内容和保障措施，与所属部门、单位及分包队伍负责人签订廉洁责任书 676 份，把廉洁建设的责任落实到工程建设的各层面、各岗位。另一方面，强化教育监督。围绕项目依法建设、人员依规管理，全线召开廉洁建设宣讲会 324 场次、参建人员 23 739 人次听讲；召开管理人员座谈会 245 场次、2 940 余人次接受教育，组织开展“管理精英”“技术专家”和“铁路工匠”评选活动，增强了中老铁路建设者做好中老铁路廉洁建设的政治自觉和行动自觉；制定下发《中老铁路项目廉洁建设监督检查工作制度》，明确中老铁路廉洁建设监督检查工作方式、方法，通过单位自查、定期检查、专项检查，约谈提醒整改工程建设推进中存在的问题。

中老两国监察机关、参建各企业都把加强中老铁路廉洁建设作为共同责任和重中之重的工作，合力推动落实。中老两国监察机关在长期友好合作的基础上，认真履行《联合国反腐败公约》义务，持续落实《中国—东盟全面加强反腐败有效合作联合声明》，进一步凝聚共识，创新反腐败合作方式，将中老铁路廉洁建设纳入中老监察机关签署的《合作谅解备忘录》，共同推进和抓实中老铁路廉洁建设。

中老双方坚持问题导向，每半年组织一次中老铁路廉洁建设工作会商，共同研究解决铁路建设中的沿线治安、联合执纪、日常沟通以及防止利益输送等问题。围绕建设资金管理、免税物资管理、安全质量、发票规范等问题，共同梳理明确廉洁风险卡控点，开展联合检查，督促解决影响工程推进的瓶颈问题，检查监督、约谈整改工程建设中的不廉洁现象。

同时，围绕加强中老两国反腐败合作及廉洁建设，开展研讨交流。2018 年 9 月，中老铁路廉洁建设研讨班在北京举行，老挝政府监察总署、公共工程与运输部、老中铁路项目管理组等领导人员共 50 人参加学习研讨，中老双方共同探讨廉洁建设经验，协商中老铁路廉洁建设方法措施。

“廉洁之路”建设深入人心，收到初步成效

开展中老铁路“廉洁之路”建设，对于各方完善工作机制，加强项目质量安全管控和廉政建设，促进项目建设顺利推进具有重要作用，已经收到初步成效。

在中老双方的共同努力下，中老铁路项目廉洁建设已成为中老铁路建设管理文化，深入人心，有效保障了中老铁路项目的整体规范运作。中老铁路招标，没有发现围标、串标、泄密等问题；完成物资设备集中采购，保质保量供应，没有产生不良反应；工程建设重点环节廉洁风险得到有效管控，从业人员的廉洁自律意识明显增强，建设管理行为依法合规，安全质量平稳可控，项目实施进展顺利，初步形成了清正廉洁、规范有序的建设环境。

廉洁之路与精品工程建设，相辅相成、互促互保，有力推动了中老铁路工程质量提升和安全规范管理。

学习笔记

模块 13

铁路运输安全管理

模块导入

铁路运输安全管理是以铁路安全管理为中枢，以铁路运营参与者为核心，以铁路设备设施为基础，以铁路内外部环境为条件组成的体系，即“人—机—环—管”体系。

铁路运输安全管理一方面要保证铁路运营系统内人员和设备的安全，另一方面要保证外部环境不会对其构成威胁，是在铁路运营过程中，维护铁路正常的运行秩序，保证旅客及铁路员工生命财产安全、运输设备和货物完整性的所有方法和手段的综合。

通过对本模块的学习，同学们将走进铁路运输安全管理，认识铁路运输安全管理，致力于铁路运输安全管理。

模块任务

任务 13.1　铁路运输安全管理对象分析

任务 13.2　铁路运营系统事故分析及处理

以上 2 项任务全部来自我国铁路运输安全管理实际，情境客观，内容真实。

任务 13.1　铁路运输安全管理对象分析

学习目标

1. 了解铁路安全的全生命周期管理。
2. 掌握铁路运输安全管理的对象。

基础知识

13.1.1　铁路安全的全生命周期管理

中国铁路根据多年来科研、试验及运营管理经验，形成了系统全面的规章制度标准，实施贯穿全生命周期的铁路安全管理。

所谓全生命周期的铁路安全管理是指中国铁路除了以铁路运营全过程安全管理为核心外，还涵盖了运营前期的安全管理。

中国铁路在运营前期阶段，即从源头质量上保障铁路安全。一方面，在设计、审批、建设阶段，通过各种手段对设计、工程设备质量进行严格监管。另一方面，在开通前，开展联调联试、运行试验、安全评估等一系列措施消除安全隐患。

1. 设计安全、工程建设和设备质量

（1）在设计审批阶段，通过项目审批、可研审查、设计审核等严格规范的审批环节确保项目在设计层面的安全。

（2）在工程建设质量管理方面，遵循科学的制度标准，在原材料采购、工艺工法选择、建造过程中检测检验、验收开通等关键环节严格管理，加强工程建设质量问题的检查和整治。

（3）在设备质量管理方面，强化物资采购审核和产品质量检验检测，实施行政许可、产品认证、上道审查等准入制度，规范机车车辆（含动车组）及其重要配件、信号通信设备的监造管理，加强设备质量源头控制。

2. 联调联试、运行试验及安全评估

（1）对新建铁路项目实施系统性能测试及优化等联调联试工作，对列车安全运行状况和线路基础设施安全状态进行检测。

（2）通过运行试验，检验设备设施及行车组织方式能否满足安全运营要求，检验各种非正常情况下保障安全的能力。

（3）在新建铁路开通运营前，组织行业内的管理和技术专家，分专业对运营维护单位在安全管理、规章制度、员工素质、设备管理等方面的开通运营准备情况实施安全评估。

13.1.2 铁路运输安全管理的对象

1. 人员

铁路运营系统中的人员主要包括铁路作业及管理人员、旅客以及进入铁路运营系统的其他人员。

尽管铁路运营系统的自动化程度提高了，但归根到底还要由人来策划、设计、制造、控制、操作、组织、管理、维修、训练和决策，因而人是安全系统中最重要的因素，人员安全管理是铁路运营安全管理的核心。

人是铁路运输设备的操作者，铁路运输环境的调节者，铁路运输管理的执行者。由于人生理、心理、社会、精神等特性的不同，既存在各异的内在弱点，又有不同程度的可塑性和难以控制性。

例如：从事和参加铁路行车工作的人员有机车乘务员、车站值班员、调度员、信号员、车辆检车员等。据统计，世界百年铁路重大事故中，与司机责任有关的约占35%。

日本铁路公司在20世纪80年代初曾统计、分析过本国铁路事故原因，发现因铁路职工疏忽大意造成的事故占39.7%，其中司机误认信号占20%。

英国曾经统计过本国列车重大事故，其中人的因素占比在36%～55%，由于职工失职和失误造成的事故比例大于技术设备缺陷造成的事故。英国铁路从历史事故中总结出：在人和技术设备的有机结合体中，人是主导方面，因为在接连发生人为失误的情况下，最精良的设备也会变得不可靠了。

因为人的因素造成的事故案例：

案例1：1887年9月24日，英国港口城市利物浦车站内，列车司机闯越红灯，与一列停在站内的列车发生追尾，事故造成91人伤亡，本次事故完全由人的因素造成。

案例2：1959年1月6日，苏家屯机务段5006号机车牵引的2231次列车任务（编组56辆，总重1 306 t，计长63），列车运行至马仲河—昌图间K525+00处，由于机车长时间缺水，造成锅炉爆炸事故，事故是由于司乘人员工作缺少责任心所致。

2. 运输设备

大量技术先进、质量优异的运输设备的应用为提高铁路运输质量，保障铁路运输稳定、安全、有序，促进铁路的发展，发挥了重要而积极的作用。可以说，铁路运输设备的技术状态良好与否直接影响铁路运营安全，是铁路运营安全最重要的基础保障，也是铁路运营安全管理的重要内容。

有关行车的各项设备有：机车、车辆、线路、供电设备、信号及通信设备，以及相关的检测、维修等辅助设备、工具等，有时还包括铁路线上的物料、配件及列车装载的货物。列车运行中，一些技术设备故障不易发现，一旦隐患得不到控制，即会发生行车事故。国外一些铁路专家高度重视人在保证行车安全工作中的特殊作用的同时，把影响行车安全的主要因素依次排列为：技术设备故障、调度指挥失误、司机缺乏警惕，强调技术装备保安全的作用。

比如：车钩断裂造成列车分离的事故较多，大多数车钩钩舌断面为全新痕，且存在夹渣制造缺陷，列为制造质量责任；只有少部分为疲劳断裂，有旧裂纹，列为检修人员的责任。又如货物装载不当，或装有

易燃易爆的危险品，运输过程中由于列车冲撞，发生爆炸或脱轨事故。还有因为道路桥梁技术状态不良、机车车辆制动机故障或技术不成熟而引发的事故。

案例 1：1855 年 11 月 1 日，美国一列车行至密苏里州圣路易斯郊外一座大桥，大桥发生坍塌，造成 30 人遇难，数百人受重伤。

案例 2：1864 年 6 月 29 日，加拿大魁北克省贝来尔，一列车在一座摇晃的大桥前由于制动失灵坠入黎塞留河，事故造成 99 人死亡。

案例 3：1948 年 5 月 30 日，通化—辑安间 361 次列车因机车制动失灵，在老岭—黄柏间 K207+203 处放风，造成列车颠覆事故，3 名乘务员死亡。

案例 4：有时人机之间相互作用，也易造成事故。如 1891 年 4 月 19 日，美国俄亥俄州一旅客列车与一货车相撞。事故造成 8 人死亡。事故原因为配给司机的手表晚了四分钟而引起。

3. 环境

对铁路运输来讲，环境指铁路行车环境和行车工作环境。环境包括：自然环境、社会环境。

1）自然环境的影响

（1）自然环境对人的影响。高温容易使人疲劳和烦躁；噪声使人难以发现异常声响和报警信号；照明不够使人不易识别物体；在电气化铁路周围工作的人员受电磁影响，易于疲劳等。

（2）自然环境对设备的影响。在电气化铁路周围的通信信号受电磁干扰等；各种运输设备长期暴露在自然环境之中，受到腐蚀而影响使用寿命，甚至存在被直接破坏现象。

2）社会环境的影响

（1）社会环境对人的影响。经济困难、住房紧张、家庭不和等因素影响人的情绪；人际关系紧张、受到不公平的批评或处罚等影响人的心理和精神状态。

（2）环境对设备的影响。地震、洪水、大风、雪灾、泥石流等毁坏线路，影响行车等；电气化供电设备对周围设备会造成干扰和影响；治安环境不良，破坏铁路设备的现象时有发生，例如钢轨联结零件被拆除，信号通信电线被割断，电信器材被盗走，危险品被带上车，关闭折角塞门，拆卸钢轨夹板等，都会严重影响铁路行车安全。

3）因环境不良而造成的行车事故案例

案例 1：1946 年 12 月 14 日 8 时，长图线苇子沟—河南间 K501+00 大桥下发生火灾，致使图们开往朝阳的旅客列车颠覆，造成旅客 18 人死亡，55 人受伤。

案例 2：2008 年 1 月 20 日 22 时，贵阳供电局管辖的筑风Ⅱ回 22 kV 输电线路避雷线因受到凝冻灾害覆冰断落，搭在接触网上，造成接触网断线停电，影响行车秩序。

案例 3：1948 年 2 月 8 日，国民政府交通部管辖的平汉铁路黄河南岸线路被积雪淹埋，一旅客列车被阻于其间达两昼夜，冻死旅客 11 人，既有环境问题，也有安全管理和应急防范能力不足的问题。

案例 4：1949 年 8 月 24 日，742 次货物列车运行至汪清—新兴间 K42+00 水南隧道时，图们机务段乘务员因煤烟中毒而昏迷，机车失控造成列车放风，闯进新兴站脱轨颠覆，3 名机车乘务员全部遇难。此例事故表明人、设备与环境之间的协调关系十分重要。

4. 管理

历史上有一类火灾事故，诱因如出一辙，皆因管理。

案例 1：1924 年 1 月 18 日，济南开往青岛的第 2 次旅客列车行至金岭镇—辛店间，机后第 3 节车厢内因旅客携带的油漆着火而引起火灾，事故造成 7 人死亡，48 人受伤。原因为旅客携带的油漆瓶子，被人挤倒，油漆流到车底板上，另一旅客怕弄脏自己行李，在划火柴照看时落出火种而引起火灾。此类事故首先是进入车站和车厢后的安全检查出现管理不严的问题。

案例 2：1939 年 9 月 23 日，由河口驶往开远的一列客货混合列车发生溜逸事故，脱轨，但因管理上的需要，没有告知司机第 3 节车内装有 10 t 汽油，司机燃油纱照明，检查脱轨货车情况时，溢出的汽油引燃了车上的油桶。事故造成旅客 70 余人被烧死，40 余人烧伤。

案例 3：2007 年 9 月 3 日 8 时 05 分，83923 次货物列车（编组 42 辆）运行至昆明局管内沪昆线小鸡街—格以头间 K2408+200 处，机后第 27 位车辆运行方向左 1 轴因轴承外圈滚道疲劳剥离致使轴承失效，急剧产生高温熔化轴颈，发生热切轴。因防脱轨自动装置发挥作用，未造成车辆脱轨，构成一般C类事故。由于铁路货车全部进行了加装改造，新安装的防脱轨自动制动装置发挥了作用。

知识测评

1. 简述铁路安全的全生命周期管理。
2. 简述铁路运输安全管理的对象。

学习作品

课后每名同学单独制作一个开放的、富有创造性的表现学习过程和学习成效的视频，时间为5 min以内，至少包括以下3项内容：

1. 铁路安全的全生命周期管理；
2. 铁路运输安全管理的对象；
3. 通过对本任务的学习，个人在知识增长、能力强化、素养提升方面的小结；

在课程结束后的3天内将作品提交任课教师，此作品作为教师评价学生学习效果的依据。

任务13.2 铁路运营系统事故分析及处理

学习目标

1. 了解机务部门事故特征。
2. 了解工务部门事故特征。
3. 了解客货运输部门事故特征。
4. 了解车辆部门事故特征。
5. 了解电务部门事故特征。
6. 了解供电部门事故特征。
7. 掌握铁路运输事故分类及处理。

基础知识

13.2.1 机务部门事故分析

1. 机务部门

机务部门指机务段、动车段以及沿线设置的机务折返段（机务段的行车派出机构），按修程负责机车、动车组的检修、整备。

机务段、动车段中主要行车工种有机车乘务员（司机、学习司机、地勤司机）、机车钳工、机车电工、制动钳工、内燃机装试工等，其关键岗位为机车乘务人员、检修作业人员。

2. 机务部门的事故特征

机务部门的事故多表现为铁路机车、动车组在运行过程中发生冲突、脱轨、火灾、爆炸等，或者机车在运行过程中与行人、机动车、非机动车、牲畜及其他障碍物相撞，而发生事故。

3. 引发事故的原因

1）机车乘务员因素

机车乘务员业务技能水平低、应急处理能力差、误操作新装备，以及机车乘务员班前休息不充分，疲劳驾驶及注意力不集中等。

2）机车设备因素

机车及动车组设备因检修质量不高发生故障，以及系统设计不科学等内因。

3）安全制度因素

安全管理标准执行不一、规章或数据修订不及时等因素。

4）作业环境因素

（1）作业场地和行车环境复杂等外因。

（2）列车运行中刮坏行车设备设施，电力机车、动车组带电进入停电区，列车冒进信号或越过警冲标，关闭机后一位折角塞门发出列车，电化区段攀爬车顶等都会造成不同的事故。

4. 机务责任事故案例

通过对历史上发生的行车事故进行数据分析，责任部门中机务占比为首位，其次是车务、工务、车辆和电务等部门。

机务责任事故最有代表性的案例：1971 年，京广线“12•7”琉璃河事故，由于机车司机值乘时打瞌睡；1978 年发生震惊中外的“杨庄”事故；1988 年沪杭外环线“3•24”事故；1992 年浙赣线“3•21”五里墩事故；1993 年京广线“7•10”七里营事故，机务部门均承担主要责任。

机务责任事故案例分析如下。

案例 1：1992 年 3 月 21 日 3 时，浙赣线由南京西开往广州的 211 次旅客列车在湖南株洲五里墩站失去控制，冒进五里墩站关闭的下行进站信号机，挤坏 4 号道岔，与正在进入车站的 1310 次货物列车发生正面冲突，事故造成 15 人死亡，34 人受伤，中断行车 35 小时 09 分，构成行车重大事故。发生这次事故是 211 次列车司机中断瞭望，臆测行车，错过制动时机造成的。

案例 2：1993 年 7 月 10 日 2 时 55 分，北京开往成都的 163 次旅客列车，运行至京广线新乡南场至七里营间，由于 163 次列车司机接到 1828 号调度命令后，未经确认，错误理解命令内容，将新乡南场至七里营启动闭塞区间误认为是特定闭塞区间，并擅自关闭了机车信号和自动停车装置，运行中精神不集中，遇黄灯不减速，遇红灯不停车，速度达 80 km/h 左右，当发现前方有车时，已错过制动时机，致使 163 次与 2011 次追尾冲突，造成死亡 40 人（其中乘务员 32 人），重伤 9 人（其中乘务员 7 人），轻伤 39 人（其中乘务员 4 人）。

13.2.2 工务部门事故分析

1. 工务部门

工务部门主要指工务段、工程机械段及一些工程施工部门，其主要职能是维护铁路线路，保持线路、桥隧技术状态良好。

铁路线路是铁路运输基础设施的重要组成部分，对铁路运输安全有着十分重要的作用，铁路事故中因施工作业不当、线路技术质量不良或因铁路道口管理不善等原因造成的事故比率较高。

2. 工务部门常见惯性事故特征及原因

1）施工作业违章导致行车事故

事故典型案例：2012 年 10 月 6 日 11 时 31 分，渝怀线成都开往广州 K191 次旅客列车运行至冯家坝—甘家坝间，将在线路上使用小型捣固机维修线路的 4 名从业人员撞死，构成铁路交通较大事故。事故因作业人员天窗外违章上道作业，且未设置现场防护员所致。

因施工违章及施工管理不善造成的行车事故和作业人员伤害事故，概括如下。

（1）防护不当或中断防护，不设作业标，作业人员下道躲避列车不及时。

（2）不执行天窗作业点，提前开展施工作业。

（3）无调度命令施工，或不经调度批准变更作业地点、超范围施工维修。

（4）轻型施工车辆、小车、施工机械、作业机具等设备设施等，造成运行中的列车冲撞。

2）线路设备维护不及时造成事故

线路设备陈旧，维修质量不高；钢轨探伤检查不到位，造成钢轨断裂；线路几何尺寸不符合标准；胀轨跑道，钢轨、夹板、岔心折断等造成事故。

事故典型案例：1971 年 5 月保定工务段管辖区间发生胀轨跑道，造成列车颠覆事故。兰州十里山二号隧道“8·23”火灾事故，因钢轨夹板折断后，列车重量引起本已疲劳裂损的钢轨头折断导致事故。

代表性的事故案例：1938 年 1 月 2 日，粤汉铁路由广州开往武昌的 22 次直通混合列车，行经旧横石—黎洞间，全列 14 辆中有 10 辆颠覆，死伤旅客百余人。

线路设备导致行车事故原因分析如下。

（1）路基松浮，且列车编组前重中轻。

（2）断轨，如 1949 年 4 月 7 日，527 次货物列车运行至卧里屯—萨尔图间 K155+30 处，由于钢轨折损造成列车颠覆重大事故。

（3）工务作业人员违法擅自动道，如 2008 年 6 月 20 日 16 时 50 分，陇海线 81606 次货物列车运行至杨家河—天水间 K1403+846 处，因工务作业人员违法擅自动道造成线路涨轨，导致机后 15 位车辆 B_{15E}7001943 后台车脱轨，中断上行线 5h 54 min。构成铁路交通一般 A 类事故。

3）作业人员侵入限界造成事故

进入线路的巡守人员、线桥作业人员侵入限界或横穿线路时躲避列车不及时，造成伤害等。

事故典型案例：2013 年 11 月 22 日 11 时 10 分，京哈上行线台安至盘锦北间，晚点通过的哈尔滨至北京的 D28 次动车，撞上山海关工务段盘锦北一线路工区 5 名横过线路的作业人员，事故造成 4 人死亡，其中有 2 名刚参加工作不久的大学生和 1 名新上岗的高职生，作业班长也在事故中受伤。

4）路料装卸、摆放不当造成事故

卸砂、石料作业不当，路料摆放不当造成事故。

事故典型案例如下。

案例 1：2008 年 6 月 1 日 20 时，焦柳线通道—地阳坪 K1353+890—K1353+920 间封锁，57001 次进入该区间卸片石，20 时 30 分运行至 K1353+949 处，因车门关闭不良，车上片石滚落侵限，将机后 2 位敞车垫出脱轨，构成铁路交通一般 C 类事故。

案例 2：2005 年 12 月 28 日 13 时 21 分，24032 次货物列车运行至黔桂线墨冲站站内三道时，因机后第 7 位车辆在区间卸碴时发生故障后未卸完余碴，造成卸车偏载、脱轨。

5）自轮运转设备作业事故

事故典型案例：1969 年 9 月 21 日，沈丹铁路下马塘—连山关间，发生轨道车与 5511 次货物列车相撞的重大伤亡事故。造成 9 人死亡，62 人受伤，轨道车大破。

6）对自然灾害监测手段不先进造成事故

风灾、水灾、塌方和落石等自然灾害发生后，因预防不力、监测手段不先进等造成事故。

典型事故案例如下。

案例 1：1954 年，天兰铁路“8·4”颠覆坠落事故，起因为山洪将路基下层冲毁，191 次客车列车通过时路基塌陷所致。

案例 2：2007 年 2 月 28 日凌晨 2 时，南疆铁路 5807 次列车运行至珍珠泉—红山渠站间时，因瞬间 13 级大风造成列车机后 9～19 位车辆脱轨，事故造成 3 名旅客死亡，2 名旅客重伤，32 名旅客轻伤。

案例 3：2010 年 5 月 23 日凌晨 2 时，由上海南开往桂林的 K859 次旅客列车，运行至沪昆线余江—东乡间，遇连日降雨造成的山体滑坡掩埋线路，列车发生脱线事故，机车及机后第 1～9 位车辆脱线。本次地质灾害引发的事故造成 19 人死亡、71 人受伤。

案例 4：2014 年 11 月 24 日 15 时，襄渝线 75228 次货物列车行至旬阳至棕溪间，发生山体塌方和泥石流，造成机后 1～12 位车辆脱轨。事故造成 2 名司机伤亡。

案例 5：1967 年 4 月 4 日 4 时 34 分，外福线安仁溪至闽清区间 K132+262 处，309 次旅客列车撞上落石，构成机车引导轮脱轨的重大事故。

7）铁路道口路外伤害事故

典型事故案例如下。

案例 1：1936 年 9 月 13 日，在粤汉铁路易家湾车站 K391+500 处，汽车抢道与 22 次旅客列车相撞。事故造成死亡 9 人、重伤 13 人，中断铁路行车 33 小时。

案例 2：1946 年 6 月 18 日，52 次旅客列车于 5 时 30 分抵达沪宁线真如站 1 道，交会 7 次旅客列车。

机车停于道口前 1 m 处，当 7 次列车由正线进站时，上海万丰海陆运输公司一辆满载火柴的卡车由南开来，不顾道口看守人员显示的危险信号，抢越道口与 7 次特快列车相撞。卡车被撞后，车内储油器破裂，所载火柴受震着火，并延及列车，烧毁客车 4 辆，机车、煤水车脱轨后撞坏 52 次机车，卡车司机死亡，2 人失踪，旅客 27 人受伤。

案例 3：1963 年陇海线发生“11·24”东闸道口撞车事故，引发汽车所载的 2 t 雷管爆炸。

案例 4：2006 年包兰线宁夏金沙湾铁路道口“7·11”事故，一辆旅游大巴上的司机未认真瞭望，冲过道口时与一台西行机车相撞，事故造成 12 人死亡，6 人重伤，9 人轻伤。

铁路道口长期以来成为路外伤害事故最为敏感的部位，近年来铁路部门加快投资，陆续将大量平交道口改造为立交桥，客观上减少了道口冲撞事故。

8）人为破坏

2014 年 4 月 13 日 3 时 17 分许，由黑河开往哈尔滨的 K7034 次列车运行到海伦站—东边井区间时脱轨。事故原因为铁路职工吴某因竞聘工长职位落选后，拆卸下一根 12.5 m 钢轨并移位，导致列车脱轨事故。责任者被追究法律责任。

13.2.3 客货运输部门事故分析

1. 客货运输部门

客货运输部门指保证旅客和货物运输安全的客运段、车务段、车站，以及配送和运输货物的物流公司、中铁快运及其集装箱公司等。

2. 客货运输部门的事故总体特征及分析

在铁路运输过程中，发生火灾、电伤、列车脱轨、碰撞、地震、风灾、水灾，或有人为破坏因素等，造成旅客伤害及货物损失的事故，并造成铁路运输系统设施、设备损毁，影响正常的运输服务。

1）车务部门、车站常见事故特征及分析

（1）漏发、错发、漏传、错传调度命令导致列车超速运行。

（2）错办进路，向占用区间发出列车，或向占用线接入列车。

（3）未准备好进路，就开始接发列车。

（4）未办或错办闭塞发出列车。

（5）车辆防溜措施不当，导致车辆溜入区间或站内。

（6）调车作业中发生冲突、脱轨、火灾、爆炸、相撞。

（7）由于货物（包括行包、邮件）超重、偏重，货车装载不良，装载加固材料（或装置）超限（含按超限货物办理超过申报批准尺寸的）或坠落，造成列车运行中刮坏设备设施。

（8）装载超限货物的车辆按装载货物的车辆编入列车。

（9）发生冲突、脱轨的机车车辆未按规定检查鉴定编入列车。

（10）车列或车辆溜逸造成事故。

（11）车站安全检查时，未发现旅客携带的易燃、易爆品或其他危险品，造成行车事故。

典型事故案例如下。

案例 1：1969 年 10 月 24 日，庙岭车站与大兴沟车站的值班员，因错误办理闭塞，使 2599 次列车与 2492 次列车在上述两个站区间 K70+70 处发生正面冲突，事故造成 7 人死亡。

案例 2：1990 年 7 月 27 日 8 时整，2523 次货物列车与 848 次重联机车牵引的货物列车，在沈阳铁路局通化分局梅集线通沟—干沟间发生正面冲突。事故由于两车站值班人员缺乏责任心，错误办理了列车进路，开放出站信号所致。

2）客运部门常见事故特征及分析

列车员应急处理能力弱，未能及时发现旅客有不安全倾向，造成旅客伤害事故。有时，还因为服务不到位、工作差错引起旅客投诉，上升为路风事件。

典型事故案例：2005 年 8 月 26 日 19 时 50 分，1625 次列车停靠在北京西站 4 号站台上待发。一患有精神病的人员冲到 1 号车厢前部，通过端部的扶梯爬上了车顶，猫腰爬过 1 号车厢，登上了 2 号车厢的车顶后，在站直身子、伸手就抓接触线，被电击起火，从车顶摔下。

3）货运部门常见事故特征及分析

货运事故分为火灾、被盗、丢失、损坏、腐坏、污染、湿损等，特别在运输危险货物时，容易发生爆炸、易燃、毒害、腐蚀和放射性等危险因素。另外在调度指挥生产中，重车夹着的空车容易脱轨。有时，铁路对承运的货物自接受承运时起到交付时止发生的灭失、短少、变质、污染或者损坏，要承担赔偿责任。

代表性的事故案例：2001 年 7 月 13 日 22 时，由成都开往达川的 29008 次货物列车所载石油钻井设备发生移动，超出限界，沿路 21 km 多的行程中，打坏了桥梁栏杆、电线杆、信号灯等铁路行车设备，并造成铁路桥上乘凉、行走的 21 人（多为学生）当场死亡、17 人受伤。

13.2.4 车辆部门事故分析

1. 车辆部门

车辆部门指提供客车、货车检修的客、货车辆段、动车段及其沿线的客车技术整备所（又称库列检）、列车所（对通过列车进行技术检修）等。按修程和标准检修车辆，使之在运行中保持良好的技术状态，是车辆部门的主要职责。

2. 事故原因

在车辆检修修程内因定检质量不高，或因运用维修质量不高、列检技检质量不良，造成事故。

一些轴承、轮对、钩缓、空气制动机（阀）等大型配件虽然有质量保证期，但车辆在使用过程中，各种零部件的技术状态由于长期磨耗、裂纹、折损、变形、松弛、腐蚀及疲劳等原因其品质逐渐恶化，有些问题较为隐蔽，若不能及时发现和处理，就会引发事故。

3. 车辆事故特征

列车运行中车辆热轴、切轴，车轮崩裂，制动梁、下拉杆、交叉杆等大部件脱落，容易造成列车脱轨或颠覆事故。车钩断裂造成列车分离，基础制动和空气（电控）制动不良、关闭车车辆折角塞门发出列车等也容易造成事故。

典型事故案例如下。

案例 1： 1951 年 8 月 10 日，浙赣线 145 次旅客列车于 16 时 20 分进东乡站 3 道停会 146 次旅客列车。当通过 7 号道岔时，第 9 位软席前台车脱轨，车辆转向架与车体分离，损坏线路 30 m，经济损失约 2.4 亿元（旧人民币）。造成列车脱轨重大事故，为轮缘 3 处超限所致。

案例 2： 1969 年 1 月 8 日，12 次列车运行到兰新线 K1738+732 处，因车辆钩尾扁销脱出，发生列车颠覆重大事故。

案例 3： 2007 年 7 月 9 日 17 时 12 分，CT47940 次货物列车（编组 54 辆）运行至太岚线时因制动失灵冒进扫石站，上行出站信号机冲出安全线土挡。造成机车和机后 1～10 位车辆颠覆坠入山沟、第 11 位车辆脱轨，机车报废，车辆报废 10 辆。构成货物列车脱轨重大事故。事故原因：古交列检在更换机后 1 位车辆缓解阀并进行试风后，未将关闭的 2 位车辆前端折角塞门开启，挂好机车进行简略试验时不使用配备的列车制动试验监测装置，简略试验作业程序严重简化，未能及时发现折角塞门处于关闭状态，最终导致列车在 2 位车辆前端折角塞门关闭的情况下开出。

13.2.5 电务部门事故分析

1. 电务部门

电务部门具体指铁路电务段、通信段。电务部门的主要工作是保证铁路信号系统、信号设备及通信安全畅通，其中铁路信号系统、信号设备是铁路运输生产体系极其重要的行车设备，其可靠运行在确保运输安全、提高运输效率方面发挥着不可替代的作用。

2. 事故特征

事故经验表明，铁路信号系统及通信系统科技发展水平越高，交通事故发生的概率越低，但是安全隐患越隐蔽，一旦发生事故，造成的损失越大。铁路信号和通信系统由于科技含量高，由其引发的事故出现多样化特征。

（1）换装机车用“LKJ 监控装置数据芯片”失误。

（2）烧损或挖断电缆、光缆造成区间自动闭塞故障。

（3）防雷设备安装不当或失效，引发通信信号故障。

（4）违章封连继电器接点，道岔定位假表示，造成联锁失效，误接发列车。

3. 代表性的事故案例

1997 年 4 月 29 日，昆明开往郑州的 324 次旅客列车，运行到京广线荣家湾时，因工作人员错误使用二极管封连线，改变了列车进路，导致 324 次旅客列车与停在该站长沙开往茶岭的 818 次旅客列车相撞，造成乘务员和旅客死亡 126 人，重伤 45 人，轻伤 185 人。

13.2.6 供电部门事故分析

1. 供电部门

铁路供电部门，主要指牵引供电部门，即电气化铁路供电部门。

我国电气化铁路带有 27.5 kV 高压电，该电压已是日常家用电压的 100 倍以上。电气化铁路因具有高电压、大电流、感应电流强大等技术特点，在电气化铁路上，接触网的各导线及其相连元件，电力机车的电力设备上，通常都带有高压电，一般采用绝缘子隔离带电体和非带电体。当接触网绝缘部件作用不良时，特别遇有雷击天气时，在其支柱、支撑装置及其他连接的金属构件上，在回流线与钢轨的连接点、接地线等处，都可能出现高压电和大电流，如果人体与以上设备设施接触，形成过电，即会发生触电事故。

2. 电气化铁路事故特征

（1）接触网接触线断线、倒杆或塌网，引发列车运行故障或事故。

（2）错误地向停电区段的接触网供电，引发伤害事故。

（3）由于作业不当，引发电气设备烧损。

（4）在电气化铁路上工作的铁路职工、沿线居民及广大旅客、押运人员、货主和通过电气化道口的车辆和人员等，由于不熟悉电气化铁道安全的有关知识和规定，作业安全和人身安全时常受到威胁，尤其新电气化铁路线开通使用之初，此类人员受到伤害最为严重。

（5）从事接触网作业的供电专业人员、机车司机、施工作业人员违反规定，也成为铁路线上电伤害的主要对象。

3. 代表性的事故案例

案例 1： 1951 年 4 月 24 日 13 时 45 分，在日本神奈川县横滨市日本国有铁道东海道本线支线樱木町站内，由于施工作业导致输电线垂落，并落在第 1271B 列车上，引发电弧火灾，加之列车门没有打开，造成 106 名乘客死亡，92 名乘客受伤。

案例 2： 2005 年 7 月 31 日 5 时 20 分，兰州供电段职工在夏官营车站进行更换绝缘锚段关节隔离开关双引线时，轨回流将两名职工同时击伤。

13.2.7 铁路运输事故分类与处理

1. 铁路运输事故类型

铁路机车车辆在运行过程中发生冲突、脱轨、火灾、爆炸等影响铁路正常行车的事故，包括影响铁路正常行车的相关作业过程中发生的事故或者铁路机车车辆在运行过程中与行人、机动车、非机动车、牲畜及其他障碍物相撞的事故，均为铁路运输事故。

1）按照事故形态分类

铁路运输事故可以分为冲突、脱轨、火灾、爆炸、相撞等多种类型。

2）按照涉及的运输专业或责任方分类

铁路运输事故可以分为车务、机务、工务、电务、车辆、供电、房建、客运、货运、路外事故等类型。

2. 铁路运输事故等级

铁路交通事故等级分为：特别重大事故、重大事故、较大事故和一般事故。具体分类标准主要考虑死亡、重伤、直接经济损失、铁路设备设施及行车时间损失等方面的因素，详见模块 8 的任务 8.4。

3. 事故报告及调查处理

事故发生后，事故现场的铁路运输企业工作人员或者其他人员应当立即报告邻近铁路车站、列车调度员或者公安机关。有关单位和人员接到报告后，应当立即将事故情况报告事故发生地铁路管理机构。

铁路管理机构接到事故报告，应当尽快核实有关情况，并立即报告国务院铁路主管部门；对特别重大事故、重大事故，国务院铁路主管部门应当立即报告国务院并通报国家安全生产监督管理等有关部门。

发生特别重大事故、重大事故、较大事故或者有人员伤亡的一般事故，铁路管理机构还应当通报事故发生地县级以上地方人民政府及其安全生产监督管理部门。

1）事故报告的主要内容

事故报告应包括以下内容。

（1）事故时间、地点、区间（线名、公里、米）、线路条件、事故相关单位和人员。

（2）列车种类、车次、机车型号、部位、牵引辆数、吨数、计长及速度。

（3）旅客人数，伤亡人数、性别、年龄以及救助情况，是否涉及境外人员伤亡。

（4）货物品名、装载情况，易燃、易爆等危险货物情况。

（5）机车车辆脱轨辆数、线路设备损坏程度等。

（6）对行车的影响情况。

（7）原因的初步判断，事故发生后采取的措施及事故控制情况。

（8）应当报告的其他情况。

2）事故调查处理

特别重大事故应由国务院或国务院授权的部门组织事故调查组进行调查，重大事故由铁路主管部门组织事故调查组进行调查，较大事故和一般事故一般由事故发生地铁路安全监管部门组织事故调查组进行调查。

知识测评

1. 简述机务部门事故特征。
2. 简述工务部门事故特征。
3. 简述客货运输部门事故特征。
4. 简述车辆部门事故特征。
5. 简述电务部门事故特征。
6. 简述供电部门事故特征。
7. 简述铁路运输事故分类及处理。

学习作品

课后每名同学单独制作一个开放的、富有创造性的表现学习过程和学习成效的视频，时间为 5 min 以内，至少包括以下 8 项内容：

1. 机务部门事故特征；
2. 工务部门事故特征；
3. 客货运输部门事故特征；
4. 车辆部门事故特征；
5. 电务部门事故特征；
6. 供电部门事故特征；
7. 铁路运输事故分类及处理；
8. 通过对本任务的学习，个人在知识增长、能力强化、素养提升方面的小结。

在课程结束后的 3 天内将作品提交任课教师，此作品作为教师评价学生学习效果的依据。

拓展建议

1. 到铁路运输一线调研铁路运输事故。
2. 拓展阅读。

铁路运营安全管理的特点

铁路运营安全管理是铁路安全管理的最核心内容，具有系统性与复杂性、协调性与联动性、全过程与全天候性、环境的复杂多变性、客观性与相对性、效果的滞后性、风险的可控性、科技应用的高效性等特点。

一、铁路运营安全的系统性与复杂性

铁路运营系统规模宏大、层次众多、环节繁杂，涉及线路轨道（桥梁隧道）、牵引供电、机车车辆（动车组）、信号通信、运营调度、运输组织、设备设施的养护、维修、监测、检测，以及环境监测等方面，涉及车务、机务、工务、电务、车辆、供电、客运、货运等诸多专业，涉及国铁集团、铁路局集团公司、站段、车间班组等不同层级，涉及人机环管等各个层面。铁路运营系统作为一个由复杂技术装备组成、在复杂网络和复杂环境中运行、完成具有复杂时空分布特征的位移服务的系统，广泛存在人机环管因素的动态变化、时间与空间的实时改变、多因素在不同时空的交互作用，具有复杂巨系统的典型特性。可以认为铁路运营安全系统是一个开放的、复杂的、动态的、网络化的，以现代化高新科技为依托的复杂巨系统。铁路运营系统的复杂巨系统特征决定了铁路运营安全问题非常烦琐和复杂。

铁路运营安全是多系统、多层次、多环节共同工作的结果，不能就安全抓安全，要善于用系统方法，处理好系统与系统、整体与层次、层次与层次之间的关系，使安全链条始终处于良性状态，使安全工作具有牢固可靠的基础。

二、铁路运营安全的协调性与联动性

铁路犹如一台大联动机，是“人—机—环”动态系统，运营过程是由多工种（车、机、工、电、辆、供、客货运）联合的多环节（如旅客运输的售票、候车、检票、运送过程中的服务与途中有关作业、下车、出站等）作业过程，涉及设备数量庞大、种类繁多。铁路各业务部门之间必须协调联动才能完成运输生产工作，而设备布局的网络状态和作业岗位独立分散的特点，使各工种和各环节的协同配合都离不开严格有效的管理。铁路企业必须在运营过程中实行高度集中，统一领导，服从上级的调度与指挥，而运营安全是其中最核心的内容，与每一个人、每一部门，乃至整个铁路运输企业均息息相关，具有典型的协调联动的特性。

三、铁路运营安全的全过程与全天候性

铁路运营一般不易受天气、气候、季节等自然条件的影响，能保证运行的经常性和持续性，可以不分昼夜地进行定期的、有规律的、准确的运转，具有全天候的特性。铁路运营安全伴随整个铁路运营全过程，无处不在，无时不有，因而具有全过程、全天候的特性。

四、铁路运营安全内外部环境的复杂多变性

铁路作为一个社会技术系统，承担着运营、生产的责任，员工进行生产活动时的内部作业环境本身就十分复杂且不断变化（如新技术、新装备、新理念的运用等）。与此同时，铁路不断与外界进行着物质、能量交换，外界环境对铁路安全也可能产生非常大的影响，如各种自然外部环境的强风、雨雪、地震、异物侵限等，都对铁路运营有重要影响。此外，外界的社会、经济、人文环境也与铁路运营安全息息相关。

五、铁路运营安全的客观性与相对性

过去，人们普遍把出不出事故作为衡量安全与否的绝对标准。实际上，更科学的认识应该是将安全定义为“一种状态，即通过持续的危险识别和风险管理过程，把人员伤害或财产损失的风险降至并保持在可接受的水平或其以下”。因此，零事故是愿望，是奋斗目标，但在现阶段还达不到。既然安全不是绝对的，我们就要全面辩证地看待安全工作。没有事故并不等于没有问题，而出了事故也不能对安全工作全盘否定。安全工作所有的努力，就是要使安全状态始终保持总体平稳，让安全始终保持在可接受水平。

六、铁路运营安全工作效果的滞后性

安全工作措施特别是基础性工作，其效果往往不是立竿见影的，很可能经过一段时间才会显现。为安全所做的一切工作，外人可能是不知道的。安全工作效果的滞后性，容易使人思想麻痹、心存侥幸。认识这种滞后性，才能保持警觉，知道隐患在哪里，在消除隐患上下功夫，特别是防止多个隐患连接成"事故链"。

七、铁路运营安全风险的可控性

铁路是高风险行业，但只要通过努力，认真汲取事故、隐患的教训，紧紧抓住安全工作重点及薄弱环节，在一定条件下，通过一系列措施，对风险进行事前识别、预测，通过一定的手段来防范、化解风险，以减少遭受损失的可能性，增强风险防控能力，运行风险是可控的，事故也是可以预防的。

八、铁路运营安全科技应用的高效性

科技应用对提高铁路安全作用非常明显。如列车超速防护技术的应用，避免了人为操作可能产生的错误，从根本上预防了追尾等事故的发生。近年来，我国铁路安全水平大幅度提高，铁路运输成为最安全的交通运输方式之一，一个重要原因就是广泛地应用了高新科技和先进的设施设备。

思政案例　世界首条 350 km/h 的智能高速铁路——京张高速铁路

京张高速铁路主线由北京北站至张家口站，正线全长 174 km，设 10 个车站，设计的最高速度为 350 km/h。京张高速铁路在下花园北站引出崇礼铁路至太子城站，同时设延庆支线。2016 年 4 月 29 日，京张高速铁路正式开工建设；2019 年 12 月 30 日，京张高速铁路正式开通运营。

京张高速铁路是国家规划实施的重点建设项目，是"八纵八横"通道之一——京兰通道的东段，它的建设对于加快构建西北、内蒙古西部、山西北部地区快速进京客运通道具有重要意义，对增进西北地区与京津冀地区人员的交流往来，促进西北地区与京津冀地区协同发展发挥重要作用。

京张高速铁路是 2022 年北京冬奥会的重要交通保障设施，是中国大陆第一条采用中国自主研发的北斗卫星导航系统、设计速度为 350 km/h 的智能化高速铁路，也是世界上第一条最高设计速度 350 km/h 的高寒、大风沙高速铁路。

一、京张高速铁路的控制性工程

——草帽山隧道。草帽山隧道位于张家口市区南侧附近，全长 7.34 km，采用单洞双线形式，设计速度 250 km/h，隧道穿越草帽山主脉，山势陡峭，地形起伏较大，为标段控制工程和全线重点工程。

草帽山隧道地质条件复杂，隧道洞身基岩主要为侏罗系上统凝灰岩，该地层成因复杂、成岩作用差、风化程度不一、小型构造发育，突变性强，此外隧道地质条件极差，下穿既有重载铁路、高速公路等地域，施工安全风险极高。建设方采用进口、斜井与明挖段同时施工的方案，实现了草帽山隧道的顺利贯通，为京张高速铁路全线的顺利贯通提供了有效保障。

——清华园隧道。清华园隧道建设时是中国国内位于城市核心区，穿越地层最复杂、重要建构筑物最多的国铁单洞双线、大直径盾构、高风险隧道。清华园隧道是京张高速铁路全线唯一采用盾构法施工的隧道。

清华园隧道穿越北京市核心区，全长 5.33 km。隧道穿越多处地铁、城市道路及众多重要市政管线。

——官厅水库特大桥。京张高速铁路官厅水库特大桥是京张高速铁路上的重点控制性工程之一，位于张家口市怀来县境内，全长 9.08 km，主桥采用 8 孔 110 m 简支拱形钢桁梁跨越官厅水库，是国内首例适用于 350 km/h 有砟轨道高速铁路的钢桁梁桥。大桥的设计充分体现了"轻质、大跨、环保"的现代铁路建设理念。主桥由八个造型优美的曲弦桁梁组成一道"长虹"跨越宽阔平静的官厅水库。

——高速铁路墩顶转体连续梁。京张高速铁路土木特大桥依次跨越大秦铁路、京包铁路和京藏高速公路，全长 3 503.48 m，是京张高速铁路的控制性工程。施工方在跨越京藏高速公路和大秦铁路时采用了自主研发的创新型工法——“连续梁墩顶转体施工”工法，墩顶转体连续梁最大跨度 128 m，最大转体重量 8 700 t，建设时是中国国内最大跨度、最大吨位的高速铁路墩顶转体连续梁。

——八达岭地下车站。普通的地铁埋深一般是 20 m 或者 30 m，最深的也不会超过 50 m，八达岭地下车站的埋深达到 102 m。

八达岭长城站是设在新八达岭隧道内的地下车站，位于八达岭景区滚天沟停车场下方，毗邻八达岭长城，独占 4 个“中国之最”和 4 个“首次”。

车站最大埋深 102 m，地下建筑面积 3.98 万 m^2，建设时是中国国内埋深最大的高速铁路地下车站；车站主洞数量多、洞型复杂、交叉节点密集，建设时是中国国内最复杂的暗挖洞群车站；车站两端渡线段单洞开挖跨度达 32.7 m，建设时是中国国内单拱跨度最大的暗挖铁路隧道；旅客进出站提升高度 62 m，建设时是中国国内旅客提升高度最大的高速铁路地下车站。

——12 km 新八达岭隧道环保要求最严格。新八达岭隧道全长 12.01 km，隧道设计体现了高铁隧道与环境共生的设计理念，为全线最长的隧道，是环保要求最严格，工期最紧张的控制性工程。

二、京张高速铁路注重绿色环保设计

京张高速铁路注重绿色环保设计，对路基、桥梁、隧道及其他相关场地进行绿化和景观设计，沿线采用内低外高、内灌外乔的设计，形成立体多层绿化带；以隧道引入城区，降低铁路对周边环境的影响；采用跨区间无缝线路、声屏障和隔声窗等工程措施和技术，进行降噪减振设计，努力把京张高速铁路打造成“安全、舒适、便捷、快速、节能、环保”的世界一流现代化高速铁路。

三、精品工程、智能京张

2024 年 1 月 19 日，首次开展的“国家工程师奖”表彰共有 81 名个人获得“国家卓越工程师”称号、50 个团队获得“国家卓越工程师团队”称号。中国铁道科学研究院集团有限公司首席研究员李平便是其中之一。国家卓越工程师李平如图 13–2–1 所示。

图 13–2–1　国家卓越工程师李平

李平，长期从事智能铁路研究，是智能高铁体系架构、大脑平台等科研团队的核心成员，带领团队从架构规划、实施方案、关键技术、系统研发、工程实施等多方面推动智能铁路技术发展，构建起了涵盖智能建造、智能装备、智能运营和大脑平台的智能高铁成套技术体系。

2017 年 6 月，国铁集团党组提出打造“精品工程、智能京张”的建设目标，成立了智能京张建设领导小组和工作组，组织路内外相关单位共同开展科技攻关。李平作为工作组核心成员，参与提出了智能高铁定义、理论和体系架构，主持研发了智能高铁大脑平台。

当智能高铁体系架构完成，李平所在的铁科院紧接着联合设计、装备、建设、运营等相关单位，开展了智能建造、智能装备、智能运营等技术的攻关，选取冬奥运重要保障工程——京张高铁作为示范载体，打造世界首条智能高铁。

京张铁路是中国自主设计并建造的第一条铁路，完成于 1909 年。中国铁路工程的开拓者詹天佑在这里创设了“竖井开凿法”和“人”字形线路，震惊中外。

100 年后的 2019 年 12 月 30 日，京张高速铁路开通运营。人们惊叹于它的自动化驾驶技术，但它的建造技术同样取得了重大突破，实现了高铁工程从设计、施工到运营全生命周期全要素的协同，创新了高速铁路的智能建造体系。八达岭长城下，深达 102 m 的地方，是我国国内埋深最大的高速铁路地下站；车站层次多、洞室数量极大、洞型复杂、交叉节点密集，78 个洞室，88 种断面，是国内最复杂的暗挖洞群车站。

在传统的想象中，京张高铁的建设场面应该是车水马龙，机械轰鸣，但京张高铁的建设中，工人们是在数字化工厂的中控室里操纵机器实现桥梁、隧道、轨道等构件的预制化生产，到施工现场只需要像搭积木一样，采用智能化装备进行装配式施工，采用这样的技术，替代了原来人在现场工作的需求，真正实现了工厂化预制、智能化建造和装配式施工。

智能建造到智能运营，京张高铁还采用了智能客站、调度指挥、检测监测、养护维修等构成的智能运营成套技术。在高铁车站创新实现了车站人员异常行为检测、智能客运组织、站内环境自适应调整等功能，提升了旅客的出行体验。

京张高速铁路还采用了智能综合调度指挥技术，融合中国气象局数据，实现风雨公里级预警，并结合检测监测数据开展智能运维，从计划修走向视情修、预测修，天窗利用率提升 15%到 20%。这些实实在在的改变得益于李平攻关团队构建的智能高铁大脑平台。它融合应用北斗、5G、大数据、人工智能等技术，为智能建造、装备、运营等提供算法和数据支撑。

作为世界首条 350 km/h 的智能高铁，京张高铁是在智能高铁体系架构 1.0 标准指导下建成的第一条智能高铁示范线。

四、智能建造推广应用

2022 年，智能建造推广应用到所有新建高铁，智能客站、智能综合调度等成果全面推广到全国铁路。

2023 年 9 月，智能福厦高铁开通运营。

2023 年 10 月，印尼雅万高铁智能化系统投入应用，智能高铁系列成果在支撑一带一路、走出去战略中发挥重要作用。

学习笔记

模块 14

铁路上的中华民族精神

一、创造了从“追赶者”到“引领者”的跨越奇迹

中国高铁从零起步，截至 2024 年 9 月运营里程突破 4.6 万 km，纵横神州，驰骋天下。以 2008 年我国第一条设计时速 350 km 的京津城际铁路建成运营为标志，一大批高铁相继建成投产。中国高铁串珠成线、连线成网。从当初的“四纵四横”到现如今的“八纵八横”，四通八达的高铁以最直观的方式向世界展示了“中国速度”，创造了从“追赶者”到“引领者”的跨越奇迹，建成世界最发达高铁网。中国高铁也以技术先进、安全正点、便捷高效、节能环保等优势受到国内外普遍赞誉，成为亮丽的“中国名片”。

中国高铁发展虽然较发达国家起步晚 40 多年，但经过几代铁路人接续奋斗，中国高铁做到了运营里程世界最长、商业运营速度世界最快和运营网络通达水平世界最高。拉林铁路的开通，也让复兴号首次登上“世界屋脊”。这一个个“高铁之最”充分表明，中国高铁的发展之路，凝聚了中国智慧，充分展现了中国实力！

二、中国高铁全心为民服务

中国高铁作为现代化轨道交通建设的重大成果，在底层深刻影响和带动了城市格局、人口布局、经济版图的积极变化，极大促进了国家现代化进程。老百姓在享受日常出行安全舒适便利的同时，更满足了“坐着高铁看中国”的出行愿望，基本解决了客运高峰期运力严重短缺问题，且近期部分高铁线路推出的计次票，也是中国高铁为民服务的良好体现，增强了人民群众的获得感、幸福感、安全感。

在高铁舒适性方面，我国高铁线路基本采用无砟轨道，铺设重型超长钢轨和无缝线路，具有超高的平顺性，车体振动加速度小、振幅低、噪声弱，平稳性指标达到国际优级标准。同时中国铁路推出电子客票、手机移动支付、12306 App 客户端在线选座、刷脸进站、互联网订餐等服务举措，同时保留纸质车票、车站窗口等传统服务渠道，保证老年人和脱网人群出行便利，显著提升了铁路服务品质。在高铁安全方面，坚持把“安全第一，质量为本”的理念贯穿于高铁建设和运营管理的全过程各方面，深入实施高铁“强基达标、提质增效”工程，健全高铁人防、物防、技防“三位一体”安全保障体系，推进高铁外部环境安全综合治理，确保了高铁安全持续稳定。

三、中国高铁走向世界舞台

随着我国高速铁路快速发展以及铁路走出去取得重大突破，在世界高铁的舞台上持续展现着魅力，绽放着精彩。提高了我国铁路走出去的信誉，为实现高水平对外开放、推动共建“一带一路”高质量发展发挥了积极作用。中国的高铁如此发展之快的原因，离不开中国铁路人孜孜不倦的奋斗精神，他们在困难中成长，不断地从实验中获得数据，从而解决了高铁棘手问题，让中国高铁伫立在世界铁路之林，显现中国人民智慧和艰苦奋斗的精神。

交通强国，铁路先行。未来，中国高铁必将以更稳健的发展步伐，更强大的经济贡献不断擦亮“中国名片”，继续展现国家魅力，让“中国名片”的底色更加亮丽。

四、中国高铁发展规划

到 2035 年，中国将率先建成服务安全优质、保障坚强有力、实力国际领先的现代化铁路强国。全国高铁 7 万 km 左右，20 万人口以上城市实现铁路覆盖，其中 50 万人口以上城市高铁通达。创新引领技术自主先进，智能高铁率先建成，智慧铁路加快实现。运输服务供给品质一流，全国 1、2、3 h 高铁出行圈和全国 1、2、3 天快货物流圈全面形成，人享其行、物畅其流，安全优质、人民满意。铁路运输安全持续稳定，人防、物防、技防“三位一体”的安全保障体系健全有力，本质安全水平、安全预防及管控能力、应急处置及救援能力全面提升，高铁和旅客列车安全得到可靠保障，铁路交通事故率、死亡率大幅降低。

到 2050 年，全面建成更高水平的现代化铁路强国，全面服务和保障社会主义现代化强国建设。铁路服务供给和经营发展、支撑保障和先行引领、安全水平和现代治理能力迈上更高水平；智慧化和绿色化水平、科技创新能力和产业链水平、国际竞争力和影响力保持领先，制度优势更加突出。形成辐射功能强大的现代铁路产业体系，建成具有全球竞争力的世界一流铁路企业。中国铁路成为社会主义现代化强国和中华民族伟大复兴的重要标志和组成部分，成为世界铁路发展的重要推动者和全球铁路规则制定的重要参与者。

学习笔记

参考文献

[1] 韩军峰，胡子亮，于彦良. 铁道概论. 北京：北京交通大学出版社，2016.

[2] 中国国家铁路集团有限公司运输部. 铁道概论. 北京：中国铁道出版社有限公司，2022.

[3] 王海星. 铁道概论. 北京：中国铁道出版社有限公司，2020.

[4] 国家铁路局. 铁路路基设计规范（TB 10001—2016）. 北京：中国铁道出版社，2016.

[5] 国家铁路局. 铁路线路设计规范（TB 10098—2017）. 北京：中国铁道出版社，2017.

[6] 国家铁路局. 重载铁路设计规范（TB 10625—2017）. 北京：中国铁道出版社，2017.

[7] 国家铁路局. 高速铁路设计规范（TB 10621—2014）. 北京：中国铁道出版社，2014.

[8] 国家铁路局. 城际铁路设计规范（TB 10623—2014）. 北京：中国铁道出版社，2014.

[9] 国家铁路局. 铁路车站及枢纽设计规范（TB 10099—2017）. 北京：中国铁道出版社，2017.

[10] 国家铁路局. 铁路旅客车站设计规范（TB 10100—2018）. 北京：中国铁道出版社，2018.

[11] 国家铁路局. 铁路桥涵设计规范（TB 10002—2017）. 北京：中国铁道出版社，2017.

[12] 国家铁路局. 铁路隧道设计规范（TB 10003—2016）. 北京：中国铁道出版社，2016.

[13] 国家铁路局. 铁路轨道设计规范（TB 10082—2017）. 北京：中国铁道出版社，2017.

[14] 国家铁路局. 铁路信号设计规范（TB 10007—2017）. 北京：中国铁道出版社，2017.